LIVROS HISTÓRICOS

Dados Internacionais de Catalogação na Publicação (CIP)
(Câmara Brasileira do Livro, SP, Brasil)

Vecchia, Flavio Dalla
  Livros Históricos / Flavio Dalla Vecchia ; tradução de Renato Adriano Pezenti – Petrópolis, RJ : Vozes, 2019. – (Introdução aos Estudos Bíblicos)
  Título original: Storia di Dio, storie di Israele : intoduzione ai libri storici
  ISBN 978-85-326-6189-0
  1. Bíblia – Crítica e interpretação I. Título. II. Série.

19-27014   CDD-220.61

Índices para catálogo sistemático:
1. Bíblia : Crítica e interpretação   220.61

Cibele Maria Dias – Bibliotecária – CRB-8/9427

LIVROS HISTÓRICOS
FLAVIO DALLA VECCHIA

INTRODUÇÃO AOS ESTUDOS BÍBLICOS

Tradução de Renato Adriano Pezenti

EDITORA VOZES

Petrópolis

© 2015 Editrice ELLEDICI

Título do original em italiano: *Storia di Dio, storie di Israele – Intoduzione ai libri storici*

Direitos de publicação em língua portuguesa – Brasil:
2019, Editora Vozes Ltda.
Rua Frei Luís, 100
25689-900 Petrópolis, RJ
www.vozes.com.br
Brasil

Todos os direitos reservados. Nenhuma parte desta obra poderá ser reproduzida ou transmitida por qualquer forma e/ou quaisquer meios (eletrônico ou mecânico, incluindo fotocópia e gravação) ou arquivada em qualquer sistema ou banco de dados sem permissão escrita da editora.

CONSELHO EDITORIAL

Diretor
Gilberto Gonçalves Garcia

Editores
Aline dos Santos Carneiro
Edrian Josué Pasini
Marilac Loraine Oleniki
Welder Lancieri Marchini

Conselheiros
Francisco Morás
Ludovico Garmus
Teobaldo Heidemann
Volney J. Berkenbrock

Secretário executivo
João Batista Kreuch

Editoração: Leonardo A.R.T. dos Santos
Diagramação: Sheilandre Desenv. Gráfico
Revisão gráfica: Alessandra Karl
Capa: Editora Vozes

ISBN 978-85-326-6189-0 (Brasil)
ISBN 978-88-01-04711-0 (Itália)

Editado conforme o novo acordo ortográfico.

Este livro foi composto e impresso pela Editora Vozes Ltda.

Sumário

Apresentação da coleção original italiana – Manuais de introdução à Escritura, 7

Prefácio, 11

1 Introdução geral, 13

2 Do Livro de Josué ao Segundo Livro dos Reis – Conquista e perda da terra, 33

3 De Adão ao Segundo Templo, 147

4 Os hebreus e as nações, 189

Biografia comentada, 279

Índice geral, 303

Apresentação da coleção original italiana
Manuais de introdução à Escritura

Em continuação ideal com *Il Messaggio della Salvezza* [A mensagem da salvação] e *Logos* [Logos], coleções que marcaram a divulgação e a formação bíblica nos estudos teológicos italianos depois do Concílio Vaticano II, em 2010 um grupo de biblistas decidiu, de comum acordo com a Editora Elledici, proceder à elaboração de um novo projeto. Nasce assim esta série de volumes, intitulada *Graphé – Manuais de Introdução à Escritura*. O vocábulo grego *"graphé"* indica, como termo técnico, aquilo que chamamos a "Escritura": com efeito, no Novo Testamento é comumente empregado, junto com o plural *"graphái"* [Escrituras], para indicar a coleção dos livros sagrados da tradição hebraica, aceitos também pela comunidade cristã e integrados com as novas obras dos apóstolos, centradas sobre Jesus Cristo. Além do título, evocativo do ambiente das origens cristãs, o subtítulo esclarece de que se trata.

O objetivo visado pelo projeto é o de propor um curso completo de estudos bíblicos básicos, fornecendo manuais úteis para os cursos bíblicos nas faculdades de teologia, nos seminários e demais institutos. Não se trata, portanto, de pesquisas novas sobre assuntos particulares, mas do enquadramento global da matéria, proposto de maneira séria e acadêmica aos estudantes que iniciam o estudo da Sagrada Escritura. Faltam também ensaios de exegese específica, porque estes são deixados à iniciativa particular dos docentes, que, assim, dentro da lição frontal, podem inserir os aprofundamentos sobre a base introdutória oferecida por estes volumes.

Os autores dos vários volumes são biblistas italianos, comprometidos há anos no ensino da específica disciplina que apresentam; por isso, podem mais facilmente dirigir-se de modo realista aos efetivos destinatários da obra e propor assim, de maneira orgânica, cursos já realizados e, portanto, efetivamente realizáveis nos atuais planos de estudo.

O plano da obra prevê dez volumes com a divisão da matéria segundo os habituais módulos acadêmicos. Determinam a moldura do conjunto o primeiro volume, dedicado à introdução geral, e o décimo, que oferecerá algumas linhas de teologia bíblica. Dos outros volumes, quatro tratam dos livros do Antigo Testamento (Pentateuco, Livros Históricos, Livros Sapienciais e Poéticos, Livros Proféticos) e quatro introduzem o Novo Testamento (Evangelhos sinóticos e Atos dos Apóstolos, cartas de Paulo, literatura paulina e cartas católicas, literatura joanina).

Cada volume procura apresentar de maneira clara o quadro global de referência para as várias seções bíblicas, propondo o estado atual da pesquisa. De maneira geral, as componentes constantes de cada tomo são: a introdução geral aos problemas da seção, depois a introdução a cada livro segundo a sucessão considerada escolasticamente mais útil e, por fim, o tratado dos temas teológicos importantes, mais ou menos transversais às várias obras do setor.

A articulação das introduções aos diversos livros varia necessariamente segundo o tipo de volume; mas um elemento é constante e constitui a parte mais original desta coleção: trata-se de um *guia à leitura*, no qual o autor acompanha o leitor por todo o texto, mostrando suas articulações, seus problemas e seus desenvolvimentos. Longe de ser um simples resumo, constitui uma concreta introdução ao conteúdo e aos problemas de todo o livro, com a possibilidade de apresentar o conjunto do texto literário para fazer que o estudante capte a maneira em que o texto se desenvolve.

O estilo dos textos é intencionalmente simples e claro na exposição, sem períodos demasiadamente longos e complexos, com um uso moderado de termos técnicos e raros, explicados e motivados caso por caso. As palavras em língua original, hebraica e grega, são propostas sempre em transliteração e o recurso a elas é limitado ao estritamente indispensável: a transliteração e a acentuação dos termos gregos e hebraicos respondem unicamente à exigência de legibilidade para aqueles que não conhecem adequadamente tais línguas, sem contudo comprometer o reconhecimento dos termos para os competentes. Onde, por necessidade, se usarem termos estrangeiros, sobretudo alemães, oferece-se a tradução; da mesma forma, as notas de rodapé são muitíssimo limitadas e usadas só para oferecer o indispensável documento daquilo que é afirmado no texto. Para facilitar a leitura, o conteúdo é organizado em parágrafos não excessivamente longos e é marcado por numerosos pequenos títulos que ajudam a seguir a argumentação.

Em cada volume estão presentes algumas seções de bibliografia comentada, onde se apresenta – sem as indevidas exigências de exaustividade – o que é disponível no mercado atual sobre o tema tratado. Durante o tratado, porém, as referências bibliográficas são o mais possível limitadas a algum envio significativo ou circunscrito, não presente na bibliografia posterior.

Há milênios, a Escritura é testemunha do encontro entre a Palavra de Deus viva e gerações de crentes que nesses livros encontraram motivos e alimento para sua caminhada. Esta coleção quer pôr-se hoje a serviço desse encontro sempre renovado e renovável. Aos que hoje, no século XXI, pretendem pôr-se à escuta daquele que, por meio desses testemunhos escritos, continua a se manifestar, estes volumes querem oferecer os conhecimentos (históricos, literários, teológicos) adequados para fazê-lo. E, ao mesmo tempo, são dirigidos também a quem não considera a inspiração mais alta, para que possam experimentar o valor dos testemunhos fiéis que a Bíblia contém e confrontá-los com as perguntas e as opções de seu pessoal itinerário de vida.

Claudio Doglio
Germano Galvagno
Michelangelo Priotto

Prefácio

Onde começa a história? Uma interrogação que nos dois últimos séculos tem envolvido profundamente a cultura ocidental, após a descoberta de que a nossa civilização nada mais é que um breve arco cronológico derivado de uma longa pré-história e de uma lenta evolução do universo. S.N. Kramer, um dos maiores *experts* na cultura suméria, intitulou seu conhecido ensaio *A história começa na Suméria* (2005), no qual demonstra de quais conquistas nós somos devedores em relação à grande cidade que se desenvolveu entre os rios Tigre e Eufrates na planície meridional do Iraque no II milênio a.C.

É sabido, contudo, que até a época moderna, o ponto de referência para todas as expressões da sociedade e da cultura era a representação do mundo apresentada na Bíblia e a visão da história universal era totalmente baseada sobre seus relatos. Com a época moderna, no entanto, operou-se uma profunda ruptura: a unidade entre a visão religiosa do mundo e da sociedade deu lugar a uma visão secular deles, colocando, assim, a Bíblia no universo de tantas outras produções literárias da Antiguidade, que devem ser compreendidas no horizonte das culturas antigas.

Claramente, a Bíblia é o fruto de um longo percurso que viu um povo do Oriente Próximo, de pouca significância política e de cultura marginal na Antiguidade, manter viva a própria identidade cultural – mesmo em contextos de colonização e dispersão – através do amálgama da religião. A pesquisa orientalista nos últimos dois séculos demonstrou que a Bíblia é o produto do variado mundo cultural do antigo Oriente Próximo e, portanto, o reflexo de antigas civilizações que, com suas conquistas, estão nas raízes do mundo contemporâneo e sobre as visões das quais temos nos desenvolvido. A mesmo tempo, além do reflexo das culturas que a produziram, a Bíblia também soube plasmar as culturas baseadas sobre seus relatos, sobre o seu imaginário, sobre suas tradições jurídicas e sobre sua visão do mundo, em muitos contextos e períodos diferentes. Basta pensar nos vários campos da língua, da lei, da literatura, da arte figurativa, da exploração geográfica e das ciências humanas e naturais, que são os exemplos mais evidentes e mais importantes.

A referência à Bíblia, portanto, não é um ato puramente confessional, mas também cultural. Obviamente isso exige um esforço no sentido de superar quaisquer posturas que não pressuponham uma fecunda relação com tal "herança cultural": trata-se, inicialmente, de não fazer da Bíblia um monólito, isolando-a da reflexão cultural, por meio de uma vinculação simplória e rasa à sua letra, tentação constante de todas as instâncias fundamentalistas. Mas é igualmente indispensável desviar-se de uma espécie de arqueologismo, como se a Bíblia fosse útil apenas para desvelar os mundos antigos que podem ser entrevistos por detrás do texto (muitas vezes idealizados de forma romântica ou até mesmo mistificados como depositários de conhecimentos exotéricos).

Os narradores dos acontecimentos bíblicos não se limitaram a nos entregar fatos do passado, eles são, ao contrário, porta-voz de um povo que, ao relatar, encontra feixes de luz para iluminar um presente muitas vezes marcado por anseios e temores, pela violência e opressão, pela hipocrisia e covardia. Assim, cada geração é convidada a retomar o fio da narração, não para ressuscitar o passado, mas para descobrir a própria identidade, orientar o próprio caminho e lhe dar um destino. O relato gera a comunidade e lhe dá identidade e forma: há narrativas sobre os pais e as mães, sobre os heróis e tantas vítimas da crueldade humana, mas em particular, há narrativas sobre um Guia que nos percalços da história não abre mão da fidelidade em relação às criaturas com as quais travou um diálogo baseado sobre o amor e a justiça.

Flavio Dalla Vecchia

1

Introdução geral

A posição canônica dos Livros Históricos

A denominação "Livros Históricos", que é uma categoria cristã e surge por volta do século IV d.C. nos escritos dos Padres da Igreja, apresenta ao leitor da Bíblia algumas contradições evidentes, quando esse compara a forma desses livros com a sua coleção. Na verdade, tanto na disposição hebraica quanto na cristã, existe uma sequência narrativa que parte da criação e termina com o final dos dois reinos, Israel e Judá, sequência esta apresentada nos livros que vão do Livro do Gênesis a ao Segundo Livro dos Reis. Na perspectiva cristã, são introduzidos entre os Livros Históricos outros textos que propõem uma sequência paralela (em parte alternativa e em parte com escopo integrativo), ou seja, os dois livros das Crônicas e os de Esdras e Neemias, nos quais se desenvolve um arco temporal que se estende de Adão até a reconstrução da comunidade hebraica em Jerusalém e em Judá, obra de dois dirigentes que gozavam dos favores da corte persa. A esses livros, na tradição cristã católica, ortodoxa e reformada, se acrescentam os livros de Rute e Ester, enquanto somente os católicos e os ortodoxos incluem a essa denominação os livros de Tobias, Judite e 1–2Macabeus[1].

A tradição hebraica, ao contrário, considera separadamente os cinco primeiros livros da Bíblia e os designa sob a denominação única de Torá (instrução, lei), revelando a sua unidade de fundo autoral (Torá de Moisés) e

---

1. No cânon das Igrejas de língua grega e eslava é incluído ainda o Terceiro Livro dos Macabeus.

conteudístico. Os livros de Josué, Juízes, 1–2Samuel e 1–2Reis são, por sua vez, designados *Profetas Anteriores* e são, portanto, compreendidos como um primeiro conjunto – em referência à coleção sucessiva designada *Profetas Posteriores* – que reúne o testemunho e a palavra dos intermediários entre Deus e o povo que desempenharam um papel decisivo no desenvolvimento e na definição da religião hebraica[2]. Os outros livros que a tradição cristã denomina históricos pertencem à terceira seção da Bíblia Hebraica, os *Escritos*. Eles são, portanto, associados a obras que apresentam formas literárias muito diversificadas e refletem várias épocas. Por fim, é bastante singular que a tradição samaritana, mesmo conservando uma forma peculiar da Torá, não preserve alguns dos Livros Históricos. Essa realidade requereria uma avaliação atenta, mas não é difícil supor que os samaritanos, consideradas as tensões que marcaram o seu relacionamento com a tradição judaica, não tenham acolhido deliberadamente textos que confirmam as pretensões judaicas de serem os portadores exclusivos da memória sagrada do povo[3].

Para além dos motivos que levaram à separação entre os livros do Pentateuco e os escritos históricos posteriores[4], é possível pontuar alguns aspectos que indicam uma distinção, de perfil literário e conteudístico. O Pentateuco é aberto com um olhar sobre a história humana geral e progressivamente focaliza a sorte de uma porção dessa história, narrando seus inícios a partir dos patriarcas. Trata-se de uma narração que inclui elementos etiológicos e paradigmáticos; de fato, além de relatos que objetivam oferecer os fundamentos a práticas e instituições para a comunidade de fé que preservou os livros (cf. Gn 17: circuncisão; Ex 12: a Páscoa), importantes seções do texto são constituídas por conjuntos de leis que dizem respeito a vários aspectos da vida social e religiosa. A maior parte das histórias narradas no Pentateuco se desenrola fora da terra prometida e nelas, se ressalta sobretudo o envolvimento de YHWH, como Deus de Israel: se trata de um envolvimento direto, que o apresenta com frequência como protagonista dos eventos, fazendo

---

2. O Talmude afirma: "A sequência dos profetas é: Josué, Juízes, Samuel, Reis, Jeremias, Ezequiel, Isaías e os Doze" (*bBaba Batra* 14b).

3. Sobre o Pentateuco e sobre o cânon samaritano, cf. ANDERSON, R.T. & GILLES, T. *The Keepers* – An Introduction to the History and Culture of the Samaritans. Peabody: Hendrickson, 2002.

4. Recomendamos o volume sobre o Pentateuco para uma exposição detalhada a respeito dessa problemática.

dele o motor da história. Na realidade excetuando, ao menos em parte, a história de José (Gn 37–50), as demais histórias são todas colocadas em movimento através das palavras de YHWH dirigidas diretamente aos protagonistas, tornando-os cônscios dos seus planos e lhes solicitando conformação à sua vontade. Esse modo de YHWH se apresentar também pode ser percebido no Livro de Josué (cf. Js 1, em particular) e isso pode explicar por que diversos estudiosos pensaram que se deva supor que originalmente havia um Hexateuco[5]. Mas o autor (ou os autores) de Josué poderia ter deliberadamente imitado o estilo dos livros precedentes com o escopo de distinguir nitidamente o protagonista do livro dos sucessivos líderes do povo e, por sua vez, de associá-lo de modo direto à Moisés como guia que em tudo e por tudo, age sobre a base da fiel correspondência à Lei dada no Sinai.

Com o Livro de Josué, como ponto de virada das histórias narradas, o cenário muda, visto que os acontecimentos têm como palco a terra desde muito desejada. Ao mesmo tempo, as informações históricas são muito mais circunstanciadas, como se pode deduzir do confronto com os relatos da permanência no Egito. Nesse caso, nenhum nome de rei ou de funcionário importante é informado, enquanto nos Livros Históricos são mencionados diversos protagonistas da história política do antigo Oriente Próximo, oferecendo, assim, aos leitores, uma ambientação precisa dos acontecimentos no quadro da história universal. Ainda nesses livros, chama a atenção a participação divina nas histórias humanas; mas, com maior intensidade se comparado aos livros precedentes, são ressaltadas as causalidades históricas dos acontecimentos, insistindo na responsabilidade das escolhas humanas, em particular do rei, como se compreende do modo com que os autores do Livro de Josué ao Segundo Livro dos Reis intervêm diretamente na apresentação das histórias por ocasião de uma virada histórica decisiva ou por meio de discursos colocados na boca dos protagonistas (Js 23; 1Sm 12; 1Rs 8), ou até mesmo por meio de comentários diretos (2Rs 17; 22–23). Mesmo com um estilo diferente e com preocupações teológicas diversas, também os livros das Crônicas, Esdras e Neemias e 1–2Macabeus oferecem uma precisa circunscrição dos acontecimentos narrados dentro de um contexto histórico e político bem definido. O mesmo não se pode afirmar, no entanto, dos livros

---

5. Cf., p. ex., VON RAD, G. *Das formgeschichtliche Problem des* Hexateuchs. Stuttgart: Hohlhammer, 1938 [Beiträge zur Wissenschaft vom Alten und Neuen Testament, 78].

de Rute, Ester, Tobias e Judite, nos quais o contexto histórico, mediante uma análise atenta, é fictício e isso faz com que seja necessário esclarecer os gêneros literários que marcam essas obras.

História e narrativa

Nenhum livro do Antigo Testamento apresenta o seu conteúdo como "história": seria, na verdade, um anacronismo, pois o termo nasceu na Grécia. Ao mesmo tempo, não há dúvidas de que grande parte dos textos dos quais tratamos, possa ser colocada no quadro da historiografia, que, segundo a tradição ocidental, teria tido como pai, Heródoto. Podemos nos perguntar se a qualificação "históricos" decorra da forma ou do conteúdo dos livros em questão. Quanto à forma, retomando em partes o que já foi observado anteriormente, pode-se notar em todos a prevalência da narração – embora em alguns casos, particularmente em 1Cr 1–9, esta seja reduzida à estrutura das genealogias –, mas se trata de diferentes tipos de narração, algumas vezes caracterizando um livro inteiro (Rt e Est, p. ex., foram associados ao gênero da *novela*, ou mais genericamente aos *relatos breves*[6]), outras, limitados a seções ou parágrafos dos mesmos. É possível identificar: sagas, legendas, relatos populares, novelas, memórias, anais, listas administrativas, relatos de guerra, cantos de vitória, testamentos políticos, breves biografias[7]. Disso decorre que, talvez, uma melhor definição para essas obras não seria tanto Livros Históricos, mas livros que *narram a história*, colocando, portanto, em primeiro plano, sua dimensão narrativa, como premissa indispensável para fazer emergir o tipo de análise que tais escritos requerem.

Em uma obra que teve um impacto relevante, H.W. Frei retomou a pesquisa dos séculos XVIII e XIX[8], demonstrando como o estudo histórico-crí-

---

6. Sobre o *relato breve*, cf. CAMPBELL, E.F. "The Hebrew Short Story – Its Form, Style and Provenance". In: BREAM, H.N.; HEIM, R.D. & MOORE, C.A. (orgs.). *A Light unto My Path –* Old Testament Studies in honor of J.M. Myers. Filadélfia: Temple University Press, 1974, p. 83-101 [Gettysburg Theological Studies, 4].

7. Cf. EISSFELDT, O. *Introduzione all'Antico Testamento*. Vol. I: Aspetti letterari dell'Antico Testamento. Bréscia: Paideia, 1970, p. 87-129 [original alemão: 1964, 3. ed.]. • COATS, G.W. (org.). *Saga, Legend, Tale, Novella, Fable –* Narratives Forms in Old Testament Literature. Sheffield: Sheffield Academic Press, 1985 [Journal for the Study of the Old Testament – Supplement Series, 35].

8. FREI, H.W. *The Eclipse of Biblical Narrative –* A Study in Eighteenth and Nineteenth Century Hermeneutics. New Haven – Londres: Yale University Press, 1974.

tico da Bíblia tinha considerado os numerosos relatos nela documentados. O ponto de partida da leitura moderna da Bíblia foi a reação à interpretação tradicional, a qual se baseava sobre o pressuposto de que os relatos bíblicos fizessem referência ou descrevessem eventos históricos efetivos; mas, ao mesmo tempo, reconhecia no tecido narrativo bíblico uma sequência não só temporal, mas também figurada ou tipológica que fazia emergir a unidade da história narrada e a sua relevância para a experiência de cada leitor:

> Uma vez que o mundo assim compreendido, combinando as narrativas bíblicas em uma única história, era de fato o único e o verdadeiro mundo real, devia, por princípio, abraçar a experiência de cada época e de cada leitor, o qual tinha a possibilidade e o dever de se inserir naquele mundo, do qual, de qualquer modo, era membro, e isso em parte por meio da interpretação figurada, em parte, naturalmente, através do seu estilo de vida[9].

No século XVIII foi rompida "a coesão entre o significado literal dos relatos bíblicos e a sua referência a eventos concretos". A história passa a ser compreendida na sua autônoma sucessão factual e cronológica e se passa a distinguir o mundo histórico "real" da descrição que a Bíblia apresenta: ao invés de tornar acessíveis os eventos,

> os relatos, até então meio indispensável para acessá-los, agora apenas os verificam, afirmando a sua autonomia. Ademais, os eventos são, em princípio, acessíveis por meio de todo gênero de descrição que se demonstra acurado, seja no sentido de previsão, seja sucessivamente aos fatos em si[10].

Essa distância que se criou entre relato e evento suscitou diversas tentativas de preencher esse vazio, sobretudo com a finalidade de preservar a verdade das narrativas bíblicas. Contudo, nesse ínterim também mudou o significado atribuído à interpretação literal, que progressivamente passou a significar duas coisas: a determinação, em nível gramatical e lexical, do significado originário de um texto pelos seus leitores originários e a concordância da descrição com o efetivo desenrolar dos fatos narrados. Esse ponto de vista impôs um confronto entre a apresentação escrita e a reconstrução

---

9. Ibid. p. 3.

10. Ibid. p. 4.

da provável cena histórica à qual se refere, um confronto que se realizou aplicando à leitura da Bíblia alguns princípios herdados da cultura clássica[11].

Sobre essas bases, duas pistas principais foram seguidas na interpretação sucessiva:

> De um lado os "racionalistas", como foram chamados, sem dúvidas de modo mais errado do que certo, procuraram extrair dos textos um "significado" compatível com as exigências do senso crítico. De outro a apologética, procurou de todo modo, salvar a verdade dos textos bíblicos afirmando com força a correspondência entre o relato bíblico e a realidade histórica. Todavia, para fazer isto, era necessário de certo modo sair dos relatos para lhes reconduzir a verdades racionais seguras, ou para afirmar a historicidade dos "eventos salvíficos". Consequentemente, tanto uns quanto outros abandonaram os relatos bíblicos para extrair destes "verdades" ou "fatos reais"[12].

Disso resulta que a abordagem histórica prevalente na época moderna, teve como escopo determinar a relação entre os livros bíblicos e o passado sobre o qual falam. Nessa abordagem também se leva em conta a reconstrução da história literária dos textos em questão: a sua origem (ou as suas origens), a sua transformação nos diversos contextos no decorrer do tempo, e, por fim, a sua redefinição à luz do contexto canônico atual. Com esse escopo foram elaborados métodos e técnicas para distinguir as diferentes fases na composição do texto e para relacionar essas fases com ambientes socioculturais específicos[13]. Tudo isso mostra que a "história" considerada na pesquisa dos últimos séculos não é a história narrada, mas a história dos textos (a história da redação) ou ainda a dos acontecimentos (história dos fatos reportados) e isso levou Frei a concluir que

> o caráter realista e afim com a história dos relatos bíblicos, admitido por todos, ao invés de ser examinado em si, nas suas impli-

---

11. Ibid., p. 17-18.

12. SKA, J.-L. "L'histoire d'Israël de Martin Noth à nos jours. Problèmes de méthode". In: DORE, D. (org.). *Comment la Bible saisit-elle l'histoire?* – XXIe congrès de l'Association catholique française pour l'étude de la Bible (Is-sy-les-Moulineaux, 2005). Paris: Cerf, 2007, p. 20 [Lectio Divina, 215].

13. Cf. as metodologias para o estudo exegético, p. ex., SIMIAN-YOFRE, H. (org.). *Metodologia dell'Antico Testamento*. Bolonha: EDB, 1994 [Studi Biblici, 25].

cações referentes ao significado e à interpretação, foi transferido para a questão bastante diferente de saber se o relato realista é ou não histórico[14].

No entanto, não faltaram reservas com relação a essa abordagem e recentemente diversas contribuições têm dado voz a um difuso ceticismo quanto à possibilidade de reconstruir a história literária dos textos bíblicos ou os acontecimentos históricos que estes abordam[15]. Ainda que haja uma significativa concordância em relação ao fato de que os textos bíblicos representam um importantíssimo testemunho sobre o mundo intelectual e social dos seus autores, permanecem como objeto de discussão as épocas nas quais os autores viveram e nas quais os relatos foram compostos. Nos casos nos quais, além disso, não há documentação arqueológica ou literária contemporânea e independente, não existem critérios universalmente aceitos para determinar se os relatos bíblicos se baseiam sobre eventos históricos ou são frutos da imaginação do autor ou das comunidades de referência.

Nos últimos decênios, diversos estudos se serviram da crítica literária – em particular o *New Criticism*[16] – para analisar os relatos bíblicos. As questões e as categorias da crítica literária, tanto da clássica quanto daquela do século XX, são usadas para ilustrar as técnicas e os efeitos narrativos dos textos. Diferentemente dos estudos históricos, a abordagem desses estudos literários é sincrônica: enquanto quem se serve de uma abordagem histórico-crítica interpreta as discrepâncias, as irregularidades e as mudanças de linguagem e estilo dos textos como atestação de suas origens plurais, das fontes ou dos estamentos de composição, muitos críticos literários contemporâneos interpretam cada elemento na atual forma final do texto como parte de um todo único (e com frequência essa perspectiva inclui o cânon bíblico inteiro, como contexto interpretativo da sua obra)[17] e buscam ilustrar os seus pressupostos específicos e as técnicas narrativas, isto é, a sua poética, focalizando a

---

14. FREI, H.W. *The Eclipse of Biblical Narrative*. Op. cit., p. 16.

15. Cf. GARBINI, G. *Storia e ideologia nell'Israele antico*. Bréscia: Paideia, 1986 [Biblioteca di storia e storiografia dei tempi biblici, 3]. • GARBINI, G. *Scrivere la storia d'Israele* – Vicende e memorie ebraiche. Bréscia: Paideia, 2008 [Biblioteca di storia e storiografia dei tempi biblici, 15].

16. Sobre o *new criticism*, cf. SKA, J.-L. La "nouvelle critique" e l'exégèse anglo-saxonne. *Recherches de Sciences religieuses*, 80, 1992, p. 29-53.

17. Cf. esp. CHILDS, B.S. *Introduction to the Old Testament as Scripture*. Londres: SCM, 1979.

atenção sobre a narratividade dos textos[18]. "A narratividade é o conjunto das características que fazem de um texto um relato, diferentemente do discurso ou da descrição"[19], o termo *narrativo*, por sua vez, "designa um sistema textual que em todas as culturas é fundamental para ordenar a experiência e o conhecimento. No esquema representativo da narração [...] se transfere uma conexão de eventos e comportamento em uma história organizada segundo uma perspectiva de relevância e segundo uma forma temporal"[20].

Como se pode compreender a partir de recentes manuais sobre o tema, o estudo da narratividade dos textos bíblicos depende em grande parte de noções modernas, visto que faltam teorização hebraicas antigas sobre o tema. O objetivo dessas análises é pôr em evidência a técnica e a arte do relato graças aos quais o autor criou a sua obra.

A essa altura, se propõe uma reflexão que os textos bíblicos impõem: ainda que a tradição hebraica e cristã tenha habitualmente associado os livros incluídos no cânon a autores bem definidos[21], a crítica literária moderna, ao contrário, trouxe à tona o fato de que a maior parte deles se trata de obras anônimas, além do que, em vários níveis, compostas[22]. Se o fato de não conhecer o autor efetivo – em alguns casos o narrador é também personagem no texto, mas igualmente esses trechos autobiográficos estão inseridos dentro de uma sequência muito mais complexa[23] – por vezes torna impossível uma exata localização cronológica da obra em questão, o reconhecimento da coexistência da contribuição de uma pluralidade de intervenções no mesmo texto estimulou a buscar as modalidades de composição, com a intenção de reconstruir a história da sua formação.

---

18. ALTER, R. *L'arte della narrativa biblica*. Bréscia: Queriniana, 1990 [orig. inglês:, 1981] [Biblioteca biblica]. • MARGUERAT, D. & BOURQUIN, Y. *Per leggere i racconti biblici* – La Bibbia si racconta. Iniziazione all'analisi narrativa. Roma: Borla, 2011.

19. MARGUERAT, D. & BOURQUIN, Y. *Per leggere i racconti biblici*. Op. cit., p. 9.

20. STIERLE, K. *Historische Wörterbuch der Philosophie*. Vol. IV. 1984, p. 398. Apud: SEYBOLD, K. *Poetica degli scritti narrativi nell'Antico Testamento*. Bréscia: Paideia, 2010, p. 15.

21. Sobre a tradição hebraica, cf. *BabaBatra*, 14b-15a.

22. Para uma breve apresentação da história, cf. FABRIS, R. "Storia dell'esegesi ebraica e cristiana". In: FABRIS, R. et al. *Introduzione generale alla Bibbia*. 2. ed. Leumann: Elledici, 2006, p. 579-604 [Logos: corso di studi biblici, 1].

23. Fenômeno comum nos Livros Proféticos, cf. tb. Tb 1,3–3,6; Esd; Ne.

O caráter de composição dos textos bíblicos não representa um *unicum* na produção literária do antigo Oriente Próximo[24]. Ao mesmo tempo, a consciência desse estado das coisas induziu o desenvolvimento de critérios cada vez mais complexos de identificação das fontes ou dos estratos de composição. Às bases de tais pesquisas não raramente há "uma concepção romântica da literatura (Schleiermacher; Dilthey); o seu axioma é: somente a gênese dos textos dá aceso à intenção dos seus autores"[25]. Diferentemente, a análise narrativa não se interessa pela determinação da origem dos textos bíblicos, já que seu esforço é o de esclarecer a sua coerência, que, a propósito, se manifesta na integração de materiais de origem diversa em eficazes enredos unificantes:

> Se há uma arte da composição na Bíblia, e particularmente no nível da macronarrativa, é certamente "composta" [...]. O macrorrelato que lemos é indubitavelmente um *patchwork* de textos e de redações de origens diversas [...]. Numa aproximação a partir de certo ângulo (que Sternberg chama *"source oriented"*), os conjuntos narrativos da Bíblia revelam antes de tudo as suas costuras, sinais de uma gênese complexa; numa aproximação a partir de outro ângulo (*"discourse oriented"*), os mesmos enredos aparecem como totalidade dinâmica que integram as suas partes em um enredo (ou em vários enredos) unificante[26].

Disso decorre que, a análise dos livros que narram a história, exige duas atenções que não se excluem uma à outra, pelo contrário, devem ser constantemente integradas: uma perspectiva diacrônica e uma sincrônica.

Visto que esses livros refletem uma elaborada e multíplice obra de transmissão e um processo literário complexo de composição que em muitos casos pressupõe ainda um estágio oral[27], se deve concluir que as narrações

---

24. O exemplo mais conhecido é o da epopeia de Gilgámesh, mas basta consultar a documentação disponível (ainda que escassa) para verificar que em outras composições literárias são atestadas diversas recensões (cf. TIGAY, J.H. *The Evolution of the Gilgamesh Epic*. Wauconda: Bolchazy/Carducci, 2002).

25. MARGUERAT, D. & BOURQUIN, Y. *Per leggere i racconti biblici*. Op. cit., p. 16.

26. SONNET, J.P. "L'analisi narrativa dei racconti biblici". In: BAUKS, M. & NIHAN, C. (orgs.). *Manuale di esegesi dell'Antico Testamento* – Testi e commenti. Bolonha: EDB, 2010, p. 48 [orig. francês: 2008].

27. Cf. CARR, D. *The Formation of the Hebrew Bible* – A New Reconstruction. Nova York: Oxford University Press, 2011.

compostas por um único autor normalmente não existem ou não existem mais ou, no mínimo, são raríssimas. Portanto, buscar o significado ou os significados que o autor pretendia transmitir com o seu escrito representa uma iniciativa privada de bases concretas. Por isso, ele se concentra, acolhendo as propostas da análise narrativa, sobre a *voz narrante*[28], isto é, sobre o narrador, aquele que relata a história e guia o leitor no relato:

> Não são os próprios autores da Bíblia, quem quer que estes tenham sido, que asseguram a *narração* do seu relato – não nos fazem ouvir a sua voz ou ouvir os seus privilégios naturais. Em vão se procura caracterizar a instância narrativa do relato bíblico a partir de critérios empíricos, postulando, por exemplo, autores (que teriam sido) testemunhas daquilo que relatam. Na maior parte do *corpus* narrativo da Bíblia [...] a tarefa e o privilégio do narrador são confiados a uma instância – a do *narrador* – da qual a *persona* literária deve ser distinguida da individualidade histórica dos autores (e das escolas redacionais)[29].

Espelhado à posição do narrador está o leitor, que pode ser identificado com os destinatários originais dos livros bíblicos e, nesse caso, as ciências histórico-sociais, que lançam luzes sobre o mundo cultural no qual o Antigo Testamento foi composto, são indispensáveis para chegar a uma clara definição. Ao mesmo tempo, também no caso do leitor, não é fácil determinar com clareza os indivíduos ou a coletividade aos quais os textos eram inicialmente destinados. Todavia, essa perspectiva não deve ser ignorada, visto que, embora no momento no qual o texto saía da pena do autor ele se revista de autonomia, ainda assim, se situa diante de sua bem determinada colocação cultural originária.

Se a redação do Livro de Josué fosse contemporânea aos acontecimentos, se trataria de um monumento escrito para celebrar as conquistas alcançadas pelo grande herói e pelos hebreus da sua geração, não muito diferente nas suas motivações das numerosas inscrições e crônicas reais encontradas nas escavações do Oriente Próximo.

Caso contrário, se o Livro de Josué tivesse sido escrito na época do Rei Josias – que, ademais, tem um nome hebraico parecido com o de Josué –

---

28. Cf. GENETTE, G. *Figure III* – Discorso del racconto. Turim: Einaudi, 1976, p. 78-80 [Piccola Biblioteca].

29. SONNET, J.P. "L'analisi narrativa dei racconti biblici". Op. cit., p. 50.

poderia ter sido uma espécie de manifestação do desejo daquele rei de reunir sob um único guia político, toda a população que reconhecia como passado único a história do êxodo e a referência à YHWH como Deus nacional.

No entanto, o livro poderia ser destinado à geração do exílio para mostrar que a terra doada por YHWH, fiel às promessas feitas aos pais e ao pacto firmado no Sinai, tinha sido conquistada em uma campanha militar conduzida pelo próprio YHWH no tempo de Josué, quando Israel se demonstrou fiel às ordens divinas. Ao mesmo tempo, a narrativa de *Josué* contém as mensagens das quais o povo no exílio devia se apropriar (Js 23–24): a posse da terra estava condicionada ao respeito para com as normas do pacto do Sinai, cláusula que as gerações posteriores não souberam respeitar (cf. Js 23,11-16; 24,19-20), provocando, assim, a derrota total e a perda da terra. Nessa última perspectiva, a imagem de Israel veiculada no Livro de Josué representa o projeto que a nova comunidade que surgiu depois da experiência do exílio, deverá realizar. Todas essas perspectivas podem ser obtidas por uma leitura atenta do texto, mas o que se conclui é que elas dependem de hipóteses históricas, que na maior parte dos casos não se obtêm somente da obra em questão.

Mas, deve ficar claro que a alternativa seria ler os textos bíblicos extrapolando o seu contexto cultural, que não é apenas o do leitor atual. A abordagem narrativa está atenta à relação que se estabelece entre narrador e leitor, mas por vezes corre o risco de se reduzir à relação entre a Bíblia e o leitor contemporâneo, esquecendo que a resposta dos leitores antigos aos traços específicos das narrações bíblicas não era a mesma que a atual.

> A retórica narrativa, como qualquer outra retórica, objetiva criar uma certa impressão sobre o ouvinte ou sobre o leitor, e essa impressão é enfraquecida ou confundida pelo leitor que ignora os pressupostos dos textos. Certo conhecimento do ambiente cultural e social que a retórica pressupunha e ao qual se dirigia – no qual o autor (ou os autores) fizeram suas escolhas – é essencial para assumir o papel do "leitor implícito" (i. é, o leitor que a narrativa mirava e do qual pressupunha as competências)[30].

---

30. PARKER, S.B. *Stories in Scripture and Inscriptions* – Comparative Studies on Narratives in Northwest Semitic Inscriptions and the Hebrew Bible. Oxford: Oxford University Press, 1997, p. 4.

A literatura histórica de Israel e a historiografia antiga

Existem numerosos livros e artigos que procuram tratar o problema de como é possível escrever a história. A vastidão dessa literatura reflete a preocupação dos historiadores em relação a sua obra sempre que se torna uma voz autoral, isto é, a lente através da qual o leitor observa um momento particular do passado[31].

A questão sobre *como se pode escrever a história* não é estranha à condição dos livros dos quais estamos tratando. Estes, de fato, têm a pretensão de abrir janelas sobre o passado (não raramente recorrem aí afirmações do tipo: "isso permanece até os dias de hoje", ou ainda, "naquele tempo se fazia ou se dizia assim...") e de permitir ao leitor que se conecte com ele. Ao mesmo tempo, um dos limites em relação à consideração do seu valor historiográfico é determinado pelo fato de que com frequência esses textos são confrontados com a abordagem atual da ciência histórica, esquecendo que os autores antigos, assim como os historiadores modernos, atuavam em condições históricas que marcaram os seus relatos e se serviam de modelos e de quadros interpretativos determinados pelos interesses da sua época. A própria variedade de gêneros literários presentes nos textos bíblicos mostra que até mesmo sobre o plano literário eles não correspondem aos cânones da historiografia moderna

Por muito tempo os textos bíblicos – não apenas os Livros Históricos – foram considerados a principal fonte para apresentar a história do Israel antigo e do antigo Oriente Próximo. Todavia, as descobertas arqueológicas e epigráficas realizadas nos últimos dois séculos, contribuíram para melhor esclarecer a natureza dos textos bíblicos como fontes para a pesquisa histórica. Enquanto a documentação material e literária proveniente das escavações apresenta fontes de primeira mão (cartas, materiais de arquivo, anais, contratos privados, tratados internacionais, dedicatórias, orações e rituais), as fontes bíblicas são documentos literários que atravessaram uma longa história de composição, redação e reprodução[32]. Ao mesmo tempo, para os textos bíblicos e para todos os outros achados que chegaram a nós do passado, vale

---

31. VAN DE MIEROOP, M. *Cuneiform Texts and the Writing of History.* Londres/Nova York: Routledge, 1999, p. 1.

32. Cf. BURROWS, M. "Ancient Israel". In: DENTAN, R.C. (org.). *The Idea of History in the Ancient Near East.* New Haven/Londres: Yale University Press, 1955, p. 101-102.

a premissa que "o que restou do passado, textos e manufaturas, não é idêntico ao passado. A história não é idêntica às fontes. A história tampouco são as fontes, uma ideia aceita já no século XIX"[33]. A noção positivista de história que a identifica com os *fatos do passado* e que considera a historiografia como um resumo dos fatos, parte de uma confusão entre o fato em si e a verdade; mas, na historiografia não são oferecidos *bruta facta*, mas somente fatos interpretados e expressos (articulados) numa trama historiográfica.

Em uma importante contribuição[34], J. Huizinga mostrou como a palavra *história* não significa em primeiro lugar ciência em sentido moderno, mas exprime: 1) o que aconteceu; 2) o relato do que aconteceu; 3) a ciência que se empenha em fornecer esse relato. No uso comum da língua, predomina o segundo significado, enquanto o primeiro perdeu muito de sua importância, dando lugar ao *acontecimento*. Além disso, se sublinha o seu caráter de ciência, distinguindo entre ciência histórica e historiografia. No entanto, é evidente que a maior parte dos grandes historiadores do passado só podem de modo forçado se encaixar nessas definições apresentadas, por isso Huizinga convida a formular a noção de história não a partir da história como ciência moderna, mas da história *como manifestação cultural*, se perguntando o que seria a constante forma e função de tal manifestação[35].

A história, compreendida nesse sentido, não narra o passado, uma vez que "ela não oferece nada além de uma certa representação de um certo passado": não é reconstrução ou reprodução de um passado dado, visto que "um passado não é *dado*. É dada unicamente a tradição". A história é uma atividade do espírito – como a filosofia e a literatura – mas se distingue das outras atividades "pelo fato de que ela se refere ao passado e unicamente ao passado, ou seja, pretende compreender o mundo *no* e *através* do passado"[36]. O modo de agir da história em relação ao passado pode ser definido de melhor modo como *tomar consciência* e é aplicado por cada um "segundo

---

33. KNAUF, E.A. "From History to Interpretation". In: EDELMAN, D.V. (org.). *The Fabric of History* – Text, Artifact and Israel's Past. Sheffield: Sheffield Academic Press, 1991, p. 27 [Journal for the Study of the Old Testament – Supplement Series, 127].

34. HUIZINGA, J. "Intorno a una definizione del concetto di storia". In: HUIZINGA, J. *Civiltà e Storia* – Studi sulla teoria e il metodo della storia, studi sulle idee storiche (Epoche e viaggi). Modena/Roma: Guanda, 1946, p. 123-139.

35. Cf. ibid., p. 129-130.

36. Ibid., p. 132.

as normas com as quais o endereçam a sua cultura e as suas ideias sobre a vida"[37]. De fato, em toda cultura, o interesse histórico é determinado pela pergunta sobre quais sãos as coisas que lhe importam. Isso significa que a perspectiva histórica de uma cultura depende da visão que esta tem. Por isso a definição proposta por Huizinga: "a história é a forma espiritual pela qual uma cultura toma consciência do seu passado"[38].

Nesse sentido, J. Van Seters propôs a distinção entre *history writing* e *historiography*. A primeira definição corresponde à noção de história de Huizinga e inclui aquelas obras com as quais uma civilização ou uma nação procurou tomar consciência do seu passado coletivo, enquanto a segunda, representa um termo genérico para indicar todos os textos "que fazem referência a eventos passados ou que refletem uma certa consciência do passado"[39] (anais, listas reais, relatos de batalhas etc.). Esse segundo tipo se encontra em todo os países do antigo Oriente Próximo, enquanto o primeiro é atestado somente em Israel e na Grécia. Enquanto forma do espírito, a história (*history writing*) se revela como atividade intelectual: desse modo, Heródoto se empenha na pesquisa, recolhe informações em primeira mão e tradições, legendas e mitos de povos locais sobre os quais escreve (*historía* em grego significa "procura"). Além disso, Heródoto reelabora o material recolhido e o dispõe numa sequência unificadora, distinguindo-se assim dos narradores precedentes. Como sublinha no início de sua obra, a tarefa fundamental que ele persegue é a de salvar os fatos do esquecimento, ou seja, proteger a memória histórica da ação devastadora do tempo, fixando-a mediante a escritura[40]. Portanto, a história antiga não é o resultado de um acumulado gradual de tradições, como geralmente se pensa, mas representa o produto deliberado de uma sociedade alfabetizada e a criatividade literária desempenhou um papel importante na sua composição.

---

37. Ibid., p. 133.

38. Ibid., p. 136.

39. VAN SETERS, J. *In Search of History* – Historiography in the Ancient World and the Origins of Biblical Historiography. Winona Lake: Eisenbrauns, 1997, p. 2.

40. Assim recita o início da obra de Heródoto: "Essa é a exposição da pesquisa de Heródoto de Halicarnasso, a fim de que as ações dos homens não se percam com o tempo e as grandes e maravilhosas iniciativas cumpridas tanto por gregos quanto por bárbaros, não se privem de fama, e em particular os motivos pelos quais combateram uns contra os outros" (HERÓDOTO. *Le storie*. Vol. I. Turim: UTET, 2006, p. 59).

A história é uma forma culta (*literata*) da tradição, o produto da alfabetização (*literacy*), embora nem todas as culturas tenham chegado a compor uma verdadeira e própria história. [...] Nas sociedades não alfabetizadas a tradição cultural tende a ser homeostática, isto é, a manter um certo equilíbrio orgânico através do processo da tradição oral, o qual esquece e transforma aquelas partes da tradição que deixam de ser necessárias ou importantes. Desse modo, a tradição oral permite uma transformação social com um mínimo senso de continuidade. Diferentemente, em uma sociedade alfabetizada a cultura tradicional continua a crescer, tanto que acumula os níveis mais antigos da tradição, sem esquecê-los ou suprimi-los. Uma consequência da acumulação literária é uma certa consciência do processo histórico no desenvolvimento da tradição e do fato da mudança[41].

Acolhendo as perspectivas apresentadas acima, é possível identificar alguns traços que permitem um uso apropriado dos assim chamados Livros Históricos, evitando absolutizá-los como relatos pontuais de acontecimentos ou desacreditando-os como pura invenção: "todos nós sofremos uma 'lavagem cerebral' pelo historicismo alemão e, consequentemente, tendemos a classificar todo o material escrito nas categorias de verdadeiro, isto é, histórico, e não verdadeiro, isto é, inventado"[42]. A pesquisa histórica contemporânea que se ocupa dos acontecimentos narrados na Bíblia pertence ao setor da pesquisa denominado *História do antigo Oriente Próximo* e a tarefa dos historiadores que se ocupam desse setor não é diferente dos outros: eles devem afrontar as fontes disponíveis com atitude crítica, inclusive os textos bíblicos. A narrativa bíblica, mesmo atestado a história, precisa ser validada propriamente pelo que é, ou seja, narrativa. Isso exige que se respeite e compreenda que a verdade narrativa é diferente da história convencional, mas *não* é uma verdade menor.

Um olhar sobre os Livros Históricos mostra que se trata frequentemente de relatos que não têm a pretensão de analisar os fatos, mesmo que tenham

---

41. VAN SETERS, J. *In Search of History*. Op. cit., p. 3-4.

42. BARSTAD, H. "History and the Hebrew Bible". In: GRABBE, L.L. (org.). *Can a "History of Israel" Be Written?* Sheffield: Sheffield Academic Press, 1997, p. 53 [Journal for the Study of the Old Testament – Supplement Series, 245].

caráter descritivo – e, às vezes, prescritivo – além de teológico e didático. Se boa parte da pesquisa contemporânea admite que os livros de Josué a Reis constituem na sua forma final uma obra contínua (a assim chamada *História Deuteronomista*), não é difícil identificar a ocasião histórica que teria determinado sua natureza e intenção: se tratava de explicar a situação na qual o reino de Judá se encontrava após a destruição gerada pelos babilônicos em 587. A tomada de Jerusalém por Nabucodonosor e a deportação da classe dirigente de Judá são apresentadas como punição do Deus nacional YHWH pelas transgressões e as violações das leis divinas por parte dos reis e do povo durante a permanência na terra doada pelo próprio YHWH. Portanto, se trataria de uma história nacional, não muito diferente das que conhecemos em outros contextos culturais, que, aliás, incluem também motivos comuns[43]. Mesmo não representando a reconstrução pontual dos acontecimentos, não se pode tampouco reduzi-la a mera invenção[44]:

> é a disposição dos elementos que é inventada, mas disso não decorre que – como escolheram crer alguns estudiosos – não tenha havido de fato um antigo "reino" de Israel. Também outras histórias nacionais [...] foram escritas em formas bastante esquematizadas. Todavia, isso não significa que as "pessoas" das quais essas histórias falam não tenham existido antes que sua história tenha sido escrita[45].

A história narrada na Bíblia não é, portanto, mera invenção, mas contém uma mescla de história e invenção. Além disso, o fato de que a Bíblia seja mais vizinha da literatura que da história em sentido científico, não a torna menos "histórica", ou impede que ela represente a realidade do passado.

Uma outra característica da historiografia bíblica, que também a aproxima da historiografia grega, é a de ser a expressão literária da reação de uma cultura específica à propaganda dos impérios orientais, que era efetuada seja

---

43. Entre os motivos comuns estão a imigração, o assentamento, a Idade do ouro, a degeneração e a regeneração (cf. HUTCHINSON, J. *The Dynamics of Cultural Nationalism* – The Gaelic Revival and the Creation of the Irish Nation State. Londres: Allen & Unwin, 1987, p. 125-126). Para a comparação com as fontes mesopotâmicas, cf. LIVERANI, M. *Oltre La Bibbia* – Storia Antica d'Israele. Roma/Bari: Laterza, 2003 [trad. bras.: *Para além da Bíblia*: História antiga de Israel. São Paulo: Paulus/Loyola, 2008].

44. É significativo que o próprio Liverani, que inclusive distingue entre *uma história normal* e *uma história inventada*, utilize na primeira parte (a história normal) vários trechos da Bíblia igualmente inacessíveis à pesquisa histórica. Isso mostra que a distinção entre real e inventado requer um atento esclarecimento, para não cair no maximalismo, embora crítico.

45. BARSTAD, H. "History and the Hebrew Bible". Op. cit., p. 57.

por meio de inscrições em monumentos, seja por meio de anais e crônicas reais[46]. A parte do Antigo Testamento que melhor exprime a reação aos impérios antigos é certamente constituída pela literatura profética, mas o mesmo se pode afirmar sobre os textos históricos nos quais emerge a consciência de Israel de assumir um papel peculiar dentro do contexto político mundial, fundado sobre o relacionamento que se estabeleceu ao longo da história entre esse povo e YHWH. O confronto com os impérios é, aliás, o motivo dominante da narrativa que constitui o coração da Torá, isto é, o conflito entre YHWH e o Egito. Esse confronto reaparecerá com a chegada dos impérios neoassírio, neobabilônico e persa no cenário histórico.

Um interessante termo de comparação se dá com o surgimento da historiografia grega como reação ao conflito com o Império Persa. Como ilustrou A. Momigliano, essas historiografias não se explicam somente considerando os elementos claramente orientais que as sinalizam, isto é, os motivos e os temas retomados nelas:

> O que é decisivo é a reação comum dos gregos e dos hebreus às crônicas reais dos impérios orientais. Nos tempos pré-exílicos, os hebreus tinham elaborado crônicas dos seus reis. O autor ou os autores dos atuais livros dos Reis as utilizaram. Mas os livros dos Reis que nós lemos hoje, não são comparáveis com as ordinárias crônicas reais que conhecemos da Assíria e que, se pode presumir, tenham existido também na Pérsia. Os livros dos Reis são um registro de eventos conexos com a relação entre YHWH e a nação hebraica como conjunto [...]. Na Grécia, nas origens da historiografia, as crônicas desempenharam um papel modesto, se é que tiveram algum. Livros sobre nações particulares e relatos de grandes guerras quase certamente precederam a história local. Graças a Heródoto e Tucídides, os gregos desenvolveram aquela que será a historiografia que lhes caracterizará, a história de um grande evento histórico ou a de uma ou mais cidades nos seus envolvimentos internos e nas guerras externas. Partindo de pressupostos muito diversos, os gregos e os hebreus desenvolveram um tipo de história que não era crônica de reis ou de heróis como indivíduos, mas crônica de uma comunidade política. Ambos os tipos de história política, hebraico e

---

46. Sobre a propaganda dos impérios do Oriente Próximo, cf. LIVERANI, M. *Guerra e diplomazia nell'Antico Oriente – 1600-1100 a.C.* Roma/Bari: Laterza, 1994 [Collezione storica].

grego, romperam com o modelo persa ou, de modo mais genérico, com o oriental, centrado sobre as empresas do rei ou dos heróis individuais: esses expressaram a vida de sociedades que deliberavam e agiam com escopos claros e sob orientação de homens visionários[47].

No entanto, o que distingue o relato da história em Israel em relação a outras tradições culturais é a relevância que ela assumiu na construção da identidade nacional. O relato dos acontecimentos históricos não se apresenta apenas na sua dimensão informativa em relação ao passado. Ele pretende, na verdade, dar forma a uma sociedade, situando-a no cenário da história universal e reservando-lhe um lugar e um papel. Diferentemente de outras culturas[48], os hebreus viram na história o ponto de referência imprescindível para compreender a própria relação com Deus e com a realidade em geral.

Nas narrativas históricas sobressaem ainda dois aspectos que caracterizam a apresentação bíblica, mesmo que não de forma exclusiva como já se supôs.

O primeiro aspecto é o protagonismo da divindade e do povo, embora a estrutura aparente dos textos, coloque com frequência a ênfase sobre indivíduos particulares (p. ex., os reis). O primeiro personagem mencionado em um relato é Deus (Gn 1,1), assim como é evidente, desde os relatos de Abraão, que o ponto de vista se dirige ao futuro, isto é, para a sua descendência (Gn 12,7; 15,18-21) na qual as promessas divinas que dão início às suas travessias, serão cumpridas. E é igualmente singular o fato de que quando o fato narrado se refere a gerações seguintes, os escritos mais recentes apelam aos modelos históricos antigos para dar razão aos fatos atuais: veja-se o Livro de Ester em relação ao êxodo[49] e as repetidas referências dos protagonistas à história do povo no Livro de Judite[50] e no Primeiro Livro dos Macabeus.

O segundo aspecto que caracteriza o Antigo Testamento é a unidade da sequência narrativa. O leitor passa do início do tempo à consideração sobre

---

47. MOMIGLIANO, A. *Le radici classiche della storiografia moderna*. Florença: Sansoni, 1992, p. 22-23.

48. "Os gregos amavam a história, mas nunca fizeram dela o fundamento da sua vida. [...] Para o hebreu bíblico, a história e a religião eram uma só coisa. Essa identificação, através dos evangelhos, nunca perdeu a importância para a civilização cristã" (Ibid., p. 26-27).

49. Cf. GERLEMAN, G. *Esther*. Neukirchen-Vluyn: Neukirchener, 1982, p. 11-23.

50. Cf. Jt 5 (Aquior com Holofernes); Jt 8 (Judite em relação à sua nacionalidade); Jt 9 (a oração na qual Judite pede a Deus que renove o gesto heroico do seu pai, Simeão).

as várias épocas da história, para chegar, através das imagens proféticas, até a conclusão e o cumprimento do tempo. O enquadramento cronológico transforma relatos episódicos em momentos de um desenvolvimento histórico sucessivo e isso vale também para o material profético que assim integra-se à cronologia da história de Israel ao mesmo tempo em que se refere a situações específicas. A história narrada, embora se concentre em grande parte sobre eventos e personagens singulares, tem, portanto, a intenção de ser *a história*, isto é, a chave para compreender a história universal. A narração da história – e a sua colocação por escrito – se torna, então, uma necessidade, a fim de que o povo não sucumba na sua fidelidade para com o seu Deus e o próprio Deus não seja reduzido a um dos tantos deuses.

Como se afirma no Sl 78,7, por exemplo, o passado é contato para evocar uma memória que motiva um agir que atesta a fidelidade àquele que se revelou naquela história (ou que nela foi reconhecido) como o verdadeiro motor dos eventos. O relato se constrói também mediante a *leitura* do que foi posto por escrito, como se pode perceber nas diversas ocasiões nas quais se coloca dá relevo a função do livro (cf. Ex 24; Dt 34; Js 24,25-26; 2Rs 22; Esd 8,1-18). Nos momentos decisivos se estabelece uma relação com passado, através do relato ou da leitura, e isso faz com que o povo (ou o leitor que se coloca *hoje* na situação do povo) compreenda o momento histórico que se está vivendo no que tange os seus riscos e suas potencialidades.

Assim, o povo e o leitor são postos frente a frente com a escolha fundamental que se exprime na adesão à aliança como bem ilustra Ne 9–10: o episódio narra como os moradores (*filhos de Israel*, cf. 9,2) da província de Y^{e}húd se empenharam para "caminhar na Lei de Deus dada por meio de Moisés, servo de Deus" (10,30), depois de se separarem do todos os estrangeiros e terem confessado os seus pecados e o pecado de seus pais com uma longa oração que recorda os episódios mais relevantes do povo de Abraão até a situação atual de submissão ao poder persa (9,2-37).

O protagonismo de Deus na história narrada levou diversos intérpretes a identificarem nisso o traço da especificidade do relacionamento que Israel teria construído com a história. Particularmente, na esteira da grande síntese teológica de G. von Rad[51], a história foi compreendida como o lugar privi-

---

51. Cf. VON RAD, G. *Teologia dell'Antico Testamento I* – Teologia delle tradizioni storiche d'Israele. Paideia: Bréscia 1972 [orig. alemão: 1957] [Biblioteca teológica, 6] [trad. bras.: *Teologia do Antigo Testamento*. São Paulo: Aste, 2015].

legiado da experiência de Deus, aliás, como a *única* categoria da revelação *apropriada* ao Deus de Israel[52]. No entanto, numerosos estudos têm corrigido essa impostação, seja mostrando que os elementos formais tidos como originários da tradição bíblica estão presentes também em outras expressões historiográficas[53], seja evidenciando como também no mundo ao redor de Israel "os deuses se manifestassem em eventos históricos, especialmente na guerra, como os deuses exercitassem sua soberania, em particular no rei como seu representante, como a sua palavra potente se realizasse enquanto ação tanto em âmbito privado quanto público, como, enfim, os deuses agissem sobre a base de projetos e objetivos e, fazendo isto, se deixassem tomar por sentimentos como a ira, a misericórdia, a justiça"[54].

Isoladamente, os eventos não revelam as intenções divinas, como sublinha Albrektson, pois

> nenhum evento isolado pode decidir qual seja a alternativa justa. Os eventos são mudos – ou, ainda melhor, ambíguos. Deve-se acrescentar algo aos eventos: a *palavra* da revelação, que pode dizer respeito à história, mas não pode ser meramente deduzida da história. [...] Claramente, não podemos definir essa revelação *na* história. Trata-se ao contrário, de uma revelação *relativa* à história. [...] O conhecimento de Israel sobre as intenções divinas na história não é obtido através da história, mas através da palavra divina sobre a história[55].

---

52. A reflexão teorética em campo teológico teve como seu expoente mais conhecido W. Pannenberg: cf. PANNENBERG, W.; RENDTORFF, R.; RENDTORFF, T. & WILCKENS, U. *Rivelazione come storia*. Bolonha: EDB, 1969 [Epifania della Parola].

53. CANCIK, H. *Grundzüge der hethitischen und alttestamentlichen Geschichtsschreibung*. Wiesbaden: Harrassovitz, 1976.

54. ZENGER, E. "Peculiarità e significato delle narrazioni storiche d'Israele". In: ZENGER, E. (org.). *Introduzione all'Antico Testamento*. 2. ed. Bréscia: Queriniana, 2013, p. 287.

55. ALBREKTSON, B. *History and the Gods* – An Essay on the Idea of Historical Events as Divine Manifestations in the Ancient Near East and in Israel. Lund: Gleerup, 1967, p. 118-119.

2

Do Livro de Josué ao Segundo Livro dos Reis
Conquista e perda da terra

Dos Profetas Anteriores à historiografia deuteronomista

Conforme indicado no capítulo anterior, a tradição hebraica define como "Profetas Anteriores" os livros que vão do Livro de Josué ao Segundo Livro dos Reis (desconsiderando Rute, colocado entre os Escritos). Enquanto o título "profetas" é atestado desde a época helenista no prólogo da tradução grega da Sirácida (e em seguida por Flávio Josefo, Fílon e pelo Novo Testamento), a divisão da segunda parte do Antigo Testamento em "Profetas Anteriores" (*nᵉbi'ím ri'shoním*) e "profetas Posteriores" (*nᵉbi'ím 'acharoním*) é muito mais recente e é documentada a partir da Idade Média (cf. *bSoṭah* 4b), mesmo que relacionando a primeira designação às afirmações do Profeta Zacarias (cf. Zc 1,4; 7,7).

A tradição cristã, mesmo não reconhecendo que os principais personagens das histórias narradas demonstram traços proféticos, dá, por sua vez, acento ao conteúdo narrado nesses escritos, os quais narram a história do povo de Israel desde seu ingresso nas terras de Canaã, até a invasão babilônica, que teve como consequência o fim do reino de Judá e a deportação de um núcleo consistente da população. Estes livros contemplam um arco temporal bastante amplo que pode ser dividido em quatro etapas:

a) época da conquista (Js);

b) época precedente à monarquia (Jz; cf. 21,25: "naquele tempo não havia rei em Israel");

c) época do início da monarquia (1-2Sm e 1Rs 1–11);

d) época dos dois reinos (1Rs 12–2Rs 25).

As quatro etapas apresentam algumas correspondências interessantes: de fato, enquanto as épocas *a* e *c* são narradas com tons épicos e têm como protagonistas personagens que tanto em nível político-militar quanto em nível religioso são apresentados como modelos, as épocas *b* e *d* descrevem situações de progressiva degeneração e muitos protagonistas são caracterizados como antimodelos. À degeneração narrada em *b*, Deus responde – inclusive cumprindo um pedido do povo – com a instituição da monarquia, enquanto à época narrada em *d* a resposta divina é a derrota frente ao inimigo e o fim da independência política.

Em relação a essa periodização, os historiadores têm sustentado importantes reservas, no que concerne os eventos narrados singularmente, mas também em relação à apresentação do conjunto[56]. Contudo, é oportuno esclarecer qual função pretende desempenhar essa apresentação da história de Israel a partir de seu ingresso na terra de Canaã. Na verdade, se constata aqui uma sequência histórica que confirma as profecias, especialmente aquelas contidas no Livro do Deuteronômio, as quais não são apenas positivas, mas incluem também a ameaça da perda da terra doada por Deus, visto que antes mesmo de entrar na terra, os filhos de Israel são admoestados em relação às consequências da sua desobediência à Lei promulgada por YHWH por meio de Moisés (cf. Dt 28). Se, de fato, a parte conclusiva de Josué atesta o cumprimento da promessa a respeito do dom da terra (Js 23,14; 24,13) que o Pentateuco remete aos antepassados do povo (cf. Gn 12,7; 15,18-19), a sequência das histórias na terra, culmina com o cumprimento da ameaça contida em Dt 28,63-64: "Sereis arrancados do solo em que estás entrando a fim de tomares posse dele. O Senhor te dispersará por todos os povos, de um extremo ao outro da terra" (cf. 2Rs 17; 25). A sequência atual tem, portanto, uma função clara: oferecer uma interpretação teológica da história de Israel, à luz dos compromissos assumidos através do pacto com Deus selado no Sinai e reconfirmado nas estepes de Moab pelos discursos de Moisés contidos no Livro do Deuteronômio. Um indício de que a forma atual da narração apresenta essa orientação pode ser percebido,

---

56. Cf. LIVERANI, M. *Oltre La Bibbia*. Op. cit., p. 88-222. • FINKELSTEIN, I. *Il regno dimenticato* – Israele e le origini nascoste della Bibbia. Roma: Carocci, 2014.

entre outros aspectos, nos discursos dos protagonistas ou nas reflexões dos narradores em pontos-chave da narrativa (cf. Js 1,2-9; 23; Jz 2,6-22; 1Sm 12; 1Rs 8; 2Rs 17).

Note-se que a conclusão da história deixa em aberto várias opções interpretativas. De fato, os trechos conclusivos tratam da libertação do último rei – ao menos na perspectiva judaica – na Babilônia no ano 562 (cf. 2Rs 25,27-30) e isso levantou a pergunta se essa cena não poderia ser compreendida como esperança em relação ao restabelecimento da dinastia davídica, em relação à promessa divina de 2Sm 7. Segundo essa perspectiva, a nota conclusiva sobre a libertação do rei exprimiria implicitamente a espera em uma futura intervenção divina a favor do seu povo[57].

Todavia, uma vez admitida a relação entre as histórias narradas nos Livros Históricos e a teologia expressa no Deuteronômio, se deve reconhecer que a monarquia não faz parte das instituições que caracterizam o povo da aliança. Ao contrário, ela é apresentada por Moisés como consequência do desejo do povo (cf. Dt 17,14), e a legitimidade de um rei depende de algumas condições fundamentais dentre as quais, em particular, a referência ao Livro da Torá às disposições do qual o rei deverá se ater a fim de que seu reino seja próspero (cf. Dt 17,15-20). Nas histórias dos reis de Judá e Israel esse relacionamento entre rei e Torá tem seu vértice em Josias, quando se descobre o Livro da Torá no Templo e o rei põe em prática uma reforma cultual e religiosa (2Rs 22–23). Mas deve-se ter presente um dado interessante que oferece provavelmente um olhar sobre a formulação desses textos: as referências à Torá (em particular a ela como livro) se encontram no início e no final do percurso narrativo[58]; mas, enquanto são narradas as ações dos juízes e dos primeiros reis de Israel, a Torá fica em segundo plano e não é feita nenhuma referência explícita com a finalidade de formular um juízo sobre as obras do rei ou do povo. Trata-se de um modelo expositivo em parte presente também em 1Sm 8–12, onde são narrados os inícios da experiência monárquica e o

---

57. Cf. VON RAD, G. "Die deuteronomistische Geschichtstheologie in den Königsbüchern". In: VON RAD, G. *Deuteronomium-Studien*. Göttingen: Vandenhoeck & Ruprecht, 1947, p. 52-64.

58. A referência à Torá é reiterada em Josué (1,7-8; 8,31-32.34; 17,13; 22,5; 23,5; 24,26), enquanto em Juízes e em 1–2Samuel é completamente ausente. A única referência em 1Reis é nas palavras que Davi dirige a Salomão no momento de sua morte (2,3). Em Reis, ao contrário, se assiste a reiteradas referências (10,31; 14,6; 17,34.37; 21,8), descrevendo especialmente a atividade do Rei Josias (22,8.11; 23,25).

percurso que levou à escolha do primeiro rei. Também nesse caso, a narração apresenta um enquadramento no qual se ressalta um julgamento negativo sobre a forma institucional escolhida (em 1Sm 8, Samuel expõe o direito – as exigências – do rei; em 1Sm 12, o mesmo Samuel elenca as condições para que essa nova situação perdure); esse enquadramento engloba, no entanto, um percurso narrativo que conduz à escolha do rei como resposta eficaz a uma situação bélica igualmente insolúvel (1Sm 9–11).

A forma literária também apresenta diferenciações interessantes:

– O Livro de Josué inclui materiais de gêneros diversos: Js 2–11 contém episódios que derivam com grande probabilidade da tradição narrativa do povo, por vezes relacionadas a lugares bem definidos ou a áreas geográficas, enquanto Js 13–21 inclui listas, que poderiam ter origem de caráter administrativo, ainda que algumas traiam com frequência sua possível origem na erudição escriba. O livro se conclui em seguida com dois discursos do protagonista (Js 23–24).

– O Livro dos Juízes também apresenta uma composição peculiar que aparece como resultado da coleção de tradições diferentes e determinadas por pontos de vista bastante diversos. É possível indicar uma subdivisão do livro, inicialmente já do ponto de vista formal: 1,1–2,5 tem a função de introdução; o corpo do livro (2,6–16,31) trata a respeito dos "juízes", contudo não numa sequência temporal, mas em uma série de episódios que, seja pela ambientação geográfica, seja pela sequência dos dados cronológicos, se apresentam essencialmente como autônomos; Jz 17–21 serve como apêndice e incorporam tradições antigas.

– Os livros de Samuel, ao contrário, e os livros dos *Reis*, expõem em uma linha narrativa contínua o caminho que levou à formação dos dois reinos e à sua dissolução, mas uma observação mais detalhada mostra que as diversas parte que os compõem manifestam com frequência uma importante autonomia, a tal ponto de serem consideradas por muitos intérpretes como blocos independentes de tradições[59]:

• A referência às ações de Samuel (1Sm 1–7) onde ele é apresentado como profeta de YHWH (1Sm 3,20), mas também como último juiz (1Sm 7,6.15).

---

59. Cf. RÖMER, T. *Dal Deuteronomio ai libri dei Re* – Introduzione storica, letteraria e teologica. Turim: Claudiana, 2007, p. 13-16.

• A ascensão de Saul ao trono (1Sm 8–12) que apresenta versões diferentes do modo pelo qual Saul se tornou rei de Judá e Israel (cap. 10–11).

• O declínio de Saul (1Sm 13–15)[60], que prefigura a sorte futura do reino (a dicotomia Norte-Sul, na qual o Reino do Norte é assinalado com uma mancha original: o culto ilegítimo praticado em nítido contraste com o código deuteronomista; o fim da experiência monárquica já que os preceitos divinos foram descumpridos).

• A história de Davi narrada em 1Sm 16–2Rs 2,11 é muitas vezes distinta em duas grandes seções[61]: a primeira trata da ascensão de Davi ao trono (1Sm 16–2Sm 5), na qual se ressalta o ciúme de Saul em relação ao seu rival, que contrasta com o comportamento dos seus filhos, Jônatas e Micol em relação a Davi[62]; 2Sm 6–8 inclui, por sua vez, alguns blocos independentes de tradições diferentes que fazem uma ponte para a seção seguinte: o *relato da arca* (cap. 6); o *oráculo de Natã* (cap. 7), o elenco dos sucessos militares de Davi e o de seus funcionários (cap. 8).

• A segunda parte da história de Davi (2Sm 9–1Rs 2) é frequentemente chamada de *história da sucessão ao trono de Davi*[63] ou *história da corte* (designação mais aceita atualmente): o realismo que caracteriza essa narração fez com que se sugerisse que ela fosse lida como escrito propagandístico para legitimar a ascensão de Salomão ao trono, embora hoje a sua unidade e época de composição tenham sido novamente colocadas em questão. De

---

60. Sobre a coerência literária da narração, cf. LONG, V.P. *The Reign and Rejection of King Saul* – A Case of Literary and Theological Coherence. Atlanta: Scholars Press, 1989 [Society of Biblical Literature Dissertation Series, 118].

61. Sobre essas seções, cf. DE PURY, A. & RÖMER, T. (orgs.). *Die sogenannte Thronfolgegeschichte Davids*. Friburgo/Göttingen: Vandenhoeck & Ruprecht, 2000 [Orbis Biblicus et Orientalis, 176]. • AULD, A.G. & EYNIKEL, E. (orgs.). *For and Against David* – Story and History in the Books of Samuel. Leuven: Peeters, 2010 [Bibliotheca Ephemeridum Theologicarum Lovaniensium, 232].

62. "Um traço típico dessa composição é que as tradições paralelas foram unificadas num conjunto (1Sm 18,10.11 e 19,9.10; 18,17-19 e 18,20-29; 19,1-7 e 20,1-42; 21,11-16 e 27,1–28,2; 24,1-23 e 26,1-25). O exemplo mais conhecido disso é que Davi, de acordo com uma tradição, chegou à corte de Saul graças a sua capacidade musical (16,14-23), enquanto em outra, Saul toma conhecimento dele somente graças à sua vitória sobre Golias (17,1-58)" (HENTSCHEL, G. "I libri di Samuele". In: ZENGER, E. (org.). *Introduzione all'Antico Testamento*. Op. cit., p. 402 [ed. bras.: *Introdução ao Antigo Testamento*. São Paulo: Loyola, 1998].

63. O clássico estudo de ROST, L. *Die Überlieferung von der Thronnachfolge Davids*. Stuttgart: Kohlhammer, 1926 [Beiträge zur Wissenschaft vom Alten und Neuen Testament, 42].

qualquer modo, chama a atenção a apresentação de Davi como um rei fraco e impotente frente às intrigas da corte das quais está circundado, uma apresentação que contrasta com aquela de um político inteligente e de um hábil líder das seções anteriores.

• A história de Salomão (1Rs 3–11) apresenta uma estrutura bipartida, determinadas pelas duas aparições divinas ao rei (3,4-15; 9,1-9): na primeira parte Salomão é apresentado como rei exemplar e piedoso (1Rs 3–8), na segunda (1Rs 9–11), mesmo ressaltando a pompa e os sucessos de Salomão, a descrição culmina com a sua apostasia, devida ao fato de que ele se deixou influenciar por mulheres e divindades estrangeiras (1Rs 11).

• Em seguida, se apresenta a história paralela dos dois reinos e esse conjunto pode ser definido como *história dos reis de Israel e de Judá* (1Rs 12–2Rs 17): a sua característica consiste em um enquadramento constituído por notas introdutórias e conclusivas sobre cada um dos reis, elaboradas com base em um esquema fixo que é quebrado somente quando o desenrolar dos fatos exige. A conclusão (2Rs 18–25) é dedicada ao último período do reino de Judá até a conquista de Jerusalém pelos babilônicos e a concessão da graça a Joaquim (2Rs 25,27-30). Nessa tratativa sobre os reis, há numerosos relatos sobre os profetas (particularmente sobre Elias e Eliseu: 1Rs 17–2Rs 8; Isaías: 2Rs 19–20) que revelam uma origem independente do contexto no qual hoje estão inseridos.

As características evidenciadas até aqui mostram de um lado que não há um verdadeiro corte narrativo entre o Pentateuco e os sucessivos Livros Históricos, de outro, indicam que há uma clara ligação entre os Livros Históricos e os últimos livros do Pentateuco em particular: "os pontos em comum vão desde a linguagem, conteúdos como a adoração exclusiva de YHWH e a observância à Torá, até complexos expositivos (p. ex., as leis do curso da história como fidelidade à fé e apostasia, que conduzem à bênção ou à maldição) e a esquemas compostos (p. ex., o esquema promessa-cumprimento) que são sugeridos em diversos planos"[64]. A relação com o Livro do Deuteronômio e os pontos em comum entre os livros tem sido um estímulo a identificar os critérios que motivaram a composição dessa obra.

---

64. BRAULIK, G. "Teorie sull'opera storica deuteronomistica (DtrG) e sviluppi nella ricerca". In: ZENGER, E. (org.). *Introduzione all'Antico Testamento*. Op. cit., p. 331.

Da mesma forma para o Pentateuco, também para os "Profetas Anteriores" os rabinos identificaram os autores com os próprios protagonistas dos livros, ou com os contemporâneos aos fatos narrados. Assim se afirma no Talmude Babilônico: "Josué escreveu o livro que tem o seu nome e os últimos oito versículos da Torá. Samuel escreveu o livro que tem o seu nome e os livros dos Juízes e Rute [...]. Jeremias escreveu o livro que tem o seu nome, os livros dos Reis e Lamentações" (*bBaba Bathra* 14b-15a). Ainda que com algumas reservas sobre pontos específicos, as afirmações do Talmude foram acolhidas sem objeções importantes até o século XVI, época na qual se assiste ao surgimento da pesquisa crítica sobre a Bíblia: humanistas e reformadores desafiaram os consensos tradicionais sobre a paternidade dos livros bíblicos.

A tese mais radical e orgânica foi elaborada por B. Spinoza no seu *Tractatus theologico-politicus* (1670), segundo o qual os livros desde Gênesis até 2Reis (incluindo Rt)

> foram todos escritos por um só e mesmo historiador, o qual quis narrar as antiguidades dos judeus desde sua primeira origem até a primeira destruição da cidade. De fato, esses livros são de tal modo intimamente conexos que somente a partir desse fato podemos reconhecer que eles contêm uma única narrativa composta por um único historiador [...]. Também a trama e a ordem das histórias indicam que o historiador foi somente um, e que estabeleceu um escopo bem preciso: ele, de fato, começa com o relato da primeira origem do povo hebraico, portanto, expõe com ordem em qual ocasião e em quais tempos Moisés deu as leis e predisse muitas coisas aos Israelitas; em seguida, de que modo estes, segundo as profecias de Moisés, conquistaram a terra prometida (cf. Dt 7), e como, depois de ter tomado posse desta, abandonaram as leis (Dt 31,16) e, por isso, lhes aconteceram muitas desgraças (Dt 31,17); depois, de que modo quiseram eleger os reis (Dt 14,14), dos quais o cuidado em vista do respeito às leis fez com que as coisas se saíssem boas ou más (Dt 28,36 e 68), para terminar com a narrativa da queda do reino, exatamente como fora prenunciada por Moisés [...]. Todos esses livros, portanto, têm em vista um único escopo, isto é, o de ensinar as palavras e as leis de Moisés, e de demonstrá-las por meio dos acontecimentos[65].

---

65. SPINOZA, B. *Trattato teologico-politico*. Milão: Bompiani, 2001, p. 347-349.

Quanto ao autor, Spinoza conjecturou que tenha sido o próprio Esdras. À luz das observações de Spinoza (e de outros), a consciência de que os autores não eram contemporâneos aos fatos narrados, incitou a investigação da história sobre a composição dessas obras. Sobretudo o século XIX produziu alguns esclarecimentos fundamentais que lançaram luzes sobre as relações literárias e teológicas entre os livros em si. De grande relevância para o nosso tema foi a hipótese de W.M.L. de Wette[66], segundo a qual o livro encontrado no Templo de Jerusalém durante o reino de Josias (cf. 2Rs 22) poderia ser identificado com o Deuteronômio ou com uma primeira edição do mesmo: esse livro teria tido a função de legitimar a reforma cultual e política empreendida pelo rei para se beneficiar do colapso do Império Assírio. Essa descoberta introduziu a discussão sobre uma eventual redação deuteronomista também dos outros livros (tanto dos precedentes quanto dos posteriores).

A contribuição mais relevante nesse sentido foi a de A. Kuenen – influenciado por H. Ewald[67] – que demonstrou que alguns textos no contexto redacional dos livros dos Reis pressupunham o exílio babilônico, ao contrário de outros que não[68]. Na sua análise, Kuenen evidenciou que os livros dos Reis revelam duas redações distintas, ambas determinadas pela perspectiva deuteronomista: a primeira publicada logo após a reforma de Josias, mas antes do exílio (portanto, por volta do ano 600 a.C.), e a segunda, que representa

---

66. Entre as obras de W.M.L. De Wette, cf. *Dissertatio critico-exegetica qua Deuteronomium a prioribus Pentateuchi Libris diversum, alius cuiusdam recentioris auctoris opus esse monstratur – Quam auctoritate amplissimi philosophorum ordinis pro venia legendi AD XXVIII* (Aug. MDCCCV) publice defendet auctor Guilielm Martin Leberecht de Wette, philosophiae doctor. Jena 1805.
• *Lehrbuch der historische-kritischen Einleitung in die Bibel Alten und Neuen Testaments.* Vol. I: Die Einleitung in das Alte Testament enthaltend. Berlim: G. Reimer, 1817 [6. ed. 6, 1844].

67. H. Ewald (*Geschichte des Volkes Israel.* Göttingen: Dieterichschen Buchhandlung, 1864 [3. ed.: 1868]) elabora uma hipótese geral sobre a redação dos livros de Gênesis ao Segundo Livro dos Reis que os divide em "Grande livros das origens" (Gn–Js) e "Grande Livro dos Reis" (Jz–2Rs), essa última seção fortemente influenciada na sua redação final pelas ideias deuteronomistas: se examinarmos a forma final assumida pela história dos reis, a primeira coisa que devemos considerar é provavelmente a notável influência das ideias deuteronomistas sobre essa parte. Depois da reforma de Josias, de fato, essas ideias [...] penetraram cada vez mais profundamente em todos os setores da vida e na literatura. Essas ideias produziram, portanto, um novo modo de considerar o período dos juízes e dos reis que não podia deixar de influenciar a apresentação do mesmo por parte dos historiadores (p. 156, ed. inglesa).

68. KUENEN, A. *Histoire critique des livres de l'Ancien Testament.* Vol. 1: Les Livre Historiques. Paris: Michel Lévy Frères, 1866, p. 415-425 [orig. holandês, 1861]. Entre os textos que pressupõem o exílio, Kuenen indica 1Rs 9,1-9; 2Rs 17,19-20; 20,17-18; 21,11-15; 22,15-20; 23,26-27; 24,2-4; 24,18–25,30.

uma retomada e uma atualização da precedente, produzida na época exílica. Essa solução encontrou diversas críticas quanto à distinção das redações e à datação, mas não foi posta em discussão a afinidade literária e teológica entre esses textos e o último livro do Pentateuco.

Paralelamente a essas conclusões, diversos estudiosos – baseados na hipótese documentária – estavam, ao contrário, mais inclinados a descobrir nos Livros Históricos, em particular no Livro de Josué, a continuação dos filões narrativos do Pentateuco[69]: entre os motivos fundamentais estava indubitavelmente a consideração de que a atual separação canônica entre Pentateuco e Josué torna de fato truncado o programa narrativo que é enunciado desde o Livro do Gênesis, o da ocupação da terra prometida pela descendência de Abraão, Isaac e Jacó. Consequentemente, por que não postular um hexateuco originário (Gn–Js)[70] no qual o programa narrativo iniciado com Abraão (a promessa da terra) encontre a sua realização?

Em evidente contraposição com essa hipótese se coloca o estudo que no século XX se constituiu como o ponto de virada na pesquisa sobre os Livros Históricos no que tange a sua relação com o Deuteronômio. No ápice do segundo conflito mundial, M. Noth concentrou seus interesses sobre esses livros, baseando-se nas pesquisas precedentes que tinham indicado evidente relação entre eles. Contudo, diferente de seus predecessores, ele demonstrou que nos livros em questão não estava em jogo apenas um redator deuteronomista que tinha revisto e corrigido materiais precedentes. Segundo Noth, o influxo e a contribuição deuteronomista estavam em níveis mais profundos: os livros em questão deviam ser considerados no seu conjunto como uma obra única introduzida pelo Deuteronômio (este último não necessariamente na sua forma atual) e composta por um único autor (sigla: Dtr)[71]. Noth si-

---

69. Cf. esp. WELLHAUSEN, J. *Die Composition des Hexateuchs und der historischen Bücher des Alten Testaments*. 3. ed. Berlim: G. Reimer, 1899.

70. Cf. esp. VON RAD, G. *Das formgeschichtliche Problem des Hexateuch*. Stuttgart: Kolhammer, 1938.

71. "Faz parte dos resultados mais seguros e indiscutíveis da crítica literária científica, que nos livros de Josué, Juízes, Samuel e Reis em diferentes medidas e extensões, se percebe a atividade de um autor 'deuteronomista', o qual deve esse título – visto que a sua obra, assim como a de todos os outros autores da tradição histórica veterotestamentárias chegou a nós de forma anônima – ao fato de que sua linguagem e suas ideias demonstram uma estreita afinidade com a Lei deuteronomista e com os discursos parenéticos que a enquadram. Em seguida nós designamos esse autor e a sua obra, em parcial acordo com a prática científica habitual das abreviações, com a sigla Dtr" (NOTH, M. *Überlieferungsgeschichtliche Studien* – Die sammelnden und bearbeitenden Geschichtswerke im Alten Testament. 3. ed. Tübingen: M. Niemeyer, 1967, p. 3-4).

tuava a atividade desse autor durante o exílio. Este teria produzido uma obra unitária e bem estruturada, servindo-se, no entanto, de fontes à sua disposição que ele selecionou, pôs em sequência e acompanhou de comentários redacionais. A tal autor, remonta, de fato, a periodização que insere a época dos judeus entre a tomada de posse da terra e o surgimento da monarquia[72]. O Dtr tinha "diante dos olhos a definitiva catástrofe histórica – e isso depõe a favor tanto da unidade literária e de conteúdo da sua obra quanto da sua composição única depois da queda de Jerusalém"[73]. Portanto, Noth excluía uma redação pré-exílica, composta logo após a graça que Evil-Marduque (Awil-Marduk) rei da Babilônia concedeu ao Rei Joaquim em 562. O autor não vive no exílio, mas em Mispa, localidade que por um certo tempo foi sede do aparato administrativo babilônico em Judá. A obra histórica Dtr não inicia com o Livro de Josué, "o seu início deve ser buscado no Deuteronômio", de tal modo que Dt 1–3(4) nada tem a ver "com o discurso introdutório da Lei deuteronomista, mas com o início da história deuteronomista"[74]. As conclusões a que Noth chegou se baseavam nas seguintes observações:

a) Os livros em questão apresentam em vários pontos a linguagem típica deuteronomista, que se pode reconhecer com base em critério linguísticos e temáticos e caracterizada pelo estilo simples, repetitivo e recheado de fórmulas estereotipadas;

b) A periodização sistemática é fruto do Dtr: é ele quem relaciona blocos anteriormente apresentados como autônomos, *constrói* a apresentação da história e delimita seus períodos, sinalizando o relato com discursos ou considerações históricas do narrador (cf. Dt 1–3; 31; Js 1,2-9; 23; 1Sm 12; 1Rs 8; 2Rs 17), nos quais emerge uma teologia da história bastante coerente (centrada sobre a obediência ou a desobediência de Israel);

c) Um sistema cronológico coerente que vai desde a peregrinação de Israel no deserto até o final dos dois reinos[75]. A chave desse sistema pode ser percebida em 1Rs 6,1, onde o quarto ano do reino de Salomão é apresentado como "no ano quatrocentos e oitenta após a saída dos israelitas da terra do

---

72. Ibid., p. 47-61, 89-90.

73. Ibid., p. 91.

74. Ibid., p. 13-14.

75. Ibid., p. 18-27.

Egito" e é o ano no qual o rei "no mês de Ziv, isto é, no segundo mês, ele deu início à construção do Templo do Senhor";

d) Algumas concepções teológicas neles presentes assinalam a obra inteira[76]: a relação especial entre YHWH e o seu povo, expressa através da categoria de eleição e que tem como consequência o culto exclusivo à YHWH; uma teologia da história fundada sobre a relação entre ação e consequência, ou seja, entre o agir de Israel em relação à YHWH e a condução da história por parte dele mesmo.

Para Noth, o Dtr pretende essencialmente explicar o fim do reino de Judá e o exílio babilônico. Ele procura interpretar a catástrofe e a apresenta como o fruto da apostasia do povo. Em suma, a narração se apresenta como uma teodiceia, já que a responsabilidade pela catástrofe não é imputável a YHWH, como se ele tivesse falhado em relação às suas promessas, ou se tivesse se demonstrado débil frente ao Império Assírio e ao Império Neobabilônico. Emerge um claro interesse pela lei, ao contrário do interesse pelo culto que se torna escasso.

Desde a sua formulação, a proposta orgânica de Noth suscitou reações positivas e negativas e ainda continua no centro da discussão sobre as realidades desses livros, sinal da importância que essa hipótese interpretativa adquiriu. Não apresentaremos aqui os sucessivos aditamentos, correções ou hipóteses alternativas, nos limitaremos a expor uma breve síntese do desenvolvimento da pesquisa sobre a composição desses livros concentrando-nos sobre três assuntos que caracterizam a hipótese de Noth: o primeiro é que a história Dtr (DtrH) tenha sido composta durante o exílio; o segundo que se trata de um conjunto unitário e planejado, obra de um autor genial; o terceiro que foi composta combinando em conjunto materiais tradicionais e comentários redacionais.

A hipótese de que a história tenha sido composta durante o exílio com o objetivo de explicar teologicamente a ruína dos dois reinos foi contestada por F.M. Cross[77], que retoma a tese de A. Kuenen e outros sobre as duas edições

---

76. Ibid., p. 100-110.

77. CROSS, F.M. "The Themes of the Book of Kings and the Structure of the Deuteronomistic History". In: CROSS, F.M. *Canaanite Myth and Hebrew Epic* – Essays in the History of the Religion of Israel. Cambridge: Harvard University Press, 1973, p. 274-289 (retoma: The Structure of the Deuteronomic [*sic!*] History. *Perspectives in Jewish Learning*, 1968, p. 9-24) [Annual of the College of Jewish Studies, 3]. Cf. tb. NELSON, R.D. *The Double Redaction of the Deuteronomistic History*. Sheffield: Sheffield Academic Press, 1981. [Journal for the Study of Old Testament – Supplement Series, 18].

do conjunto das tradições deuteronomista: "uma pré-exílica, a promulgação fundamental da história deuteronomista, e uma exílica, que reelabora a edição precedente para atualizá-la"[78].

Na opinião de Cross, as descobertas epigráficas relativas ao século VII e VI a.C. demonstraram que o estilo do Dtr é característico da prosa pré-exílica; ademais, as fontes à disposição do Dtr impõem uma datação naquela época[79]; Cross pensava, no entanto, que os argumentos mais importantes para uma datação pré-exílica ainda não tinham sido considerados. O primeiro argumento era que Noth tinha, de fato, ignorado a promessa divina a Davi em 2Sm 7 (a qual, ao contrário, G. von Rad tinha valorizado), promessa que o Dtr jamais repudiara e que, segundo Cross, representava um "tema a ser tratado de forma sistemática"[80]. Dois temas, segundo Cross, percorrem os livros dos Reis: o primeiro é resumido em 1Rs 13,33b-34, isto é, o pecado de Jeroboão, reiteradas vezes aludido pelos oráculos proféticos de julgamento que marcam o compasso da narrativa sobre os destinos do Reino do Norte, que culminam no relato da conquista da Samaria e no julgamento final sobre a trajetória histórica exposta em 2Rs 17,1-23; o segundo tema que se inicia em 2Sm 7 é bem ilustrado pela frase retomada quase que como um refrão nos livros dos Reis: "por amor para com Davi, meu servo, e por amor para com Jerusalém, que escolhi" (cf. 1Rs 11,12.13.32.34.36; 15,4; 2Rs 8,19; 19,34; 20,6). Esse segundo tema esclarece por que, enquanto os reis de Israel foram todos condenados por terem cometido "o que é mau aos olhos de YHWH", esse juízo não se aplica de forma automática aos reis de Judá: alguns reis, como Asa, Josafá, Joás, Ezequias e sobretudo Josias fizeram "o que é justo aos olhos do Senhor, como tinha feito Davi [seu] pai".

O segundo tema culmina com o relato da reforma feita pelo Rei Josias (2Rs 22,1–23,35), que representou uma tentativa de restabelecer o reino de Davi no seu esplendor. Portanto, o Dtr compara dois temas – pecado de Jeroboão e a fé de Davi e Josias – que refletem duas opções teológicas, uma que remete à antiga teologia deuteronomista da aliança, que considerava a destruição da dinastia e do povo como consequência necessária da aposta-

---

78. CROSS, F.M. "The Themes of the Book of Kings and the Structure of the Deuteronomistic History". Op. cit., p. 275.

79. Ibid., p. 276.

80. Ibid., p. 277.

sia, e uma outra que deriva da ideologia real de Judá que se baseava sobre as promessas eternas feitas a Davi. Essa justaposição dos dois temas

> fornece a base da reforma de Josias. A história deuteronomista, na medida em que esses temas refletem os seus principais interesses, pode ser descrita como obra de propaganda da reforma de Josias e como programa imperial. Em especial, o documento fala ao Norte, exortando Israel a retornar a Judá e ao único Templo legítimo de YHWH, em Jerusalém[81].

Todavia, a forma atual do Dtr, conhece a tragédia do fim do reino de Judá e do exílio babilônico, fatos que impuseram uma nova edição da história precedente composta a fim de mostrar por que as expectativas associadas à reforma e à política de Josias tinham desvanecido drasticamente:

> Nesta revisão, o relato sobre o reino de Manassés em particular [2Rs 21,1-18] foi reelaborado, associando a sorte de Judá àquela da Samaria e o papel de Manassés ao de Jeroboão. Esse novo elemento não exaure a obra do deuteronomista exílico; mas, em geral, suas intervenções são superficiais e não interferem completamente na estrutura precedente[82].

Contudo, Cross concorda com Noth (contrariando von Rad) de que o Dtr na sua forma final oferece poucas esperanças de Judá e justifica isso pelo fato de que o redator exílico quis permanecer fiel à obra composta no tempo de Josias. Mas para encontrar as fontes da esperança para os exilados é necessário remeter-se à outras obras exílicas, como a Sacerdotal (P), o Dêutero-Isaías e Ezequiel[83].

A tese de Cross faz justiça a fenômenos presentes nos Livros Históricos que a hipótese de Noth não conseguia explicar, ela se impôs particularmente nos Estados Unidos e no mundo anglófono, enquanto a exegese de língua alemã seguiu vias diferentes, criticando a segunda proposição de Noth, de que o Dtr seja um conjunto unitário e bem planejado: essa tese foi posta em discussão por Rudolf Smend e pelos seus discípulos (Escola de Göttingen).

---

81. Ibid., p. 284.

82. Ibid., p. 288.

83. Ibid., p. 289.

Smend considera

> ponto comum que tenha havido, como supôs Noth, uma obra histórica deuteronomista, que já na sua forma originária chegava ao exílio babilônico. Tal obra, todavia, diferentemente do que pensava Noth, foi sucessivamente reelaborada mais vezes com intervenções deuteronomistas, segundo um plano preciso que ampliaram significativamente seu volume. [...] Ora, não se pode mais falar da *mensagem* e da colocação da obra como todo, se não se levar em consideração essas estratificações[84].

Smend identifica três estratos de composição ou edições: o primeiro representaria a concepção de fundo da obra histórica deuteronomista (designado DtrH, *deuteronomistische Historiker*), o segundo seria obra de um redator que teria introduzido textos proféticos (designado DtrP, *prophetischer Deuteronomist*), por fim, um terceiro redator, caracterizado por um interesse particular pela Lei (designado DtrN, *nomistischer Deuteronomist*), teria feito, por volta do fim do exílio ou pouco depois, uma revisão geral da obra, agora muito mais ampla[85]. Para a Escola de Smend, portanto, diversas fontes e comentários redacionais que Noth considerava parte integral do seu DtrH, eram, na verdade, obras de redações sucessivas. A propósito disso, T. Römer chama atenção ao fato de que

> essas três etapas correspondem à sucessão cronológica "história--profecia-lei", pela qual curiosamente se assemelham à concepção wellhausiana da formação do Hexateuco [...]. A Escola de Göttingen situa a atividade desses redatores deuteronomista na Palestina durante a época do exílio, na esteira de Noth, mesmo algumas vezes datando o DtrN no início da época persa[86].

Uma tentativa de mediação entre as posições da Escola de Cross e a Escola de Göttingen foi recentemente proposta por T. Römer, esboçado já

---

84. SMEND, R. *La formazione dell'Antico Testamento*. Bréscia: Paideia, 1993, p. 162.

85. Ibid., p. 163.

86. RÖMER, T. "La storia deuteronomistica (Deuteronomio-2 Re)". In: RÖMER, T.; MACCHI, D. & NIHAN, C. (orgs.). *Guida di lettura all'Antico Testamento*. Bolonha: EDB, 2007, p. 218.

em 2004 e finalmente elaborada em uma importante tese[87]. A tese de Römer retoma essencialmente o modelo dos estratos de composição, indicando os sucessivos estados da redação como estratificações dentro do conjunto da obra. A partir desse ponto de vista, há significativas semelhanças com a Escola de Göttingen. Ao mesmo tempo, a história deuteronomista ilustrada por Römer partilha com o modelo alternativo a ideia de que os estados redacionais podem ser relacionados a situações ou momentos decisivos da história de Israel e serem explicados em conformidade com estes. Segundo esse estudioso, os três períodos decisivos para compreender a história deuteronomista são a reforma de Josias, o exílio e a época persa. A verdadeira história deuteronomista – no sentido de uma narrativa contínua que se estende de Josué até os últimos reis de Judá – foi produzida no exílio por escribas membros do "posicionamento do mandarim"[88], que ele identifica como representantes da Escola Deuteronomista:

> Ao contrário dos ambientes sacerdotais, os deuteronomista do período babilônico descendentes dos escribas e dos funcionários da corte judaica, eram obcecados pelo fim da monarquia e pela deportação das elites judaicas. Como reconciliar esses eventos com a ideologia nacionalista dos primeiros escritos deuteronomista do final do século VII a.C.? Para os deuteronomista, o exílio devia ser explicado. E essa explicação será fornecida pela construção de uma história que se estende dos inícios, com Moisés, até a destruição de Jerusalém e a deportação das classes superiores [...]. Assim fazendo os deuteronomistas reelaboraram todos os mais antigos pergaminhos da época assíria[89].

---

87. Ibid., p. 219-224. • RÖMER, T. *Dal Deuteronomio ai libri dei Re*. Op. cit.

88. Römer retoma aqui a categorização de STEIL, A. *Krisensemantik* – Wissenssoziologische Untersuchungen zu einem Topos moderner Zeiterfahrung. Opladen: Leske & Budrich, 1993. Steil distingue três tipos de comportamento frente à crise: "o do profeta (que considerava a crise como início de uma nova era: seus representantes são pessoas que estavam à margem da sociedade"; o do sacerdote (comportamento conservador, que vislumbra a superação da crise na retomada das condições antigas); o do mandarim, isto é, o comportamento "dos altos funcionários, os quais procuravam compreender a nova situação e negociar com ela a fim de manter os privilégios que tinham anteriormente" (RÖMER, T. *Dal Deuteronomio ai libri dei Re*. Op. cit., p. 107).

89. Ibid., p. 109.

Römer pensava que esses deuteronomistas da época exílica tivessem à disposição uma biblioteca composta na corte de Jerusalém durante o século VII a.C.[90] Os deuteronomistas usaram aqueles rolos e os reelaboraram à luz da nova situação, elaborando uma espécie de teodiceia, visto que a causa do desastre não era a supremacia de Marduk e das outras divindades babilônicas em relação à YHWH, mas a desobediência à vontade de YHWH por parte do povo e dos seus chefes: "A vontade de YHWH é expressa no Deuteronômio, como recorda a "aliança" ou "pacto" originário entre YHWH e Israel. O próprio YHWH provocou a invasão babilônica (2Rs 24,3 e 20) para punir Israel pela veneração à outras divindades[91]. A obra desses "mandarins" da época babilônica seria, portanto, a primeira tentativa de criar uma história global de Israel e Judá. Essa obra foi posteriormente atualizada na época persa em função da nova situação criada a partir do retorno da *golláh* (os exilados) à pátria. Sua perspectiva isolacionista em relação ao "povo da terra" leva a introduzir acréscimos segregacionistas a fim de mostrar que estes eram o "verdadeiro Israel" (identificado com aqueles que tinham enfrentado a prova do exílio)[92]. Em síntese, Römer lança a hipótese de uma *História deuteronomista* exílica, em parte baseada sobre textos já produzidos na época de Josias no estilo deuteronomista, e em seguida modificada em uma redação de época persa[93].

No que tange a terceira proposição de Noth, segundo a qual a obra do Dtr combina materiais tradicionais e comentários redacionais, a crítica se

---

90. Ibid., p. 101: Somos fortemente tentados a pensar que já existisse a primeira edição de um rolo que compreendia a ascensão de Davi, a construção do Templo por Salomão e a apresentação de Josias como novo Davi e novo Salomão. O propósito desse rolo, assim como dos rolos do Deuteronômio e Josué, teria sido o de fornecer sustentação ideológica à política de centralização e à alegação de que o Reino de Judá era o "verdadeiro Israel".

91. Ibid., p. 110.

92. Ibid., p. 153-157. Essa revisão em período persa se focou sobretudo sobre os livros do Deuteronômio e de Josué, preocupada especialmente com três temas: 1) a segregação da *goláh* do "povo da terra" (que reflete também uma mudança no significado dessa última designação), à qual está ligada a interdição dos matrimônios exogâmicos; 2) o monoteísmo, limitado em grande parte ao Deuteronômio e que fica evidente em textos como Dt 4 e 10,14-22, relacionado com a eleição; 3) a integração dos hebreus que viviam fora da província de Yᵉhúd, onde o exílio se transformou em diáspora. Consequentemente, na redação persa de 2Rs 22–23 o culto sacrificial é substituído pela leitura pública da Torá.

93. A revista *The Journal of Hebrew Scriptures* (9, 2009 [disponível em: http://www.jhsonline.org]) dedica um fascículo inteiro à hipótese de Römer.

formulou em duas direções. De um lado há os que identificaram redações muito mais antigas do que a do Dtr suposto por Noth[94], de outro, diversos estudos contestam o modelo baseado sobre a redação de fontes precedentes, mesmo admitindo que o Dtr tenha utilizado material da tradição: este teria sido inteiramente integrado, de modo que no estado atual não é mais possível distinguir entre fonte e redação[95].

Frente a essas opiniões interpretativas, há quem, por sua vez, retome de fato à tese de Spinoza, como por exemplo M. Nobile, o qual sustenta que

muitos estudiosos atuais são convictos de que na época exílica e pós-exílica, um ou mais redatores tenham atuado para juntar o díptico *Pentateuco + história deuteronomista*, fazendo do primeiro elemento (o Pentateuco) a introdução ao segundo (a história *dtr*). Em uma fase sucessiva, um redator sacerdotal, com a intenção de fazer dos primeiros cinco livros uma obra autônoma e peculiar, teria destacado o Deuteronômio dos sucessivos livros *dtr*, para agregá-lo aos primeiros quatro livros e fazer um conjunto inteiramente independente: a Torá[96].

---

94. H. Weippert chega a supor, baseado nas três diferentes formas de julgamento sobre os reis, três blocos redacionais: os dois primeiros seriam pré-exílicos (sob Ezequias e Josias), enquanto o terceiro (que compreende os últimos reis de Judá) teria tido origem pouco depois da graça concedida a Joaquim (WEIPPERT, H. Die "deuteronomistischen" Beurteilungen der Könige von Israel und Juda und das Problem der Redaktion der Königsbücher. *Biblica* 53, 1972, p. 301-339). A.F. Campbell identifica uma história profética composta já no séc. IX, no Reino do Norte, que vai de 1Sm 1 a 2Rs 10,28 (CAMPBELL, A.F. *Of Prophets and Kings* – A Late Ninth-Century Document (1Samuel 1–2Kings 10). Washington, 1986 [Catholic Biblical Quarterly – Monograph Series 17]). Cf. tb. PROVAN, I.W. *Hezekiah and the Book of Kings* – A Contribution on the Debate about the Composition of the Deuteronomistic History. Berlim/ Nova York: De Gruyter, 1988 [Beihefte zur Zeitschrift für die alttestamentliche Wissenschaft, 172]. DIETRICH, W. *Die frühe Königszeit in Israel* – 10. Jahrhundert v. Chr. Stuttgart: Kohlhammer, 1997 [Biblische Enzyklopedie, 3].

95. Cf., esp., HOFFMANN, H.-D. *Reform und Reformen* – Untersuchungen zu einem Grundthema der deuteronomistischen Geschichtsschreibung. Zurique: Theologischer Verlag, 1980 [Abhandlungen zur Theologie des Alten und Neuen Testament, 66]. • VAN SETERS, J. *In Search of History.* Op. cit. • PECKHAM, B. *The Composition of the Deuteronomistic History.* Atlanta: Scholars Press, 1985 [Harvard Semitic Monograph, 35]. Hoffmann e Van Seters sugerem que o Dtr tenha sido composto durante o exílio. Peckham, ao contrário, supõe que uma primeira redação da história do período pré-exílico fosse do Deuteronômio a Ezequias. Em seguida, esta foi incorporada à obra mais ampla que incluía Gn–2Rs.

96. NOBILE, M. *Introduzione all'Antico Testamento* – La letteratura veterotestamentaria. 2. ed. Bolonha: EDB, 2011, p. 35-36 [Epifania della Parola].

Nobile se coloca na esteira de E. Blum, que explica a formação do Pentateuco como uma síntese entre uma composição D (deuteronomista) e uma P (sacerdotal)[97], e de E. Zenger que com o "modelo de Pentateuco de Münster" supõe

> em primeiro lugar uma origem distinta de um Livro dos Juízes e de uma composição dtr de Sm–Rs, com respectivos programas específicos. Essas composições dtr foram em seguida transformadas, depois de 596 a.c., juntamente com a obra histórica jerosolimitana (Gn 2,4b–Js 24*, "Hexateuco") em uma grande composição impregnada pelo sentido dtr: Gn 2,4b–2Rs 25* ("Eneateuco"). Esta foi unida ao escrito sacerdotal, depois de 450 a.c., para formar uma grande obra histórica pós-exílica (Gn 1–2Rs 25*)[98].

A partir desse breve resumo percebe-se que, ainda que depois de Noth alguns estudiosos tenham continuado a considerar o Dtr como obra de um único autor de época exílica, os estudiosos posteriores a 1970 percorreram, por sua vez, um trajeto diferente, identificando diversos estratos redacionais. Todavia, a situação atual se caracteriza por uma dissolução do consenso: além dos que ainda apoiam a tese de Noth e dos que acolhem as correções de Cross e Smend a essa, sustentando múltiplas redações, não faltam estudiosos que lançam dúvidas propondo que nunca tenha havido uma história deuteronomista. A esse respeito, não se pode não revelar como algumas propostas recentes, na realidade, retomam posições defendidas já antes de Noth: alguns, de fato, retomam a tese de um Hexateuco originário, outros, ao contrário pensam que os "Profetas Anteriores" fossem originalmente livros independentes, unidos em seguida mediante uma reelaboração não muito profunda de caráter deuteronomista em uma época bastante recente. Essa última posição representa sobretudo uma crítica à pesquisa posterior à Noth, mais do que uma verdadeira e própria alternativa global. Além disso, deve-se notar que a partir dessa série de hipóteses que se sucederam não surgiu até o

---

97. BLUM, E. *Studien zur Komposition des Pentateuchs*. Berlim/Nova York: De Gruyter, 1990 [Beihefte zur Zeitschrift für die alttestamentliche Wissenschaft, 189].

98. BRAULIK, G. "Teorie sull'opera storica deuteronomistica (DtrG) e sviluppi nella ricerca". Op. cit., p. 347. Um modelo bastante complexo, que também pretende prescindir da perspectiva de Noth, é proposto em: KRATZ, R.G. *Die Komposition der erzählenden Bücher des Alten Testaments* – Grundwissen der Bibelkritik. Göttingen: Vandenhoeck & Ruprecht, 2000 [Uni-Taschenbücher, 2.157].

momento alguma reconstrução em condições de substituir o modelo do Dtr. Consequentemente, a tese que postula um Dtr originário, é ainda aquela que prevalece atualmente, mesmo que existam importantes divergências no que tange a seu autor (ou autores), sua data de composição e seu escopo.

Excursus
A literatura histórica do antigo Oriente Próximo[99]

Numerosos textos provenientes do antigo Oriente Próximo oferecem informações históricas, mas a maior parte não se encaixa no gênero historiográfico. Em muitos casos se trata de documentos administrativos, de contratos privados de venda e aquisição, de empréstimo ou aluguel, ou mesmo de cartas. Mas há também documentos "historiográficos", ainda que essa designação exija certa cautela, visto que o escopo da documentação em questão não é necessariamente o de oferecer uma apresentação do próprio passado.

Mesopotâmia

Nessa região deve-se inicialmente distinguir entre relatos comemorativos de eventos, escritos a pouca distância dos fatos, e texto "cronográficos"[100], isto é, textos que nos fornecem dados em sequência e que consequentemente podem assumir formas diversas.

Entre os textos comemorativos devem ser incluídas as inscrições dos reis mesopotâmicos que documentam as ações do rei, primeiramente as iniciativas militares e em seguida as realizações na área da construção civil. Essa documentação tem vários escopos: pode ser destinada aos arquivos reais, mas também exposta ao público (em geral dentro do palácio) ou ainda destinada a uma divindade. Um grupo especial de inscrições reais assírias são os anais, nos quais o rei narra em primeira pessoa uma campanha militar específica, ou duas, ou mais, dispostas em ordem cronológica. Os textos que tratam de uma única campanha eram geralmente colocados na região conquistada, sobre uma estela, ou sobre uma parede rochosa, para comemorar a vitória do rei. Dignos de nota são as referências ao papel desempenhado pelos deuses nos prodígios do soberano.

No grupo dos textos cronográficos estão incluídas especialmente as listas: as dos reis (cerca de vinte preservadas), as dos nomes dos anos na antiga Babilônia (informados geralmente com base em um evento importante ocorrido no próprio

---

99. A mais recente coleção dos textos aqui apresentados é: HALLO, W.W. & LAWSON YOUNGER JR., K. (orgs.). *The Context of Scripture* – Canonical Compositions, Monumental Inscriptions and Archival Documents from the Biblical World. Vol. I-III. Leiden/Boston: Brill, 2003.

100. GRAYSON, A.K. Assyria and Babylonia. *Orientalia*, n. 49, 1980, p. 140-190.

ano), as dos homônimos na Assíria[101]. Por vezes as listas são ampliadas com breves notícias sobre eventos – particularmente campanhas militares – que se deram em um determinado ano. Contudo, uma tradição completamente distinta é preservada na *Lista real suméria*[102], conservada em numerosas cópias de período babilônico antigo (*c.* 1800-1600 a.C.). Nessa composição se narra como a realeza desceu do céu e se estabeleceu em primeiro lugar na cidade de Eridu. Segue, então, um elenco de oito ou nove soberanos, cada um caracterizado por períodos muito longos de reinado, que reinaram sobre cinco cidades. Essa época foi fechada por um dilúvio que exterminou a terra inteira. Em seguida a realeza desceu novamente em Kish e, então, são elencadas as "dinastias" de várias cidades que em sucessão dominaram sobre a parte meridional da Mesopotâmia. A dimensão dos reinos é significativamente menor em relação àquela anterior ao dilúvio. Essa série de reinos remonta até a primeira dinastia de Isin e termina por volta de 1800 a.C.

Entre os textos cronológicos também devem ser incluídas as Crônicas[103], que têm escopo político ou religioso e, com tal finalidade, apresentam um relato de eventos que se referem a um determinado período. Os eventos são escolhidos pelo relator para confirmar a sua tese. Esses textos são importantes para estabelecer a sucessão dos fatos e dos soberanos; com frequência nos fornecem detalhes sobre acontecimentos, em particular militares, e informações sobre a sequência cronológica, muito embora, justamente nesse sentido, surjam numerosos problemas, porque os números das campanhas militares ou até mesmo dos anos de reino concernentes a determinado rei muitas vezes são diferentes nas fontes ou manuscritos.

Um outro grupo de textos é qualificado pelos estudiosos como "textos históricos-literários", conscientes de que na cultura mesopotâmica, assim como em outras culturas da Antiguidade, não havia uma nítida distinção entre historiografia e literatura. Não possuímos critérios que permitem distinguir entre textos literários e não literários, visto que a noção de estilo não é aplicável a uma cultura tão diferente da nossa e os próprios autores não fornecem definições para o gênero literário da sua obra. Diversos estudiosos propuseram suprir essa dificuldade servindo-se da categoria de "textos canônicos", isto é, aqueles que foram copiados por gerações em formas e estruturas praticamente fixas. A

---

101. Na tradição assíria cada ano era designado com o nome (homônimo) do dignitário que naquele ano recebia o encargo de *limmu*, um funcionário que presidia as cerimônias de passagem de ano.

102. JACOBSEN, T. *The Sumerian King List*. Chicago: University of Chicago Press, 1939 [Assyriological Studies, 11].

103. Sobre as crônicas babilônicas, cf. GRAYSON, A.K. *Assyrian and Babylonian Chronicles*. Winona Lake: Eisenbrauns, 2000 [ed. original na série: *Texts from Cuneiform Sources*. Locust Valley: J.J. Augustin, 1975]. • GLASSNER, J.-J. *Chroniques Mésopotamiennes*. Paris: Le Belles Lettres, 1993.

constante cópia desses textos indica que os antigos habitantes da Mesopotâmia os consideravam diferentes dos documentos de arquivo e daqueles comemorativos. Não obstante, essa categorização, ainda que relacionada a uma concepção mesopotâmica, corre o risco de excluir quase todos aqueles textos literários que chegaram até nós em uma só cópia, assim como excluiria algumas composições de época tardia, além de juntar tipos de textos muito diferentes entre si.

De qualquer modo, muitos textos literários têm como protagonistas personagens históricos ou se referem a dinastias conhecidas. Ainda que não faltem discussões sobre a sua classificação, se pode seguir o esquema proposto por Grayson, que distingue entre profecias, epopeias históricas e pseudoautobiografias.

No grupo das "profecias" são apresentados eventos do passado que foram "profetizados" pelo autor para tornar fidedigna uma previsão real. Os textos não fornecem os nomes dos reis em específico; mas, as particularidades evidenciadas, por vezes permitem determinar que é o soberano sugerido. A conduta em relação ao deus Marduk é o único critério sobre o qual os reis são julgados: aqueles que tratam bem ao deus são bons, o que não o fazem são maus e, portanto, serão punidos.

O segundo grupo é constituído pelas epopeias históricas, das quais chegaram até nós diversos exemplares em acádico e que têm como protagonistas personagens históricos. Trata-se especialmente de reis antigos: de fato, ficou preservado um *corpus* consistente de narrações sobre os antigos reis de Akkad, Sargão e Naram-Sin[104]. São conhecidos cinco textos sobre reis assírios ou babilônicos do II milênio a.C., todos muito fragmentados, à exceção da epopeia de Tukulti-Ninurta I (1243-1207 a.C.).

Um terceiro grupo é constituído por um número restrito de relatos em primeira pessoa, atribuídos a um rei. Aqui os protagonistas vão desde Sargão, rei de Akkad (III milênio a.C.), até Adad-Gupi, mãe do último rei do Império Neobabilônico, Nabonedo (séc. VI a.C.).

Além dos textos literários em acádico que são focados sobre soberanos que realmente existiram, existe uma série de textos em língua suméria que descrevem as ações dos soberanos da dinastia de Uruk, que talvez tenham existido no III milênio a.C. Os reis em questão são: Enmerkar, Lugalbanda e Gilgámesh, presentes na lista dos reis sumérios como pai, filho e neto. A sua presença na lista dos reis não é por si mesma uma confirmação da sua existência, mas outros dados indicam que devem ser compreendidos como figuras históricas, em seguida mistificados ou divinizados.

Um confronto com as fontes bíblicas mostra que não faltam afinidades, mas há também significativas diferenças entre Mesopotâmia e Israel. Embora a literatura bíblica também inclua textos cronográficos (p. ex., as genealogias) e alguns

---

104. Cf. WESTENHOLZ, J.G. *Legends of the Kings of Akkade* – The Texts. Winona Lake: Eisenbrauns, 1997.

exemplos que são similares às inscrições reais[105], grande parte da historiografia bíblica pertence a um gênero quase ausente na Mesopotâmia. O traço mais distinto é que apenas em Israel se atesta um *corpus* de textos que dispõem os diferentes documentos em uma forma estruturada, determinada por um escopo que unifica a todos.

Egito

Muitas características da documentação egípcia são similares às mesopotâmicas. Chama a atenção especialmente a intenção propagandista dos textos preservados, como demonstra a frequente omissão dos nomes dos predecessores ou exclusão de qualquer elemento negativo; as formas literárias mais difundidas são as listas dos reis, as inscrições reais e os anais.

Um dos documentos mais relevantes do período do Reino antigo é a *Pedra de Palermo* (*c.* 2350 a.C.)[106] que cobre cerca de sete séculos de história. Ainda que grande parte do artefato tenha se perdido, o que resta permite concluir que quando estava completo continha provavelmente os nomes dos reis do Egito da época pré-dinástica ao fim da quinta dinastia. Embora o exato escopo e o *Sitz im Leben* do artefato não nos sejam evidentes, parece claro que não era um documento de arquivo, mas destinado a ser exposto ao público para uma determinada função e ocasião.

Um outro texto famoso é o *Cânon Real* de Turim ou *Papiro de Turim*[107], uma lista de reis escrita sobre papiro no tempo de Ramsés II (1290-1224 a.C.), hoje fragmentada, mas que originalmente continha os nomes de mais de trezentos reis do Egito até o Segundo Período Intermediário (*c.* metade do século XVI a.C.). São mencionados ainda os deuses e semideuses que nalgum tempo reinaram sobre a terra antes de subirem ao céu ou de descerem ao mundo dos mortos.

Foram preservadas numerosas inscrições reais, cuja classificação nem sempre é possível. Para o Reino Antigo (2700-2200 a.C.) há poucos documentos e que raramente contêm informações sobre eventos contemporâneos. Os documentos do Novo Reino (séc. XVI-XI a.C.), ao contrário, são numerosos. É possível identificar:

– inscrição dedicatória (para a dedicação de um objeto ou de um edifício, como um templo ou um obelisco): o destinatário em geral é o deus a quem se faz a dedicação;

---

105. P. ex., alguns trechos em primeira pessoa nas narrativas sobre Salomão (1Rs 8,15-21.23-53); tb. os decretos e as proclamações reais se encaixam nessa categoria.

106. Trad. italiana em: BRESCIANI, E. *Letteratura e poesia dell'antico Egitto*. 2. ed. Turim: Einaudi, 1990, p. 19-21.

107. Cf. FARINA, G. *Il papiro dei re restaurato*. Roma: Bardi, 1938 [Pubblicazioni egittologiche del R. Museo di Turim, 1].

– inscrição comemorativa (para legar as ações do rei para a posteridade): embora sejam colocadas muitas vezes dentro ou junto a templos e caracterizadas em sentido religioso, não são dirigidas à divindade como as precedentes, mas aos súditos[108].

Um gênero literário atestado no Egito são obras narrativas afins com a historiografia. Pode-se notar dois tipos de composições: aquelas que tem como protagonista o rei e aquelas que dizem respeito a um funcionário real do alto escalão. Exemplos do primeiro tipo se encontram nas inscrições e nas estelas que incluem numerosos motivos dramáticos e novelísticos. O segundo tipo é documentado por duas obras narrativas do grande interesse: a história de Sinuhe e a viagem de Unamon[109].

Hititas

Grande parte dos textos historiográficos hititas é diretamente ligada ao rei, que se serve desse instrumento para julgar, legitimar, exaltar e, se necessário, adornar a sua pessoa e a sua atividade.

A principal documentação é representada pelos anais[110], cujos exemplos mais antigos remetem ao reino de Hatusil I (*c.* 1650-1620 a.C.). Mas os primeiros exemplos mais bem conservados desse gênero são três obras do período de Mursil II (*c.* 1345-1310 a.C.): os *Anais completos*, as *Gestas de Suppiluliuma*, os *Anais decenais*. São, em geral, em primeira pessoa, como se o próprio rei fornecesse as informações ali contidas.

Uma segunda categoria de textos inclui relatos de campanhas militares em algum determinado ano.

Um outro gênero, destinado a lograr êxito, é o edito, onde são mencionados eventos recentes para justificar as posições do soberano, e onde a história é conduzida no sentido de ter certas finalidades político-pragmáticas. No *Edito de Hatusil* se menciona a designação do sucessor de Hatusil, obrigado a confiar a um jovem inexperiente todo um império, fruto de longos anos de guerra, mas ainda frágil. No documento, Hatusil relembra amargamente as lutas da geração precedente e as rebeliões dos seus descendentes imediatos, a quem se imputa a responsabilidade de ter colocado em perigo a sobrevivência do Estado. O *Edito de Telipinu* (1540-1520 *c.*) é, por sua vez, expressão de uma profunda crise. Ele é expressão de um contexto no qual a sucessão ao trono era determinada mais por conspirações do que por direito dinástico. Ao codificar os antigos costumes

---

108. Cf. a tradução dos textos mais relevantes em: BRESCIANI, E. *Letteratura e poesia dell'antico Egitto*. Op. cit., p. 246-295.

109. Trad. italiana em: BETRÒ, M.C. (org.). *Racconti di viaggio e avventura dell'antico Egitto*. Bréscia: Paideia, 1990, p. 39-73 [Testi del Vicino Oriente antico].

110. Cf. DEL MONTE, G.F. (org.). *L'annalistica ittita*. Bréscia: Paideia, 1993 [Testi del Vicino Oriente Antico].

sobre os quais o soberano legítimo deveria tutelar, lhe é atribuída autoridade sobre o ensinamento da história. É comum a esses dois documentos, uma visão retrospectiva, por assim dizer, que será típica da historiografia hitita e que se encontra em outros tipos de documentos. Eventos do passado são recordados porque condicionam o presente e preveem ações futuras. O *Edito de Hatusil* deverá ser lido para Mursil todos os meses para que a "sabedoria do pai" seja impressa no seu jovem coração. Não por acaso, de fato, pode-se atribuir a Mursil a chamada *Crônica do palácio*, que reporta, como admoestação aos funcionários da corte, uma série de episódios de infidelidade ocorridos no tempo do "pai do rei" (i. é, Hatusil) e as punições exemplares impostas por ele.

Livro de Josué

O Livro de Josué descreve a invasão, a conquista e a divisão da terra de Canaã por Israel, apresentado como um grupo nacional organizado em doze tribos e sob o comando eficaz de Josué, sucessor de Moisés. Essa imponente sequência narrativa que inicia com o Livro do Gênesis e termina com os livros dos Reis, Josué apresenta com traços épicos os filhos de Israel, escolhidos por YHWH, tomaram posse de uma terra já habitada, mas destinada a eles.

Um olhar atento mostra, no entanto, que não se trata de um relato pontual sobre uma campanha de guerra, mas da criteriosa retomada de tradições que são apresentadas em um contexto narrativo sólido e coerente. De fato, enquanto os capítulos 2–11 contêm com grande probabilidade episódios que derivam da tradição narrativa do povo, por vezes relacionadas a lugares bem precisos ou a áreas geográficas específicas, os capítulos 13–21 incluem listas, que também podem ter origem de caráter administrativo, embora algumas, por vezes, não escondam o fato de serem fruto da erudição escriba. Além disso, deve-se levar em conta os discursos que o protagonista pronuncia, em particular os que fecham o livro (cap. 23–24), que alinham a sua conclusão com as do Deuteronômio. Eles apresentam as últimas vontades de Josué com o olhar voltado ao futuro para fazer um apelo à fidelidade ao pacto em vigor entre YHWH e Israel.

Decisiva para a compreensão da função do livro na sua posição atual é a insistência na apresentação de Israel como um todo compacto, sob uma única liderança e fiel às ordens procedentes de Deus. Independentemente da plausibilidade histórica, essa visão se constitui como um claro ensinamento, mais do que uma advertência: YHWH realiza as suas promessas doando uma terra que, todavia, pode ser perdida, se não permanecer fiel a ele (cf. esp. cap. 23–24). Josué representa um modelo de liderança que não encontrará mais um seguidor propriamente dito, implicitamente preparando o leitor da história sucessiva ao seu nefasto resultado. A Lei dada a Moisés no Sinai é o ponto de referência, constantemente mencionado pelos chefes e pelo povo: observando a lei, Israel demonstra a sua fidelidade ao pacto com YHWH, mas o livro é encerrado propriamente com a previsão da infidelidade do povo ao deus ciumento, o qual, assim como realizou suas promessas, poderia agora levar a cabo também as maldições apensas ao pacto (cf. Js 23,6-16; 24,19-20), se o parceiro humano se demonstrasse infiel. O livro culmina com o convite ao povo a um solícito reconhecimento em relação a Deus que doou a terra prometida aos antepassados.

Excursus
Guerra de Deus e Guerra Santa

Os trechos do Livro de Josué que narram a conquista se baseiam em uma premissa que os determina: o verdadeiro condutor do povo não é Josué, mas o próprio YHWH, por meio de seu anjo:

> Encontrando-se Josué em Jericó, levantou os olhos e viu um homem que se achava diante dele, com uma espada desembainhada na mão. Josué aproximou-se dele e disse-lhe: "És tu dos nossos ou dos nossos inimigos?" Ele respondeu: "Não! Mas sou chefe do exército do Senhor e acabo de chegar". Josué prostrou-se com o rosto por terra, adorou-o e disse-lhe: "Que tem a dizer o meu Senhor a seu servo?" O chefe do exército do Senhor respondeu a Josué: "Descalça as sandálias dos teus pés, porque o lugar em que pisas é santo". E assim fez Josué.

A figura do guerreiro divino dá o tom a todas essas narrativas e relaciona o evento da conquista com a tradição épica do povo. O Israel refletido nessas narrativas não tem um rei, e igualmente não tem um comandante militar humano. Josué não é o comandante do exército, mas o executor das ordens divinas, exatamente como Moisés (Js 1,6-8).

Na realidade as guerras são as guerras de YHWH e as vitórias são vitórias de YHWH (Js 10,42: "O Senhor, Deus de Israel, combatia por Israel")[111].

---

111. Deus é apresentado como um guerreiro em Ex 15,3 (cf. Dt 1,30; 3,22; 20,4; Js 10,14.42; 23,3.10 etc.). Sobre as guerras de YHWH, cf. Nm 21,14; 1Sm 18,17; 25,28; Eclo 46,3 (cf. ainda Esd 17,16; 1Sm 17,47). Cf. SOGGIN, J.A. "Guerra 'santa' o 'guerra di JHWH' nella Bibbia

O Deus guerreiro não é uma novidade bíblica, como mostram os textos épicos e mitológicos gregos e do Oriente Próximo. O envolvimento divino em assuntos bélicos representa, de fato, um dado bem documentado pelas fontes do Oriente Próximo e sob duas perspectivas diversas. Antes de tudo na perspectiva centralista (no caso do Grande Rei e daqueles que ele pretende submeter), na qual o vencedor já é conhecido antes mesmo que a batalha aconteça: "os dois exércitos são de qualidades radicalmente diferentes que é impossível compensar a superioridade mediante quantidade ou por fraude [...]. Os dois litigantes são colocados em níveis diversos, sobrepostos: não podem nem se encontrar e nem se confrontar. Não temos verdadeiras batalhas, apenas fugas e massacres"[112]. A perspectiva simétrica é diferente (o confronto entre dois Grandes Reis); nessa, a guerra tem o caráter da reciprocidade: os dois litigantes estão no mesmo nível, a prevalência de uma sobre o outro será questão de grau, não de qualidade. Nesse caso, o êxito da guerra é incerto: as batalhas são travadas exatamente para saber quem vencerá, e para determinar as coisas em seguida. Em ambos os casos, todavia, o papel dos deuses é decisivo:

> Não há sequer necessidade de dizer que as batalhas são vencidas com a ajuda divina, um ponto sobre o qual egípcios, assírios e hititas têm todos a mesma opinião: ao lado ou sobre o rei, os seus deuses o protegem e combatem por ele. Estes são invencíveis aos olhos humanos, mas o efeito da sua presença é evidente: é a vitória. Tanto a concepção centralista quanto a simétrica recorrem à ajuda divina e à decisão divina para explicar as vitórias, mas de modos diferentes. Na visão centralista a ajuda divina se materializa na evidente superioridade do nosso exército, da nossa ação e da nossa coragem em relação aos inimigos. O nosso rei sozinho (porque é acompanhado pelos seus deuses) é suficiente para vencer. A presença divina tem uma função triunfalista. Na visão simétrica, ao contrário, há função judiciária [...]. É um dado claro que também os inimigos têm seus deuses: aliás, muitas vezes, os deuses deles e os nossos são os mesmos. A quem apoiarão? Claramente os deuses decidirão com base em elementos morais e jurídicos: o contendente que tem razão, vencerá, e quem errou, morrerá [...]. Portanto, as batalhas assumem todos os caráteres

---

ebraica". In: STEFANI, P. & MENESTRINA, G. (orgs.). *Pace e Guerra nella Bibbia e nel Corano.* Bréscia: Morcelliana, 2002, p. 41-46. Para textos de referência do Oriente Próximo, cf. KANG, S.-M. *Divine War in the Old Testament and in the Ancient Near East.* Berlim/Nova York: De Gruyter, 1989 [Beihefte zur Zeitschrift für die alttestamentliche Wissenschaft 177]. • LAWSONYOUNGER, JR.K. *Ancient Conquest Accounts* – A Study in Ancient Near Eastern and Biblical History Writing. Sheffield: JSOT, 1990 [Journal for the Study of the Old Testament – Supplement, 98].

112. LIVERANI, M. *Guerra e diplomazia nell'Antico Oriente.* Op. cit., p. 131.

de um procedimento ordálio: uma disputa que não se consegue resolver mediante discussões verbais, a decisão é confiada a um confronto militar. Seria errado dizer que o vencedor terá razão – esta é obviamente a interpretação pragmática moderna. No nível da ideologia antiga é exatamente o contrário: o desafio será vencido por decisão divina em favor do litigante que tinha razão já desde o início[113].

Muitos trechos do discurso bíblico sobre a guerra se situam no pano de fundo do Oriente Próximo. De modo pontual, isso esclarece que não existe realmente uma guerra santa – no sentido que hoje atribuímos a essa expressão –, mas uma guerra na qual também a ação divina é envolvida, como qualquer atividade humana que pretenda ter sucesso. Trata-se de um pensamento que é a consequência lógica de uma mentalidade religiosa segundo a qual nenhum aspecto da vida está fora do raio da ação divina. Isso fica ainda mais claro se se observa a ideologia que está às bases da realeza no contexto do antigo Oriente Próximo: no Egito, o rei é uma epifania do divino, enquanto em outros lugares, o rei é seu lugar-tenente, mas o resultado em todos os casos é que no agir do rei se assiste a uma manifestação particular da proximidade da divindade, ou das divindades da nação. O que os reis fazem quando empreendem uma guerra não é tanto uma ação sagrada, mas um ato assegurado pela divindade. Não se deve esquecer que quase todos os textos sobre os quais se baseia a reconstrução da ideologia da guerra no antigo Oriente Próximo desempenham, em primeiro lugar, uma função propagandista, não historiográfica.

A tese de G. von Rad sobre a guerra santa fez escola e ainda suscita discussões. Segundo esse estudo, a análise dos textos do Antigo Testamento – sobre os quais se concentra de forma exclusiva – leva a concluir que a guerra era uma *instituição sagrada*, com um desenrolar ritualizado ou um esquema fixo. Através da sua análise, ele é, então, capaz de fornecer às apresentações bíblicas da guerra, um *Sitz im Leben* ("contexto de origem") específico[114]. No que tange os ritos associados à guerra (p. ex. o som do trompete, o extermínio final), von Rad chega a conclusões sobre o caráter cultual da guerra santa e, na tentativa de definir o *Sitz im Leben*, ele a situa, tanto como concepção quanto como prática, no período da anficionia das tribos israelitas, em linha com M. Noth que identificava uma confederação sacra entre as tribos no período pré-monárquico[115].

As críticas à von Rad vieram de vários setores. Em primeiro lugar, em nível historiográfico, visto que a concepção de um Israel pré-estatal pressuposta por

---

113. Ibid., p. 134.

114. VON RAD, G. *Der Heilige Krieg im alten Israel*. Zurique: Zwingli-Verlag, 1951.

115. Cf. NOTH, M. *Storia d'Israele*. Bréscia: Paideia, 1975, p. 71-138 [orig. alemão: 1950] [Biblioteca di cultura religiosa].

ele, foi recolocada completamente em discussão[116]. Mas também em nível literário: na verdade, circunscrever, como fez von Rad, a *guerra santa* no período de Josué e dos juízes vai contra o Antigo Testamento, que apresenta as mesmas características para a época de Saul e Davi, dois reis que eram líderes carismáticos exatamente como os precedentes. O confronto com os textos do Oriente Próximo mostra dentre outras coisas que a práxis bélica associada por von Rad às tribos israelitas, certamente não era limitada a essas, ainda que não fosse generalizada. O exemplo mais próximo às fontes bíblicas é o de Mesa, rei de Moab (séc. IX a.C.):

> Camos[117] me disse: "Vai, toma Nebo de Israel". Eu fui e combati contra ela da aurora até o meio dia. A tomei e matei a todos, sete mil homens, com crianças, mulheres, jovens e escravos, porque eu a tinha destinado ao extermínio para o deus Ashtar-Camos[118].

Vale notar que também nesse documento a guerra significa o cumprimento de uma ordem emanada da divindade e o êxito desta é uma consagração da população através do extermínio. Fica claro, portanto, o pano de fundo ideológico dos relatos bíblicos que, como vimos, é comum aos testemunhos provenientes do ambiente cultural no qual foram compostos.

Excursus
A face violenta de Deus

Entre os temas atualmente controversos em relação a apresentação bíblica de Deus está o da violência e o do Seu envolvimento em ações bélicas. De fato, cada vez mais, em âmbito cristão, após os eventos bélicos do século XX, interroga-se sobre a relação com uma tradição que em tantas ocasiões levou a aprovação de algumas práticas bélicas sobre a base da noção de *guerra justa*, mas não somente isto[119]. Independentemente de como nos posicionamos dentro desse debate, ele esclarece bem qual horizonte hermenêutico a leitura das fontes bíblicas requer. Exatamente como no contexto eclesial atual não há um ponto de vista unívoco

---

116. Cf. SOGGIN, J.A. *Storia d'Israele* – Introduzione alla storia d'Israele e Giuda dalle origini alla rivolta di Bar Kochbà. Bréscia: Paideia, 2002, p. 131-169. • LIVERANI, M. *Oltre La Bibbia*. Op. cit., p. 59-87.

117. [Kemosh], deus nacional dos moabitas.

118. Tradução revisada de: CIMOSA, M. *L'ambiente storico-culturale delle scritture* ebraiche. Bolonha: EDB, 2000, p. 287-290 [La Bibbia nella storia] [a tradução portuguesa pode ser encontrada em: MAZZINGHI, L. *História de Israel*: das origens ao período romano. Petrópolis: Vozes, 2017, p. 76 – N.T.].

119. Cf. MICCOLI, G. "La guerra nella storia e nella teologia cristiana – Un problema a molteplici facce". In: STEFANI, P. & MENESTRINA, G. (orgs.). *Pace e Guerra nella Bibbia e nel Corano*. Op. cit., p. 104-141.

sobre situações específicas, assim, é necessário ter em mente que a tradição bíblica não apresenta um ponto de vista unívoco a respeito desse tema: é um reflexo das diversas situações que os autores dos textos bíblicos tiveram que afrontar[120].

A partir do século XIX e ao longo de toda a primeira parte do século XX, a abordagem fundada sobre uma *perspectiva evolutiva* foi largamente acolhida, apresentando a sua síntese mais significativa na obra de J. Wellhausen. Assim como os textos bíblicos chegaram à sua forma final passando por uma composição gradual, também os crentes e os costumes (*ethos*) do povo que produziu tais livros, sofreram modificações. O Antigo Testamento seria, segundo tal perspectiva, o testemunho de uma gradual redefinição e modificação das concepções éticas do povo hebraico. Por vezes, esse processo foi interpretado em sentido pedagógico: Deus teria se comportado em relação ao povo como um educador, acompanhando-o da vida infantil à adulta.

Portanto, toda afirmação bíblica deveria ser avaliada em relação ao tempo e à sua posição no desenvolvimento global da revelação bíblica, que culmina, para além do Antigo Testamento, no Novo. Assim, os textos deixariam de ser problemáticos, uma vez que relacionados à situação contingentes e, sobretudo, não seriam mais vinculativos para os cristãos. Além disso, visto que o Antigo Testamento passa a ser lido à luz do seu desfecho em Jesus Cristo, somente as afirmações nele presentes conformes com o ensinamento de Jesus, seriam normativas. À luz de tal perspectiva até mesmo as atrocidades cometidas pelos hebreus por ocasião da conquista da terra de Canaã representariam um estágio necessário ao amadurecimento da consciência ética de Israel.

As críticas a essa abordagem podem ser resumidas em três núcleos:

— Em primeiro lugar não é correto ver no Antigo Testamento uma evolução em nível de concepção moral que vá de mais para menos: na verdade não faltam textos *antigos* contrários a uma certa prática de travar guerra (cf. Am 1–2), mas se encontram textos *recentes* que novamente sugerem cenários tidos como antiquados (cf. Est; Jd; 1Mc; 2Mc).

— A confiança nutrida durante um tempo de se poder traçar uma *história da literatura hebraica* hoje está em crise, visto que não há consenso sobre a estratificação dos materiais contidos no Antigo Testamento; ademais, não faltam abordagens de tipo sociológico que tendem a ver no texto bíblico a confluência de opções diferentes, mas contemporâneas.

— Por fim, essa abordagem põe o Antigo Testamento em descrédito: De fato, se tudo é julgado com base no Novo Testamento, que sentido há recorrer ainda ao Antigo?

Uma abordagem recente, no entanto, se fundamenta sobre a teoria literária que analisa a resposta do leitor (*reader-response criticism*)[121]. Segundo essa teoria,

---

120. Nos diversos pontos de vista bíblicos a respeito desse tema, insiste particularmente o volume: NIDITCH, S. *War in the Hebrew Bible* – A Study in the Ethics of Violence. Oxford: Oxford University Press, 1993.

121. Cf. DAVIES, E.W. The Morally Dubious Passages of the Hebrew Bible: An Examination of Some Proposed Solutions. *Currents in Biblical Research* 3.2, 2005, p. 197-228.

o texto é uma "prefiguração estruturada", mas o que deve ser recebido, e o *modo* como é recebido, dependem tanto do leitor quanto do texto. A leitura não é uma "interiorização" direta, pois não é um processo em sentido único, e o nosso interesse será dirigido a encontrar o modo de descrever o processo de leitura como *interação* dinâmica entre texto e leitor. [...] Autor e leitor devem partilhar o jogo da imaginação [...]. O prazer do leitor começa quando ele próprio se torna produtivo, isto é, quando o texto lhe consente de colocar em jogo as suas faculdades[122].

O leitor, portanto, ao invés de aceitar passivamente as afirmações bíblicas, tem o direito de entrar em diálogo com o texto e avaliar quanto as ideias do texto concordam ou contrastam com as suas. Assim, os textos problemáticos não são apenas colocados à parte, pelo contrário, se reconhece o seu *status* canônico, mas se convida o leitor a esforçar-se para pôr em discussão os próprios pressupostos e as próprias ideologias. Em última análise, se propõe aos leitores da Bíblia uma crítica ética análoga à crítica histórica. Como a crítica histórica pôs em discussão a historicidade das narrativas bíblicas, do mesmo modo, agora, é necessário fazer uma crítica ética: "Por que se deveria considerar válida a avaliação crítica das fontes da Bíblia Hebraica e a da sua moralidade não? Por que se aplicam sem problemas as categorias de 'verdadeiro' e 'falso' às afirmações históricas da Bíblia Hebraica, mas não aos seus juízos de valor?" Tal crítica ética se mostra como inevitável dado que a Bíblia não apresenta um sistema ético coerente, mas vozes dissonantes, de modo que "os leitores se encontram com muita frequência de frente ao fato de dever decidir entre exigências que competem entre si"[123].

Nessa última direção me parece que se possa e se deva orientar uma leitura da Bíblia que admite com honestidade que a ordem divina de destruir populações inteiras é moralmente inaceitável e como tal deve ser considerada, independentemente do fato de que se encontre na Bíblia ou em outros textos sagrados.

A crítica histórica nos fornece alguns dados, mostrando que os textos bíblicos partilham com os do Oriente Próximo algumas perspectivas de fundo. Além disso, a crítica histórica evidencia que os textos bíblicos sobre a conquista não são documentos históricos – ou seja, relatos de eventos do passado – mas textos compostos como reação ao imperialismo oriental a partir do século VII a.C. e que se colocam como contrapropaganda, servindo-se da mesma linguagem e das mesmas bases ideológicas[124]. Ao mesmo tempo, os textos assumem uma função crítica no interior da sociedade hebraica: situados durante uma sequência narrativa que somente após o final da monarquia alcança a sua redação definitiva, nesse

---

122. ISER, W. *L'atto della lettura* – Una teoria della risposta estetica. Bolonha: Il Mulino, 1987, p. 169-170 [orig. inglês: 1978].

123. DAVIES, E.W. The Morally Dubious Passages of the Hebrew Bible. Op. cit., p. 219-221.

124. Cf. RÖMER, T. *I lati oscuri di Dio* – Crudeltà e violenza nell'Antico Testamento. Turim: Claudiana, 2002, p. 59-63 [orig. francês: 1996] [Piccola biblioteca teologica].

momento fazem parte de um desenho mais amplo através do qual os redatores finais procuraram explicar por que a terra antes doada por YHWH por meio de gestos prodigiosos, tenha sido arrancada do povo. A culpa é atribuída sobretudo à monarquia e isso esclarece por que nos relatos da conquista da terra nenhuma figura da realeza – na verdade, nenhum líder humano – esteja envolvido. A terra é dom de YHWH, mas a terra foi dada a um povo que é obrigado a se manter fiel à Lei divina e não se deixar desviar da fidelidade exclusiva ao seu Deus pelas populações que ali residiam. E se os escritos de Josias pretenderam justificar a intenção do rei que, tirando proveito da crise do sistema assírio, aspirava o domínio de toda a Palestina, apelando a uma monarquia mitificada, unificada sob Davi e Salomão, os escritos do exílio, com imagens da terra vazia e desolada, mostram que o *verdadeiro* Israel era somente aquele que fora exilado, enquanto os que permaneceram no país não podiam reivindicar para si tal identidade. Em última análise os povos dos quais Israel deve se separar, mesmo que de modo violento, seriam uma construção ideológica para preservar a identidade e Israel e a adoração exclusiva de YHWH. Os autores desses textos

> temem que Israel perca a própria identidade aceitando o contato com os "outros". Adotando, portanto, uma posição muito defensiva que se traduz em uma linguagem extremamente agressiva, o que não é de todo surpreendente. Um discurso tão violento é, portanto, o reflexo de uma comunidade em plena crise que se sente ameaçada de todos os lados: um reflexo que se perpetua até os nossos dias. Quando uma sociedade sofre uma crise econômica ou ideológica, ela procura se fechar sobre si mesma recomendando, particularmente, a expulsão dos estrangeiros[125].

Lidos nesse sentido, os textos problemáticos representam a resposta a determinadas situações históricas nas quais estava em jogo de um lado a emancipação de um sistema opressivo (o assírio, num primeiro momento), de outro, a definição da própria identidade em uma situação na qual essa era ameaçada por tendências assimilacionistas. Portanto, se trata de respostas contingentes, das quais o leitor deve ter clareza dos limites.

Um primeiro limite é a redução de YHWH ao nível de qualquer outro déspota do antigo Oriente Próximo: na Bíblia, o próprio Deus, não o rei assírio, é quem guia as tropas a executarem massacres. Sobre isso não há qualquer reflexão nos textos em questão, mas não são poucos os textos bíblicos nos quais emergem perspectivas muito diferentes. Basta citar a destino da famosa expressão de Ex 15,3 (cf. Sl 24,8) que define YHWH como "homem de guerra" (*'ish milchamáh*), que na Septuaginta é transformada em o Senhor "que extingue as guerras" (*syntríbon polémus*; cf. Jd 9,7; 16,2; Is 42,13 LXX). YHWH não é o Deus que faz a guerra, mas aquele que põe fim a essas, como mostram os textos proféticos de

---

125. Ibid., p. 71; cf. tb.: ASSMANN, J. *Non avrai altro Dio* – Il monoteismo e il linguaggio della violenza. Bolonha: Il Mulino, 2007, p. 90-103.

Is 2,2-5 e Mq 4,1-4. Se, portanto, para o passado o papel bélico de Deus é decisivo, o futuro dependerá inteiramente da obra pacificadora divina.

O segundo limite é a relação que os textos sobre a guerra insistem que Israel deva manter com as populações com as quais entra em contato. Também nesse caso, o Antigo Testamento não apresenta uma perspectiva unívoca: paralelo aos textos de *Josué*, se encontram os trechos do Livro dos Juízes no qual as populações de Canaã são preservadas e as guerras do povo são apenas reações a injustiças sofridas. Assim, do mesmo modo, não faltam livros que admitem inclusive o matrimônio exogâmico (obviamente se tem em mente Rute, mas se deve recordar também de Tamar e Racab).

Reconhecer esses limites e os pressupostos das narrações bíblicas não significa negar valor ao testemunho bíblico, mas lê-la com a correta iluminação. Entrar em diálogo crítico com o texto bíblico, colhendo a sua intrínseca dinâmica de testemunho a várias vozes de um longo diálogo entabulado entre o Criador e a humanidade, significa admitir que tal diálogo nunca foi interrompido. E, dado que o diálogo nunca foi completamente concluído, ele exige ainda hoje uma tomada de posição responsável por parte dos leitores em relação aos eventos históricos, evitando transformar a Bíblia em uma reserva de princípio atemporal, mas a valorizando como referência imprescindível para que o diálogo não se reduza a uma atividade unidirecional.

Guia para a leitura

O livro é composto por duas partes principais:

– cap. 2–12: incluem um conjunto de relatos que narram a conquista do país e os seus preparativos;

– cap. 13–22: contêm sobretudo listas que documentam a divisão do país entre as doze tribos.

Essas duas partes são emolduradas por discursos (cap. 1: discurso de YHWH a Josué, discurso de Josué ao povo; cap. 23–24: discursos de despedida de Josué).

Nessas duas partes principais é possível perceber também uma organização geográfica:

cap. 1–12	Entrada em Canaã: passagem do Leste ao Oeste (cap. 1–5)	Campanhas militares na parte central do país (cap. 6–8)	Campanhas militares no Sul (cap. 9–11)
cap. 13–22	A região ao Leste do Jordão (cap. 13)	A parte central do país (cap. 14–17)	O resto do país (cap. 18–21)

O relato começa com a notícia de uma transferência de poder (1,1): Moisés terminara a sua missão insubstituível (cf. Dt 34, 10-12), mas o povo tem necessidade de um novo líder para completar a iniciativa empreendida com a saída do Egito. O discurso divino (1,2-9) se constitui como a retomada de motivos já conhecidos: a descrição da terra nos v. 3-4 repete a que Moisés já fizera em Dt 11,24-25; a promessa do v. 5b retoma Dt 31,23; a tarefa confiada a Josué (v. 6b) e o repetido encorajamento (v. 6.7.9) retomam as últimas palavras de Moisés a Josué e ao povo (Dt 31,6-8.23); a garantia divina de que ninguém poderá resistir à Josué (v. 5a), retoma aquela que já fora dada a Israel em Dt 7,24. Ao mesmo tempo, o discurso divino anuncia a trama que virá a seguir: a travessia do Jordão (v. 2; cf. cap. 3–4; 22); a conquista (v. 3-5; cf. cap. 6–8; 10-12), a concessão da terra (v. 5; cf. cap. 13–21) e a obediência à Lei (v. 7-8; cf. cap. 5; 7; 9; 23-24).

No livro, o tema do *dom* da terra é central, expresso pelo verbo *natán*, que aparece nove vezes no capítulo 1 tendo YHWH ou Moisés como sujeitos. Além disso, a fórmula "dar a terra" (v. 3) é fundamental na profissão de fé ao longo de todo o livro (cf. 2,9.14.24; 5,6; 8,1; 9,24; 18,3; 22,4; 23,13.15.16; 24,13).

Em 1,4 o território da Terra Prometida é descrito como em Dt 11,24. No Antigo Testamento os confins da terra são definidos segundo duas perspectivas. A primeira indica o território no qual habitam os filhos de Israel e que se estende de Dã a Bersabeia (2Sm 24,2-8.15; 2Rs 4,25; cf. Dt 34,1-3), incluindo a região além do Jordão (2Sm 24,5-6). A segunda descreve a Terra Prometida que vai da torrente do Egito ao Eufrates e do Jordão ao Mar Mediterrâneo (Gn 15,18; Ex 23,31; Dt 1,7; 11,24). O Livro de Josué conhece estas duas perspectivas: a conquista corresponde à primeira (10,41; 11,17; 13,2-7), mas a promessa vai bem além e declara fronteiras mais amplas do que as ambições imperiais do reino de Davi e Salomão (2Sm 8,3-12; 1Rs 5,1.4; 8,65), no entanto, a realidade devia ser bastante limitada em relação a essas perspectivas.

A última exortação de Josué (1,7-8) coloca a obediência à Lei como fator central, a qual, segundo a perspectiva do Deuteronômio, é codificada em um *séfer* (texto escrito). O pedido que Deus formula a Josué eleva a sua figura ao grau de realeza e está alinhado com o que Dt 17,18-19 prescreve para o rei.

Prontamente Josué se põe a trabalhar para realizar o que Deus lhe ordenara (1,10-15). Como se pode perceber por suas palavras que retomam a linguagem da promessa divina (v. 3 e 6), ele se revela obediente em tudo.

A resposta da tribo é coral (1,16-18) e manifesta a sua disponibilidade para acolher as suas ordens como sucessor de Moisés, ainda que salvaguardadas duas restrições: a primeira ligada à assistência divina a Josué (v. 17b) e a segunda à sua firmeza e coragem (v. 18b). A primeira restrição é retomada em 3,7 e 6,27, onde os sucessos de Josué dissiparão qualquer dúvida, enquanto a segunda – a coragem – reaparece logo após a derrota de Hai (8,1). De certo modo Josué foi colocado à prova, introduzindo uma tensão que será resolvida somente após os acontecimentos seguintes: Deus vai se demonstrar ao seu lado e a sua coragem se transformará em estímulo para todo o povo (10,25).

Com o capítulo 2, a cena muda e remete agora ao território a ser conquistado. Assiste-se a uma série de relatos, na sua grande maioria relacionados ao território da tribo de Benjamim (cap. 2–9), os quais somente ao final se voltam em direção ao Sul (10,28-43) e ao Norte (11,1-14). Aqui é descrita a primeira fase da passagem de Israel de povo nômade e peregrino a nação sediada em um território próprio (a segunda fase será a sucessiva distribuição da terra). A narrativa apresenta um povo unido que derrota reis poderosos e cidades fortificadas. Os episódios colocam em destaque os temas da iniciativa divina e da resposta obediente, uma condição para que as batalhas logrem êxito para o povo. Os relatos de batalha têm um papel central e estão no núcleo da trama. As primeiras três campanhas que envolvem as cidades do planalto central, são apresentadas delongadamente e devem ser lidas como paradigmas de todas as campanhas militares ocorridas em Canaã: a primeira e a terceira (6,1-27: Jericó; 10,1-15: Gabaon) sublinham o papel de YHWH, a quem é exclusivamente atribuída a vitória; a segunda (cap. 7–8), depois da derrota inicial em Hai em decorrência da violação do anátema, apresenta a vitória do povo sempre que este obedece ao seu verdadeiro comandante, isto é, YHWH. Em seguida, encontram-se sumários narrativos, com formas e vocabulários estereotipados (cf. 10,28-42; 11,1-15.16-23).

Antes da travessia do Jordão, Josué envia exploradores ao país, que chegam à Jericó e se hospedam junto a uma prostituta chamada Raab (2,1-24). O episódio se desenrola em três diálogos: entre Raab e os emissários do rei de Jericó (v. 3-5), entre Raab e os espiões no terraço da sua casa (v. 8-14), entre os espiões em fuga pela janela e Raab (v. 16-21). O envio dos espiões está alinhado com a situação narrativa que prevê uma guerra iminente (cf. 7,2; Dt 1,22-25; Jz 18,2-10). Ao mesmo tempo, esse episódio introduz um atraso na execução da ordem divina, além do fato que se apresenta, em parte, isolado em relação à tradição da conquista de Jericó, a ponto de induzir alguns intérpretes a identificar no relato uma inserção mais recente. Todavia, no contexto, isso abre ao leitor duas perspectivas importantes: em primeiro lugar, oferece informações acerca do ponto de vista da população residente no país (2,10-11), e, além disso, esclarece que nada é inevitável a partir do momento que a conquista exige a fidelidade do povo (ainda que Deus premie também a fidelidade de quem, mesmo entre os inimigos do povo, reconhece o seu poder e se submete a este).

Tal qual a travessia do Mar dos Juncos, também a travessia do Jordão representa um evento decisivo na história do povo de Israel e isso justifica o espaço que a narrativa lhe dedica (3,1–4,24). Em ambos os casos o povo passa de uma condição a outra: no Mar dos Juncos passa da escravidão a uma existência guiada e sustentada por YHWH, em direção à realização da promessa feita aos pais; no Rio Jordão, passa de uma existência nômade para sedentária. Em ambos os casos o movimento não é completamente linear: tanto o caminho do deserto quanto a posse da terra, exigem uma adesão fiel a Deus. O deserto, de fato, desafia a necessidade de segurança e de garantias para a vida (água, comida, proteção) e o povo em dificuldade murmura contra YHWH, acusado de ignorar o seu sofrimento. Analogamente, o ingresso no país se apresenta como um grande desafio, pois o território é habitado: isso indica que a travessia é o prelúdio de uma guerra que exigirá do povo confiança absoluta no poder do seu Deus de assegurar a vitória.

Diversas irregularidades e contradições no relato[126] levaram a postular uma complexa história redacional, sem que se tenha chegada a um consenso. Contudo, é possível uma leitura unitária, na medida em que não se procura uma disposição cronologicamente ordenada dos eventos, mas se deixa guiar pelo modelo que rege a apresentação do acontecimento: ordem-previsão e realização. À exposição (3,1-2) segue uma série de falas por meio das quais são dadas disposições (em 3,3-5 ao povo, no v. 6 aos sacerdotes) e é predito o evento prodigioso que está para se cumprir (v. 7-8: YHWH a Josué; v. 9-13: Josué ao povo). A execução da ordem é descrita em 3,14-17 e completada em 4,10-19, duas unidades intercaladas pelo relato a respeito das pedras comemorativas (4,1-9.20-24) – que detém a sequência cronológica – também

---

126. P. ex., a diferente cronologia de 3,1.5 e 3,2-4; os portadores da arca estão às margens do rio em 3,8.13.15, mas tb. no meio deste no v. 17.

este anunciado em 3,12 (a eleição de um homem por tribo) e consequente a uma ordem divina (4,2-3).

Destaca-se no relato a perfeita correspondência entre a ordem divina e sua execução, que caracteriza grande parte do Livro de Josué. A única ordem da qual não se narra a execução é a de 3,5 ("santificai-vos"). Uma nota do narrador (4,14) comenta a realização da palavra de YHWH a Josué em 3,7, enquanto a profissão de fé conclusiva (4,2-24) comenta o prodígio anunciado em 3,10-13, comparando-o ao do Mar dos Juncos. O relato tem um teor litúrgico que exalta os significados simbólicos do evento. Inclusive a centralidade dada à arca marca o caráter ritual do evento: o prodígio é atuação da vontade divina e sinal da presença de Deus em meio ao povo (3,10), tal como fora a tenda do encontro no deserto.

A vida no país é inaugurada em Guilgal – que será depois sede de um santuário – por meio de dois atos rituais: a circuncisão (5,1-9) e a celebração da Páscoa (5,10-12). Ambos recordam aos filhos de Israel o fundamento da sua identidade: a promessa aos pais a partir de Abraão, a quem a narrativa bíblica remete a circuncisão como sinal do pacto com Deus (Gn 17,9-14) e o evento salvífico que garantiu a redenção ao povo e do qual a Páscoa é memorial (cf. Ex 12,1-19).

Segue-se então o relato da conquista de Jericó (5,13–6,27) que suscita grande impressão no leitor e completa o preâmbulo da conquista. Jericó é uma espécie de porta de acesso à terra. Ao mesmo tempo, a sua conquista tem função paradigmática para a campanha militar que se inaugura: é a confirmação para os filhos de Israel de que Deus está com Josué, mas é também um aviso para todas as populações de Canaã (6,27). Como o Jordão, também os muros de Jericó representam uma barreira à conquista, mas Deus a supera sem qualquer esforço, realizando a promessa de Dt 9,1-3.

A partir do momento em que a documentação arqueológica induziu a rever a relação da narrativa com a história, diversos intérpretes, admitindo um núcleo histórico no relato, propuseram que este fosse lido com uma dupla etiologia: a) considerando que a cidade fora destruída por volta do final do Bronze Médio, na época da entrada em Canaã os muros eram apenas um monte de escombros. O relato teria surgido como explicação etiológica de tal situação, mas isso pressupõe que o relato tenha tido origens muito antigas, hipótese que a crítica literária contesta; b) há referências contínuas a Raab que culminam em 6,25: o relato pretenderia explicar por que esse clã estava "no meio de Israel".

A etiologia, todavia, não explica completamente o sentido do relato, embora alguns aspectos, como os mencionados acima, possam depender de tal fundamentação. O relato, ao contrário, deve ser lido em função da narrativa mais ampla, onde assume valor programático: retomando motivos e temas da propaganda imperial do antigo Oriente Próximo, ele desperta no leitor uma tomada de posição completamente favorável a Israel, pois ele combate do lado certo. Nada pode resistir ao poder do seu Deus. A mesma função é cumprida pelo relato nos confrontos com as populações de Canaã: como a travessia do Jordão, também essa iniciativa manifesta que nenhuma oposição pode conter o avanço do povo de YHWH[127].

A seção que vai de 7,1 a 8,29 apresenta uma sequência narrativa contínua, construída ao redor de dois focos: a violação do anátema (7,1-26) e a conquista da cidade de Hai (8,1-29). Esses dois focos são habilmente entrelaçados na narrativa atual, mas a crítica literária muitas vezes levantou a hipótese de que originalmente se tratassem de dois relatos independentes, ambos de tipo etiológico, uma vez que o primeiro culmina com a dupla etiologia do túmulo de pedra e do nome do vale (7,26), enquanto o segundo com a do nome Hai (8,28; em hebraico Hai sempre é composto com o artigo: "a ruína"). O relato da conquista de Hai apresenta ainda problemas históricos, pois as escavações feitas no sítio de *et-Tell* demonstram que a cidade foi ocupada até o período do Bronze Antigo e permaneceu deserta até o Ferro I (por volta de 1220-1050 a.C.). Por conseguinte, o relato é explicado por muitos como legenda da tribo de Benjamim para reivindicar a posse da região circundante. A hipótese de dois relatos originalmente independentes não parece necessária, de qualquer modo, a composição atual é muito bem executada. Assim, até mesmo a etiologia isoladamente não explica os relatos. Em vez disso, o díptico deve ser lido como narração espelhada daquilo que ocorrera em Jericó. Lá, Raab age como deveria fazer um hebreu e pode viver na terra, aqui, ao contrário, Acã sofre a sorte dos habitantes do país, pois se deixou seduzir pelos despojos da batalha. No caso de Jericó a estratégia foi determinada por Deus e por ele comandada, em Hai, ao contrário, tudo

---

127. Tradições posteriores identificarão no relato uma representação da fé e do poder de Deus: cf. 2Mc 12,15; Hb 11,30.

depende de pontos de vista humanos (cf. 7,3; por outro lado, veja-se a dinâmica diferente em 8,1-2) e isso leva à ruína.

Em 8,30-35 é narrada a construção de um altar sobre o Monte Ebal e a inscrição da Lei sobre pedras. Note-se o valor simbólico da construção do altar: aqui, como nas narrativas patriarcais (cf. p. ex. Gn 12,7), ela representa uma implícita reivindicação da posse da terra que, de fato, substitui o relato da conquista de Siquém. A alusão a Dt 27 e o aceno à leitura da lei, fazem ainda pensar em uma renovação da aliança, embora isso não seja explicitado no trecho. A insistência em tratar da Lei (escrita sobre pedras e lida publicamente) é uma imagem plástica daquilo que é central para Israel. É possível encontrar, inclusive, paralelos literários na tradição grega, relacionados à fundação de novas colônias, que incluem a ereção de estelas com inscrições, a construção de um altar e a execução de sacrifícios. Como o presente episódio, essas narrativas têm a função social de construir a identidade da comunidade.

Graças a algumas referências internas, os cap. 9–12 se apresentam como unidade que expõe a conquista inteira do país[128].

No capítulo 9, após uma breve apresentação da reação dos reis cananeus (v. 1-2), a narrativa prossegue descrevendo a trama através da qual os habitantes de Gabaon firmaram uma aliança com os filhos de Israel (v. 3-15). Quando a trama foi descoberta (v. 16-18), se definiu a condição que aquela população ocuparia em relação a Israel (v. 19-27). A narrativa inclui dois pontos focais e tem o objetivo de ilustrar duas situações específicas: a presença dos gabaonitas em Israel (v. 3-15) e a sua condição subalterna (v. 16-27). O tecido da narrativa é unificado pela astúcia, primeiramente bem-sucedida e depois descoberta. Todavia, há uma evidente duplicação na segunda parte, quando emergem os chefes da comunidade que atribuem aos habitantes de Gabaon uma tarefa diferente em relação àquela em seguida estabelecida por Josué: este lhes destinara ao serviço no Templo (v. 23), enquanto os chefes o destinam à comunidade (v. 21). Essa duplicidade deixa emergir uma preocupação eminentemente sacerdotal, em linha com Ex 44,7-9,

---

128. A relação se torna evidente pelas referências às afirmações de 9,1 ("quantos reis ouviram") que marcam a sequência e que são retomadas em 9,3 ("os habitantes de Gabaon ouviram"), em 10,1 ("quando Adonisedec, rei de Jerusalém ouviu") e 11,1 ("quando Jabin, rei de Hazor, ouviu").

que condena a presença de estrangeiros no serviço ao Templo, fato que contrastaria com a sua santidade[129].

O capítulo 10 inclui duas narrativas distintas ligadas entre si pela localização geográfica, visto que ambas se referem às operações bélicas no Sul da Palestina. A primeira identifica como antagonista de Israel uma coalizão de cinco reis (10,1-27), enquanto a segunda é um relato analítico da campanha militar contra as cidades cananeias do Sul (10,28-43). A primeira narrativa também se divide em duas partes: em primeiro lugar é apresentada a derrota da coalizão (10,1-15), em seguida, o relato se focaliza sobre a sorte dos cinco reis (10,16-27). Na primeira parte o protagonista é YHWH, na segunda, é Josué. Pela primeira vez os inimigos falam (v. 4) e não é Israel quem toma a iniciativa de atacar, visto que age em resposta ao pedido de ajuda feito por Gabaon. São evidentes os traços épicos da narrativa que contém numerosos paralelos com os relatos de campanhas militares dos reis no antigo Oriente Próximo. Isso levou a negar o valor histórico da narrativa. No entanto, o tom épico não significa, necessariamente, invenção, pois é determinado pela função propagandista e muitas vezes ideológica de tais relatos. Israel se apropria da retórica bélica antiga não para enaltecer o poder de um rei, mas o do seu Deus e, consequentemente, o próprio, enquanto povo Daquele que derrota todos os inimigos.

Js 10,28-30 oferece um relato esquemático das vitórias no Sul do país, concluído por um sumário das conquistas (10,40-43). A exposição esquemática sublinha a intenção das ações; mas, ao mesmo tempo, é perceptível nos sete episódios narrados nos v. 28-39 uma disposição em forma de "x", com o centro no v. 33: os quatro episódios externos seguem o mesmo modelo expositivo (v. 28.29-30 e v. 36-37.38-39), assim como o terceiro e o quinto (v. 31-32.34-35). Isso confirma que a disposição dos eventos é artificial e não determinada pela sucessão temporal ou pela localização geográfica: o itinerário deve ser considerado, em primeiro lugar, como uma construção literária, embora não seja inverossímil. Fica evidente, a partir das fórmulas recorrentes, que os sete episódios devem ser compreendidos também na sua função simbólica: "votou-a ao extermínio com todos os seus habitantes [...]", "[...] até que não restasse qualquer sobrevivente". As inscrições comemorativas (p. ex.

---

129. Os v. 15.18-21 refletem essa tendência e, de fato, eliminando esses versículos a sequência parece bem mais linear.

as estelas de Merneptá e de Mesa) e os anais dos reis do antigo Oriente Próximo mostram, de fato, que a narrativa bíblica utiliza expressões hiperbólicas e estereotipadas. De modo particular, o tema da eliminação total do inimigo é típico da retórica oriental e, portanto, não deve ser compreendido no seu sentido literal. O próprio sumário da campanha militar (10,40-42) é um aspecto difuso nos relatos orientais de conquista, especialmente nas inscrições reais assírias.

Depois de ter assegurado o controle sobre as regiões centrais e meridionais, as operações militares rumam em direção ao Norte, onde os filhos de Israel devem enfrentar uma coalizão de reis cananeus (11,1-23). O padrão narrativo do capítulo segue o modelo do anterior: a coalizão do Norte é paralela à do Sul, assim como é paralela a função de Jabin e Adonisedec; também essa expedição, como a precedente, é seguida por um sumário dos resultados alcançados. A estrutura corresponde à expressão precedente: ao relato da batalha campal (11,1-9; cf. 10,1-14), segue-se a conquista das cidades (11,10-15; cf. 10,28-39) e um sumário (11,16-20.23; cf. 10,30-42). Duas indicações temporais ("naquele tempo": v. 10.21) sinalizam que os relatos não devem ser compreendidos como sucessivos, mas como coordenados e contemporâneos. O fato de que a narrativa siga um modelo, demonstra que o autor não depende necessariamente de uma antiga tradição: ele oferece ao leitor uma composição literária compacta, na qual retoma alguns elementos provavelmente antigos, tais como a referência às águas de Merom (11,5.7) e a associação entre Jabin e Hazor. Além disso, as imponentes ruínas de Hazor da época do Bronze, podem muito bem ter fornecido ocasião para relatos dessa natureza.

Em 12,1-24 novamente se expõe uma síntese dos sucessos alcançados. As conquistas de Josué são elencadas aqui juntamente com todas as posses de Israel, inclusive os territórios conquistados por Moisés do outro lado do Jordão. O sistema político anterior das cidades-Estado cananeias foi completamente desmantelado e está para ser substituído por um novo modelo institucional fundado sobre as tribos. Os paralelos com os textos do antigo Oriente Próximo são esclarecedores: embora Josué seja o líder reconhecido pelo povo, ele não se comporta como um rei, já que o território conquistado não passa a ser de sua posse, como representante terreno da divindade. De fato, aqui, essa função de representação não é assumida pelo soberano, mas pelo povo. O capítulo representa um ponto de virada no programa narrativo do livro: a atenção passa da guerra, que caracterizara os capítulos 1–11, para a distribuição da terra, tema dos capítulos 13–21. A estratégia do livro muda em direção à insistência na identidade nacional e sobre a posse do país. O sumário se divide em duas partes: os reis a Leste do Jordão, derrotados sob a liderança de Moisés (12,1-6) e aqueles a Oeste, derrotados já sob a liderança de Josué (12,7-24). A lista dos v. 9-24 apresenta numerosas afinidades com documentos reais do Oriente Próximo. A lista enumera os reis e as cidades derrotados, mas não afirma que todas as cidades foram destruídas, consequentemente, procurar os níveis de destruição do período nem sempre é possível. Como os relatos anteriores, também essa lista não tem função documental, mas intenta mostrar que a terra foi conquistada pelos filhos de Israel em obediência a YHWH.

O relato da distribuição da terra (13,1–21,45) inicia com uma palavra de YHWH (13,1-7), como exordiava o relato da conquista (Js 1). Em Js 1,1-9 se tratava de um encorajamento para empreender a conquista, aqui o acento é posto sobre o território que ainda não foi conquistado. A idade avançada de Josué concorda com a sua menção antes da chegada ao Sinai (cf. Ex 17,8-14), onde já era um guerreiro e um líder entre o povo. Em Js 24,29 ele tem cento e dez anos. Em nível narrativo essa referência à idade de Josué tem a função de marcar a transição entre a primeira fase (conquista de Canaã) e a segunda (distribuição da terra). A idade avançada recorda ainda 11,18, onde se sublinha a longa duração da conquista.

As batalhas contra os reis e as cidades mostraram que a transformação da "terra de Canaã" em "terra de Israel" é o êxito da confluência entre a iniciativa divina e da resposta ativa de Israel. A terra foi "dada como posse por YHWH" (cf. p. ex. Dt 5,31; 12,1; 19,2.14), é ele, de fato, quem conduziu o povo na terra e que derrotou os reis que a dominavam. Israel seguiu as ordens de YHWH (Js 11,15.22) e agora, novamente, se espera dele a disponibilidade para executar a ordem divina sobre a distribuição da terra entre as diversas tribos (13,7). Embora a operação dependa da sua ordem, YHWH não intervém ativamente, mas o seu envolvimento é claramente implicado pelo fato de que a divisão é feita mediante sorteio. A instalação no país é responsabilidade de Israel, sob a liderança de Josué. O narrador descreve os territórios de cada tribo, inserindo episódios a respeito de personagens que desempenham um papel exemplar e, portanto, obtém uma porção do território: Caleb (14,6-15); Acsa (15,13-19), as filhas de Zelofeade (17,3-6) e

Josué (19,49-50). Não faltam pitadas de ironia em alguns relatos nos quais algumas tribos tomam a iniciativa de apossar-se de territórios originalmente não destinados a elas (cf. 17,14-18; 19,40-48). Há também anotações a respeito da falência das tribos na eliminação dos nativos dos seus territórios (15,63; 17,12).

No livro chama atenção a função estrutural do verbo *yarásh*, "tomar posse". Ele ocorre no início da narrativa, no discurso divino (1,11), quando o país ainda está todo por conquistar; ocorre em 13,1 e em 18,3 para sublinhar o dever de ocupar o país. Por fim, o narrador confirma que Israel tomou posse e se estabeleceu na terra que Deus lhe dera (21,43), mas novamente revela que a missão não fora levada a cabo, visto que em 23,4-5 Josué recorda que a tarefa está ainda diante do povo e ao mesmo tempo assegura que YHWH expulsará (*yarásh*, hiph'il) os habitantes do país a fim de que Israel tome posse deste (*yarásh*, qal).

A noção da terra como herança também assume grande relevância, expressa através do vocábulo *nachaláh* (cf. 11,23). A terra como *posse* e a terra como *herança* são noções intercambiáveis em Deuteronômio (cf. Dt 3,18; 4,21; 5,31; 12,1; 19,2.10.14; 20,16; 21,1.23; 24,4; 26,1; conjunto: 15,4; 25,19), enquanto em Josué têm escopos diferentes: a referência à terra como posse é característica estrutural que une início e fim, a descrição da terra como herança, ao contrário, ocorre quase que exclusivamente na segunda parte do livro (cap. 13–21) expressando o principal interesse da seção. O narrador utiliza o vocábulo para ligar a distribuição da terra à conquista das cidades, inserindo-o no sumário sobre as vitórias de Josué (11,23; única ocorrência na primeira parte): *herança*, portanto, se torna o termo-chave para descrever a terra destinada às tribos.

Todavia, a noção de herança não implica somente a transferência de uma posse de uma geração a outra; mas, como indica o frequente paralelismo com o substantivo *chéleq* ("parte, lote"), designa a porção possuída com direito inalienável, obtida seja por doação, seja por sucessão, seja – como no caso de Josué – por distribuição. Através dessa posse, o detentor assume um papel ativo na comunidade: em Israel, de fato, cidadão com pleno gozo do título é quem possui terra e a cultiva (cf. Js 13,6; 15,1; 16,1; 17,1; 18,6). Segundo Is 34,17, o próprio YHWH "lançou a sorte para eles", foi ele quem "distribuiu-lhes, com o cordel, a porção de cada um". O envolvimento direto de YHWH na divisão da terra determina a estrutura social e dá a ela um caráter permanente.

A distribuição da terra é concluída em Js 21,43-45 com um sumário: aquilo que fora antecipado em 1,2-6 agora se cumpriu. Esse sumário tem característica deuteronomista e remete aos temas dos capítulos 1–12, coloca em destaque a vitória completa e o dom de todo o país, como bem exprime a repetição do adjetivo *kol* ("todo": seis vezes), dando centralidade a referência à derrota de todos os inimigos. Insistindo sobre o cumprimento das promessas divinas, o sumário demonstra a fidelidade de YHWH, tema que percorre o livro todo (cf. Js 1,2-3; 2,9; 5,6; 6,2; 8,1; 10,8). O mesmo vale para o tema do repouso (Js 21,44; cf. 1,13.15; 22,4; 23,1). As afirmações peremptórias do sumário deixam o leitor perplexo, visto que mais de uma vez o livro havia indicado que a conquista e a ocupação ainda não estavam completas (cf. Js 13,2-6; 15,63; 16,10; 17,12-18; veja-se ainda 23,4.7.12-13). O narrador usa uma hipérbole, ou propõe uma visão ideal, ou até mesmo contesta, com ironia, as pretensões expansionistas de Israel? De qualquer modo, o acento recai sobre o agir divino e sobre a sua fidelidade; a isso o narrador quer remeter, já que à fidelidade de YHWH se contrapõe muitas vezes a incerteza e inconstância de Israel.

Js 22 se divide em duas partes: inicialmente Josué despede as tribos situadas a Leste do Jordão que contribuíram com a conquista (v. 1-8). Antes de atravessar o Jordão, os combatentes dessas tribos construíram um altar, gerando uma disputa com as outras tribos que se resolveu pacificamente (v. 9-14). Com ironia refinada, o narrador deixa em aberto até o fim o significado do altar e consequentemente, do gesto das tribos a Leste do Jordão. A narrativa é determinada pelas declarações dos protagonistas: na primeira parte, a de Josué, que confirma as promessas e ordem divina (v. 2-5), na segunda, o diálogo entre as tribos (v. 16-29). Vale ressaltar a ausência de Josué na segunda parte, de modo que na disputa entre as tribos ele não tem função alguma, indicando que a sua função se encerra quando a conquista estava concluída e ele deixa agora o campo a outras figuras institucionais – sacerdotes e chefes – aos quais cabe a tarefa de dirimir as disputas entre as tribos. A função do relato atual é paradigmática: ele atesta que Israel não é apenas uma definição territorial, como poderiam pensar aqueles que veem o Jordão como confim (v. 25; cf. Ez 47,13–48,29), mas também não é apenas uma questão étnica, é, sim, a fidelidade a YHWH que define Israel. Ao mesmo tempo o capítulo antecipa tensões que serão colocadas particularmente em questão no Livro dos Juízes.

Tal como o Pentateuco que se encerra com os últimos desejos de Moisés, assim também a história de Josué se encerra com a exposição das suas últimas exortações ao povo (cap. 23) e com o compromisso que ele faz toda a nação assumir em relação a YHWH, que assegurou a Israel a vitória sobre os inimigos (cap. 24).

O gênero literário dos capítulos 23 deve ser compreendido à luz de textos análogos, habitualmente definidos como testamentos e ligados a personagens famosos: os patriarcas (cf. Gn 48–49; 50,22-26), Moisés (todo o Deuteronômio), Davi (cf. 1Rs 2,1-9). O paralelismo mais claro é com Moisés, sobretudo pela parte final. São evidentes as ressonâncias deuteronomista no discurso, tanto na terminologia quanto na sua forma expositiva. A estrutura não segue um modelo rígido; os versículos 1-2a introduzem o discurso, seguem-se duas seções, ambas abertas pela referência à situação biográfica de Josué (v. 2b. 14a), embora se possa identificar três argumentos distintos (v. 3-8.9-13.14-16), em cada um dos quais se passa da referência ao que já está expresso no livro (v. 3-5.9-10.14b) à exortação baseada sobre essas referências (v. 6-8.11-13.15-16). No conjunto, pode-se perceber uma passagem progressiva da ênfase dada às oportunidades que se descortinam diante de Israel nesse momento (v. 5.8.9-10) à uma eventual desobediência e de seu consequente desastre (v. 13.15-16). A referência às "nações que restam" (v. 4.7.12) indica o tema-chave do discurso, embora a notícia se choque com o que fora afirmado em 21,43-45: ao lado das nações eliminadas, há nações que restaram, as quais também serão expulsas como aquelas já derrotadas por YHWH (v. 3). YHWH, de fato, dá a vitória, mas isso só é possível se se permanece fiel e obediente às disposições que Ele deu.

Js 24 tem suscitado um grande debate a partir da relação com o capítulo 23 que se apresenta como uma adequada conclusão ao livro, juntamente com as notícias de 24,28-33: qual dos dois episódios originalmente encerrava o livro? Em certo sentido Js 24 é paralelo a Js 23, enquanto apresenta um novo discurso de Josué. Aqui, no entanto, faz-se uma recapitulação da história de Israel que inicia, contrariamente aos sumários deuteronomistas, com os patriarcas (cf. Dt 4,37-38; 26,5-10) e se conclui com a conquista do país (o paralelo mais próximo é Ne 9,6-32, que inclui ainda a revelação do Sinai e a referência à criação). Com efeito, enquanto o capítulo 23 se apresenta como um sumário do Livro de Josué, o capítulo 24 parece pensado, por sua vez, como conclusão de todo um Hexateuco. O capítulo 23 não sai do horizonte do Deuteronômio, enquanto o capítulo 24 tem uma perspectiva mais ampla, assim, até mesmo a dúvida quanto à existência de divindades estrangeiras presentes em Israel (v. 14.23) contrasta com a tese deuteronomista segundo a qual o povo foi plenamente fiel a YHWH durante a vida de Josué (cf. 24,31; Jz 2,7.10). Também a promulgação e a escrita de uma lei suplementar (v. 25-26) vai além da missão atribuída a Josué em Js 1. Isso levou a compreender que o capítulo 24 tenha tido origem em um círculo deuteronomista-sacerdotal da época persa que pretendia assim promover a publicação de um Hexateuco: o escopo de Js 24 teria sido o de separar esse livro dos sucessivos para co-nectá-lo, por sua vez, estritamente aos precedentes. O fato de que ao final do capítulo Josué seja retratado como um segundo Moisés depõe favorável a essa tese: como Moisés, firma um pacto, emana leis e decretos (24,25) e está em vezes com um livro (24,26) denominado "Livro da Lei de Deus" (título que recorre apenas em Ne 8,18), que poderia ser uma expressão para desig-nar o Hexateuco em oposição à "lei de Moisés", título dado ao Pentateuco.

No que se refere à função desse trecho no livro, o leitor é aqui confron-tado com uma cena que caracteriza Israel como nação determinada pela sua escolha exclusiva por YHWH. Também a ambientação geográfica está alinhada com esta perspectiva: Siquém é uma localidade associada também em outros textos a ocasiões de demonstração de fidelidade à YHWH[130]. A localização de Siquém poderia ser devida à intenção de facilitar a acolhida da Torá pelos samaritanos, se a composição fosse a da época persa.

Estrutura e composição

O livro apresenta a seguinte disposição:

1,1–12,24	**Relato da conquista da terra**	
	1,1-18	Prelúdio da conquista
	2,1–12,24	A conquista da terra

---

130. Cf. Gn 35,1-4: o sepultamento dos ídolos; Js 8,30-35: o altar. O papel de Siquém é deci-sivo na tradição das tribos do Norte (cf. 1Rs 12,1), paralelo ao de Hebron para as tribos do Sul (cf. 2Sm 5,1-3). A cidade é associada também à noção de pacto: cf. Jz 8,33; 9,4.46 (Baal/El-Berit).

13,1–22,34	**Divisão da terra**	
	13,1-7	Discurso de YHWH: encarrego Josué de dividir a terra lançando a sorte
	13,8-33	Retomada da divisão já efetuada a Leste do Jordão
	14,1-5	Prelúdio da distribuição
	14,6–15,63	Judá. Com a integração de Caleb que recebe uma condição especial
	16,1–17,18	José
	18,1–19,51	Em Silo, a terra dividida em sete partes, destinadas às sete tribos restantes
	20,1-9	Cidades de refúgio
	21,1-42	Cidades levíticas
	21,43-45	Sumário da conquista: a fidelidade a YHWH
	22,1-34	As tribos para além do Jordão
	22,1-6	Discurso de Josué
	22,7-34	Disputa envolvendo o altar
23,1–24,33	**Discursos de adeus e morte de Josué**	
	23,1-16	Últimas instruções de Josué: a missão continua
	24,1-28	Solene encontro das tribos em Siquém
	24,29-33	Três sepulturas. Conclusão do livro

As hipóteses sobre a composição do texto são várias, mas em geral se reconhece que foi a linguagem deuteronomista quem conferiu ao texto a sua fisionomia atual e perspectiva unitária. A hipótese mais aceita é a de que os relatos da primeira parte (cap. 1–12) retomam fontes mais antigas (p. ex., o Livro do Justo – cf. Js 10,13 – e as tradições do santuário de Guilgal)[131], ou ainda que se baseiam sobre uma versão precedente da atual, a qual apresentava uma perspectiva diferente[132]. Sobre a antiguidade das fontes, a discus-

---

131. CURTIS, A.N.W. *Joshua*. Sheffield: Sheffield Academic Press, 1994, p. 30-32.

132. Segundo R.D. Nelson (*Joshua* – A Commentary. Louisville: Westminster John Knox Press, 1997, p. 7), nos cap. 2–11, por detrás do Dtr reconhecer um modelo organizado diferente, visto que esses capítulos são ligados entre si de um modo que é completamente independente de qualquer interesse ou linguagem deuteronomista: o tema recorrente é o terror dos habitantes (cf. 2,9-10.11.24; 5,1; 9,1-3; 10,1-2; 11,1-2), portanto, os relatos dispersos foram reunidos antes da redação Dtr, enquanto as listas da segunda parte poderiam ter tido origem em documentos de natureza administrativa, sem datação definida.

são recente mostrou a estreita relação formal e conteudística desses textos com os relatos da conquista militar assíria e neobabilônica: teriam, portanto, surgido em época assíria a fim de contrastar a ideologia militar assíria e sublinhar que o próprio Deus tinha doado a terra aos filhos de Israel.

Vale notar ainda que os textos que ligam o Livro de Josué ao Deuteronômio são todos ligados em pontos-chave no livro (cf. 1; 12; 21,43–22,6; 23), atestando a natureza da redação global do livro. A redação dtr é constituída por discursos, sumários e listas[133]. Fica em aberto ainda a discussão a respeito da obra e da extensão da atividade dos deuteronomistas, além de sua delimitação temporal[134].

O debate sobre a origem dos materiais da segunda parte (cap. 13–21) é mais articulado, visto que entra em campo a tese de possíveis acréscimos sacerdotais à redação (as listas seriam invenções provenientes de autores sacerdotais)[135]. Por exemplo, na segunda parte, o papel de Josué perde importância na distribuição da terra em relação ao sacerdote Eleazar, que é inclusive citado antes de Josué (cf. 14,1; 19,51; 21,1-2). A menção da tenda do encontro (18,1; 19,51) também demonstra o interesse em incluir detalhes sacerdotais no relato da distribuição da terra. Do mesmo modo, a designação das cidades levíticas (21,1-42) manifesta uma preocupação sacerdotal que contrasta com a concepção dtr expressa em 18,7. A discussão a esse respeito envolve a pergunta sobre se o escrito sacerdotal (P) continua no Livro de Josué, ou se não se trata de um estrato de elaboração. Mas não falta quem pense que se trate simplesmente de comentários ou de uma atividade redacional limitada; essa última hipótese reflete bem o texto atual. Ainda que a descrição das fronteiras se revele como uma composição recente[136], isso não significa que seja totalmente inventada: poderiam tranquilamente remeter – em particular as de Judá – a documentos administrativos pré-exílicos da administração jerosolimitana[137].

---

133. Respectivamente, Js 1,1-9.10-18; 13,1-7; 22,1-6; 23,1-16; Js 11,16-23; 21,43-45; Js 12,1-8.

134. Cf. RÖMER, T. *Dal Deuteronomio ai libri dei Re*. Op. cit., p. 47-50.

135. Cf. VAN SETERS, J. *In Search of History*. Op. cit., p. 331-337, que retoma uma hipótese de MOWINCKEL, S. *Zur Frage nach dokumentarischen Quellen in Josua 13–19* – I Kommisjon Hos Jacob Dybwad. Oslo, 1946.

136. Cf. CORNELIS DE VOS, J. *Das Los Judas*: Über Entstehung Und Ziele Der Landbeschreibung in Josua 15. Leiden: Brill, 2003 [Vetus Testamentum Supplement, 95].

137. Assim sugere FRITZ, V. *Das Buch Josua*. Tübingen: J.C.B. Mohr/P. Siebeck, 1994, p. 7-8.

O texto

A documentação mostra que o texto de Josué tem uma história de composição complexa, perceptível de modo particular mediante o confronto entre o texto da versão grega (LXX) e o da tradição hebraica (TM). O texto grego é mais breve do que o hebraico cerca de 4 a 5%, um percentual que em algumas perícopes chega a 20% (cf. Js 20). Particularmente, alguns relatos revelam uma diferença notável entre a Septuaginta e o Texto Massorético, de modo que as divergências entre as duas tradições textuais não se explicam apenas com simples descuidos ou com inevitável liberdade do tradutor. Para complicar mais os dados, há ainda os fragmentos dos rolos de Josué encontrados em Qumran (4QJosué[a] e 4QJosué[b]), alguns dos quais mostram um texto próximo ao do Texto Massorético, outros, ao contrário, confirmam trechos da Septuaginta. Por fim, há outros que parecem refletir um texto diferente daqueles atestados no Texto Massorético e na Septuaginta. Desse modo coloca-se a questão acerca da precedência entre os dois textos e sobretudo qual dos dois reflete melhor o texto original, tema sobre o qual os estudiosos se dividem. No estado atual da pesquisa não é possível assegurar com certeza a precedência de uma ou outra versão e somente em casos específicos se pode decidir com qualquer certeza. As diferenças entre Texto Massorético, Septuaginta e Qumran confirmam, por sua vez, que a redação de Josué se estendeu até uma época bastante recente.

Teologia

1 O dom divino da terra e a fidelidade ao pacto

A principal afirmação teológica do Livro de Josué está em 21,43-45: "Assim, pois, YHWH deu aos israelitas toda a terra que havia jurado dar a seus pais. Tomaram posse dela e nela se estabeleceram. YHWH deu-lhes tranquilidade em todas as suas fronteiras, de acordo com tudo o que jurara a seus pais e, de todos os seus inimigos, nenhum resistiu diante deles. Todos os seus inimigos, YHWH os entregou nas suas mãos. De todas as promessas que YHWH fizera a casa de Israel, nenhuma falhou: tudo se cumpriu". Com esse enunciado se declara que as promessas de YHWH aos antepassados do povo encontraram a sua realização nas histórias narradas no livro. Ao mesmo tempo, isso mostra que o livro deve ser lido como premissa e contexto da história sucessiva, narrada nos livros de Samuel e dos Reis, na qual o povo que obteve a libertação da escravidão egípcia e a revelação da Lei de Deus, firmou um pacto com o seu Deus e, por fim, foi protagonista do cumprimento da promessa da terra, deverá demonstrar a sua fidelidade Àquele que se empenhou por servir de modo exclusivo, como sublinha o último ato público narrado no livro (Js 24,1-24).

Lido nesse sentido, o livro não tematiza simplesmente a conquista, mas insiste no fato de que *a terra é dom de* YHWH (cf. 1,2.3.11.13.15; 2,9.14; 5,6; 9,24; 18,3; 24,13) e que foi dada a Israel "em herança" (cf. 1,6; 11,23; 13,6). O narrador acentua, de fato, aquilo que Deus realizou, assim como revela que toda ação empreendida por Josué nada mais é do que a execução fiel das ordens emanadas de Deus que o escolhera como guia do seu povo.

A insistência no cumprimento fiel das ordens divinas por parte de Josué e sobre a conduta correspondente do povo – à exceção de Acã (Js 7) – coloca o relato da conquista em uma posição peculiar: com efeito, nem a geração do êxodo, nem as sucessivas gerações (cf. Jz-Rs) manifestam tal propensão. De certo modo, a história narrada em Josué é paralela àquela de Abraão e apresenta analogias interessantes: em ambos os casos se trata dos inícios da história no país. A fidelidade e a obediência de Abraão culminam com a obtenção de uma descendência (mesmo que se trate apenas de um filho), assim também, a fidelidade e a obediência do povo, culminam com o dom da terra, o qual, como mostram as páginas finais, impele o povo a uma decisão livre e responsável em relação à YHWH (cap. 24). Note-se, de fato, que o nosso livro, assim como o Deuteronômio, mesmo enfatizando o dom da terra, sublinha ao mesmo tempo, o risco de perdê-la no futuro (cf. Js 23,11-13). Quem escreve já conhece o drama da falência, de modo que faz o protagonista do livro proferir uma exortação que explica tal falência: trata-se da punição porque o povo se distanciou do seu Deus e adorou outras divindades. Desse modo, o livro se torna uma exortação e uma programa para uma "nova" vida na terra: como a desobediência provocou a perda da terra, assim, a obediência fará com que o povo novamente tome posse desta.

O quadro narrativo do livro, que insiste na fidelidade de Josué (cap. 1; 24) toca ainda um outro aspecto que o leitor verá emergir na sequência da história do povo: a conduta negativa dos líderes do povo (rei e funcionários), também será responsável pela perda da terra. Em comparação aos reis de Israel e Judá, que terão sua conduta duramente criticada pelos autores da história bíblica e pelos profetas, a conduta de Josué, fiel e obediente sucessor do servo de Deus, Moisés, se configurará como líder ideal do povo. Dele, assim como de Josias – o único rei que recebe plena aprovação na história deuteronomista – se coloca em destaque a obediência a tudo o que YHWH prescrevera por meio de Moisés (Js 11,15; cf. 2Rs 23,25).

2 Divisão da terra e justiça

O livro dedica um espaço amplo para a distribuição da terra, que é resenhada detalhadamente. *Toda* a terra é considerada, assim como *todo* o povo, sublinhando que o dom divino da terra é para todos os membros do povo, os quais se tornam participantes das bênçãos divinas. Aqui se formula pela primeira vez na história bíblica uma concepção de grande valor social: o território da Palestina é dividido entre as tribos e, no interior destas, é dividido entre os seus membros. A condição ideal da vida na terra é que cada membro do povo (com a sua família) possua uma porção de terra e a cultive. Por isso, segundo Is 34,17, o próprio Deus "lançou a sorte para eles", foi ele quem "dividiu com o cordel a porção de cada um". O ideal social é que cada família viva "debaixo de sua vinha e de sua figueira" (1Rs 5,5; Mq 4,4; Zc 3,10). A partir dessa perspectiva se desenvolve também uma legislação que tende a proteger o patrimônio familiar (cf. a legislação a respeito do resgate, Lv 25,25; do ano jubilar, Lv 25,8-17.23-55 – uma lei que aparentemente nunca foi aplicada, mas é importante que seja formulada), que se liga ao momento no qual Israel se constitui como entidade religiosa e política no Sinai, por meio da intervenção divina. Tudo isso transmite uma imagem ideal de Israel, uma vez que, como mostram os profetas, nem sempre as pequenas propriedades eram respeitadas e com frequência os ricos proprietários se tornavam latifundiários (cf. Is 5,8; Mq 2,2; Am 2,6-8; 5,11-12). Portanto, ao dom da terra, deve corresponder uma sociedade fundada sobre a justiça e sobre a equidade.

Portanto, à luz do contexto bíblico, o Livro de Josué não deve ser lido como reflexo de uma condição social de tipo idílico, uma espécie de idade do ouro, vivida em uma época determinada da história de Israel, quando as relações eram muito menos complexas e a relação com o mundo, a sociedade e Deus mais imediatas. Também Josué, assim como o Pentateuco, deve ser compreendido como *projeto* e acolhido a partir desse ponto de vista (cf. uma perspectiva análoga em Ez 47,13–48,29): não se trata de uma fotografia da realidade existente, mas de uma perspectiva sobre a qual construir uma sociedade, uma série de relações, e, portanto, oferecer a cada filho e filha de Israel a possibilidade de se realizar neste mundo e de se sentir partícipe, em primeira pessoa, da vida que Deus oferece ao seu povo.

Juízes

Há uma diferença fundamental entre o Livro de Josué e o dos Juízes: enquanto no primeiro o papel central é cumprido por um personagem que domina tanto os relatos pontuais quanto toda a composição do livro, no segundo entram em cena uma sucessão de figuras muito diferentes, em geral sem continuidade entre si. Portanto, nos encontramos quase que seguramente frente a uma coleção de tradições separadas entre si e determinadas a partir de pontos de vista muito diferentes.

O livro trata do período que transcorre entre a conquista da terra e o surgimento da monarquia e apresenta o Israel daquele tempo governado por líderes militares carismáticos denominados "juízes", título que não designa somente quem administra a justiça, mas o líder, o condutor, aquele que governa e delibera[138]. Sobre alguns juízes são fornecidas apenas brevíssimas notícias e, por isso, impropriamente são chamados de juízes "menores": Samgar, Tola, Jair, Abesão, Elon e Abdon. Provavelmente fossem detentores de um encargo fixo no governo, mas não temos condições de determinar exatamente de que natureza. Os juízes ditos "maiores" são, no entanto, suscitados por Deus para salvar a sua tribo do ataque de inimigos externos. Em relação a estes, podemos determinar o nome, a tribo e os inimigos que combateu:

3,7-11	Otoniel da tribo de Caleb contra os arameus
3,12-30	Aod da tribo de Benjamim contra os moabitas
4–5	Débora e Barac da tribo de Neftali contra os cananeus
6–9	Gedeão da tribo de Manassés contra o madianitas
10,6–12,7	Jefté da tribo de Galaad contra os amonitas
13-16	Sansão da tribo de Dã contra os filisteus

---

138. Cf. NIEHR, H. "Shofet". In: *Grande Lessico dell'Antico Testamento*, vol. IX, p. 800-811. À exceção de Débora (Jz 4,4) nenhum outro personagem desempenha a função de juiz em sentido jurídico.

A tom das histórias é popular e heroico, exalta a força, a astúcia, a coragem e também a fidelidade religiosa dos personagens que são protagonistas. O livro se inicia a partir da conclusão do Livro de Josué (Jz 1,1) e coloca em foco o fato de que a conquista ainda não estava completa: esse tema é silenciado em Josué (cf. Js 21,43-45), enquanto "no início dos Juízes ganha prioridade, onde os filhos de Israel perguntam quem – isto é, qual tribo – deverá combater por primeiro os cananeus e tomar posse do território demarcado. O fato de que a questão seja apresentada diretamente a YHWH coloca em destaque que Israel não tem um líder político, do mesmo modo que a última observação do livro sinaliza que naquele tempo não havia rei em Israel (21,25)[139].

Guia para a leitura

No início do livro se menciona por duas vezes a morte de Josué (Jz 1,1;2,8) e isso levou a deduzir que a seção 1,1–2,10 (que se conclui com a notícia do fim da geração que combatera com Josué) representa a introdução de todo o livro[140]. Contudo, uma leitura mais aprofundada mostra que a introdução é constituída por duas partes que se distinguem claramente entre si pela forma e conteúdo. Uma primeira parte (1,1–2,5) é episódica e menciona, na esteira dos relatos de conquista de Josué, como cada tribo tomou posse do território que lhe fora destinado com duas evidentes discrepâncias em relação aos relatos da conquista de Josué: aqui, os filhos de Israel não têm condições de eliminar completamente a presença das outras populações sobre o território de Canaã (cf. 1,19-36); além disso, um oráculo (2,1-5) conclui essa parte, fornecendo o motivo da presença das outras populações no território, a saber, a infidelidade do povo[141]. A segunda parte (2,6–3,6), no entanto, é muito diferente. Esta caracteriza, na forma de sumário narrativo, o tempo dos juízes como uma época de infidelidade (2,6-19), para culminar em um julgamento divino (2,20-23) e em um comentário do narrador (3,1-6)

---

139. MCKENZIE, S.L. *Introduction to the Historical Books* – Strategies for Reading. Grand Rapids/Cambridge: Eerdmans, 2010, p. 57.

140. HENTSCHEL, G. "Il libro dei Giudici". In: ZENGER, E. (org.). *Introduzione all'Antico Testamento*. Op. cit., p. 369.

141. Todavia, nesse contexto essa acusação parece mais uma prolepse, visto que até este momento não se tinha mencionado qualquer ato levado a cabo pelo povo em contraste com as disposições divinas.

que explicam a presença dos povos que restaram para pôr Israel à prova para verificar a sua fidelidade a Deus.

A função da seção introdutória é a de expor o início de um período de desobediência que contrasta nitidamente com o período precedente. Dessa seção emerge, então, um juízo teológico sobre o período: depois de Josué não surgiu nenhum líder, a unidade da nação se despedaçou e as conquistas obtidas sob a liderança divina deram lugar à impossibilidade de derrotar os inimigos. A despeito das reiteradas intervenções divinas em resposta às súplicas do povo, a avalição geral é claramente negativa.

Depois de ter exposto o modelo que preside o surgimento dos juízes de Israel, passa-se ao primeiro exemplo, centrado sobre um personagem conhecido em Js 15,17: Otoniel, filho de Cenez, irmão de Caleb (Jz 3,7-11). Trata-se do único juiz que tem traços exclusivamente positivos: foi escolhido por causa de suas façanhas anteriores, obtém uma vitória definitiva, garantindo repouso à terra (v. 11) até sua saída de cena. Além disso, somente no caso de Otoniel a presença do espírito (v. 10) determina a relação imediata com a vontade de Deus. Em seguida, os efeitos desse espírito se tornaram cada vez mais problemáticos: mesmo tendo recebido o espírito (6,4), antes de agir Gedeão submete Deus a uma prova, que deverá superar (6,36-40); Jefté pronuncia seu voto trágico (11,29-40); Sansão faz coisas impressionantes, mas nenhuma delas leva à libertação de Israel. Esse início tão brilhante é, portanto, o ponto de partida de uma longa sequência de governos ineficientes, que vão do modelo perfeito (Otoniel) ao juiz centrado sobre suas paixões e seus problemas (Sansão).

Em seguida, entra em cena, envolvido em traços cômicos, Aod (3,12-30). Muitos elementos da narrativa podem ser caracterizados como "humorismo étnico"; o leitor é informado que Eglon, rei de Moab, era muito gordo (v. 17). Brincando com o nome do rei de Moab, Eglon (*'égel*, "bezerro"), e o adjetivo que o descreve (*barí*, "gordo"), o escritor faz com que "o chefe da potência colonizadora moabita, se torne um bezerro gordo, pronto para o abate, e talvez até mesmo o epíteto *barí* [...] seja um jogo de palavras sobre *m^{e}ri*, "jovem animal de engorda, um animal sacrificado, geralmente um bezerro"[142]. Até mesmo o seu adversário, Aod, tem uma característica física: é canhoto (v. 14). Essas duas anomalias físicas têm uma função no relato:

---

142. ALTER, R. *L'arte della narrativa biblica*. Op. cit. p. 55-56.

a de Eglon o torna vulnerável, enquanto a de Aod lhe dá a oportunidade de enganar o adversário. O tema do engano é um traço comum no livro, especialmente nos relatos de Gedeão e de Sansão. Ele permite aos personagens se comportarem de um modo que em outra circunstância seria reputado como antissocial, ou criminoso, mas ao mesmo tempo, de serem considerados heróis. Deste modo Aod comete um assassinato político para desmoralizar os seus inimigos e restabelecer a liberdade ao povo. Já que a história é narrada aos hebreus, a sua ação é considerada necessária e corajosa.

Apenas uma breve observação (3,31) noticia o heroísmo de Samgar, um personagem que, segundo muito intérpretes, não era hebreu, enquanto "filho de Anat", uma divindade semítica. Ele derrota os filisteus com uma "aguilhada de bois", uma das tantas armas não convencionais usadas pelos heróis de Israel (veja Davi).

O que se segue narra as proezas de Débora e Barac (4,1–5,31), justapondo duas narrativas diferentes, uma em prosa (Jz 4) outra em poesia (Jz 5). Os estudiosos discutiram muito sobre a relação entre essas duas composições, sobretudo para estabelecer qual das duas é mais antiga. Há um significativo consenso sobre o fato de que a composição poética de Jz 5 reflita um hebraico arcaico, mas não é totalmente claro se isso deponha a favor da maior antiguidade do texto ou se – como outros trechos de igual teor (Gn 49; Ex 15; Nm 23–24; Dt 32) – não reflita, ao contrário, "uma língua literária que, por causa da falta de dados não podemos definir com precisão quanto à sua extensão e às suas particularidades, mas que, todavia, é nitidamente distinta da língua vernácula cotidiana"[143].

Diferentemente dos outros juízes, Débora não é chamada ou promovida para ser juíza: ela já exerce essa função (4,4) e é ela que, desempenhando uma função profética, convoca Barac e lhe comunica a ordem divina de empreender uma campanha militar contra Jabin, rei de Hasor. O conflito contra Jabin é paralelo ao narrado em Js 11,1-15, ainda que aí se trate de uma coalizão de reis cananeus. Em ambos os relatos há também a referência aos carros de guerra (em Juízes são "de ferro"), sinalizando assim a superioridade tecnológica dos cananeus que é humilhada por YHWH. Ressalta o papel das mulheres nos relatos: Barac aceita o encargo somente com a condição de que Débora o acompanhe (4,8), enquanto Sísara foge depois da derrota é morto

---

143. SÁENZ-BADILLOS, L. *Storia della lingua ebraica*. Bréscia: Paideia, 2007, p. 57 [Introduzione allo studio della Bibbia – Supplementi, 34].

por Jael. Em ambos os casos os homens se despem da imagem usual do líder forte e corajoso e se demonstram vulneráveis a ponto de serem substituídos ou, como no caso de Sísara, eliminados. O episódio de Sísara e Jael apresenta muitas violações ao código de hospitalidade e isso induz a concluir que o autor tenha pretendido justificar deliberadamente o assassinato do general por uma mulher. Isso, no entanto, se alinha com o tema do *mundo revolto* recorrente no Livro dos Juízes.

Um grande espaço é dedicado à história de Gedeão (Jz 6,1–8,35), reunindo episódios recolhidos de várias tradições. A sua atividade é desenvolvida no contexto da opressão dos madianitas (6,1-10) e é introduzida por dois episódios os quais têm também uma função etiológica: no primeiro, o anjo do Senhor aparece à Gedeão e o episódio culmina com a ereção de um altar (v. 11-24); no segundo, Gedeão destrói um altar dedicado à Baal (v. 25-32). O primeiro episódio explica o nome do altar "YHWH *shalóm*", isto é, "o Senhor é paz", enquanto o segundo explica o nome Jerub-Baal ("que Baal defenda") dado a Gedeão. Depois da convocação das tropas às armas e a confirmação da vocação de Gedeão através da prova do velo (v. 33-40), começa a efetiva campanha contra os madianitas (7,1-25) na qual não será envolvido todo o exército convocado por Gedeão, mas apenas trezentos homens, para destacar que a vitória obtida é obra do Senhor. O fato de que a estratégia militar bizarra adotada – o uso de tochas, trombetas e cântaros vazios como armas – tenha feito com que trezentos homens derrotassem um imponente exército, parece querer induzir o leitor a concluir que somente Deus podia ser o verdadeiro artífice da vitória, exatamente como ocorrera no Mar Vermelho. A disputa com o povo de Efraim (7,24–8,3) é um trunfo interessante, pois mostra como Gedeão soube gerir com habilidade um conflito, atribuindo, primeiramente, a vitória a Deus e afirmando humildemente que os homens de Efraim fizeram mais do que ele. A cena contrasta claramente com a conclusão mais violenta que se assiste no caso da disputa entre Jefté e os homens de Efraim em Jz 12,1-6, um indício posterior da progressiva deterioração da situação nas histórias narradas. Essa espiral descendente tem início

> já durante a vida de Gedeão, apesar da "paz" por ele reestabelecida (8,28) e o "bem que ele fizera a Israel" (8,35). O que mais salta aos olhos é que Gedeão, o qual tinha iniciado a sua atividade como juiz abatendo o altar de um ídolo, no final da sua carreira ele mesmo reintroduz a idolatria. O *efod* que faz construir se torna para ele

"uma armadilha" (8,27), termo que aparece também no capítulo 2 (cf. 2,3), mas nesse caso tem um significado negativo[144].

Ainda que ligada às histórias precedentes, a história de Abimelec (9,1-57) interrompe tanto o esquema narrativo – ele não é um juiz – quanto o teológico enunciado na introdução: Após o reconhecimento do pecado de Israel (8,33-35) ao invés da notícia de uma punição, encontramos a história de Abimelec. O contexto sugere que a usurpação do poder real por parte de Abimelec seja uma das manifestações do pecado do povo, ou, até mesmo a sua punição. Neste capítulo se assiste a uma violência fratricida: inicia com o massacre dos filhos de Gedeão e termina com os conflitos entre membros do próprio povo. Além disso, se encontra aqui uma primeira reflexão sobre o valor da monarquia: de um lado a adesão dos senhores de Siquém à proposta feita por Abimelec de ter um só chefe, de outro o apólogo de Joatão (9,8-15) que critica a escolha feita pelos senhores de Siquém. Mais do que um texto antimonárquico, trata-se de um juízo emitido acerca da escolha feita naquele momento: Abimelec não será, para os senhores de Siquém promotor de bem-estar, antes, será causa da sua derrocada. Ademais, elegendo-o, eles se tornarão cúmplices de suas ações violentas. Por fim, a escolha de um rei não pode prescindir da vontade divina, como mostrará o Primeiro Livro de Samuel: nesse caso, ao contrário, o povo age sem consultar o Senhor, assim como o próprio Abimelec exclui totalmente qualquer referência à Deus na sua atividade. A intervenção divina não tarda: "Depois, Deus enviou um espírito de discórdia entre Abimelec e os senhores de Siquém, e os senhores de Siquém traíram Abimelec" (9,23). Desse momento em diante a violência progressivamente recai sobre o chefe que a perpetrara. O fim de Abimelec, morto por uma mulher (9,53), recorda o assassinato de Sísara (cap. 4–5): aqui, a mão de uma mulher não se levanta contra um inimigo externo, mas contra aquele que, de dentro, ameaça a própria existência do povo da aliança, pois o induz a comportamentos que são contrários à vontade de Deus.

Precedida por uma breve exposição sobre os feitos de Tola e Jair (10,1-5) a história de Jefté (10,6–12,7) ilustra ainda mais a degeneração da situação. Após a apresentação da infidelidade de Israel e da consequente punição divina que se exprime na ameaça dos amonitas (10,6-18), a escolha do chefe

---

144. CLINTON MCCANN, J. *Giudici*. Turim: Claudiana, 2009, p. 86.

recai sobre Jefté. O narrador informa que ele era filho de uma prostituta (11,1) e que fora condenado ao exílio pelos filhos do seu pai, Galaad. Essa notícia poderia representar simplesmente a repetição do tema da estrangeira ou da mulher perigosa, já presente no relato sobre Abimelec e sua mãe (Jz 8,31), mas a afirmação de que o protagonista nasceu de uma mulher de fora da comunidade, portanto, ele mesmo fora do modelo hereditário normal, apresenta ao leitor desde o início um sinal da potencial falência das suas iniciativas. Jefté é ao mesmo tempo um guerreiro forte (11,1) e por esse motivo é procurado pelos anciãos de Galaad, no momento em que os amonitas passam a oprimir os filhos de Israel. Agora, contudo, ele é um fora da lei e impõe suas condições (11,9); frente à ameaça amonita ele escolhe em primeiro lugar a via da diplomacia: uma decisão importante em um livro que apresenta quase sempre opções militares. No diálogo com o rei amonita, Jefté apresenta os motivos das reivindicações de Israel sobre alguns territórios a Leste do Jordão, remetendo a episódios que precedem o ingresso em Canaã, fornecendo uma versão dos mesmos muito próxima à de Nm 21,22-35 (cf. Dt 1,4): O território reivindicado pelos filhos de Israel é aquele conquistado do rei amorreu Seon, quando Deus o derrotou (11,21). O rei amonita não aceita as argumentações de Jefté e, portanto, se chega ao conflito armado.

Também sobre Jefté desce o espírito (11,29), mas a eficácia de tal doação não é clara: certamente é uma indicação com a qual Deus legitima o seu papel como líder (cf. 3,10); mas justamente isso leva a se perguntar por que ele sente necessidade de fazer um voto, prometendo a Deus um sacrifício em troca da vitória. Os votos geralmente são professados nos momentos de grande incerteza que geram preocupação: com essa campanha militar Jefté está colocando em jogo o seu futuro como líder do povo. Nesse caso, no entanto, talvez Jefté esteja aplicando ao relacionamento com Deus a mesma modalidade com a qual até esse momento geriu as relações inter-humanas: dos anciãos de Galaad ele obteve o poder por meio de uma troca, procurava conseguir o mesmo com o rei de Amon; provavelmente pensa que também com YHWH se deva tratar de igual modo. Que seja a sua ânsia ou a sua mentalidade calculista a fazer com que ele pronuncie o voto, também ele, como Saul em seguida (1Sm 14,24-30), experimentará que exatamente isso representará uma hipoteca sobre o seu futuro. O próprio conteúdo do voto é problemático: Jefté se compromete a sacrificar a Deus o primeiro ser vivo que lhe vier ao encontro (11,30-31). Parece, portanto, evocar uma época em que até mesmo os sacrifícios humanos eram uma prática aceita (como se deduz da legislação que os proíbe, cf. Dt 18,9-14), assim como o fato de envolver uma pessoa em um voto (mas a Lei prevê um resgate pecuniário no caso em que seja envolvida uma pessoa, cf. Lv 27,1-8). O episódio do voto de Jefté apresenta aspectos trágicos que o aproximam dos dramas gregos: ele reage à saída da filha com um *shock* e brada um lamento: "ao invés de culpar a si mesmo, culpa sua filha por tê-lo colocado em uma situação que gostaria de ter evitado a qualquer custo [...]. Como em numerosos relatos épicos ou populares, todavia, os heróis que tentam submeter Deus ou os deuses à sua vontade, pagam um preço caro pela sua arrogância"[145].

A história de Sansão (13,1–16,31), mesmo que se apresente unificada, é estruturada em uma série de episódios centrados sobre o herói. Desde o início se coloca em evidência a excepcionalidade do personagem, como demonstra o amplo espaço reservado ao anúncio de seu nascimento (13,1-25): uma cena típica que recorre também em outras páginas bíblicas, quando se trata de figuras que terão um papel de destaque na vida do povo (cf. Gn 16,7-16; 17,16-21; 18,10-15; Lc 1,5-25.26-38). O que segue narra os seus feitos, destacadamente sua afronta aos filisteus, todos, no entanto, ligados ao fato de que ele tenha se deixado atrair por mulheres que se revelam problemáticas: a mulher de Tamna (14,1–15,20), a prostituta de Gaza (16,1-3) e Dalila (16,4-31). Não obstante a oposição dos seus genitores (14,3), Sansão desposa uma mulher filisteia. Essa decisão é a origem dos primeiros embates com os filisteus, aos quais o narrador fornece uma motivação teológica (14,4: "Seu pai e sua mãe ignoravam que isso provinha de YHWH, que buscava um motivo de desentendimento com os filisteus"). Uma vez que os filisteus dão a mulher como esposa a um outro, Sansão tem o pretexto de vingar-se, incendiando suas colheitas. Em seguida, encontramos Sansão no leito de uma prostituta, mas nenhuma palavra de recriminação é manifestada pelo narrador. A última mulher, Dalila, provocará a ruína final. Há uma significativa diferença entre Sansão e os outros juízes: enquanto estes combatiam em benefício de suas tribos (e em última análise de todo o Israel), as iniciativas de Sansão se baseiam em vinganças pessoais. Não obstante isto, o narrador insiste no fato de que o Senhor dá a Sansão a força nos seus confrontos com os filisteus e, além disso, ouve as suas orações (15,18; 16,28).

---

145. MATTHEWS, V.H. *Judges & Ruth.* Cambridge: Cambridge University Press, 2004, p. 126-127.

Poderíamos nos perguntar o porquê da escolha de um herói que tem uma fraqueza em relação às mulheres, mas é evidente que as suas façanhas amorosas, ainda que não condenadas explicitamente, não são aprovadas pelos autores. De fato, a sua ruína decorreu exatamente da sua incapacidade de dizer não a uma mulher. Nessa história, assumem uma validade teológica as infrações contra um voto. Sansão é um nazireo, mas não é zeloso em relação ao código do nazireato, e paga o preço da sua desobediência. Ao mesmo tempo, até mesmo a sua derrocada se torna para o Senhor uma ocasião para promover uma vitória sobre os filisteus[146].

Em relação à introdução, a seção final do livro (Jz 17–21) exerce a função de *pendant*, onde são narradas duas histórias que ilustram com exatidão a situação de desordem civil e moral que assinalava a época dos juízes: a migração da tribo de Dã e a fundação do seu santuário (17,1–18,31); o crime omitido em Gabaá e a guerra civil contra Benjamim (19,1–21,25). Chama a atenção nessas histórias a ausência de "juízes" ou heróis que guiem Israel, nem se fala de ataques ou agressões por parte de inimigos externos: o drama se passa completamente no interior de Israel, que abre as portas à idolatria (17,3) e é assolado por conflitos tribais. Quem compôs (ou redigiu) esses capítulos, se demonstra favorável à monarquia, como atesta a insistente anotação com a qual comenta as narrativas: "Naquele tempo não havia rei em Israel; cada qual fazia o que lhe parecia correto" (Jz 17,6; 18,1; 19,1; 21,25).

Os dois apêndices exercem uma função análoga [à introdução] e, juntos, completam o quadro narrativo ao modelo deuteronomista dos juízes. Os relatos finais não oferecem uma perspectiva cronológica, mas descrevem um gênero de vida que retomam os elementos da introdução. Vale notar que as menções aos danitas em 1,34s. são retomadas nos cap. 17 e 19, enquanto as referências à Judá, Jerusalém e Betel (1,7.8.22) fornecem a ambientação ao escândalo de Benjamim (cap. 20 e 21). As duas narrativas descrevem a crescente idolatria de Israel e o escândalo que ameaça a unidade da nação. Todavia, a principal diferença de perspectiva entre a introdução e o apêndice consiste no fato de que este último olha para

---

146. VIVIANO, P.A. "La Storia Deuteronomistica". In: SENIOR, D.; GETTY, M.A.; STUHL-MULLER; C. & COLLINS, J.J. (orgs.). *Introduzione generale allo studio della Bibbia*. Bréscia: Queriniana, 1996, p. 189 [orig. inglês: 1990].

frente, em direção ao futuro, enquanto a primeira olha para trás, em direção a uma época mais antiga[147].

Estrutura e composição

À luz das observações precedentes, se pode subdividir o livro do seguinte modo:

1,1–3,6	**Seção introdutória**	
	1,1–2,5	Primeira introdução: sucessos e falências na conquista do país
	2,6–3,6	Segunda introdução: apostasia e apresentação do período dos juízes
3,7–16,31	**Narrativas sobre os juízes**	
	3,7-11	Otoniel
	3,12-30	Aod
	3,31	Samgar
	4–5	Débora e Barac
		4 Vitória contra Canaã
		5 Cântico de Débora
	6–8	Gedeão
	9	Abimelec de Siquém: tentativa falida de instaurar a monarquia
	10,1-2	Tola
	10,3-5	Jair
	10,6–12,7	Jefté
	12,8-10	Abesã
	12,11-12	Elon
	12,13-15	Abdon
	13,1–16,31	Sansão
17–21	**Relatos conclusivos sobre as tribos de Dã e Benjamim**	
	17	Mica, o seu ídolo e o seu levita
	18	A tribo de Dã migra para o Norte levando consigo o ídolo e o levita
	19	Delito de Gabaá de Benjamim contra um levita e a sua concubina
	20	Guerra às tribos contra Benjamim
	21,1-24	As mulheres para Benjamim
	21,25	Comentário conclusivo (que retoma 17,6; 18,1; 19,1)

---

147. CHILDS, B.S. *Introduction to the Old Testament as Scripture*. Op. cit., p. 259.

Os episódios narrados no centro do livro (3,7–16,31) estão inseridos num quadro interpretativo dos acontecimentos, que é exposto tanto no contexto (2,6-9) quanto nas introduções às histórias de cada juiz em particular (cf. 3,7-11; 1,12-15; 4,1-3; 6,1-10; 10,6-16). Esses trechos, independente de algumas variações, refletem um esquema em seis etapas:

1) os filhos de Israel fazem o que é mau aos olhos do Senhor (seguindo divindades estrangeiras);
2) os Senhor os entrega nas mãos dos inimigos;
3) os filhos de Israel são oprimidos;
4) eles, então, gritam ao Senhor;
5) o Senhor suscita um juiz e lhe dá força para libertar o povo;
6) o inimigo é derrotado e Israel permanece em paz por alguns anos.

Por isso, chama atenção no texto a estrutura "cíclica" de apresentação dos acontecimentos, que os estudiosos são concordes em atribuir à redação *deuteronomista*. Disso parece claro que não se trata de uma sucessão temporal dos eventos, mas da repetição regular da sequência: rebelião, estado de necessidade, conversão e salvação. O Israel desobediente da época dos juízes é contraposto ao Israel obediente do tempo de Josué, mas nem mesmo o Israel desobediente é abandonado por Deus, pois experimenta sempre de novo, ao menos temporariamente, a realização da condição pacífica prometida para a sua permanência no país (cf. Dt 12,10; 25,9; Js 21,44; 23,1).

Deve-se, contudo, notar que a primeira introdução ao livro (1,1–2,5) apresenta uma clara tensão com a segunda (2,6–3,6), pois a primeira descreve fatos ocorridos "após a morte de Josué" (1,1) relativos à conquista do país por cada uma das tribos, enquanto a segunda parte da cena narrada em Js 24,28 ("Em seguida Josué despediu o povo, e cada um voltou à sua herança") e ilustra a conduta negativa das gerações posteriores àquela de Josué.

Jz 1 narra os sucessos e falências das diferentes tribos na conquista do território, insistindo no fato de que as populações precedentes não foram expulsas definitivamente do país. Aqui o acento recair, portanto, sobre o insucesso (cf. ao contrário Js 21,43-45) e não entram em jogo os chefes, mas cada tribo em si, ou até mesmo todo o Israel, como é o caso dos cap. 17–21: também nesses age coletivamente uma única tribo (Jz 17–18), ou Israel enquanto "assembleia" (Jz 20,1; 21,10.13.16), sem mencionar os chefes. Além disso, nos capítulos finais nada há em relação aos juízes ou inimigos externos, mas em relação a uma guerra civil. Esses relatos não pressupõem um conflito entre Israel e os filisteus e, nesse sentido, interrompem a continuidade entre o Livro dos Juízes (13,1) e o Primeiro Livro de Samuel (cf. 1Sm 7,13). O escopo dessas narrações parece o de expor o declínio religioso e social que tornou necessária a presença de um rei (Jz 17,6; 18,1; 19,1). Até mesmo os insucessos na conquista, narrados em Jz 1 poderiam ser lidos como orientados para esse tema.

Essas observações suscitaram diversas respostas a fim de esclarecer a história da composição do livro, sobre a qual o debate ainda está aberto.

Quem parte da hipótese da historiografia deuteronomista, pensa que na base do livro estejam relatos concernentes às grandes figuras dos libertadores relacionados às tribos no Norte. Segundo alguns estudiosos esses relatos teriam sido reunidos bem antes do dtr em um "livro os libertadores" (*Retterbuch*)[148] de tendência antimonárquica que remontaria à época de Jeú (séc. IX a.C.) e teria sido composto no Reino do Norte. Outros, ao contrário, pensam que os relatos tenham sido compostos de forma independente e que tenham sido reunidos pelos redatores dtr, transformando os heróis populares em "juízes", para apresentar uma alternativa à monarquia, em relação à qual tinham uma posição crítica[149]. Os redatores dtr teriam inserido ainda o elenco dos assim chamados juízes menores (10,1-5; 12,7-15): o material do qual dispunham não consistia em relatos, mas apenas em breves notícias sobre os membros das suas famílias. Foram, portanto, os redatores dtr que forneceram ao Livro dos Juízes a sua forma basilar. A segunda introdução em 2,6–3,6 foi, de fato, a primeira a ser escrita e foi composta sobre a base do discurso de Josué em Js 23. Essa introdução fornece, na verdade, o modelo de cada um dos relatos sucessivos sobre os libertadores.

A redação dtr não é, portanto, a fase conclusiva da história da composição. Muitos trechos no Livro dos Juízes mostram sinais de acréscimos pós-dtr: a primeira introdução que, como vimos, se contrapõe à segunda; os capítulos 17–21 que nada têm a ver com o esquema elaborado para o relato dos libertadores; o capítulo 9 sobre Abimelec, adicionado ao relato de Gedeão depois que seu pai Jerub-Baal foi identificado com Gedeão (6,32;

---

148. Cf. RICHTER, W. *Die Bearbeitungen des "Retterbuches" in der deuteronomischen Epoche.* Bonn: P. Hanstein, 1964.

149. Cf. BECKER, U. *Richterzeit und Königtum.* Berlim: De Gruyter, 1990 [Beihefte zur Zeitschrift für die alttestamentliche Wissenschaft, 192].

7,1; 8,35)[150]. A situação do ciclo de Sansão (cap. 13–16), contudo, é ainda alvo de discussão, visto que em partes este corresponde às outras narrativas sobre os juízes, mas se distingue dessas por aspectos significativos: "por exemplo, ele não consegue libertar completamente Israel dos filisteus. Na verdade, muitas de suas ações dizem respeito à uma vingança privada, motivada por suas relações com mulheres filisteias e não por um esforço, impelido pelo espírito, para libertar Israel"[151].

Até mesmo os estudiosos que não acolhem a hipótese da "história deuteronomista" admitem que o livro é o resultado de um crescimento progressivo, que parte dos relatos orais sobre "libertadores" e culmina com a inserção do livro dentro da sequência canônica Gn–2Rs. A distinção a respeito da impostação precedente é se se deva pressupor uma obra já definida por volta do fim da monarquia, a qual tinha a sequência Js–2Rs já estabelecida, ou se Juízes tenha relação com uma construção teológica tardia, com a qual se exalta a época de Josué e se justifica o surgimento da monarquia. Essa operação literária e a sua inserção entre Deuteronômio-Josué e Samuel-Reis teriam ocorrido em época bastante recente e encontrariam um apoio em alguns episódios que contêm motivos e temas afins com composições gregas (cf. o episódio da filha de Jefté; os relatos sobre Sansão que por diversos aspectos recordam os mitos de Hércules; os paralelos gregos do apólogo de Joatão de Jz 9,8-15)[152].

O texto

O Texto Massorético – em geral refletido na Vulgata, no Targum e na *Peshita* – se apresenta em geral bem conservado.

Do texto da Septuaginta falta ainda uma edição crítica. A edição manual de A. Rahlfs publica o texto dos Códices Alexandrino e Vaticano na parte superior e inferior da página respectivamente, evidentemente considerando-lhes duas traduções distintas, seguindo a tese de P.A. de Lagarde. Estu-

---

150. De fato, o relato sobre Abimelec não é congruente com o modelo que caracteriza os relatos sobre os juízes: ele não é juiz e nunca é chamado como tal, ao contrário, ele procurar fazer-se chamar rei. O atual juízo negativo sobre sua obra e a falência de sua tentativa justificam sua inclusão em função da crítica à instituição monárquica.

151. MCKENZIE, S.L. *Introduction to the Historical Books*. Op. cit., p. 65.

152. Cf. BRIFFARD, C. Gammes sur l'acte de traduire. *Foi et Vie* 101 [*Cahier biblique* 41, 2002, p. 12-18]. • RÖMER, T. "La fille de Jephté entre Jérusalem et Athènes – Réflexions a partir d'une triple intertextualité en Juges 11". In: MARGUERAT, D. & CURTIS, A. (orgs.). *Intertextualités – La Bible en échos*. Genebra: Labor et Fides, 2000, p. 30-42 [Le Monde de la Bible, 40].

dos sucessivos, no entanto, demonstraram suficientemente que, ainda que a história textual desse livro seja demasiadamente complicada, se pode remeter a uma única tradução[153].

Foram encontrados diversos fragmentos de manuscritos entre os rolos do Mar Morto, os quais apresentam o mesmo tipo de diversidade textual atestado em outros livros. Enquanto 1QJuízes e 4QJuízes[b] são próximos ao Texto Massorético, 4QJuízes[a] apresenta lições divergentes do todos os testemunhos disponíveis. Particularmente relevante é que no fragmento que contém Jz 6,2-13 são omitidos os v. 7-10, um trecho que muitos estudiosos já há algum tempo consideram um enxerto recente, visto que interrompe a narração e é diferente do contexto. Isso indica que o manuscrito preserva uma edição mais antiga do que o Texto Massorético de Juízes, ainda que um fragmento isolado nada mais permita do que um olhar bastante pontual sobre ela.

Temáticas relevantes

1 A infidelidade e suas consequências

Quem escreve faz menção a um tempo remoto e convida o seu leitor (ou leitora) a acompanhar uma história que parece continuamente retornar sobre si mesma: não existe evolução ou progresso no livro, a não ser na consideração de que a conduta dos filhos de Israel se torna cada vez mais problemática. Passa-se, de fato, de uma referência geral à conduta idolátrica dos filhos de Israel (cf. 2,11-13; 3,7.12), às narrativas finais nas quais não são mais apenas questão de apostasia religiosa, mas de comportamentos aberrantes que geram conflito entre o povo.

Em meio a essa situação, Deus suscita libertadores: pessoas que têm como única qualificação o fato de serem *suscitadas* pelo Senhor e *movidas* pelo espírito (cf. Jz 3,10; 6,34; 11,29; 13,25; 14,6.19; 15,14). Elas representam a resposta ao grito do povo e mostram que a vida na terra e a liberdade não são uma posse definitiva, mas um dom de YHWH. Eis por que Israel "coloca em jogo a sua liberdade quando age de modo contrário À vontade de YHWH [...], e isso particularmente quando, submetendo-se aos ídolos do seu meio, provoca a ira de YHWH"[154].

---

153. A esse respeito, cf. FERNÁNDEZ MARCOS, N. *La Bibbia dei Settanta* – Introduzione alle versioni greche della Bibbia. Bréscia: Paideia, 2000 [orig. espanhol: 1999] [Introduzione allo studio della Bibbia – Supplementi, 6].

154. HENTSCHEL, G. "Il libro dei Giudici". Op. cit., p. 381.

Documentando integralmente as consequências desastrosas da idolatria e da desobediência, Juízes demonstra amplamente o seu caráter profético. Enquanto parte dos Profetas Anteriores, assim como os outros profetas ele mantém em segurança o povo de Deus de qualquer época dos efeitos destrutivos e mortais da infidelidade. Portanto, ao menos implicitamente, serve como exortação ao arrependimento. Como todo apelo profético ao respeito ao pacto e à obediência, esse convite se fundamenta sobre a persuasão que o Deus de Israel será sempre amoroso e fiel ao seu povo, mesmo que esse lhe seja infiel[155].

2 As lições a serem tiradas: a favor e contra a monarquia?

Entre as questões discutidas a respeito do Livro dos Juízes está a sua posição em relação à instituição da monarquia. Um julgamento essencialmente crítico pode ser constatado na sua seção central, onde Otoniel liberta Israel do rei de Aram Naaraim (3,8-10); Aod mata o rei de Moab (3,14-23); Débora e Barac derrotam o exército de Jabin, rei de Canaã, que ao final é deposto (4,1-24); Gedeão se nega a se tornar rei dos filhos de Israel (8,23). Decididamente antimonárquico é o apólogo de Joatão (9,8-14), embora não seja claro se o que está em jogo seja a negação da instituição monárquica ou apenas um monarca perigoso e incapaz. A perspectiva das seções iniciais e finais do livro é bastante diferente. Nelas a descrição da anarquia social se torna uma peroração a favor do reino.

A teologia do dtr do Livro dos Juízes vê na figura dos libertadores a melhor alternativa ao reino falido: na desordem política, moral e religiosa que caracteriza a época do exílio, revive a esperança de uma continuação da monarquia. Seria, portanto, possível ler Juízes também

> como um encorajamento a pensar na possibilidade de fazer nascer do próprio coração da crise um novo projeto de sociedade, partindo de uma lúcida análise dos riscos do poder, seja este carismático, militar, tribal coletivo, religioso ou monárquico. Nessa perspectiva de leitura será necessário, então, sublinhar a importância do humor, da ironia e da caricatura como instrumentos de debate (que assim aproxima Jz de Jn), assim como a combinação

---

155. CLINTON MCCANN, J. *Giudici*. Op. cit., p. 36-37.

particularmente rica e sugestiva de figuras masculinas e femininas nesses textos[156].

3 A propósito das mulheres

Também a caracterização das mulheres no Livro dos Juízes contribui para a descrição da deterioração moral e teológica de Israel na época em questão.

Há figuras heroicas, dentre as quais obviamente se destaca Débora, uma líder determinada e eficaz. Embora Débora não tenha um papel ativo no relato, há outra mulher, igualmente determinada, que confirma a sua autoridade: Jael, que mesmo não sendo hebreia, mata o comandante inimigo. Há ainda uma outra mulher que salva o seu povo assassinando Abimelec atirando-lhe na sua cabeça um peso superior a uma mó de moinho.

Com o relato do sacrifício da filha de Jefté, as referências às mulheres assumem contornos trágicos: a primeira mulher de Sansão acaba queimada com a casa de seu pai (15,6), enquanto Dalila tem maior sucesso, embora o narrador pareça querer difamar essas mulheres por serem estrangeiras (filisteias), ou mesmo por serem mulheres. A tragédias das mulheres chega ao seu cume com os dois últimos relatos que envolvem: a concubina de Jz 18 é vítima tanto da violência quanto do desmembramento do seu cadáver, enquanto as virgens de Jabes di Galaad (e as moças de Silo) são raptadas para se tornarem esposas dos benjaminitas.

Nem à mulher do Levira, nem às mulheres que em seguida serão assassinadas ou raptadas e tomadas com violência, é concedida a palavra. O mundo de Israel se tornou um lugar no qual as mulheres não têm nem voz nem escolha

Com esses relatos, o narrador de Juízes mostra como ao longo da própria história, os filhos de Israel

> como os cananeus antes deles, perderam a consciência do dom da terra, da fidelidade ao vínculo familiar e à comunidade, e da liderança de YHWH. Eles, como os cananeus antes deles, e – o cúmulo da ironia – como as jovens mulheres de Silo e de Jabes em Galaad, serão todos arrancados de sua terra, no final do Segundo

---

156. LANOIR, C. "Giudici". In: RÖMER, T.; MACCHI, D. & NIHAN, C. (orgs.). *Guida di lettura all'Antico Testamento*. Op. cit., p. 248-249.

Livro dos Reis. Nenhum tipo de reelaboração poderia maturar essa parte da história de Israel, o "futuro" se transformara no passado. Conhecer o final dessa história não impede, no entanto, a possibilidade de um novo início. O narrador hebreu talvez soubesse que a exortação à mudança, à transformação, está inerente em todo o texto [...]. Como as mulheres que recordavam a filha de Jefté, esse narrador conhecia o poder de recontar os episódios candentes, de "descrever os erros" da própria sociedade, sabia bem que a autocrítica é esperança que, em seguida, possa ser escrita uma história mais alegre[157].

Rute

Lendo o Livro de Rute depois de Josué e Juízes[158], somos imersos em um comovente idílio onde se repousa do ardor dos combatentes e das cenas brutais às quais se assistiu até agora. A atmosfera simples e agreste da era patriarcal retoma seu vigor. O conteúdo é linear e ao final, emerge que entre os objetivos do relato, há inclusive o de informar acerca da genealogia do Rei Davi, mostrando que ele descende de uma jovem moabita, a qual, após a morte de seu marido, imigrou ao seu território, aceitou retornar a Judá com a sogra, agregando-se ao povo do marido e acolhendo a sua religião.

Poucos livros da Bíblia deixam o leitor tão favoravelmente impressionado por uma história tão ordinária quanto a de Rute, dentro da qual, todavia, os protagonistas e o narrador sabem acolher a intervenção providencial do Deus de Israel. Os personagens do relato são gente comum, não os grandes da história: um traço típico das narrativas bíblicas, onde as histórias humanas não

---

157. NOLAN FEWELL, D. "Giudici". In: NEWSOM, C.A. & RINGE, S.H. (orgs.). *Da Genesi a Neemia*. Turim: Claudiana, 1996, p. 156-157 [La Bibbia delle donne, 1].

158. O Livro de Rute nem sempre ocupou a mesma posição no cânon dos livros bíblicos: de fato, existem duas grandes traduções. Uma antiga tradição considera o Livro de Rute uma parte integrante ou um apêndice do Livro dos Juízes (cf. VÍLCHEZ LÍNDEZ, J. *Rut ed Ester*. Roma: Borla, 2004, p. 10), enquanto a maior parte dos testemunhos antigos considera Rute como independente do Livro dos Juízes. Admitida a sua independência em relação a Juízes, nos testemunhos gregos e latinos do livro, ele é sempre situado entre os Livros Históricos, depois de Juízes e antes de Samuel, e essa tradição é acolhida pelo cânon da Igreja Católica e das Igrejas orientais. A tradição hebraica, no entanto, situa, sem exceção alguma, o Livro de Rute na terceira parte do *Tanak*, entre os Escritos, inicialmente em uma posição flutuante (cf. b*Baba Batra* 14b), e por fim, entre os cinco "rolos" (*Meghillót*), lidos por ocasião das solenidades hebraicas. Rute é lido na *Sh^ebu'ót* (Festa das Semanas, ou Pentecostes).

são interpretadas colocando em foco apenas as sedes institucionais (palácio e Templo) e as figuras de relevo (rei, líderes, aristocratas, heróis), mas simples nômades, agricultores, artesãos, imigrantes, pescadores. Portanto, a humanidade não é compreendida nos seus aspectos que suscitam admiração, mas no seu enfrentamento diário de necessidades, privações, relacionamentos, conflitos, expectativas. Exatamente na cotidianidade, o crente experimenta que as "asas" de YHWH (Rt 2,12) estão estendidas sobre ele para protegê-lo, assim como acontece com Rute.

Guia para a leitura

O relato tem um início trágico e um final no qual todo conflito é resolvido, como uma confiante abertura ao futuro. Entre esses dois extremos se passa uma história que tem como centro duas mulheres que fizeram uma experiência *amarga* (Rt 1,20) da vida, particularmente Noemi: precisou imigrar por conta de uma carestia, como já tinham feito seus antepassados[159] e, ao final, perdeu todos os seus caros.

Rute, por sua vez, vive a tragédia inversa: a tragédia se consuma para ela no seu próprio país, onde perde o marido. O narrador não especifica o sentido desses primeiros episódios, mas o leitor contata que a vida é adversa quando se afasta do Senhor (no livro o país estrangeiro se torna símbolo desse distanciamento): daí a expectativa gerada pela decisão de retornar.

Rute decide retornar a Belém com a sua sogra, um ato de grande coragem se se leva em conta que uma mulher na sociedade antiga não era economicamente autossuficiente. O narrador não esclarece o motivo da escolha de Rute, tampouco o que faz com que ela rompa qualquer laço com o seu passado para enfrentar uma empreitada bastante complexa: migrar para uma cultura e religião diferentes da sua e, sobretudo, sem um companheiro, viver junto com sua sogra, na dependência da solidariedade dos habitantes de Belém.

No seu retorno de Moab as duas mulheres recebem proteção de um parente de Noemi, Booz, um proprietário de terras em Belém, que aceita esposar Rute. Desse matrimônio nascerá Obed, o avô do Rei Davi.

Mediante o uso cuidadoso do vocabulário, a gestão inteligente das categorias espaçotemporais, bem como a caracterização dos

---

159. Tenha-se em mente Abraão e Sara em Gn 12,10-20 e Jacó e os seus filhos segundo Gn 46–47.

personagens, se constrói um relato que, partindo de um problema inicial que pode ser compreendido em sentido geral como uma situação de vazio e de morte, ao final, chega-se a resolver-se no sentido de uma plena superabundância de vida[160].

O livro é estruturado de modo que os eventos dos cap. 1 e 4 sejam paralelos, assim como são paralelos os cap. 2 e 3. O primeiro capítulo apresenta a situação inicial (1,1-5: Noemi perde o marido Elimelec e os dois filhos, ficando só, com as duas noras) à qual corresponde a seção conclusiva em 4,13-17: surge para Noemi um resgatador que proverá às suas necessidades e preservará a família de Elimelec. O confronto entre Noemi e as duas noras (1,6-18) corresponde àquele entre Booz e o parente anônimo de 4,1-12. Enfim, o capítulo 1 se encerra com a acolhida e o comentário das mulheres de Belém (1,19-21) como também acontece em 4,14-17. Também os capítulos 2 e 3 "são paralelos entre si e estreitamente comuns do ponto de vista do *tempo*: se menciona o início (cap. 2) e o fim da colheita (cap. 3)"[161]. Em ambos, ao diálogo inicial entre as duas mulheres (que se constitui como a exposição do episódio: 2,1-2; 3,1-5) se segue a cena que leva ao encontro entre Rute e Booz. Esses episódios remetem à alguns aspectos da lei do levirato (cf. Gn 38; Dt 24,5-10) e, ao mesmo tempo, refletem traços da cultura de aldeia.

Além disso, cada capítulo é determinado por *vocábulos-chave*, que conduzem o leitor acolher o tema tratado de quando em vez (cap. 1: *shub*, "tornar" [12 vezes]; cap. 2: *laqách*, "recolher, respigar" [7 vezes]; cap. 3: *shakáb*, "deitar-se, jazer" [7 vezes]; cap. 4: *ga'ál*, "redimir, resgatar" [14 vezes]. Alguns *motivos-guia* percorrem toda a narrativa, lhe conferindo unidade: pão, filho, bondade-amor (*chésed*), morte e vida.

A genealogia final está obviamente fora da sequência narrativa. A sua colocação ao final da narrativa é pouco usual, o que muitas vezes fez com que se compreendesse essa como um acréscimo posterior: se constituiria como uma "davidização" da narrativa, dependente "do renascimento da figura de Davi como figura messiânica de esperança na teologia pós-exílica"[162]. Todavia, diversos intérpretes consideram a genealogia parte integrante da

---

160. SCAIOLA, D. *Rut.* Milão: Paoline, 2009, p. 43.

161. Ibid., p. 42.

162. ZENGER, E. "Il libro di Rut". In: ZENGER, E. (org.). *Introduzione all'Antico Testamento*. Op. cit., p. 387.

narrativa, invocando argumentos importantes. Particularmente se convida a ler o relato de Rute à luz do gênero literário das narrativas patriarcais, sinalizando que

> Enquanto Rute é um relato único que culmina com uma genealogia, as narrativas patriarcais estão ligadas em uma corrente de relatos que terminam geralmente com uma genealogia (Gn 22,20-24; 25,1-4; 25,12-18; 25,19ss.; 35,23-29; 36). As genealogias nos tempos patriarcais coroam um relato e ao mesmo tempo são novos inícios nos relatos sobre os filhos de Jacó e sobre as suas rivalidades recíprocas [...]. De modo similar, a genealogia de Rute exerce a função de conclusão ao livro e simultaneamente orienta em direção a novas narrativas, isto é, em direção ao último rebento da videira, Davi. Típico dessas histórias de família é que um relato gera outro, por assim dizer[163].

Estrutura e composição

Propõe-se a seguinte estrutura:

1	O retorno de Noemi e Rute a Belém
2	Rute respiga no campo de Booz
3	Rute deita-se com Booz na eira
4,1-7	Booz desposa Rute e Noemi obtém o "resgate"
4,18-22	Genealogia final

A exegese alemã tende a classificar Rute no gênero literário da *novela*; mas, recentemente, surgiram muitas reservas com relação a essa classificação. Entre as principais propostas vale citar:

a) E.F. Campbell confrontou a narrativa do Livro de Rute com os relatos de Gn 24, a história de José, Gn 38, episódios do Livro dos Juízes (especialmente Jz 3,15-29) e cenas da história da corte de Davi (Sm 9–20), chegando a propor como gênero literário a "história breve" (*short story*). Entre as características desses textos, ele ressalta que "são compostos em um estilo literário muito específico, utilizando uma prosa artística e elevada, com a inclusão de elementos rítmicos que são poéticos – um estilo que os estudiosos

---

163. NIELSEN, K. *Ruth* – A Commentary. Louisville: Westminster John Knox Press, 1997, p. 7.

alemães chamam de *Kunstprosa*"[164]. Quanto ao conteúdo, esses relatos apresentam um certo interesse pelas ocupações mundanas ou por pessoas ordinárias. O seu escopo, por fim, é tanto de entreter quanto de instruir.

b) I. Fischer[165], ao contrário, demonstrou que Rute tem ligação com os relatos que lemos no Gênesis (particularmente Gn 12; 19,30-38; 24; 38) e compõe uma nova "história de gênesis", para tratar, em uma situação nova, questões jurídicas controversas, ou seja, tanto os textos narrativos quanto os normativos da Torá: de modo particular, remete a Lv 25 e Dt 23,3-5; 25 focando os temas da relação com os estrangeiros, os matrimônios mistos, o direito hereditário das viúvas e a obrigação do levirato. Assim, o livro se aproxima do gênero do *midrash halákico*, isto é, interpreta a Torá atualizando-a.

Sobre a data da composição, não há verdadeiramente um consenso, como eficazmente sintetiza J. Vílchez Líndez:

> No decorrer do longo estado pré-crítico da sua exegese, apenas Samuel é mencionado como possível autor do Livro de Rute. Mas ninguém desconhece a importância de fixar a data da sua composição no que diz respeito à sua interpretação. A despeito disso, e infelizmente, devemos confessar que não sabemos quando o Livro de Rute foi escrito: numerosas datas foram propostas, que vão da época de Samuel à metade do século II a.C.[166]

Ainda que a história seja ambientada na época dos juízes, o tema e os recursos à práticas ligadas ao código do Deuteronômio, a questão do relacionamento com mulheres estrangeiras e dos casamentos mistos (resolvida de modo exatamente oposto em Esd e Ne), além das recentes hipóteses sobre a datação tardia do Pentateuco sugerem situar o livro no quadro de um debate muito mais amplo que se desenvolve na época do Segundo Templo.

O texto

O texto hebraico do Texto Massorético está bem preservado e apenas em poucos casos são propostas emendas (cf. 4,4.5.21), enquanto em outros é necessário escolher entre texto massorético e vocalizações massoréticas

---

164. CAMPBELL, E.F. *Ruth – A New Translation and Commentary*. Garden City: Doubleday, 1975, p. 5.

165. FISCHER, I. *Rut*. Friburgo/Basileia/Viena: Herder, 2001.

166. VÍLCHEZ LÍNDEZ, J. *Rut ed Ester*. Roma: Borla, 2004, p. 19.

(Rt 2,1; 3,9.12.14; 4,4-5). A documentação de Qumran por vezes é bastante fragmentária e não permite conclusões seguras. Onde essa documentação é clara, frequentemente confirma o Texto Massorético, mas não faltam casos nos quais está em linha com as versões.

A versão grega (LXX), à exceção talvez de 2,7, utilizou um texto hebraico muito vizinho do Texto Massorético e muitas diferenças em relação ao texto hebraico podem ser explicadas através do desejo do tradutor de utilizar uma linguagem mais compreensível aos seus destinatários. A Vulgata documenta o texto hebraico, mas apresenta não raramente desvios que refletem exigências de tradução e nesses casos frequentemente de avizinha da versão grega.

Teologia

Lido logo em seguida ao Livro dos Juízes, o Livro de Rute se apresenta como uma história de contraste:

> Enquanto as mulheres de Jz 19–21 são expostas à violência e nenhum Deus intervém em seu socorro, o Livro de Rute apresenta duas mulheres que, mesmo privadas de tudo e sofrendo, fazem parte do plano redentor de YHWH – não apenas como vítimas passivas. Noemi não aceita em silêncio aquilo que o Altíssimo lhe fez, mas exprime a sua angústia em forma de denúncia. Ela faz projetos para um futuro sem esperança, mas ousa com todas as suas forças dar continuidade à família à qual está ligada através do matrimônio com Maclon[167].

O Livro de Rute também se revela como polêmico – bastaria ler as páginas que o Livro de Esdras reserva à condenação dos matrimônios com mulheres estrangeiras – mas seria errôneo limitar sua intenção a isto: Rute, ao contrário, representa aquela humanidade que, mesmo não pertencendo ao povo eleito, na medida em que aplica os deveres do próprio Estado com retidão de consciência e de coração, é acolhida por Deus[168]. A bênção divina não é reservada apenas à Israel, nem o bem repousa somente entre seus membros, aliás, como ensinam os profetas, durante grande parte da história

---

167. NIELSEN, K. *Ruth*. Op. cit., p. 32.

168. Vale recordar, ademais, que tanto no Targum quanto no *Midrash Rut Rabba*, Rute é presentada como prosélita e convertida, modelo para os que acolhem os preceitos de Deus e passam a fazer parte do seu povo (cf. D'ANGELO, C. *Il Libro di Rut* – La forza delle donne. Bolonha: EDB, 2004, p. 155-177).

o povo eleito não correspondeu aos benefícios recebidos de Deus. Rute é como a viúva de Sarepta de Sidônia que foi beneficiada por Deus por meio de Elias, é como o sírio Naamã que Eliseu curou da lepra. Jesus apelará a esses personagens para mostrar que a fé não é limitada ao povo eleito e sobretudo que o eleito pode correr o risco de não corresponder ao projeto divino.

A recompensa de Rute – uma nova família e uma descendência – se dá, enfim, em nível mundano. Deve-se notar que, no livro, Rute não interpreta os acontecimentos que a envolvem *em sentido teológico*: essa leitura é sempre feita por outros personagens (Noemi, as mulheres de Belém). São, portanto, os membros do povo de Deus que ilustram o sentido dos acontecimentos que lhe envolvem. Nem o acaso, adverso ou favorável, nem simplesmente o favor ou a benevolência humanas determinam a vida dessa jovem moabita, mas o olhar protetor e providente do Deus de Israel (2,12: "O Senhor te retribua o que fizeste e que recebas uma farta recompensa da parte de YHWH, Deus de Israel, sob cujas asas vieste buscar refúgio"). Configura-se, portanto, nesse nível, o dever de todo crente: aprender a ler os acontecimentos do mundo com os olhos da fé, para se tornar intérprete da história e poder anunciar ao mundo que, na trama muitas vezes surpreendente dos acontecimentos, a mão de Deus opera para sustentar quem a Ele se confia.

Livros de Samuel

O Livro dos Juízes se concluía com a observação "naquele tempo não havia um rei em Israel" (Jz 21,25), suscitando a expectativa de alguém que suprisse tal carência. A isso é dedicada a obra que recebe o nome da figura central que consagrou reis tanto Saul (1Sm 9,1–10,16) quanto Davi (1Sm 16,1-13). As versões atuais da Bíblia contemplam dois livros sob o nome de Samuel, mas originalmente se tratava de um único livro que narrava as origens da monarquia em Israel e a sua fase mais antiga. A divisão em dois livros remete à tradução grega (LXX) que os reagrupou com 1–2Reis (também esses, originalmente, um só libro) formando a sequência *1-4 Reinos*. Por influência da Bíblia Grega e da Latina, a divisão de Samuel em dois livros foi introduzida também na Bíblia Hebraica do século XV e XVI. Os primeiros a adotarem-na foram os judeus espanhóis, como indica um manuscrito que remonta a 1448, e a primeira Bíblia rabínica impressa em Veneza em 1517 se associou a essa opção.

Os livros de Samuel são dominados por três grandes personagens que se sucedem na condução do povo de Israel: Samuel – ao mesmo tempo líder e profeta –, Saul e Davi, os primeiros reis. As relações carregadas de tensões entre esses protagonistas são determinadas por um único tema global: o surgimento da monarquia. Na apresentação oferecida pelos livros de Samuel (assim como nos livros dos Reis) se refletem ainda os diversos juízos que a monarquia recebeu ao longo da história de Israel.

Samuel é a figura que interliga os dois primeiros reis (ele é apresentado em 1Sm 1 e se noticia a sua morte em 1Sm 25), enquanto a entrada de Davi em cena, o primeiro verdadeiro rei de Israel, marca o início de um novo percurso narrativo, como bem ilustra o contraste entre 1Sm 15 e 16,1-13, dois relatos compostos deliberadamente segundo um jogo de oposições: 1Sm 15 se encerra com a definitiva rejeição (hebraico: *ma'ás*) de Saul por Deus, enquanto 16,1-13 narra como Davi foi escolhido (hebraico: *bachár*) por Deus para o lugar de Saul. Consequentemente, a estrutura do Livro de Samuel se constrói, à primeira vista, ao redor da oposição entre dois reis, Saul, que é benjamita, e Davi, o judeu, e se poderia dizer que eles personificam de modo geral, dois *tipos* de realeza.

Guia para a leitura

O início do livro se concentra em Samuel (cap. 1–7), apresentando a sua infância e juventude (cap. 1–3), a história da arca (cap. 4–6) e a sua atividade como juiz de Israel (cap. 7).

O relato sobre a juventude de Samuel (cap. 1–3) constitui claramente uma unidade autônoma. Alinhado com um tema frequente nos relatos do Antigo Testamento (cf. Sara, Rebeca, Raquel, a mãe de Sansão), também a mãe de Samuel é estéril. O narrador apresenta com grande intensidade o drama de Ana, focalizando de modo particular a angústia que a esterilidade lhe provoca, mesmo sendo amada por seu esposo. Deus ouve a sua oração, na qual faz o voto de consagrar o filho ao Senhor. Inserido na narrativa se encontra o cântico de Ana (2,1-10), um hino de louvor que provavelmente teve sua origem em outro contexto, mas que talvez tenha sua inserção aqui motivada pelo v. 5b ("A estéril dá à luz sete vezes, e a mãe de muitos filhos se exaure"). A ocasião do hino parece uma vitória, evocada nos v. 1b., 4 e 10a. Além disso, ele faz referência ao rei-messias (v. 10b), como acontece com frequência nos salmos que celebram a realeza davídica. O tema global é a reviravolta da sorte provocada pelo Senhor: os poderosos são humilhados e os humildes são exaltados.

O chamado de Samuel (3,1-21) sinaliza o início da sua missão: crescido e instruído no Templo como sacerdote, agora Deus o constitui como "profeta" (3,19-20). Por meio dele, a palavra não será mais *rara* e as *visões* se renovarão para o povo (cf. 3,1). O seu primeiro gesto profético será o de anunciar o julgamento de Deus sobre Eli e sua casa.

Em 4,1–7,1, se encontra a primeira parte da *história da arca*, que será concluída em 2Sm 6, com a transferência da arca para Jerusalém; nesse relato Samuel não aparece, salvo em 4,1a. A figura central é o sacerdote Eli do templo de Silo, ao lado de quem Samuel cresceu e foi instruído para o serviço no santuário (1Sm 1,24-28). A arca era uma caixa que continha as tábuas da Lei, mas também era vista como símbolo da presença do Senhor em meio ao povo. Aqui ela é levada ao campo de batalha como paládio para Israel[169], mas é tomada pelos inimigos vitoriosos. Para a mentalidade do tempo as respectivas divindades estavam envolvidas com as batalhas: os simulacros dos deuses derrotados eram, portanto, colocados nos templos dos vencedores, como atestação da sua inferioridade. Nesse caso, no entanto, a arca continua a manifestar o poder do verdadeiro Deus: os filisteus pensam ter sob domínio o deus dos hebreus, quando na verdade, com a captura da arca, começam suas mazelas (5,6–6,21: doenças, pragas e confusão). Até mesmo Dagon, o seu deus, foi obrigado a humilhar-se diante de YHWH (5,4).

Samuel reaparece em 7,2-17, no papel de guia e líder militar: como os juízes que o precederam, também ele conduz com sucesso a luta contra os filisteus, embora a afirmação de que os filisteus foram dominados e não invadiram mais o território de Israel durante a vida de Samuel (7,13) seja um exagero: na verdade, os filisteus continuaram a causar problemas e foram submetidos somente por Davi.

1Sm 8–15 apresenta a ascensão e o declínio de Saul como primeiro rei de Israel, consequentemente, a narração é determinada por estas duas fases: os cap. 8–12 narram como se chegou a proclamar rei o benjamita Saul; os cap. 13–15 descrevem, por sua vez, os erros que ele cometeu e sua consequente rejeição por YHWH. Em 8,1–12,25, convergem diferentes visões sobre

---

169. Cf. DE VAUX, R. *Le istituzioni dell'Antico Testamento*. Turim: Marietti, 1972, p. 299 [orig. francês: 1958-1960].

a monarquia, justapostas e não propriamente harmonizadas. A motivação que explica o surgimento da monarquia nos livros de Samuel é a ameaça filisteia, a qual induz os filhos de Israel a indicar uma liderança política unitária. Não temos condições de determinar qual das visões sobre a monarquia seja a mais antiga: os redatores finais incluíram todas para sinalizar o teor teológico da decisão do povo. O surgimento de pequenos reinos da região é documentado durante esse período: isso mostra que se tratava da marcha de uma tendência, de modo que a escolha de Israel pela eleição de um rei, parecia um progresso, naquele contexto. As reservas de Samuel, além de provavelmente representarem uma resistência cultural a um determinado sistema político, contêm muito motivos que refletem o conhecimento das consequências da monarquia (particularmente alguns aspectos do reino de Salomão). São, portanto, expressões do pensamento do redator final desses livros, que conhece bem o resultado da experiência monárquica.

Os capítulos 13–15 se apresentam como a narração do reino de Saul, mas de fato se concentram sobre um só episódio: após sua eleição passa-se na verdade a narrar a sua rejeição como rei por YHWH. O relato do reino de Saul continua em seguida nos capítulos 16–31. Saul é rejeitado por YHWH porque não obedeceu a um comando do Senhor (15,11), do qual o profeta é o intermediário. Deus concede o rei ao povo, mas a condição é a de que ele seja submetido à profecia: o rei é constituído pelo profeta e pode, a qualquer momento, ser destituído.

A segunda parte do livro narra a ascensão de Davi ao trono (1Sm 16–31) e prossegue em 2Sm 1–5: Davi, após sua consagração por Samuel, ingressa na corte da Saul, onde alcança sucesso imediato (16,1–18,5), mas rapidamente é obrigado a fugir por causa do ciúme do rei (18,6–28,2). Não obstante o sujeito unificante, a narração não é homogênea; particularmente os relatos que se referem aos relacionamentos conflitivos entre Saul e Davi (1Sm 16,14–2Sm 1) contêm diversas duplicações, a ponto de qualquer um ser levado a reconhecer duas histórias paralelas: por duas vezes Davi soa a lira para acalmar o ânimo de Saul, que reage de modo agressivo (18,10-11; 19,8-10); em duas ocasiões Saul oferece a Davi uma de suas filhas como esposa (18,17-19; 18,20-22); as intervenções de Jônatas, filho de Saul, em favor de Davi se repetem duas vezes (19,1-6; 20,26-32); em várias ocasiões Davi precisa fugir de Saul; por duas vezes poupa a vida do rei (14,1-23; 26,1-25) e por duas vezes busca refúgio junto ao rei de Gat (21,11-16;

27,1-4). Além disso, a descrição das tramas de Saul contra Davi apresenta uma escalada que o Texto Massorético em parte atenuou: Saul em primeiro lugar procura afastar Davi de si, colocando-o como chefe das milícias, talvez com a esperança secreta de que fosse morrer em batalha, mas Davi era bem--sucedido em todas as suas expedições (18,12-16); em seguida, Saul propõe que Davi se case com a sua filha Mical, exigindo como paga de matrimônio cem prepúcios de filisteus: também nesse caso Saul espera que Davi seja morto (18,20-29); por fim, Saul tenta matar Davi com a sua lança pessoalmente (19,8-10). Essa progressão de certo modo é obscurecida no Texto Massorético que insere uma intenção já precedente de matar Davi (18,10-11), ausente na Septuaginta. De qualquer modo, emerge uma perspectiva unificante: não obstante as dificuldades, o caminho de Davi em direção ao trono é traçado, enquanto para Saul são reservadas duras críticas e enfim, a morte. Essa perspectiva é ainda mais colocada em destaque por meio de diversos oráculos que anunciam, de um lado, o reino para Davi, e de outro, a censura para Saul (cf. 1Sm 13,14; 15,28; 16,1; 23,17; 28,16-17; 2Sm 3,9-10.17-18; 5,1-5).

Após a morte de Saul (1Sm 31), são narradas em 2Sm 1–5, as *disputas pela sucessão*, nas quais a rivalidade entre os dois comandantes do exército, Abner e Joab, desempenha um papel central. A morte de Isbaal, filho de Saul, abre a Davi a estrada para ampliar a sua soberania sobre "todas as tribos de Israel (5,1-3), além do poder sobre Judá (2,4). A conquista de Jerusalém, a sua proclamação como "cidade de Davi" (5,6-16) e a vitória sobre os filisteus (5,17-25) representam a conclusão da história da ascensão de Davi.

Em 2Sm 6–8, quando então o reino já estava consolidado nas mãos de Davi, o narrador coloca em foco três aspectos decisivos a respeito do seu papel: ele é o fundador do culto em Jerusalém (cap. 6), da dinastia (cap. 7) e do império (cap. 8). 2Sm 6 se conecta com 1Sm 4–6 e, ainda que escrito em um estilo um pouco diferente, parece proveniente do mesmo círculo de tradições relativas à arca. O relato ilustra a piedade de Davi e mostra que por detrás das causas humanas do seu triunfo, se delineia a escolha divina (6,21). De grande relevância teológica é 2Sm 7, que contém a promessa divina a Davi a respeito da sua dinastia. Tal promessa constituirá a base para o surgimento da expectativa messiânica depois da destruição de Jerusalém e a deportação para Babilônia: "a promessa feita a Davi por Natã em nome de Deus, ultrapassa o horizonte imediato de Salomão, primeiro sucessor de Davi, para se projetar ao futuro à espera do rei ideal, aquele que cumprirá plenamente as expectativas e as aspirações do povo"[170].

2Sm 9–20 e 1Rs 1–2, constituem, segundo L. Rost[171], a assim chamada "história da sucessão ao trono", uma obra literária unitária e, de acordo com esse estudioso: a interrogação que mantém viva a atenção do leitor nessa seção é a curiosidade para saber quem será o sucessor de Davi. Mas as críticas atuais a essa hipótese são decisivas; o próprio nome é de certo modo inadequado, pois somente na parte final dessa narrativa se coloca em foco a sucessão a Davi (cf. 1Rs 1,20.27: "Quem se sentará sobre o trono do rei, meu senhor, depois dele?"). Hoje, no entanto, tende-se a qualificar essa parte como "história de corte" (*court history*)[172], com datação e composição unitária ainda em discussão. A seção se inicia com a exclusão do filho de Jônatas, Merib-Baal à sucessão. Como pano de fundo desse episódio está o juramento de lealdade entre Davi e Jônatas (1Sm 20,15-16).

O episódio que determina a sucessiva série de desordens e tensões no reino é narrado nos capítulos 10–12: o enquadramento é constituído pela guerra contra os amonitas, durante a qual entram em cena Betsabeia e seu filho Salomão, os dois personagens que terão um papel decisivo ao final do percurso narrativo. Nessa passagem emerge um retrato nitidamente negativo de Davi que contrasta com o zelo e lealdade de Urias, seu subalterno: enquanto o seu exército está empenhado nos combates, o rei ocioso é conquistado pela beleza de uma mulher e, sem se dar conta do fato que esta seja casada, cede às próprias paixões. Urias, ao contrário, não renuncia aos seus deveres como soldado e, mesmo convidado pelo rei a gozar as alegrias da sua casa, em solidariedade para com seus correligionários, pernoita à porta da casa do rei (11,9-11). Para cobrir o próprio pecado, Davi se vê constrangido a planejar a morte de Urias. Em toda essa cena Davi se comporta com grande cinismo, Deus, contudo, não se coloca apenas como expectador: a intervenção do Profeta Natã denuncia o crime cometido por Davi e culmina com uma sentença (12,10-12) que se realizará nos episódios sucessivos.

---

170. GONZÁLES LAMADRID, A. "La storia deuteronomistica". In: SÁNCHEZ CARO, J.M. (org.). *Storia, narrativa, apocalittica*. Bréscia: Paideia, 2003, p. 98 [Introduzione allo studio della Bibbia, 3/2].

171. ROST, L. *Die Überlieferung von der Thronnachfolge Davids*. Op. cit.

172. VAN SETERS, J. *In Search of History*. Op. cit., p. 264-271.

Uma primeira aplicação da sentença profética se encontra já no trágico relato que se inicia com o estupro de Tamar, filha de Davi e irmã de Absalão (2Sm 13,1–14,33). Amnon, o filho mais velho de Davi, candidato à sucessão, se apaixonou pela irmã e, depois de tê-la atraído ao seu quarto per meio de mentiras, a violentou e expulsou com desprezo. O filho de Davi se revela insensível e digno de desprezo, mas também Davi manifesta igual insensibilidade: o afeto pelo seu filho o impediu de fazer justiça àquela que sofrera uma terrível humilhação e que agora era constrangida a viver só e desolada na casa de seu irmão Absalão (13,20). Cheio de ressentimento, Absalão espera o momento propício para vingar a irmã e o faz dois anos depois assassinando seu irmão Amnon, tornando-se assim um sucessor direto ao trono. O seu delito, contudo, o leva ao exílio, do qual retornará por intervenção de Joab, que contratou uma mulher para convencer o rei a reconciliar-se com o filho.

No entanto, o retorno de Absalão é o prenunciador de novas desgraças: incentivado pelo fato de que o pai o tinha readmitido à corte, coloca em ação um plano para conquistar o poder. Em primeiro lugar, critica a administração de seu pai, apresentando-se como uma alternativa válida (15,1-6), além disso, tira proveito do descontentamento das tribos do Norte para conquistar adesões à sua causa. Depois de quatro anos, valendo-se de um pretexto de caráter religiosos, se transfere para Hebron, onde organiza a conspiração à qual aderem até mesmo alguns conselheiros de Davi (15,7-12): ao redor de Absalão se reúnem todos os descontentes do reino. Informado da revolta, Davi decide fugir de Jerusalém (15,13-37). Não está claro o motivo por que Davi escolheu essa solução, mas ao mesmo tempo a fuga de Davi de Jerusalém se torna um expediente literário que unifica toda a seção. Davi deixa a cidade encontrando diversas pessoas pelo caminho. Uma vez contida a rebelião, Davi retorna triunfante à cidade, encontrando as mesmas pessoas em ordem inversa.

O relato da fuga é descrito com os tons de uma procissão penitencial (15,23.30), na qual se dá destaque à súplica de Davi (15,31: "Senhor, faze que sejam insensatos os conselhos de Aquitofel!") que Deus ouve prontamente (17,14). Davi exorta Cusai a permanecer em Jerusalém durante o conselho de Guerra. Ao invés de deixar com que uma tropa escolhida persiga e mate Davi, como Aquitofel propõe, Absalão aprova o plano de Cusai de convocar todas as milícias de Israel para confrontar Davi sobre o campo de batalha (17,1-14). Deus, então, salva Davi das mãos de Absalão, que é morto por Joab, não obstante a proibição explícita do rei. A notícia da morte de Absalão provoca grande dor a Davi, o que gera grande consternação entre suas tropas. Novamente Joab intervém e resolve a crise, recordando ao rei os seus deveres, de modo que ele retorna a Jerusalém (19,1-41).

Quase que como um apêndice à precedente, se desencadeia uma revolta como expressão do descontentamento das tribos do Norte (19,42-44): Seba, da tribo de Benjamim, obtém o apoio das tribos setentrionais, mas a eficaz intervenção de Joab encerra a revolta (20,1-22).

A seção de conclusão da obra (2Sm 21–24) é uma espécie de apêndice e reúne relatos, anedotas, listas e poemas. Contudo, esse material não é disposto aí ao acaso, mas simetricamente: o núcleo poético (22,1-51 e 23,1-7) é circundado por anedotas sobre as proezas dos homens de Davi (21,15-22; 23,8-39) e por dois relatos extremamente ligados (21,1-14; 24,1-25), que informam sobre calamidades públicas: no primeiro caso se trata de um castigo imposto por Deus pelos pecados cometidos por Saul, no segundo, ao contrário, a responsabilidade é de Davi. Não está claro a qual episódio da vida de Saul faça referência à acusação apresentada em 21,5-6, segundo a qual o rei teria planejado o extermínio dos habitantes de Gabaon. Para expiar essa culpa, são exterminados os sete filhos de Saul, mas a força de espírito demonstrada por uma das suas concubinas, que protege os corpos dos seus filhos, induz Davi a dar uma sepultura digna a Saul, Jônatas e aos outros filhos. Em 2Sm 24 se distinguem três temas, talvez autônomos originalmente, mas aqui relacionados em nível redacional: o recenseamento (24,1-10), a peste (24,11-15) e a conquista da eira de Areúna para erguer um altar ao Senhor (24,16-25).

Estrutura e composição

A estrutura que emerge nos dois livros é a seguinte:

1Sm 1–15	**Samuel, Saul e os inícios da monarquia**	
	1Sm 1–7	Samuel: profeta e juiz
	1Sm 8–15	Ascensão e declínio de Saul, primeiro rei de Israel
1Sm 16–2Sm 5	**Relato da ascensão de Davi**	
	1Sm 16–31	A rivalidade entre Saul e Davi
	2Sm 1–5	Davi se torna rei sobre todo o Israel

2Sm 6–8	**Davi fundador de um império**	
	2Sm 6	A arca é transferida para Jerusalém
	2Sm 7	Oráculo de Natã: a promessa divina de uma dinastia eterna
	2Sm 8	Sucessos militares de Davi e seus ministros
2Sm 9–20	**A história da corte de Davi**	
	2Sm 9	O cuidado de Davi para com o filho de Jônatas
	2Sm 10–12	Guerra contra a coalizão dos amonitas e arameus
	2Sm 13–19	Davi e Absalão
	2Sm 20	Revolta de Seba
2Sm 21–24	**Apêndices à história de corte**	
	2Sm 21,1-14	Davi, os descendentes de Saul e Resfa
	2Sm 21,15-22	Os valentes de Davi
	2Sm 22	Salmo de Davi
	2Sm 23,1-7	Últimas palavras de Davi
	2Sm 23,8-39	Os valentes de Davi
	2Sm 24	O recenseamento

Acerca da composição dos livros de Samuel somos confrontados com numerosas hipóteses e ainda assim permanece uma questão aberta. Entre os temas mais discutidos está, em primeiro lugar, a extensão e o peso da redação dtr. Diversos indícios mostram que a obra atual é o resultado de uma história composta bastante complexa:

– Os juízos negativos sobre a casa de Eli (cf. 1Sm 2,12-17.22-25.27-36; 3,11-14) são ocultados quando se narra o trágico fim da casa associada à captura da arca (1Sm 4,12-22).

– 1Sm 8–12 fornece um quadro bastante contraditório dos inícios da monarquia. De um lado há dois relatos nos quais Samuel unge, secretamente e por ordem de YHWH, Saul como futuro soberano de Israel (9,1–10,16) e no qual o povo eleva publicamente à realeza aquele que os salvou da ameaça dos inimigos (cap. 11). Aqui a monarquia é apresentada sem reservas como *positiva* e desejada por YHWH. Do outro lado estão os capítulos 8 e 12 (e a versão atual de 10,17-27) nos quais a pretensão de ter um rei é ajuizada severamente como *traição* contra YHWH.

– O ingresso de Davi na corte de Saul é narrado em duas versões diversas. Segundo 1Sm 16,14-23 Davi é admitido ao serviço a Saul pelas suas qualidades musicais e a sua bravura militar. Segundo 17,12–18,5 ele tinha chegado por acaso ao acampamento de Saul onde seus irmãos prestavam serviço.

– Duas vezes Jônatas intervém em favor de Davi junto a seu pai: a primeira, apresenta as intenções homicidas de Saul (1Sm 19,1-7); a segunda, parece ignorá-las (20,1b-10.19-39). Duas vezes Davi poupa Saul que caíra em suas mãos (cap. 24 e 26); duas vezes se refugia junto de Aquis, príncipe filisteu de Gat (21,11-16; 27,1-12).

– Até mesmo em nível ideológico assistimos a tensões, particularmente envolvendo a monarquia: de um lado a escolha do povo de ter um rei é denunciada pela própria divindade como refutação da realeza de YHWH (1Sm 8,7; 10,18-19), de outro é o próprio YHWH quem garante a estabilidade da casa de Davi pela eternidade (2Sm 7,11-16).

As tensões no interior do texto são explicadas pelos estudiosos essencialmente com base em três opções, aplicadas individualmente ou combinadas entre si:

a) O redator dtr tinha à disposição fontes mais antigas. A tese de L. Rost[173] é clássica, ele identificou três fontes: a "história da sucessão", na qual se baseia 2Sm 9–20 + 2Rs 1–2; a "narrativa sobre a arca", na qual se baseia 1Sm 4,1–7,1 + 2Sm 6; a "história da ascensão de Davi" na qual se baseia 1Sm 16–2Sm 5; essa tese, aceita por muitos, foi contestada nos últimos decênios, em particular devido à dois tipos de observações: em nível literário é problemático definir os contornos precisos de tais fontes (tanto o início quanto o fim são frequentemente fluidas); em nível cronológico, se coloca em discussão a datação antiga proposta por Rost para as fontes[174], mas a incerteza envolve também a redação dtr, na medida em que se apresentam neste contexto, fases sucessivas de reelaboração.

b) Enquanto M. Noth considerava que a redação dtr nos livros de Samuel fosse muito mais limitada do que aquela presente em Juízes e Reis[175],

---

173. ROST, L. *Die Überlieferung von der Thronnachfolge Davids*. Op. cit.

174. Cf. RÖMER, T. & DE PURY, A. "L'Historiographie deutéronomiste (HD) – Histoire de la recherche et enjeux du débat". In: DE PURY, A.; RÖMER, T. & MACCHI, J.-D. (orgs.). *Israël construit son histoire* – L'historiographie deutéronomiste à la lumière des recherches récentes. Genebra: Labor et Fides, 1996, p. 104-108.

175. Em algumas seções, p. ex., em 1Sm 13–2Sm 2, Noth considerava eu não houvesse traços de redação dtr, da mesma forma que na história da corte de Davi. Ao contrário, ele atribuía um papel decisivo ao dtr nos capítulos a respeito do surgimento da monarquia (1Sm 7–13) (cf. NOTH, M. *Überlieferungsgeschichtliche Studien*. Op. cit., p. 62-63).

autores mais recentes encontram sinais de uma atividade redacional maior do que aquela habitualmente suposta. Sobretudo, embora alguns estudiosos se orientem em direção a um Dtr único no sentido de Noth, outros distinguem diversas redações sucessivas[176]. Também essa opção apresenta não poucas inconsistências, visto que muitas vezes a atribuição das fases redacionais ainda é bastante controversa, tanto no sentido da sua consistência quanto da eventual colocação em uma determinada fase da história do povo de Israel.

c) J. Van Seters observa que "os livros de Samuel foram considerados durante muito tempo a atestação do nascimento, baseado sobre uma mais antiga forma de relato-legenda, o mais refinado exemplo de escritura da história, antes de Heródoto – a história da sucessão. Segundo essa concepção, ao Dtr é atribuída uma função muito menor no processo de composição, em primeiro lugar através das suas integrações às tradições sobre Samuel e Saul"[177]. Para Van Seters, a tese que o Dtr teria simplesmente incorporado à sua história documentos bem definidos introduzindo apenas poucas modificações é desmentida por numerosos e decisivos indícios literários. Analisando a história de Saul, o relato da ascensão de Davi ao trono e a história da corte, ele demonstra, ao contrário, que a narrativa sobre os inícios da monarquia é obra do Dtr[178]. Em particular, a história da corte, que conclui o material declaradamente desfavorável à Davi, não representa exatamente uma fonte Dtr (a qual, ao contrário, manifesta uma tendência favorável à dinastia davídica: cf. sobretudo 2Sm 7), mas um acréscimo, que remete ao período pós-exílico, à história Dtr sobre Davi.

Emerge com clareza a partir daquilo que se expôs até agora, que o problema central é o esclarecimento sobre a contribuição do Dtr e a eventual presença e identificação de fontes preexistentes a ele ou de redações sucessivas.

Apesar dessas constatações, a narrativa é contínua e o leitor, também no caso de tensões como aquelas supramencionadas, pode apreciar a qualidade narrativa que se manifesta nos jogos de palavras, nas tramas traçadas, na apresentação de personagens complexos. A pesquisa concentrada sobre a

---

176. P. ex., KRATZ, R.G. *Die Komposition der erzählenden Bücher des Alten Testaments.* Op. cit.; cf. tb. a reconstrução das várias fases em RÖMER, T. *Dal Deuteronomio ai libri dei Re.* Op. cit., p. 89-94, 131-140, 162, 165.

177. VAN SETERS, J. *In Search of History.* Op. cit., p. 249.

178. Cf. ibid., p. 270.

identificação das fontes e das redações, de fato, mesmo motivada pela presença no texto das tensões como aquelas elencadas acima, corre o risco de fazer com que o leitor perca a qualidade literária do relato e a firmeza com a qual os protagonistas humanos são representados. Saul é um personagem trágico, Davi é, ao mesmo tempo, uma referência do seu povo e um renegado (quando se refugia junto aos filisteus), um homem devoto, mas inclinado ao pecado. Tudo isso pode ser relacionado a eventos plurais, reflexo de diferentes avaliações sobre a obra dos reis, ou até mesmo de concepções teológicas contraditórias entre si. No entanto, se pode escolher uma solução diferente, como bem ilustra R. Alter refletindo sobre a apresentação que 1-2 Samuel oferecem de Davi:

> Todavia, essa narrativa apresenta muitos indícios daquilo que se poderia chamar composição fictícia (*fictional shaping*) – monólogos interiores, diálogos entre personagens históricos em circunstâncias nas quais não poderiam ser testemunhos daquilo que foi dito, claras alusões na tendência dos diálogos e nos detalhes narrativos a Gênesis, Josué e Juízes. Aquilo que temos nessa grande narrativa [...] não é apenas um relato da história, mas uma imaginação da história, análoga àquela construída por Shakespeare com personagens e eventos históricos nas suas obras teatrais históricas. Isto é, as linhas gerais dos eventos históricos e dos principais personagens não são alteradas, mas o escritor faz uso das fontes da sua arte literária para imaginar com profundidade e criticamente os concretos dilemas morais e psicológicos das vivências históricas em âmbito político. Em vista disso, o escritor se sente livre para inventar uma linguagem interior para os personagens, para fornecer aos seus diálogos um aspecto revelador, para tecer episódios e personagens com uma refinada rede de motivos e de frases recorrentes e com analogias entre episódios, e para ilustrar o significado dos eventos por meio de alusão, metáfora e símbolo. O escritor faz isso não para construir a história, mas para compreendê-la. Por meio desse artifício literário bastante refinado, Davi emerge como um dos personagens mais insondáveis da literatura antiga[179].

---

179. ALTER, R. *David Story* – A Translation with Commentary of 1 and 2Samuel. Nova York/ Londres: W.W. Norton, 1999, p. xvii-xviii.

Essa última perspectiva, que privilegia a análise narrativa e retórica do texto final, tem certamente o mérito de fazer avançar a nossa compreensão teológica do texto. Ao mesmo tempo, ela representa uma integração das perspectivas precedentes e não uma alternativa.

O texto

O Texto Massorético dos livros de Samuel está preservado de forma bastante precária, enquanto o texto da Septuaginta – do qual o principal testemunho é o Códice Vaticano (B) – apresenta importantes divergências em relação àquele[180]. O texto de Samuel encontrado em Qumran tem significativas divergências em relação ao Texto Massorético e notáveis concordâncias com o texto dos LXX. A documentação qumrânica confirma, portanto, que a tradução grega era baseada sobre um original hebraico diferente daquele preservado pelo Texto Massorético. Tudo isso significa que não se pode reconstruir o original do livro somente sobre as bases do Texto Massorético, ou ainda servir-se das versões onde este está corrompido: se trata, ao contrário, de avaliar caso a caso sobre as bases das regras da crítica textual.

As outras versões antigas (Siríaca, Targum, Vulgata) são bastante vizinhas ao Texto Massorético e raramente apresentam lições independentes.

Teologia

1 Os personagens

As três figuras que se encontram no centro da narrativa – Samuel, Saul e Davi – apresentam traços de grande interesse. Como é típico da narração bíblica, não se faz introspecção, mas os personagens são apresentados por meio de suas ações e suas palavras. Podemos perceber, em primeiro lugar, que somente quanto a Davi diversas cenas dizem respeito à sua esfera privada, enquanto nos casos de Samuel e Saul quase tudo acontece na esfera pública. Do mesmo modo, somente Samuel tem uma relação direta com Deus, por isso, Saul e Davi dependem da palavra profética.

Samuel tem a função de fazer a mediação entre duas épocas: ele é juiz e, como os juízes que o precederam (cf. Jz 8,22-23), entende que o único chefe do povo é YHWH. Não obstante suas convicções pessoais ele é chamado por Deus para acompanhar a passagem a uma nova forma institucional.

---

180. Cf. JELLICOE, S. *The Septuagint and Modern Study*. Oxford: Clarendon, 1989, p. 283-290.

Contudo, a narração não coloca o acento sobre a sua função de juiz, mas sobre a de profeta: é ele quem anuncia o fim trágico da corrupta casa de Eli e a ele compete proclamar a escolha divina nos confrontos entre Saul e Davi. Enfim, é ele quem manifesta a Saul que Deus o rejeitou. Embora, portanto, ele não seja o chefe do povo, por meio dele Deus continua a manifestar o seu senhorio: somente o rei escolhido por Deus é legítimo, somente a correspondência entre a ação do rei e a vontade divina garante a sua permanência no poder.

A apresentação que o livro faz de Saul traz traços trágicos e, sobretudo, diversos aspectos problemáticos, particularmente se se observa a cena de sua rejeição por Deus (1Sm 15,11-35). Outros reis – inclusive Davi – cometeram violações mais graves do que a de Saul, e ainda assim obtiveram o perdão. Por que Saul não? Por vezes se explica isso com a redação filo-davídica da história narrada ou com a idealização da figura de Davi em detrimento da de Saul, por conta da permanência da dinastia davídica. Na verdade, nos livros de Samuel, Davi não é idealizado e também ele deverá confrontar-se com o julgamento divino. Diferente de Saul, no entanto, Davi não infringe a alguma palavra profética explícita. Aliás, poderíamos dizer que suas quedas dependem mais do que tudo das paixões humanas: o desejo sexual no caso da mulher de Urias, a mania de poder no caso do recenseamento, os sentimentos paternos na crise de Absalão.

Davi é certamente um personagem mais complexo, mas é também o herói do narrador: a ele se remete a escolha da capital, a vontade de fazer dela também o centro religioso, a extensão territorial que faz de seu reino um império. As pesquisas arqueológicas recentes demonstram que essa apresentação não corresponde aos dados já descobertos e que o assim chamado "império de Davi" é uma construção mítica[181].

Ao mesmo tempo, juntamente com Moisés, Davi é o personagem bíblico ao redor do qual se concentram diversos livros, além dos livros de Samuel: a sua imagem está presente nos livros dos Reis, mesmo após sua morte; ele é o protagonista dos livros das Crônicas; os próprios Livros Proféticos fazem ampla referência a ele, assim como os Salmos, que, inclusive, terá sua coleção atribuída a ele. A narrativa nos livros de Samuel faz emergir a complexidade da sua figura. Num primeiro momento, na seção que narra a sua

---

181. A esse respeito, cf. o *excursus* sobre o "Reino unido: mito e realidade?", p. 119-121.

ascensão ao trono, o relato demonstra uma tendência claramente favorável a Davi, mostrando que ele não tinha conspirado contra o rei precedente, que a rivalidade entre os dois era fruto da inveja de Saul e que os sucessos de Davi eram consequência da eleição divina. Ao contrário, o juízo sobre Davi é bem diferente na história da corte, na qual ele é apresentado como um irresponsável – goza a vida em Jerusalém ao invés de acompanhar as tropas (2Sm 12) – e um fraco: não pune o primogênito Amnon pelo estupro de Tamar (2Sm 13) e se comporta de modo ambíguo no caso da revolta de Absalão (2Sm 15–19), propriamente essa fraqueza em relação aos filhos provocará inumeráveis lutas no caminho em direção à sucessão ao trono.

Excursus
Reino unido: mito ou realidade?

M. Liverani sintetiza algumas posições atuais sobre a correspondência entre descrições bíblicas das origens da monarquia e realidade histórica efetiva:

> Antes de chegar à solução sacerdotal, antes de fundar aquele "reino de sacerdotes e nação santa" do redator sacerdotal (Ex 19,6), a historiografia deuteronomista teve todo o tempo de revisitar a história passada da monarquia, aceitando plenamente a sua fundação e enaltecendo seus méritos tanto quanto condenando suas infidelidades.

> [...] Uma vez instituída, a realeza é legítima. Sobre o primeiro rei, Saul, aliás, se acumulam todos os tipos de legitimações possíveis e imagináveis: é eleito por YHWH, ungido por Samuel, aclamado pelo povo, congratulado pelo exército. Uma vez que as tradições historiográficas relativas a Saul, foram muito cedo conotadas negativamente (e sem remediação) pelas intervenções filo-davídicas, a trajetória da realeza segundo o Deuteronomista (mas em seguida também segundo o Cronista) inicia com Davi e vai adiante até o exílio. Que inicie com Davi nos parece óbvio, já que foi Davi quem fez de Jerusalém a capital; e tudo aquilo que precede a união de Judá a Jerusalém nada mais é que uma pré-história da realeza judaica.

> [...] Na sua configuração inicial, recém-saído das mãos de YHWH e ainda não deteriorado senão por modestas infidelidades, o reino realmente só poderia se encontrar no ápice de sua extensão e de potência. E já que a secular divisão (as vidas paralelas) dos dois reinos javistas de Judá e de Israel era vista como elemento precoce e vistoso de degradação, o reino-protótipo, naturalmente devia ser unido, e extenso de modo a reunir todas as doze tribos,

todos fiéis a um único e verdadeiro Deus. É um sinal claro de como a historiografia filo-monárquica de Josias até Zorobabel, não tenha em mente apenas a simples revitalização do reino de Judá, mas a constituição de um reino que compreenda "todo o Israel", inclusive o Norte[182].

A análise das narrativas referentes ao início da monarquia, deve levar em conta, em primeiro lugar, as suas características literárias:

– mesmo admitindo um núcleo histórico nas tradições sobre Saul, é evidente a apresentação distorcida de sua história por parte dos círculos davídicos e proféticos. Que Saul tenha sido um líder de sucesso nas tribos na região das colinas no centro do país parece já bastante consolidado. Contudo, ele faliu na sua tentativa de controlar as vias das caravanas, visto que isso provocou o conflito com os filisteus e outros reinos circundantes;

– as tradições sobre Davi devem ser lidas em conjunto com as de Saul, já que uma das principais preocupações da narrativa é legitimar Davi – dando a entender que Davi fosse um usurpador[183]. No relato bíblico, Davi corresponde a imagem do herói, sobretudo percebe-se que tanto ele quanto Saul eram chefes militares. Dentre outras coisas, não se percebe a partir dos textos que já existisse um amplo aparato administrativo nos inícios da monarquia, elemento este indispensável para gerir uma extensa estrutura estatal;

– os relatos sobre Salomão, diferentemente daqueles sobre os reis precedentes, apresentam uma notável uniformidade: do início ao fim, desponta a imagem de Salomão como grande "soberano oriental"; exerce domínio sobre um vasto território, possui enormes riquezas, detém um poder absoluto sobre seus súditos; a sua capital é dotada de grandes palácios e de um magnífico templo; a sua sabedoria é legendária e a sua fama se estende bem além do seu reino. Quanto de histórico há nessa convergência de motivos celebrados, é difícil estabelecer, embora isso não signifique que o personagem não tenha existido.

À luz dos conhecimentos atuais, como se pode reconstruir o processo que levou à formação dos reinos de Judá e Israel? Um problema fundamental se constitui a partir da interpretação dos dados arqueológicos, especialmente a problemática entre cronologia "alta" e cronologia "baixa". A arqueologia, portanto, não é capaz de reconstruir o cenário completo[184].

Alguns explicam a origem do reino como o resultado da combinação entre a pressão exercida pelo aumento da população na região montanhosa central à

---

182. LIVERANI, M. *Oltre La Bibbia*. Op. cit., p. 345-347.

183. Cf. HALPERN, B. I demoni segreti di Davide – Messia, Assassino, traditore, re. Bréscia: Paideia 2003 [orig. inglês: 2001] [Introduzione allo studio della Bibbia – Supplementi, 19].

184. O teor desse debate é muito bem ilustrado em: FINKELSTEIN, I. & MAZAR, A. *The Quest for the Historical Israel* – Debating Archaeology and the History of Early Israel. Atlanta: SBL, 2007 [Archaeology and Biblical Studies, 17]. Cf. tb. FINKELSTEIN, I. *Il regno dimenticato*. Op. cit.

procura de novos recursos e a pressão exercida pelos filisteus na região costeira e plana. Trata-se de uma explicação que segue uma linha seguida já faz algum tempo pelos estudiosos e que atribui à ameaça filisteia o motivo da criação da monarquia em Israel.

Contudo, há objeções a essa explicação. Não há dados que confirmam a necessidade de novos recursos para as populações da área montanhosa, ao contrário, a prospecção arqueológica mostra que os recursos disponíveis naquele tempo eram suficientes, portanto, não havia necessidade de ampliação da extensão territorial. Na verdade, uma população similar ou até mesmo mais numerosa é atestada na região também em outros períodos. O mesmo vale para os filisteus, os quais, dentre outros, nunca criaram um reino, ou seja, uma estrutura estatal unitária.

Os dados disponíveis elucidam a função dos vales centrais e da região montanhosa, onde precisamente se desenvolveu o reino sob a dinastia de Omri. Essa é uma das razões que levam alguns estudiosos a concluir que este fosse o primeiro Estado israelita. Como considerar, portanto, as narrativas bíblicas sobre a origem da monarquia? Apenas invenções como alguns propuseram?

Uma análise mais atenta mostra que por trás da narrativa sobre o "reino unificado" tem história, ainda que identificar com precisão qual tipo de história seja problemático. A maior parte dos estudiosos entende que há dados suficientes para afirmar a existência de Saul, Davi e Salomão. Saul foi claramente o primeiro rei, antes de tudo, um líder militar, destronado por Davi que do mesmo modo teve que enfrentar, logo em seguida, uma série de insurreições, também em Judá. Parece, contudo, completamente inadequado, concluir, em relação ao período em questão, que sob a liderança de Davi, tenha surgido um Israel unido, um Estado territorial. Não se pode afirmar que seja completamente impossível; mas, à luz dos dados disponíveis, e das circunstâncias históricas atestadas, é certamente improvável. Além disso, parece improvável que Davi tenha exercido controle sobre um território mais amplo do que os limites da região montanhosa ao Sul e ao Norte de Jerusalém. Ele poderia ter se imposto sobre os territórios antes controlados por Saul, gerando assim as tradições bíblicas que fizeram de Davi um usurpador e o sucessor de Saul.

Em síntese: Saul e Davi adquirem importância histórica não porque criaram um Estado centralizado, mas porque estão nas origens da instauração da monarquia em Israel. O Antigo Testamento, de fato, parece indicar que os primeiros reis reinaram sobre um território limitado e dispunham de uma limitada estrutura administrativa e burocrática.

2 O reino

No Antigo Testamento em geral, e nos livros de Samuel e dos Reis em particular, coexistem das atitudes contrapostas em relação à monarquia, uma mais idealizada e otimista, outras mais críticas e pessimistas, com frequência atribuídas a correntes de pensamentos diferentes que aí se refletiriam. Essas correntes são explicadas por muitos intérpretes à luz da história de composição dos livros de Samuel: a corrente filo-monárquica depende da composição pré-exílica dos livros, que fazia a apologia de Davi provavelmente a fim de exaltar quem, naquele tempo, era percebido como um Davi *redivivus*, isto é, o Rei Josias[185]; a corrente antimonárquica, por sua vez, é fruto da redação posterior à catástrofe de 587, segundo a qual a falência era devida não tanto à monarquia em si, mas ao fato de que ela não tenha sido realizada segundo os princípios enunciados em Dt 17,14-20.

Contudo, também em relação a esse tema é importante notar o percurso que a narrativa faz com que o leitor cumpra: enquanto Samuel realiza o ideal do líder carismático – ao mesmo tempo profeta, juiz, chefe militar e líder religioso, escolhido e inspirado por Deus, independentemente de qualquer instituição humana, portanto, com uma função comparável à de Moisés, Saul personifica as piores derivações da monarquia. O programa teológico que se reflete na apresentação de Samuel está alinhado com a concepção que o Pentateuco faz da comunidade dos filhos de Israel, particularmente lá onde são definidas as instituições, isto é, Dt 16,18–18,22. Segundo esse programa teológico, a comunidade dos filhos de Israel deve se fundar exclusivamente sobre a obediência a Deus e não sobre uma instituição específica. E é relevante que em 1Sm 8 o pedido do povo por um rei seja censurado pelo próprio YHWH como uma rejeição da sua soberania sobre Israel. Ao mesmo tempo, Deus acaba concedendo um rei ao povo, mas com a condição de que ele seja submisso à profecia: o rei é instituído pelo profeta e pode igualmente a qualquer momento ser destituído por ele (cf. 1Sm 15,1–16,13). Diferentemente da concepção difundida do antigo Oriente Próximo, segundo a qual o rei é sempre e de qualquer modo o representante da divindade na terra, portanto o seu suplente, nesses trechos, a realeza é, em primeiro lugar, uma instituição de origem humana, desejada pelo povo (cf. Dt 17,14). Portanto, o rei é legítimo somente com a condição de que seja escolhido pelo próprio YHWH (Dt 17,15) e de que esteja submisso à Lei divina (Dt 17,18-20).

A ideia de que o governo de Deus seja melhor do que o dos reis [...] reaparece continuamente na história de Israel. Essa sobrevivência

---

185. Cf. RÖMER, T. *Dal Deuteronomio ai libri dei Re*. Op. cit., p. 71.

explica, provavelmente, por que a monarquia não tenha chegado a obter uma dignidade cosmológica. Os reis podem servir a fins humanos – talvez até mesmo necessidades humanas – mas são sem dúvidas, servidores de Deus[186].

3 Realeza e promessa

Ao lado da visão pragmática da monarquia – centrada sobre a sua função na organização e no desenvolvimento da sociedade – os textos bíblicos indicam ainda uma relação especial entre o rei e YHWH (caracterizada como filiação: Sl 89,27-28; Sl 2,7), garantida por um pacto incondicional. Essa visão do rei se constitui como a base de grande parte da expectativa messiânica centrada sobre a figura de um rei justo que, finalmente, poria em marcha o verdadeiro governo de Deus sobre o mundo. Alguns trechos dos livros de Samuel representaram um ponto de referência constante em vista dessa espera.

Após sua chegada ao trono e a transferência da arca para Jerusalém, Davi recebe, por meio de Natã, um oráculo divino que lhe promete uma dinastia eterna (2Sm 7): se trata de uma passagem que teve grande repercussão na história política e religiosa do povo de Israel. A origem e a exata determinação das eventuais fases de composição do trecho ainda é alvo de discussão: talvez, inicialmente, representou apenas o aval a uma continuidade dinástica em Judá, onde, diferente do reino de Israel, sujeito a contínuas revoltas e mudanças de dinastia, a casa de Davi manteve a salvo o poder até a sua derrocada sob Sedecias. Logo após o fim da monarquia certos grupos mantiveram viva a esperança de sua retomada baseando-se sobre a fidelidade de Deus às suas promessas. Mesmo que naquele momento não houvesse rei algum, um dia o próprio Deus faria surgir um descendente de Davi para reunir a sua herança e salvar o povo: essa esperança foi preservada ao longo dos séculos. O rei esperado com o passar do tempo foi adquirindo contornos sempre mais grandiosos: não será um simples descendente de Davi, mas o salvador definitivo, o consagrado (messias) por excelência.

Humanamente falando, essa promessa carece de fundamentos lógicos. É puramente gratuita, fundada sobre o amor de Deus por

---

186. WALZER, M. *All'ombra di Dio. Politica nella Bibbia ebraica.* Bréscia: Paideia, 2013, p. 67 [orig. inglês: 2012] [Introduzione allo studio della Bibbia – Supplementi, 57].

Davi. Esse caráter ilógico da promessa é fundamental para compreender a esperança messiânica, que terá sempre algo de ilógico[187].

Além disso, a promessa feita a Davi é incondicional, a dinastia não seria colocada em discussão em momento algum: "Eu serei para ele pai e ele será para mim filho: se ele fizer o mal, castigá-lo-ei com vara de homem e com açoite de homens. Mas não afastarei dele o meu amor" (2Sm 7,14-15).

> Essa é uma extraordinária declaração, um *novum* genuíno na fé de Israel. Com toda segurança, o "se" condicional da Torá mosaica (Ex 19,5-6) é superado e Davi se torna veículo e portador da incondicionada graça de YHWH em Israel. Essa afirmação pode ser considerada como um ponto de partida para a benevolência sem limite como um dado da vida de Israel, assim como para a afirmação de um messianismo no qual esse agente humano particular (e a sua família) se torna constitutivo para o modo de ser de YHWH com Israel[188].

O caráter incondicional dessa promessa, no entanto, corre o risco de manipular Deus e sofrerá algumas correções em seguida, particularmente nos profetas: Isaías indicará a fé como condição para a permanência da dinastia (cf. Is 7,9b); Jeremias, indicará a prática da justiça (Jr 21,11-14), Sl 132, a observância à aliança e aos preceitos de Deus (v. 11-12).

Os livros dos Reis

Os livros dos Reis narram a história dos reis de Judá e de Israel da morte de Davi até o exílio da Babilônia: disso deriva o seu título. Oferecem, portanto, um amplo panorama histórico que cobre quase 400 anos. O relato é apresentado com riqueza de datas (relativas e não absolutas) e é pulverizado de referências a outras fontes. Além disso, a história dos dois reinos é apresentada sobre o cenário das histórias políticas que caracterizam o Oriente Próximo antigo na primeira metade do I milênio a.C., em particular a formação dos pequenos estados regionais entre os séculos XI e X; o nascimento, a

---

187. SICRE, J.L. *De David al Mesias* – Textos básicos de la esperanza messiânica. Estella: Verbo Divino, 1995, p. 88.

188. BRUEGGEMANN, W. *Teologia dell'Antico Testamento*. Bréscia: Queriniana, 2002, p. 783 [orig. inglês: 1997] [Biblioteca bíblica].

expansão e o colapso do Império Assírio entre os séculos IX e VII; o surgimento do Império Neobabilônico[189].

Uma leitura atenta mostra que nos encontramos frente a uma narrativa que não é destacada ou objetiva: ela quer demonstrar uma tese particular e propor uma determinada perspectiva, isto é, que o trágico fim dos dois reinos foi a consequência progressiva da degradação dos reis, quase todos infiéis às condições da aliança, especialmente em relação ao primeiro mandamento e à lei que prescreve à nação um único lugar no qual se devia prestar o culto do sacrifício. O fim dos reinos é interpretado como o resultado da tensão entre rei, profeta e Torá: a Torá requer obediência, os reis são julgados com base na sua adesão a ela, os profetas antecipam as consequências da obediência ou da desobediência.

A divisão em dois livros é artificial e remete à versão grega da Septuaginta (que os denominava *3-4 Reinos*). Essa divisão atestada já desde o século II d.C. foi introduzida nos manuscritos hebraicos a partir do século XV. A artificialidade da divisão atual é assinalada em particular pelo fato de que ela se dá no meio da exposição sobre o reino de Ocazias (1Rs 22,52-54; 2Rs 1,1-18).

A obra se apresenta como a continuação dos livros precedentes:

> A narrativa se desenrola de modo contínuo e não poucas vezes é viva e fascinante como um romance. Todavia, não pode escapar à complexidade do tecido literário que se desenvolve hora em um estreito quadro cronológico que elenca rigidamente a lista dos reis de Israel e/ou de Judá (as duas instituições monárquicas nas quais se dividira o reino unitário davídico-salomônico), hora dá lugar a uma narração novelística, outras vezes dá notícias de teor majoritariamente histórico. Por outro lado, no entanto, se percebe um grandioso esforço redacional para interligar toda a narrativa com critérios ideológicos e teológicos que tornam a operação unitária, mesmo que essa operação redacional pareça não ter sido feita uma só vez, mas que tenha se estendido no tempo e implique aportes sucessivos[190].

---

189. Sobre a história do Oriente Próximo, cf. LIVERANI, M. *Antico Oriente. Storia società economia*. 2. ed. Roma/Bari: Laterza, 2011. Sobre o Império Assírio, cf. FALES, F.M. *l'Impero Assiro* – Storia e amministrazione (IX-VII secolo a.C.). Roma/Bari: Laterza, 2001.

190. NOBILE, M. *1-2 Re* – Nuova versione, introduzione e commento. Milão: Paoline, 2010, p. 15-16.

Guia para a leitura

Os livros dos *Reis* apresentam uma divisão em três partes:

1) A primeira parte compreende a *história de Salomão* (1Rs 1,1–11,43). Diversas intrigas favorecem a ascensão de Salomão ao trono de Davi (cap. 1–2), o esplendor do seu trono é celerado com entusiasmo (cap. 3–10), mas suas sombras também não são caladas (cap. 11).

Em 1Rs 1–2 chega à conclusão da *história da sucessão ou de corte* (2Sm 9–1Rs 2): narra-se a posse de Salomão como rei (cap. 1) e a eliminação de seus rivais (cap. 2). Nesse contexto, a figura de Salomão é matizada sobre o pano de fundo de uma intriga de corte. Davi é apresentado com um velho manipulável, não tem mais o vigor para governar como demonstra o fato de não ter mais relações sexuais com a jovem escolhida para lhe prestar cuidados (1,1-4):

> No Oriente Próximo antigo frequentemente um dos critérios para avaliar se uma pessoa tinha condições de governar era a virilidade, em particular o fato de que tivesse condições de desposar as filhas (ou parentes) de reis estrangeiros ou de seus importantes apoiadores no próprio reino, preservando, desse modo, uma rede de alianças baseadas em relações familiares. O próprio Davi tinha construído o seu reino mediante alianças matrimoniais desse tipo[191].

Com Davi incapaz de governar, Adonias, um de seus filhos, começa a alimentar pretensões ao trono, mas sem sucesso (1,5-11), pois o Profeta Natã intervém, e, com a ajuda de Betsabeia, faz com que Davi designe Salomão como seu sucessor (1,12-40). A imagem que emerge é a de uma corte dividida, na qual a sucessão nada mais é que o resultado de intrigas que culminam com o sucesso de uma parte e, portanto, com a supressão dos adversários.

O banho de sangue sucessivo à ascensão de Salomão ao trono (2,12-46) suscita diversas interrogações, embora ele tenha sido aconselhado a agir do mesmo modo que seu pai (2,1-11). Vale notar que, enquanto nas eleições anteriores do rei, YHWH tinha um papel fundamental (cf. 1Sm 8–12; 16; 2Sm 2–5,7), nesse relato não há referência a uma aprovação divina a respeito da escolha de Salomão, ainda que os vários protagonistas se refiram a Deus. Ao final, YHWH confirmará a escolha de Davi no capítulo 3, que, no entanto, não

---

191. SWEENEY, M.A. *I & II Kings* – A Commentary. Louisville: Westminster John Knox Press, 2007, p. 53.

atenua a impressão de que a ascensão de Salomão ao trono tenha ocorrido de modo bastante questionável. Com essas reservas em relação a Salomão, esses dois capítulos oferecem as bases para a crítica ao rei em 1Rs 11, além da crítica à monarquia que percorre os livros dos *Reis*.

O resto da história de Salomão é marcado pelos relatos de duas *aparições divinas* a Salomão. No primeiro (3,-15), Salomão é apresentado como o rei exemplar e piedoso que pede a Deus um "coração capaz de ouvir" (3,9) para cumprir os deveres decorrentes de em encargo. No segundo (9,1-9), YHWH reconfirma a Salomão as promessas feitas a Davi. O material reunido nesses capítulos é de natureza diferente: em parte encontramos documentos de caráter oficial (cf. as listas em 4,2-6.7-19), ou informações históricas (cf. p. ex. 3,1 e 5,6-8); em parte tradições elaboradas em forma narrativa, com o escopo de apresentar uma imagem de Salomão em relação a três temas: a sabedoria, o poder e a pompa real, a atividade de construção.

Na primeira visão (3,4-15) a sabedoria é concedida a Salomão, a qual se manifesta na administração da justiça (3,16-28) e na organização do Estado (4,1–5,14). Essa visão tem o objetivo de confirmar a realeza de Salomão e ressaltar, também aqui, sua diferença em relação aos reis precedentes, os quais tinham recebido a unção real do Profeta Samuel e sobre os quais descera o espírito do Senhor como confirmação do gesto da unção (1Sm 10,6.10; 16,13). No caso de Salomão, não se faz qualquer menção à unção ou à descida do espírito e o mesmo acontecerá em relação aos seus sucessores. Nos livros dos Reis, de fato, o espírito do Senhor não é relacionado aos reis, mas aos profetas: o importante papel desempenhado pelos profetas nesses livros é determinado pelo fato de que eles possuem o espírito do Senhor. Os reis podem até mesmo governar o povo, mas é o profeta quem representa a vontade do Senhor e quem transmite sua palavra. Em 3,16-28 se narra um episódio que ilustra a sabedoria de Salomão e, portanto, a sua capacidade de governar. 4,1–5,8 inclui material que remete a documentos de arquivo e serve para ilustrar alguns aspectos da estrutura administrativa do reino de Salomão. 5,9-14 retoma a exaltação da sabedoria de Salomão, neste caso, confrontada com a dos sábios do Oriente e do Egito: nesses versículos temos a síntese de uma ruptura em relação a cultura do antigo mundo do Oriente Próximo, aqui a sabedoria é compreendida como conhecimento enciclopédico e como habilidade na composição de provérbios e cânticos.

Em 1Rs 5,15–8,66 os relatos sobre a atividade de construção de Salomão ocupam uma posição relevante. Ilustra-se a pompa de Salomão e acrescenta-se a sua imagem como *fundador do culto no Templo*. Nesse trecho também a sua religiosidade encontra expressão, tanto nos discursos quanto nas orações (8,14-66). O coração da narrativa sobre Salomão é constituído por um relato sobre a construção do tempo, que se divide em duas partes bem definidas: a execução dos trabalhos (6,1–7,51) e a dedicação (8,1-66). Essa seção culmina com uma nova aparição divina na qual Deus se manifesta favorável à construção do Templo e ao mesmo tempo esclarece que o santuário e os seus sacrifícios em si não garantem o futuro do reino e da dinastia: somente se o rei for obediente, o nome do Senhor habitará o tempo e o povo será preservado de todo mau (9,1-10).

O relato sobre a construção do tempo apresenta diversos aspectos obscuros. Embora tenham sido feitas diversas tentativas de obter dados suficientes para encontrar um modelo do tempo de Salomão, infelizmente ainda há muitas incertezas. Em primeiro lugar, o trecho contém numerosos vocábulos técnicos, próprios da arquitetura, dos quais não é possível conhecer o verdadeiro. *A priori* não se deve excluir a hipótese de que o autor pudesse ter acesso a materiais do arquivo sobre o Templo de Salomão, mesmo que certamente o tenha escrito em época posterior (cf. 8,8). A despeito dos detalhes, a informação é incompleta, mas o narrador não parece interessado em oferecer uma descrição arquitetônica, e sim em apresentar, por assim dizer, uma visita guiada ao edifício. A arqueologia ainda não encontrou traços do tempo salomônico, enquanto "a reconstrução obtida com base nas indicações reconstitui a imagem de uma tipologia do Templo amplamente conhecida na área sírio-palestina desde o II milênio: o tempo tripartido com extensão longitudinal e ingresso axial no lado curto[192].

A imagem do rei sábio, justo e piedoso para Salomão é ofuscada no final de seu reino, pois ele se deixa seduzir por mulheres estrangeiras e a adorar outras divindades, introduzindo novos cultos em Jerusalém (11,1-8). O comportamento do rei é, portanto, uma consequência do seu numeroso harém, cheio de muitas mulheres estrangeiras que acabaram por corrompê-lo (uma tese alinhada com as prescrições a respeito do rei contidas em Dt 17,14-20).

---

192. OGGIANO, I. *Dal terreno al divino* – Archeologia del culto nella Palestina del primo millennio. Roma: Carocci, 2005, p. 218.

Essa conduta negativa de Salomão desencadeia a ameaça pronunciada na segunda aparição divina (11,9-13; cf. 9,6-9), "por amor a Davi" ela não se cumpriu durante a vida de Salomão (11,12). Desse modo se fornece a transição aos relatos sobre o *declínio do reino* de Salomão (1Rs 11,14-43).

2) A segunda parte da obra narra os acontecimentos dos *reinos de Israel e Judá* (1Rs 12,1–2Rs 17,41): após a morte de Salomão as dez tribos do Norte se organizaram em um reino independente chefiadas por Jeroboão, enquanto o filho de Salomão, Roboão, reina somente sobre Judá. Cada um dos reis de Israel e Judá é apresentado cronologicamente, segundo a sua respectiva subida ao poder. As histórias dos dois reinos são narradas paralelamente, alternando a apresentação dos dezenove reis do Norte à dos doze reis do Sul. Além dos dados sobre cada um dos reis com seu relativo juízo, o narrador resenha tanto as crises internas aos dois reinos quanto as guerras contra os reinos vizinhos, especialmente aquelas contra os arameus, moabitas e edomitas. As tradições proféticas ocupam grande espaço no relato, especialmente as narrativas sobre Elias e Eliseu.

O esquema de apresentação para cada um dos reis é geralmente o mesmo:

a) *Indicações cronológicas* sobre o momento da ascensão ao trono, nas quais são fornecidos o nome do rei assim como o de seu pai (a datação é expressa de modo sincrônico, isto é, o acesso de um rei ao trono é datado com base no ano do reino do soberano em exercício no reino vizinho);

b) A *duração* do reino de cada rei em particular.

c) Um *julgamento religioso* sobre o rei em questão (sempre negativo para os reis de Israel);

d) Uma referência conclusiva às *Crônicas dos reis de Israel/Judá* para maiores informações.

Além do esquema precedente, um outro modelo que determina essa seção da obra é o de *profecia* e *cumprimento*. Em conformidade com esse esquema, contra as dinastias de Jeroboão, Baasa e Omri são pronunciadas no livro diversas profecias, seguidas da notícia do seu cumprimento[193]. As profecias ameaçam a extinção da casa real, mediante o assassinato dos seus membros masculinos (lit.: "os que urinam contra a parede"; cf. 1Rs 14,10; 21,21), aos quais além disso será negada a sepultura.

---

193. Mais particularmente, essas (1Rs 14,7-18; 16,1-4; 21,20-24) são as profecias das quais em seguida se noticia o cumprimento (1Rs 15,27-30; 16,11-13; 2Rs 9,1–10,17).

No entanto, dentro desse esquema a história de cada rei é apresentada em modalidades bastante diferentes. Um primeiro complexo narrativo de certa amplidão trata da cisão dos reinos de Israel e Judá (1Rs 12–14)[194]. Para o narrador, a divisão em dois reinos representa um castigo divino pelos pecados cometidos por Salomão, ao mesmo tempo se ilustram os motivos sociopolíticos nas bases da separação: as pressões fiscais e as corveias impostas por Salomão e consideradas excessivas pelas tribos do Norte (1Rs 12,1-14; cf. 5,27-32; 9,15-21). Na história narrada se trata de uma mudança de época que, sob a perspectiva do reino de Israel, é compreendida com uma libertação do jugo administrativo salomônico, enquanto para o reino de Judá representa uma separação e uma rebelião, portanto, um retrocesso na história que tinha alcançado seu cume no reino unido de Davi e Salomão.

Juntamente com a rebelião política, ocorre também uma separação religiosa: o Templo régio não é mais o de Jerusalém, mas dois santuários que se tornam centros oficiais de culto alternativos, a saber, Betel e Dã, duas localidades que tinham santuários muito mais antigos do que o de Jerusalém e eram situados respectivamente na fronteira setentrional e meridional do novo reino. Em ambos os reinos inicia assim uma evolução cultural decisiva para o futuro: no Reino do Norte o "pecado de Jeroboão" (1Rs 12,30; 13,34) – que consiste na transgressão do preceito sobre a unicidade do lugar de culto (cf. Dt 12,1-13) – e no Reino do Sul, a sobrevivência de cultos ilegítimos e de outras "abominações dos povos" (1Rs 14,22-24). Ainda que na origem do cisma esteja a intervenção divina que elege Jeroboão, essa "eleição é no fundo uma punição divina, pelo menos segundo as convicções do redator. De fato, o novo rei cismático é corresponsável pela ruptura do único reino davídico e leva essa corresponsabilidade ao seu cumprimento, fundando um culto alternativo"[195].

Um segundo complexo narrativo é constituído pelo ciclo de Elias, dominado pelo contraste entre o profeta e o Rei Acab (1Rs 17–2Rs 1). Elias entra em cena sem qualquer aviso prévio e ao final é arrebatado ao céu. O seu ciclo é composto por uma série de episódios sem ligação entre si (1Rs 17–19; 21; 2Rs 1). 1Rs 17–19 forma uma narrativa contínua, amalgamada pelo

---

194. Nesse complexo foram reunidas tradições de várias naturezas: históricas (12,1-19), religiosas (12,26-32) e proféticas (12,21-24; 13,1-32; 14,1-18).

195. NOBILE, M. *1-2 Re*. Op. cit., p. 181.

tema da carestia: o capítulo 17 narra o seu início; o capítulo 18, o seu fim; o capítulo 19, as consequências do evento que havia provocado o seu fim. O tema da provisão de alimento perpassa os três capítulos: os corvos (17,6), a viúva de Sarepta (17,10-16), Abdias (18,13), Jezabel (18,19), o anjo do Senhor (19,5-8) – todos esses personagens fornecem alimento aos profetas. Ademais, cada um dos capítulos culmina com uma miraculosa manifestação divina em um lugar elevado: o filho da viúva é novamente trazido à vida no quarto do profeta que se encontrava no andar superior (17,19-23); sobre o Monte Carmelo, YHWH mostra a sua primazia sobre Baal primeiramente através do raio e depois enviando a chuva; no Horeb, YHWH se revela a Elias. No relato do caminho em direção ao Horeb (19,1-18) o verdadeiro antagonista é Jezabel, a mulher de Acab, enfurecida pelo extermínio dos profetas de Baal. Os outros dois episódios do ciclo contêm a denúncia e a condenação de Acab e Jezabel pelo assassinato de Nabot (1Rs 21) e o anúncio da morte de Ocazias por ter se dirigido a divindades pagãs (2Rs 1).

Os episódios relacionados a Elias e os seguintes sobre Eliseu estão afins com diversos relatos presentes no Antigo Testamento nos quais os profetas desempenham um papel central. Tais narrativas têm a intenção de apresentar uma figura profética à veneração das gerações seguintes mais do que de fornecer ensinamentos edificantes e instruções morais e religiosas. Com A. Rofé, podemos chamar esses relatos de *histórias de profetas* (*prophetical stories*). Essas narrativas são variadas, de acordo com o conteúdo e escopo para o qual foram compostas. Em primeiro lugar, se encontra a *legenda* breve que gira ao redor das circunstâncias e da operação de um milagre (cf. 2Rs 2,19-24; 4,1-7.38-41.42-44; 6,1-7; 13,20-21) e na qual se exprime "o comportamento de temor e de admiração dos simples crentes em relação ao homem de Deus e a sua excitação no momento em que a divindade é envolvida nas atividades de todos os dias"[196]. Essa forma breve sofreu significativas elaborações, tanto ampliando o tecido narrativo a fim de expor e explicar as circunstâncias do milagre (cf. 2Rs 1,1-17; 4,8-37) quanto se desenvolvendo em um amplo percurso narrativo que descreve as origens e o fim da história do profeta ou do santo (cf. o ciclo de Eliseu em 1Rs 19,19–2Rs 13,21). Além disso se encontra a *legenda política* (2Rs 6,8-23;

---

196. ROFÉ, A. *Storie di profeti* – La narrativa sui profeti nella Bibbia ebraica: generi letterari e storia. Bréscia: Paideia, 1991, p. 4.

6,24–7,20) na qual o profeta, inserido na cena política, derrota um opositor que pretende diminuir as suas prerrogativas. É possível notar uma certa afinidade entre essa forma e algumas narrativas presentes nos textos proféticos como relatos historiográficos (cf. Is 36–37 e 2Rs 18,13–19,37; Is 39 e 2Rs 20,12-19; cf. tb. 2Rs 9,1–10,28), embora aqui a intenção não seja a de exaltar o profeta como "santo", mas de inserir a mensagem profética entre as histórias políticas do seu tempo. Esse sentido manifesta certa pretensão de autenticidade e precisão histórica.

Embora tenha sido chamado por Elias ao ministério profético em 1Rs 19,19-21, Eliseu passa a atuar somente em 2Rs 2, quando o seu mestre foi arrebatado ao céu. Nos relatos sobre Eliseu (2Rs 2,1–13,21) a figura do *taumaturgo*[197] é dominante. Os milagres ocorrem parte em âmbito privado, mas parte teve também consequências militares e políticas (2Rs 3; 6,8–7,20). Também em outros lugares Eliseu é apresentado como tendo um papel político (8,7-15; 13,14-19): o seu envolvimento na revolução de Jeú teve consequências de grandes proporções para a história do Reino do Norte.

No entanto, a sua imagem é contraditória e o ciclo se revela como muito pouco homogêneo. Eliseu se envolve muito mais nos acontecimentos políticos do que Elias. Opositor da casa de Acab, defende, todavia, a causa de Israel e pronuncia os seus oráculos em função de circunstâncias determinadas da vida nacional. A ação de Eliseu tendia a manter Israel em relação com YHWH, única justificativa da sua existência. O favor manifestado por ele em relação a Jeú procurava promover uma concepção carismática da realeza (i. é, o rei nomeado diretamente por Deus, não por sucessão dinástica) e significava que YHWH guiava a história por meio de seus profetas. Ainda se discute a ligação entre os dois profetas, por motivos literários e históricos e porque, diferentemente dos de Elias, os relatos de Eliseu ignoram a luta contra o culto a Baal enquanto reina a dinastia de Omri. Contudo, "criando uma dupla enérgica de profetas que atua na época de Omri, o autor pode demonstrar o contínuo poder de YHWH tanto no combate contra os adoradores de Baal quanto para sustentar a luta contra a pobreza e a injustiça"[198].

---

197. Note-se os eventos paralelos entre 2Rs 4,1-7.8-37 e 1Rs 17,8-16.17-24.

198. COHN, R.L. *2 Kings (Berit Olam)*. Collegeville: Liturgical Press, 2000, p. 95.

Por fim, desperta particular interesse o fato de que diversas tradições sobre Eliseu refletem a vida daqueles grupos de "profetas" já encontrados no círculo de Samuel. Ora, eles não aparecem mais em cenas de êxtase coletivo (cf. 1Sm 10,9-10; 19,18-24), mas na sua existência cotidiana. No entanto, não sabemos quais os meios para ingressar nesses grupos. Praticavam uma certa vida comum, comendo juntos e vivendo despojadamente. Sua vida religiosa não é conhecida em detalhes, mas deviam constituir núcleos de fé javistas bastantes tenazes. Notemos que também eles vivem na região do Jordão, um território que em seguida encontraremos ligado à comunidade da qual dão testemunho os achados de Qumran, lugar ainda do ministério de João Batista e, enfim, escolhido pelos monges cristãos para viver com radicalidade a própria vocação. Um lugar, portanto, que sempre atraiu os devotos do único Deus.

Na parte conclusiva do ciclo de Eliseu é colocado em primeiro plano o relato da revolução de Jeú (2Rs 9,11–10,36), no qual mais de uma vez é reconhecido o cumprimento de anúncios proféticos (9,25-26; 10,10.17). Depois de Jeú, por mais de cem anos (e, portanto, durante todo o resto da história do Reino do Norte) não é mais transmitido qualquer relato pormenorizado, à exceção do reino de Atalaia (2Rs 11). As informações sobre cada rei especificamente são sempre limitadas a poucas frases.

A própria apresentação da conquista do Reino do Norte pelos assírios é bastante concisa (2Rs 17,3-6). Em relação a essa se desenvolve em seguida uma ampla motivação teológica (2Rs 17,7-23): a queda do Reino do Norte foi consequência do pecado dos filhos de Israel (v. 7) cometido por meio dos vários cultos ilegítimos (v. 8-12.16-17), em contraste com o pacto entre o povo e YHWH, não obstante a admoestação dos profetas (v. 13-14).

3) A última parte diz respeito à história do *reino de Judá* (2Rs 18,1–25,30), que sobreviveu ao colapso do Reino do Norte: após a destruição da Samaria (722 a.C.) toda a região é submetida ao domínio assírio e também Judá passa a ser um reino vassalo (a Samaria, ao contrário, se torna província do Império Assírio). Excetuando Ezequias e Josias, todos os outros reis de Judá são considerados ímpios pelo narrador e a sua conduta provoca a ruína do reino de Judá. A queda de Jerusalém em 587 a.C. sinaliza o final de uma época, mas o livro não se fecha sobre esse trágico evento, mas com a graça concedida a Joaquim (2Rs 25,27-30).

Os capítulos 18–20, dedicados ao reino de Ezequias, incluem relatos sobre o Profeta Isaías (18,17–20,19) que são reproduzidos com alguma variação em Is 36–39. A história desse rei se abre e se fecha com as fórmulas habituais (18,1-8; 20,20-21), mas com a particularidade de que o julgamento de Ezequias é extremamente positivo: ele se demonstrou "reto aos olhos do Senhor, como fizera Davi, seu pai" (18,3) e empreendeu uma reforma religiosa (acerca da qual no entanto, os historiadores apontam várias reservas). Os relatos sobre Isaías, por sua vez, são centrados sobre as invasões de Senaquerib (18,13–19,37), que são seguidas pelo episódio da doença de Ezequias (20,1-11), que coloca em ressalto a piedade do rei, e o episódio da embaixada do rei da Babilônia (20,12-19) que, ao contrário, apresenta o comportamento errado de Ezequias como causa do futuro exílio. O espaço dedicado a Ezequias marca a importância que ele teve na história do Oriente Próximo daquele período, como atestam as fontes assírias, em particular os anais de Senaquerib (704-681 a.C.) e as da arqueologia. O texto bíblico apresenta o Rei Ezequias sobretudo como um grande reformador religioso, mas noticia também a sua extensa e robusta atividade de construção, por que ele constrói ou reforça toda uma série de fortalezas no território de Judá. Na capital, ao contrário, foi edificado um novo muro de contenção para proteger os novos quarteirões instalados na colina ocidental. A outra grande intervenção foi a construção de um amplo reservatório de água (Siloé) alimentado por um túnel que conduzia para dentro dos muros a água da fonte de Gion[199].

Após uma ampla apresentação crítica de Manassés (2Rs 21,1-18) e algumas breves indicações sobre Amon (21,19-26), segue uma pormenorizada seção narrativa, a história de Josias (22,1–23,30), no centro da qual se encontra o relato sobre a descoberta do Livro da Lei e da reforma religiosa (22,3–23,25), que tem uma importância decisiva no quadro geral da apresentação do época monárquica. Josias encarna aos olhos dos autores dos livros dos Reis o soberano ideal, uma vez que realiza o programa inscrito no Livro do Deuteronômio: "Não houve antes dele rei algum que se tivesse voltado, como ele, para YHWH, de todo o seu coração, de toda a sua alma e

---

199. LIVERANI, M. *Oltre La Bibbia*. Op. cit., p. 169.

com toda a sua força, em toda a fidelidade à Lei de Moisés; nem depois dele houve algum que se lhe pudesse comparar" (2Rs 23,25; cf. Dt 6,5).

Apesar de sua importância na tradição bíblica, Josias não é mencionado em qualquer fonte extrabíblica. Uma teoria difundida por muito tempo atribuiu a Josias a intenção de criar um "grande Israel" nos moldes do reino de Davi, desfrutando a fase do colapso do Império Assírio[200]. Com efeito, a narração bíblica apresenta muitos paralelos entre Josias e Davi, mas que podem ser facilmente atribuídos à criatividade literária dos autores. As recentes pesquisas mostram, ao contrário, que no tempo de Josias não houve uma espécie de vazio político que permitiu o surgimento de um "império" similar ao de Davi: ao contrário, se reconhece que o declínio da potência assíria no ocidente foi compensado pelo crescente poder do Egito; de fato, deve ter havido uma passagem de controle de território sem sobressaltos, baseado sobre um acordo mútuo. Há quem suponha que Josias fosse um rei vassalo do Egito durante todo o período do seu reino, enquanto outros acreditam que inicialmente ele fosse vassalo da Assíria e em seguida do Egito: uma situação política desse tipo não oferecia qualquer possibilidade de expansão territorial[201].

As informações sobre os últimos reis de Judá são oferecidas dentro do quadro habitual. Também os relatos sobre a dupla conquista de Jerusalém e sobre a deportação dos habitantes de Judá na época de Joaquim (24,8-17) e Sedecias (24,18–25,21) são muito breves e não providos de motivações teológicas ou de interpretações; do mesmo modo não é apresentada qualquer interpretação ao trecho conclusivo sobre a graça concedida a Joaquim (25,27-30).

Os livros dos Reis, no seu quadro geral, são metodologicamente estruturados e a continuidade no interior das várias seções é estabelecida pela avaliação do comportamento dos vários monarcas, sobre a base da concepção religiosa expressa no Deuteronômio, que está centrada sobre a pureza e unidade do culto. Todas essas afirmações visam a reforma do culto empreendida por Josias em 2Rs 23 e encontram nela a sua conclusão.

---

200. Cf. Ibid., p. 189-193.

201. Cf. GRABBE, L.L. *Ancient Israel* – What Do We Know and How Do We Know It? Londres/Nova York: T & T Clark, 2007, p. 204-207.

Estrutura e composição

A estrutura proposta é a seguinte:

1Rs 1–11	**O reino unido sob Salomão**	
	1Rs 1–2	Sucessão a Davi e estabilização do reino[202]
	1Rs 3,1–5,14	Dom da Sabedoria e seu exercício
	1Rs 5,15–8,66	Obras de edificação de Salomão
	1Rs 9–10	A riqueza e a pompa do reino de Salomão
	1Rs 11	Decadência de Salomão: idolatria do rei e conflitos internos no reino
1Rs 12–2Rs 17	**Os reinos de Israel e Judá até a conquista da Samaria**	
	1Rs 12–16	Da separação do reino a Acab
	1Rs 17–2Rs 1	Histórias de profetas: o ciclo de Elias
	2Rs 2–8	Histórias de profetas: o ciclo de Eliseu
	2Rs 9–17	Da revolução de Jeú ao final do reino de Israel
2Rs 18–25	**História dos últimos reis de Judá**	
	2Rs 18–20	Ezequias: reforma religiosa
	2Rs 21	Manassés e Amon: apostasia
	2Rs 22,1–23,30	Josias: Reforma religiosa
	2Rs 23,31–25,30	Crônica dos últimos reis: apostasia

Hipoteticamente, as duas principais fontes para os livros dos Reis são de dois tipos: oficiais e proféticas. As fórmulas que emolduram a apresentação dos reis (trechos-moldura) suscitam a impressão de que o autor tivesse acesso a algum arquivo oficial sobre os acontecimentos históricos de Israel e Judá. Essa impressão é motivada pelo fato de que o narrador frequentemente remeta o leitor, para maiores informações sobre cada um dos reis, a três fontes: o Livro da história de Salomão, o Livro dos Anais dos reis de Israel e o Livro dos Anais dos reis de Judá[203]. A hipótese de fontes oficiais é ainda sus-

---

202. M. Nobile separa estes primeiros 2 capítulos dos seguintes, discutindo sobre se concluem a história da corte ou introduzem o que segue. Na disposição atual, no entanto, eles representam o início da narrativa sobre Salomão (NOBILE, M. *1-2 Re.* Op. cit., p. 33).

203. O Livro da História de Salomão é mencionado em 1Rs 11,41; o Livro dos Anais dos reis de Israel em 1Rs 14,19; 15,31; 16,5.14.20.27; 22,39; 2Rs 1,18; 10,34; 13,8.12; 14,15.28; 15,11.15.26.31; o Livro dos Anais dos reis de Judá em 1Rs 14,29; 15,7.23; 22,45; 2Rs 8,23; 12,19; 14,18; 15,6.36; 16,19; 20,20; 21,17.25; 23,28; 24,5.

tentada pela documentação do antigo Oriente Próximo que preserva anais e crônicas, em particular para os reis hititas, assírios e babilônicos.

Mas vale notar que até o momento não foram encontrados documentos ou crônicas oficiais para os reis de Israel e de Judá. A única documentação a seu respeito é a bíblica. Note-se ainda que, juntamente aos dados típicos dos anais de corte (p. ex. a duração do reino), as fórmulas bíblicas incluem também juízos religiosos sobre cada um dos reis os quais não pertencem ao repertório de anais. Há, pois, diferenças e mudanças nos próprios trechos-moldura, por exemplo, a presença ou ausência do nome da rainha mãe, ou ainda a indicação da sepultura do rei[204]. Outro problema é suscitado pelo sincronismo da cronologia, a respeito do qual se pergunta se seja obra do(s) redator(es) ou se suponha uma crônica sincrônica já existente. Essas reservas demonstram como é difícil determinar a natureza das fontes que estão nas bases da obra atual.

Não obstante isto, é bastante claro que as fórmulas constelam o texto, constituem o esqueleto dos livros dos Reis, o qual é, no entanto, ampliado com histórias dos profetas, em particular dos que atuaram no Reino do Norte. Isso levou a concluir que o redator tenha tido à disposição uma ou mais coleções de relatos proféticos, ou até mesmo, uma ampla narração sobre os profetas. Ao mesmo tempo, os relatos sobre os profetas não parecem sempre inteiramente integrados no esquema narrativo: isso induz a pensar que eles possam ser não exatamente matérias pré-existentes à narração, mas acréscimos posteriores.

Obviamente, a notícia sobre a graça concedida a Joaquim no ano 561 na Babilônia (2Rs 25,27-30) indica que os livros dos Reis não podem ter recebido a sua forma final antes dessa data. O verdadeiro motivo da questão consiste, então, na relação entre o Livro dos Reis e o Dtr: Os livros dos Reis foram pensados desde o início como conclusão da obra histórica Dtr ou constituíam uma obra a parte ao redor da qual se desenvolveu o projeto histórico Dtr? As respostas a tais questões são bastante diferentes e contrastantes, inclusive em relação à acolhida ou não por parte do intérprete único da hipótese de uma história deuteronomista. Quem é favorável a esta tende a distinguir mais de uma fase redacional, mas também neste caso um acordo está longe de ser

---

204. A respeito de Salomão há somente notícias finais (1Rs 11,41-43), assim como para Jeroboão I e Jeú não há introdução; a conclusão não é apresentada no caso dos reis que foram deportados (2Rs 17,4; 23,34; 25,30); Atalia (2Rs 11,1-20) não é inserida nesse esquema, pois é tida como usurpadora.

alcançado: se passa de quem pressupõe uma primeira edição já na época de Ezequias, integrada sob Josias e, por fim, completada em época exílica, a quem, ao contrário, antevê uma redação final em época persa[205].

Muitos estudiosos tendem, ainda atualmente para a hipótese do Dtr, mas outros destacam as fraquezas dessa pressuposição e preferem falar – até mesmo à luz do desenvolvimento paralelo nos estudos sobre o Pentateuco – de um processo a partir de unidades menores, que culminou em uma composição unitária que considera todo o Eneateuco. Um importante membro dessa perspectiva no contexto italiano é M. Nobile, que assim apresenta a sua hipótese a respeito da composição:

> A história de 1–2Rs, juntamente com o restante da história que os precede, permite perceber de um lado, um universo ideológico suficientemente homogêneo [...], de outro, contudo, permite entrever com igual evidência uma composição *in fieri*, da qual participaram várias mãos em trabalho diuturno de ajustes. O universo ideológico aí refletido, de fato, não surgiu ao improviso. Seguramente este teria começado muito antes em relação à primeira redação escrita, talvez já nos tempos de Ezequias e Josias, os reis tratados com maior pelo redator. A ocasião para uma primeira redação sólida pode ter tido lugar a partir de um estímulo interno e por um estímulo ou modelo externo. O interno foi gerado pela crise do século VI, a catástrofe de 587 a.C. [... que provocou] uma necessidade urgente de racionalizar os eventos, ou seja, de dar-lhes uma explicação. [...] a ocasião do estímulo externo, ao contrário, pode ter sido gerada pelo florescimento da grande historiografia grega[206].

Ao lado dessas hipóteses redacionais, não se pode esquecer a contribuição da crítica textual: o texto dos Setenta, de fato, mostra que não parece possível situar a redação final dos livros dos Reis no século VII ou VI a.C., visto que provavelmente existiam duas recensões diferentes do Livro dos Reis. A última redação do Texto Massorético pode ser datada por volta de 200 a.C. e seria sucessiva à forma apresentada na Septuaginta[207].

---

205. Recentemente M.A. Sweeney (*I & II Kings*. Op. cit., p. 4-32) identificou cinco períodos principais que teriam dado forma ao Livro dos Reis: os reinos de Salomão, Jeú, Ezequias, Josias e, por fim, o exílio.

206. NOBILE, M. *1-2 Re*. Op. cit., p. 27-28.

207. Cf. SCHENKER, A. *Septante et Texte Massorétique dans l'histoire la plus ancienne du texte de 1Rois 2–14*. Paris: Gabalda, 2000.

O texto

A documentação de Qunram compreende manuscritos que contêm partes de 1Rs 1,16-37; 7-8 e seções de texto que vão de 1Rs 3 a 2Rs 10.

O problema crítico mais relevante diz respeito à relação entre o texto hebraico transmitido (TM) e a versão grega (LXX), devido ao fato de que o melhor testemunho da Septuaginta, isto é, o Códice Vaticano (B), apresenta aquela que é considerada a mais antiga versão grega somente em 3 Reinos 2,12–21,43. Essa versão antiga é atestada também em códices minúsculos, enquanto toda a documentação grega restante reflete uma versão do século I a.C. (denominada *kaighé* ou "proto-Teodósio") que tendia a conformar a tradução grega ao Texto Massorético, então em fase de estabilização. Onde a antiga versão é documentada, a situação não é muito diferente daquela dos livros de Samuel. A natureza das divergências em relação ao Texto Massorético é objeto de debate entre os estudiosos, que se dividem entre aqueles que entendem que a antiga versão grega refletia um texto hebraico pré-massorético e aqueles que, ao contrário, consideravam essas divergências e ampliações de natureza interpretativa ou midráshica.

Teologia

Nos livros dos Reis se mantém a ênfase dada à dinastia de Davi e a promessa divina feita a ele é novamente confirmada ao seu sucessor, mas o peso agora recai sobre a condição imposta por Deus: a observância da sua Lei (cf. 1Rs 2,4; 8,25; 9,4-5). A propósito disso, Davi é apresentado como o modelo sobre o qual devem ser julgados todos os reis, como, aliás, acontece já com Salomão (1Rs 9,4-5): "Quanto a ti, se procederes diante de mim como teu pai Davi, na integridade e retidão do coração, se agires segundo minhas ordens e observares meus estatutos e minhas normas, firmarei para sempre teu trono real sobre Israel, como prometi a Davi, teu pai"). Não somente os reis do Sul, todos pertencentes à dinastia davídica, mas também os do Norte (cf. 1Rs 11,38) são julgados tendo Davi como modelo. Não imitar Davi provoca, em primeiro lugar, a divisão do reino (1Rs 11,31), e também atrai a desgraça sobre a casa de Jeroboão e sobre o reino no Norte (1Rs 14,8-10). Em decorrência da conduta dos seus descendentes, é conservada em Jerusalém uma "lâmpada" para Davi (1Rs 11,36; 15,4; 2Rs 8,19), isto é, somente a tribo de Judá resta para a casa de Davi. Entre os reis do Sul, somente Ezequias e Josias se conformam ao modelo (cf. 2Rs 18,3; 22,2), mas a sua conduta não será suficiente para preservar a nação.

Nesse ponto se coloca um outro princípio que busca explicar a história, também este alinhado com a teologia do Deuteronômio (cf. Dt 27–28): a tragédia como castigo pelo pecado e o bem-estar como consequência da obediência. Nos livros dos Reis, o reino no Norte é destruído por causa da desobediência (2Rs 17) e Judá tem igual destino pelo mesmo motivo (2Rs 24–25). Na verdade, não se trata de um princípio exclusivamente bíblico, pois também outras tradições religiosas da região envolvem os deuses nos acontecimentos históricos: o sucesso ou falência de rei e povo dependem da fidelidade ou não à divindade, ou ainda, do poder que essa tem condições de empregar. Muitos temas recorrentes nas páginas bíblicas, inclusive o pacto, refletem a retórica política do tempo (frequentemente nos termos da propaganda, já que se trata de pronunciamentos públicos): os êxitos militares não manifestam apenas a potência bélica de uma nação, mas também a supremacia do próprio deus (ou dos próprios deuses). Nesse nível situa-se a pregação profética sobre a catástrofe e a narrativa que explica suas causas: a ruína não é resultado de uma reviravolta divina ou da sua fraqueza em relação a outras divindades, mas é obra do mesmo Deus ao qual o povo se vinculara através do pacto[208].

Empregando uma linguagem já bastante consolidada, os escritores bíblicos indicam, ao mesmo tempo, a causa da destruição e as premissas para pôr em ação uma regeneração da nação: se a causa é a desobediência, não haverá futuro senão mediante o retorno Àquele que dirige a história. A respeito do futuro, todavia, os livros dos Reis se demonstram reticentes: o foco recai sobretudo sobre o passado e a cena que conclui a obra (2Rs 25,27-30) levanta mais perguntas do que respostas. Com efeito, a libertação de Joaquim foi lida com um puro fato de crônica, ou como um sinal carregado de esperança e de valor messiânico, a ser colocado em relação com a promessa de Deus feita à Davi e à sua dinastia: YHWH restabelecerá Israel por meio de Judá e a descendência de Davi, ou, ao contrário, o fim de Israel é definitivo? Os livros dos Reis não respondem a essa interrogação, oferecem apenas uma vaga intuição sobre o que poderia acontecer. Contudo, podemos nos per-

---

208. Nos livros dos Reis, até mesmo o copeiro-mor do rei da Assíria declara YHWH como o responsável pelo assalto contra Judá e Jerusalém: "E então, foi porventura sem o consentimento de YHWH que eu ataquei esta cidade para a destruir? Foi YHWH que me disse: Ataca este país e devasta-o!" (2Rs 18,25).

guntar se a apresentação do passado e os juízos que a caracterizam devem ser considerados apenas um exercício de erudição ou se, ao contrário, não pretendem oferecer exemplos e paradigmas em vista de um futuro caracterizado por uma conduta humana mais responsável que abre o caminho para a reconciliação com Deus.

De qualquer modo, o futuro continua aberto e nas mãos de Deus: o que Israel exilado pode esperar é que YHWH agirá novamente, como fez nalgum tempo para resgatar o seu povo, e, em vista disso, Israel é convidado a aprender com o passado para não recair na apostasia e na desobediência em relação à lei.

Excursus
O rei e os seus deveres em Israel[209]

Dentre os elementos que caracterizam a teologia do Deuteronômio está a concepção de Israel como povo "especial" com base na relação que o vincula ao seu Deus, o qual se diferencia de todas as outras divindades pela sua unicidade. Precisamente a partir da consideração da unicidade do próprio Deus, a teologia deuteronomista faz derivar a igual unicidade do povo[210].

Uma manifestação peculiar dessa unicidade pode ser percebida na apresentação das instituições que regulam a vida do povo em Dt 16,18–18,22; a primeira parte dessa exposição diz respeito ao exercício da justiça (16,18–17,13); a segunda parte da exposição, por sua vez, trata do sucesso do rei (17,14-20), dos sacerdotes levitas (18,1-8) e do profeta (18,9-22).

Segundo o parecer de alguns intérpretes, Dt 16,18–18,22, representaria uma espécie de texto constitucional (com todos os limites de uma designação certamente anacrônica). Poder-se-ia, no entanto, explicar por que tanto no caso dos reis quanto no dos sacerdotes, não se defina as funções. Em relação ao rei há apenas afirmações destinadas a regulamentar a qualidade do eleito (Dt 17,15) e os limites das suas prerrogativas (Dt 17,16-17). Sobre as tarefas e funções do rei, o legislador não oferece qualquer indicação, mas atribui à Torá a referência normativa à qual deverá se submeter a ação de governo do rei (Dt 17,18-20).

Do conjunto emerge que a preocupação do autor não seja apenas a de fornecer um quadro constitucional que sirva de base para a administração de uma nação: de fato, estão ausentes numerosos aspectos que caracterizam a vida social, assim com econômicos e militares. Assim também, no parágrafo dedicado

---

209. Retomo em parte DALLA VECCHIA, F. "Il potere del re". In: CANOBBIO, G.; DALLA VECCHIA, F. & MAIOLINI, R. (orgs.). *Il potere*. Bréscia: Morcelliana, 2014, p. 78-98.

210. Cf. DALLA VECCHIA, F. Un dio esclusivo e un popolo suo: giustificazione teologica di un'identità etnico-religiosa. *Ricerche Storico Bibliche* 21/1, 2009, p. 145-167.

ao rei, se destaca a ausência de alguns traços fundamentais que caracterizavam o exercício da realeza no antigo Oriente Médio e que até mesmo os textos chamados históricos do Antigo Testamento documentam.

Dentre estes, vale notar a estreita relação entre o rei e a divindade suprema do panteão nacional nas monarquias orientais. Nessas culturas, a realeza é, inicialmente, um atributo da divindade, que exerce essa prerrogativa sobre os seres humanos através do rei terreno. Portanto, a respeito de qual seja o *status* do rei terreno em relação à divindade, cada cultura chega a um resultado diferente.

No Egito o rei exerce a função como que de eixo em relação ao cosmos e ao Estado: a alternativa ao rei era o caos. Particularmente, dois títulos atribuídos ao rei focalizam o seu papel político e o seu *status* de divindade menor: "Senhor das duas terras" e "Deus perfeito". O rei é, para a humanidade, uma das modalidades com as quais o divino se manifesta; mas, enquanto tal, não é idêntico a qualquer divindade[211].

Em relação ao ambiente mesopotâmico deve-se, em primeiro lugar, distinguir entre três diferentes contextos e épocas: a cultura da Suméria – que nos remonta até o III milênio a.C. – e as culturas babilônica e assíria que documentam acerca do II milênio e a primeira parte do I milênio a.C.

Na Suméria se verifica uma organização do território em cidades-Estado, cada uma com uma divindade da cidade, à qual era atribuído poder supremo sobre o Estado. Nesse caso, o "rei" (em sumério não há um vocábulo específico que designa quem rege a cidade-Estado; emprega-se *lugal*, *em* ou *ensi*, em geral traduzido como "rei") é uma espécie de artífice que administra as propriedades dos deuses. No sistema sumério, de fato, o chefe da cidade tem uma relação estreita com o mundo divino: ele está subordinado à divindade protetora da cidade e tem a responsabilidade de administrá-la com justiça e eficiência para essa divindade. Daí também o título de pastor aplicado ao rei: uma metáfora que durou até mesmo após o fim da época suméria.

Com o período da soberania acádica, ligada a populações de origem semita, muda a noção de soberania (a partir de 2350 a.C.): em particular a retórica das inscrições de Sargão da Acádia mostra que ele não se considera mais somente o artífice de uma divindade, mas o verdadeiro soberano (como indica o seu nome *Sharru-kin*, "rei confiável"), tanto que o palácio agora substitui o tempo como centro da organização econômica. Outra inovação introduzida pela dinastia da Acádia em relação à Suméria diz respeito à realeza divina, que se impõe a partir de Naram-Sin: tanto nas representações quanto na titulação (os determinativos divinos) se verifica que ao rei são atribuídas características divinas.

Com o advento dos amorreus na Mesopotâmia (por volta de 2000 a.C.) surgem diversas entidades políticas dentre as quais despontará o reino da Babi-

---

211. BAINES, J. "Ancient Egyptian Kingship: Official Forms, Rethoric, Context". In: DAY, J. (org.). *King and Messiah in Israel and the Ancient Near East* – Proceedings of the Oxford Old Testament Seminar. Sheffield: Sheffield Academic Press, 1998, p. 16-53.

lônia sob Hamurabi (1792-1750). A concepção de realeza demonstra uma certa continuidade em relação às precedentes, todavia, não tem continuidade a divinização do rei (os amorreus não tinham simpatia por essa opção): o rei é colocado sob a proteção de divindades específicas e ainda se apresenta como bom pastor do seu povo. A principal mudança ideológica foi a aparição pela primeira vez na Babilônia da noção de direito divino sobre a realeza baseada sobre a descendência de uma linha familiar específica.

No Norte da Mesopotâmia, a Assíria desenvolveu um percurso autônomo, embora em contato com as outras áreas da região. Juntamente com o rei legítimo, havia uma aristocracia militar capaz de contrabalancear o poder: "No vértice da organização política fortemente centralizada e burocrática se coloca o soberano (*sharru*), ápice da estrutura piramidal do organograma administrativo às bases da qual está a massa da população. A complexa e estratificada concepção da realeza, inicialmente se sustenta ao redor da ideia do mandato recebido pelo soberano das mãos da principal divindade do panteão assírio, o deus Assur [...]. O rei não é divinizado, no entanto, goza de uma relação privilegiada com as divindades e participa da criação e da extensão do *cosmos* por meio de suas conquistas"[212]. De qualquer modo, no plano teológico, o deus Assur era um rei e o rei humano era o seu delegado.

Essa análise mostra que as concepções da realeza no antigo Oriente Próximo, ainda que multifacetadas, apresentam correspondências interessantes. O rei não está ligado ao divino de modo genérico: ele é compreendido à luz da relação com uma divindade particular. Enquanto manifestação (Egito) ou representante da divindade (Suméria), ele é legitimado para o governo e seu dever é garantir a ordem social (em oposição ao caos) e, como no caso de Assur (e, ao que parece, já antes da Acádia), de estender essa ordem a todo o cosmos. Com diferentes acentos, o rei representa um elo indispensável na comunicação entre o divino e o mundo: por intermédio dele a divindade guia a história da nação a ele sujeita.

Ora, essa se revela propriamente a situação que caracteriza a época monárquica da história de Israel. O rei é sempre resultado de uma escolha divina, mesmo quando se trata de um usurpador, como demonstram os casos de Jeroboão I (1Rs 11,26-40) e de Jeú (2Rs 9,1-10), ambos destinatários de um oráculo profético. Ainda que a história deuteronomista exponha a contrariedade de Samuel ao pedido do povo para ter um rei (1Sm 8), nela, contudo, se noticia que o primeiro rei, Saul, foi escolhido por Deus e somente em seguida aclamado pelo povo (1Sm 9–11); o mesmo acontece com Davi (1Sm 16). Além disso, se assiste, no Reino do Sul em particular, à ratificação divina do princípio dinástico (2Sm 7), de modo que qualquer outra linha real será reputada como ilegítima (um princípio análogo será aplicado ao papel do sumo sacerdote – também neste caso, resultado de um progressivo desenvolvimento na concepção da instituição).

---

212. BARBATO, L. "L'Impero Assiro (900-600)". In: MILANO, L. (org.). *Il Vicino Oriente antico dalle origini ad Alessandro Magno*. Milão: EncycloMedia, 2012, p. 316.

Os reis de Judá e de Israel, assim como seus pares nas outras nações, têm uma função no culto: oferecem sacrifícios, edificam templos, nomeiam os sacerdotes; ainda que o texto bíblico não considere os reis como figuras sacerdotais, é inegável o seu papel cultual e isso implica que talvez a ausência de tais atributos ao rei, decorra do fato de que as tradições sobre os mesmos, foram preservadas num contexto que deliberadamente as preferia excluir. Se, como muitos intérpretes pensam, o Sl 110 diz respeito ao rei, então a afirmação do v. 4 ("Tu és sacerdote para sempre, segundo a ordem de Melquisedec") representa uma confirmação interessante dessa concepção.

A motivação que explica o surgimento da monarquia nos livros de Samuel é a ameaça filisteia, que induziu os filhos de Israel a procurar uma liderança política unitária. Isso significa que o rei deve guiar o exército de Israel e enfrentar os inimigos. Excetuando as narrações épicas da saída do Egito e do período da conquista, fica evidente que a guerra é responsabilidade do rei. Certamente, ela não é uma tarefa puramente mundana, visto que o rei habitualmente consulta o oráculo antes de mover as tropas, do mesmo modo que se requerem condições particulares de pureza para a realização dela. Ao mesmo tempo, enquanto no Livro do Êxodo Deus é designado "guerreiro" (Ex 15,3), agora essa denominação se refere a Davi (cf. 1Sm 16,18; 2Sm 17,8) pois a ele compete combater as guerras do Senhor, fato este que contrasta decisivamente com a imagem de guia do povo encarnada por Josué.

Além disso, o rei desempenha a função de juiz supremo (cf. 1Rs 3,16-28). "O rei tem um poder judiciário, ele é juiz", todavia, "não cria o direito" e, de fato "os Livros Históricos não fazem qualquer alusão a um poder legislativo do rei"[213]. Na verdade, nenhum conjunto de leis do antigo Oriente Próximo atribui ao rei a "criação" das leis: pelo contrário, emanando leis, o rei manifesta de modo eloquente a sua relação com a divindade que garante o bem-estar da nação. Portanto, também neste caso, exercita a sua função de mediação.

De fato, há algum tempo se esclareceu que os códices mesopotâmicos não têm e não intencionam ter valor normativo (i. é, imposição de normas que deverão ser aplicadas), e não deixam vestígios na prática judiciária da qual derivam, mais do que não a determinam. Basta ler o *Código de Hamurabi* para compreender que se trata de um grande afresco demonstrativo de quão justamente governado fosse o reino da Babilônia sob ele: "As 'normas' não são prescritas, portanto, promulgadas e impostas: são, na verdade, seguidas e aplicadas, como consequência da atividade de Hamurabi volta a "fazer prosperar" o seu povo. Desse modo, se celebra uma práxis social, não uma atividade legislativa: não se trata de um "códice", mas de uma vida social ordenada no interior de um quadro normativo garantido pela presença e atividade do rei reinante"[214]. Essa

---

213. DE VAUX, R. *Le istituzioni dell'Antico Testamento*. Op. cit., p. 157-158.

214. LANFRANCHI, G.B. *Il "Codice" di Hammurabi promulgazione di norme o celebrazione del buon regno?* [Disponível em: http://www.jus.unitn.it/cardozo/Review/2005/Lanfranchi.pdf].

é propriamente a perspectiva dentro da qual se representa nos textos bíblicos a atividade do rei em relação ao exercício da justiça.

Tudo isso mostra que em Israel a instituição da monarquia não diferia da práxis e da retórica difusas no Oriente Próximo antigo. No estado atual dos estudos sobre a história do Israel antigo se torna ainda bastante problemática a periodização que indica na origem da experiência política do povo a situação narrada nos livros dos Juízes, na qual se sublinha que o único rei do povo é YHWH e que representa o pano de fundo da resistência de Samuel em relação ao povo que pede um rei para ser como os outros povos (1Sm 8,5-9). A trama atual do Livro dos Juízes revela que o juízo sobre a monarquia é tudo menos previsível[215]. Um julgamento essencialmente crítico em relação à instituição monárquica se extrai da seção central, enquanto a perspectiva das seções inicial e final do livro são completamente diferentes. Nestas, a descrição da anarquia social se torna uma peroração a favor do reino. A teologia do Livro dos Juízes vê, nas figuras dos libertadores, a melhor alternativa ao reino falido; mas, na desordem política, moral e religiosa que caracteriza a época do exílio, revive a esperança de uma continuação da monarquia.

Essa leitura do livro bíblico convida, ao mesmo tempo, a considerar ainda as afirmações do Deuteronômio sobre o rei não como expressão de uma antiga teoria política preservada na memória do povo, mas como a deliberada tomada de posição frente a eventos históricos que iluminaram a respeito das causas do fim trágico da experiência monárquica, postas em evidência nas reflexões sobre a queda do reino de Israel (mas aplicadas também a Judá) em 2Rs 17,7-23. Essas causas já são anunciadas em forma de maldições conclusivas na estipulação do pacto em Dt 28,15-69.

Tudo isso ilumina também acerca da perspectiva que o Livro de Josué sugere. Josué recebe de Moisés a injunção que o Livro do Deuteronômio dirige ao rei, ou seja, a de levar sempre consigo o rolo da Lei e de lê-lo com assiduidade (cf. Js 1,6-8). Não se trata de uma afirmação que se deve ler em chave histórica, mas de uma radical inovação introduzida porque compôs o Deuteronômio: precisamente sobre as bases do livro, todos os acontecimentos históricos sucessivos são julgados, independentemente do fato ou não de que tal livro estivesse à disposição dos reis.

Assim, nos livros de Samuel, Deus concede o rei ao povo, mas condicionado ao fato de que ele seja submisso à profecia: o rei é instituído pelo profeta e pode, a qualquer momento, ser destituído por ele (cf. 1Sm 15,1–16,13). Diferentemente da concepção difundida no antigo Oriente Próximo, segundo a qual o rei é sempre e de qualquer modo o representante da divindade na terra, e, portanto, o seu suplente, nos livros de Samuel a realeza é, em primeiro lugar, uma instituição de origem humana, desejada pelo povo (1Sm 18,4-5; cf. Dt 17,14).

---

215. Cf. acima, p. 93-94.

Nos livros dos Reis, por fim se resolve uma questão histórica que culmina com a tragédia de um povo que assiste ao fim das próprias instituições políticas e sociais. Passa-se das pompas do reino de Salomão ao cenário desolado da destruição das respectivas capitais e da deportação da população. Os livros dos Reis se empenham em indicar os responsáveis por esse resultado, e os encontram nos soberanos dos respectivos reinos. Uma rápida análise ainda sobre as acusações dirigidas aos reis e à classe dirigente (tanto política quanto religiosa) mostra que o conteúdo dessas acusações nos livros dos Reis é muito diferente daquilo que caracteriza o anúncio de profetas como Amós e Isaías: no centro não está a denúncia das injustiças e dos crimes sociais ou da política irresponsável. O objeto da condenação é, ao contrário, a prática cultual, que, para o Reino do Norte significa o distanciamento do único centro de culto tido como legítimo, além da adesão a práticas cultuais dirigidas a divindades diferentes de YHWH, um tema, este último, também às origens da derrocada do Reino do Sul (cf. 2Rs 21,1-15).

A observação da apresentação bíblica da trama histórica de Israel ajuda, portanto, a compreender o valor do relato envolvendo o rei no Deuteronômio: este não representa uma espécie de documento constitucional e pretende, ao contrário, exprimir uma determinada visão sobre os destinos de Israel. Enquanto "a autoridade real era honrada no antigo Oriente Próximo com um dom dos deuses para aumentar a prosperidade da comunidade reforçando a qualidade das relações entre soberano e súditos" e "o rei, na qualidade de receptáculo desse dom da autoridade, era o agente terreno que exercitava a soberania divina na comunidade por conta do rei dos deuses"[216], para o Deuteronômio a realeza humana não é uma manifestação daquela divindade e a sua autoridade não é uma espécie de delegação conferida pelo verdadeiro rei. A senhoria divina sobre seu povo se manifesta agora por meio de um livro (a Torá de Moisés), sobre o qual se fala somente nesse trecho dentro do pano de fundo do Códice Deuteronomista (Dt 12–26) e que representa a herança de Moisés, da qual a função não é transmissível. Deus continua a guiar o seu povo e a exercitar a sua soberania sobre isso através da Torá escrita, confiada aos sacerdotes levitas (Dt 31,9.24-26). A esse escrito agora é confiada a função de guia e juízo da história (Dt 28,58-61).

---

216. LAUNDERVILLE, D. *Piety and Politics* – The Dynamics of Royal Authority in Homeric Greece, Biblical Israel, and Old Babylonian Mesopotamia. Grand Rapids: Eerdmans, 2003, p. 1.

3

De Adão ao Segundo Templo

Crônicas, Esdras, Neemias e a discussão sobre a "Obra histórica cronista"

Depois de ter percorrido a narração histórica que vai do Livro do Gênesis ao Segundo Livro dos Reis, com os livros das Crônicas o leitor da Bíblia tem a sensação de ser reportado ao início e de se encontrar diante de uma narração paralela das mesmas histórias relatadas anteriormente. Mesmo que na primeira parte (1Cr 1–9) a exposição histórica tenha a forma de uma genealogia, ainda assim, ela intenta cobrir um arco cronológico que vai da criação do primeiro ser humano ao resultado trágico da primeira experiência monárquica em Israel. O narrador concentra, pois, a sua atenção sobre a dinastia de Davi, dando grande destaque ao fundador e ao seu imediato sucessor, Salomão.

A história narrada nos livros das Crônicas se encerra – diferente daquela narrada pela história deuteronomista – com o Edito de Ciro, que autorizava os hebreus exilados na Babilônia a voltarem a Jerusalém e reedificarem o Templo de YHWH (2Cr 36,22-23). Mas, dado que a mesma notícia se abre no Livro de Esdras (Esd 1,1-4), narrando, pois, os eventos sucessivos ao edito, tem-se a impressão de que se encontra na presença de uma obra única, como a pesquisa sustentou por longo tempo. Com efeito, como 1–2Samuel, também 1–2Crônicas se constituem como uma obra única, ou como um livro em dois volumes. O mesmo vale para Esdras e Neemias, que provavelmente não são duas obras distintas, mas um único livro, daí a denominação Esdras-Neemias em muitas apresentações[217].

---

217. Vale notar que a assinatura final do TM se encontra somente no final de Neemias. A divisão do texto hebraico em duas partes é deveras recente. Tanto em âmbito hebraico (Flávio Josefo, *Contra Apionem*; Talmude Babilônico: *bSanhedrin* 93b; *bBaba Bathra* 14b) quanto

O Talmude babilônico considera Esdras como o autor das genealogias de Crônicas e de Esdras-Neemias[218]; mas, em 1832, Leopold Zunz sustentou que o autor de Esdras-Neemias não seria outro senão o autor de 1-2Crônicas, que teria composto aquela que ele designou "obra histórica do Cronista". A tese de Zunz prevaleceu até 1968. Quatro observações embasam a unidade do autor: a) a repetição do Edito de Ciro à qual já se acenou; b) o escrito apócrifo, denominado Primeiro Livro de Esdras na Septuaginta e 3Esdras na Vulgata, o qual apresenta um relato unitário que começa com 2Cr 35–36 e continua com Esd 1–10 + Ne 8,1-13[219]; c) as semelhanças na linguagem e no estilo entre Crônicas e Esdras-Neemias; d) uma visão teológica e ideológica comum a ambas as obras.

A crítica às observações precedentes se concentra em particular sobre as últimas duas. S. Japhet analisou as diferenças de linguagem, de estilo e de método literário, concluindo que as duas obras "exprimem concepções diferente e muitas vezes contrárias a respeito de temas centrais da história e da teologia bíblicas, e se avaliadas no seu todo, representam duas variedades de história bíblica da época persa-helenista"[220]. H.G.M. Williamson[221], por sua vez, analisou o tema do *todo Israel* em Crônicas, demonstrando que a preocupação dessa obra de incluir no povo eleito também as tribos no Norte contrasta com a concepção muito mais restrita de Esdras-Neemias, e que consideravam o *verdadeiro Israel* exclusivamente os representantes das tribos de Judá e Benjamim.

Depois da tomada de posição desses dois estudiosos, a discussão prosseguiu e se pode afirmar que, embora o debate ainda não se tenha

---

cristão (Melitão de Sardes) se atesta a unidade do livro. A partir de Orígenes e sobretudo com Jerônimo (*Prologus Galeatus*), ao contrário, é documentada, a divisão nos textos gregos e latinos, que somente na Idade Média tardia será acolhida na tradição hebraica (1488).

218. b*Baba Bathra* 15a: "Esdras escreveu o livro que recebe o seu nome e as genealogias do Livro das Crônicas até a sua época. Isso confirma a opinião de Rab, uma vez que Rabbi Judá disse em nome de Rab: Esdras não deixou a Babilônia para subir à terra de Israel até que tivesse escrito a própria Genealogia. Quem concluir, portanto, aquele [o Livro das Crônicas]? – Neemias, filho de Hacalias".

219. Sobre 1Esdras (3Esdras), cf. SACCHI, P. (org.). *Apocrifi dell'Antico Testamento*. Vol. 1. Turim: UTET, 2006, p. 97-178 [Classici delle religioni].

220. JAPHET, S. *I & II Chronicles* – A Commentary. Londres: SCM, 1993, p. 4.

221. WILLIAMSON, H.G.M. *Israel in the Books of Chronicles*. Cambridge: Cambridge University Press, 1977.

concluído, a tendência que prevalece atualmente seja a favor da tese de que originalmente Crônicas e Esdras-Neemias fossem obras distintas de diferentes autores. Eis, agora, em síntese, a discussão atual sobre as quatro motivações apresentadas acima:

a) A repetição do Edito de Ciro pode ser explicada tanto como acréscimo em um ou em ambos os livros por um redator quanto como a obra de um só autor;

b) Permanece aberta a discussão sobre 1 Esdras: É o resíduo de uma obra mais antiga e mais extensa que incluía Crônicas + Esdras-Neemias ou se trata de uma composição autônoma e recente que utiliza materiais que formavam a base de Crônicas e Esdras-Neemias, reelaborando-os em vista de uma finalidade própria? A tendência atual considera esse escrito constituído por estratos dos livros hebraicos de Crônicas, Esdras e Neemias integrados ao redor de um relato de origem não judaica, a legenda dos três guarda-costas do Rei Dario (1 Esd 3–5).

c) A avaliação linguística de S. Japhet foi criticada, em particular porque não distinguiu suficientemente entre a linguagem das fontes usadas pelo Cronista e aquela utilizada pelo próprio Cronista, além de não ter considerado aquela dos materiais secundários. Ao mesmo tempo, alguns estudiosos reforçaram a sua tese estudando as técnicas de composição e a estrutura narrativa, que se revelam muito diferentes entre Crônicas e Esdras-Neemias.

d) A partir do estudo de Williamson, foi aprofundada a análise das diferentes perspectivas teológicas: os matrimônios mistos são aceitos por 1–2Crônicas, mas refutados por Esdras-Neemias; em Esdras-Neemias a comunidade se reconecta diretamente com o Israel do êxodo e da conquista, enquanto em 1–2Crônicas o acento recai sobre Jacó e os eventos do êxodo são marginais; em Esdras-Neemias a doutrina da retribuição imediata é completamente ausente, a qual, ao contrário, tem grande importância em 1–2Crônicas; a polêmica antissamaritana (cf. Esd 4) é ausente em 1–2Crônicas; também o papel dos profetas é diferente nas duas obras.

Um indício externo a favor da distinção originária das duas obras se deve ao fato de que na transmissão do texto – portanto, na posição dos livros dentro dos manuscritos hebraicos – 1–2Crônicas nunca são seguidos por Esdras-Neemias. No cânon hebraico, ambas as obras são ligadas aos Escritos, portanto, na última seção do cânon. Mas de fato, a posição de Crônicas nessa seção não é estável: enquanto o Talmude (*Baba Bathra* 14b) as coloca ao final dos *Escritos*, como nas modernas edições impressas da Bíblia Hebraica, diversos escritos medievais (incluindo o ms. B 19 A ou *Códice Leningrado*) as colocam no início da coleção dos *Escritos*.

Não obstante essas considerações, o debate ainda está aberto e os estudiosos se dividem entre três opção: a) há os que admitem a unidade do autor, pelo menos no nível redacional; b) os que as consideram obras completamente independentes; c) por fim, os que as consideram dois livros distintos, mas obra de um único autor. Há acordo, contudo, sobre o fato de que as duas obras derivam da mesma época e, portanto, falam em grande medida, a mesma língua. Por isso "a ideia de que se trate, sim, de duas obras independentes, que são, no entanto, intencionalmente ligadas e que deveriam se completar reciprocamente, tem muitos argumentos favoráveis"[222].

Livros das Crônicas

O título dos livros, inclusive hebraico, tem a pretensão de definir o gênero literário da obra. O hebraico *dibré hayyamím* ("os fatos [ou: as palavras] dos dias"; uma tradução bastante adequada é ainda "anais") indica o gênero histórico, como demonstram as referências a obras similares nos escritos do Antigo Testamento[223]. A tradição rabínica (*bPesachim* 62b) documenta um título diferente, "os livros das Genealogias" (*séfer yochasín*); a Septuaginta chamou a obra *Paralipómena* ("isto é "restou", portanto; "aquilo que fiou omitido"), lendo assim a obra como complemento (ou reelaboração) dos Livros Históricos precedentes, especialmente de 1Sm–2Sm e 1Rs–2Rs. O título "(livros das) Crônicas" – corrente a partir de Lutero – se deve a Jerônimo que no Prólogo aos livros dos *Reis* assim chamou a obra: *"Dabreiamín*, isto é, Palavras dos dias, que podemos chamar de modo mais eficaz de *chrónikon* de toda a história sagrada".

Crônicas constitui um único livro, como demonstram as próprias notas dos massoretas que colocam as informações sobre a contagem dos versículos e sobre o centro da composição no final de 2Crônicas. A divisão em dois

---

222. RENDTORFF, R. *Introduzione all'Antico Testamento* – Storia, vita sociale e letteratura d'Israele in epoca biblica. Turim: Claudiana, 2013, p. 367.

223. Cf. "o Livro das Crônicas (*séfer dibré hayyamím*) dos reis de Israel" (1Rs 14,19), "o Livro das Crônicas (*séfer dibré hayyamím*) dos reis de Judá" (1Rs 14,29), "o Livro das Crônicas (*séfer dibré hayyamím*) dos reis da Média e da Pérsia" (Est 10,2).

livros inicia na Septuaginta e foi acolhida em todas as versões. A partir do século XV a divisão foi introduzida também nas edições da Bíblia Hebraica.

Ao final da Bíblia Hebraica o leitor é colocado frente a uma representação da história da época monárquica desde a morte de Saul (1Cr 10) até o exílio da Babilônia (2Cr 36,17-21). Em relação aos livros de Samuel e dos Reis, chama imediatamente a atenção uma diferença fundamental: os livros de Crônicas se concentram apenas sobre a monarquia davídica, ignorando quase que completamente as histórias do Reino do Norte. Após a divisão dos dois reinos, sucessiva à morte de Salomão, apenas a história de Judá é tematizada, enquanto o reino de Israel e os seus soberanos são mencionados apenas como antagonistas ou aliados de Judá. Consequentemente, a apresentação sincrônica da história que caracteriza os livros dos Reis é totalmente desconsiderada.

Isto não significa que o autor – ou os autores – não tivessem conhecimento das histórias do Reino do Norte: se trata, ao contrário, de uma escolha deliberada que ilumina acerca das perspectivas que guiam a construção histórica contida em Crônicas. Ainda que a discussão não tenha findado, a estrutura compacta da obra leva a supor um único autor, com muita probabilidade, vizinho ao ambiente ao qual dá grande destaque: o pessoal do Templo de Jerusalém, sacerdotes e levitas. Não se trataria, portanto, de uma escola ou de um grupo de escritores. Alguém poderia considerá-lo simplesmente um redator, já que se baseia sobre fontes a ele disponíveis, todavia, a sua obra não se reduz a uma mera compilação: utilizando o material pré-existente ele realiza uma obra original e bem estruturada, que objetiva expor os acontecimentos históricos, mas com claras intenções teológicas e didáticas.

Guia para a leitura

O livro inicia com uma ampla genealogia (1Cr 1–9) que se estende de Adão (1,1) até a apresentação dos residentes na Jerusalém pós-exílica, repatriados da Babilônia (1Cr 9,2-34). Tendo como base os relatos de Gênesis, a genealogia se abre com Adão e chega até Israel (1,1–2,2), ramificando-se com o elenco dos filhos de Abraão e a descendência de Esaú. O capítulo 9 inclui o elenco dos residentes na Jerusalém pós-exílica (9,3-34): essa moldura sobre o primeiro rei funciona como introdução à narrativa da sua morte no capítulo 11. As genealogias incluídas entre esses extremos são as da tribo de Israel, apresentadas segundo uma ordem geográfica.

Se inicia com as tribos do Sul, Judá (2,3–4,23) e Simeão (4,24-43): ao elenco de Judá a Davi (2,3-17), são seguidas outras ramificações dos descendentes de Judá (2,18-55; 4,1-23), intercaladas por uma lista dos descendentes de Davi que chega até a época pós-exílica, incluindo os reis de Judá (c3). Seguem-se, então, as tribos da Transjordânia: Rúben, Gad e meia tribo de Manassés (5,1-26). No centro está a tribo de Levi, à qual é reservado um amplo espaço (cap. 6). Em seguida se passa às tribos do Norte: Isaacar (7,1-5), Benjamim (7,6-12), Neftali (7,13), Manassés (7,14-19), Efraim (7,20-29), Aser (7,30-40), Benjamim (cap. 8). Estão ausentes as genealogias de Dã (mesmo que alguns entendam que 1Cr 7,12 seja um resíduo corrompido de uma originária genealogia de Dã) e Zabulon, mas isso se deve provavelmente a algum problema com a transmissão do texto e não a uma exclusão intencional, visto que ambos são elencados entre os filhos de Israel em 2,1-2.

As genealogias não são elencos administrativos ou demográficos (ainda que por vezes dependam de listas oficiais), mas composições passíveis de variações e alterações em vista de objetivos sociais ou políticos. Com efeito, a ordem na qual são apresentados os filhos de Israel reflete o peso que o compilador atribui à tribo e ao clã que recebe o seu nome. Isso significa que também as genealogias de uma mesma tribo ou clã podem variar em períodos diversos, refletindo as mudanças sociais e as novas condições históricas. Isso explica a prevalência que Crônicas atribui a Judá e Levi, refletida pela posição central que lhes é reservada e na extensão da exposição que lhes diz respeito.

A narrativa sucessiva apresenta a *história do reino de Davi* (1Cr 10–29) e se abre com o relato da morte de Saul, que fornece de imediato a chave de compreensão do narrador: do primeiro rei ele não apresenta qualquer ação, apenas o relato do seu fim, baseado sobre a versão presente no Livro de Samuel e integrada pela seguinte anotação: "Saul pereceu por se ter mostrado infiel para com YHWH: não seguira a palavra do Senhor e, além disso, interrogara e consultara um espetro. Não consultou o Senhor, que o fez perecer e transferiu a realeza a Davi, filho de Jessé" (1Cr 10,13-14). A infidelidade de Saul foi motivada pelo fato de que ele consultou a feiticeira de Endor (1Sm 28), ao invés de *procurar* (BC: "consultar") o Senhor, uma conduta à qual foi tentado cada um dos reis apresentados em seguida.

A exposição sobre Davi inicia com a sua aclamação como rei por parte de "todo o Israel" (1Cr 11,1-3), omitindo, portanto, a guerra civil que eclodiu com a morte de Saul e o período no qual Davi reinou somente sobre Judá (cf. 1Sm 2–4); logo em seguida se narra a conquista de Jerusalém (11,4-9), acompanhada pela lista dos prodígios de Davi (11,10–12,41). O Cronista descreve, pois, uma assembleia popular por ocasião da qual o rei solicitou a aprovação do povo para recuperar a arca (13,1-4). Uma primeira tentativa de recuperar a arca não foi bem-sucedida (13,5-14); mas, sem seguida, a recuperação definitiva se tornou ocasião para uma grande celebração cultual, durante a qual Davi conferiu aos levitas o encargo de portadores da arca (15,11-15) e de cantores do tempo (15,16). A celebração culmina com um salmo de louvor (16,7-36) que combina partes dos Sl 96, 105 e 106. Entre a assembleia e a translado da arca faz-se uma resenha das vitórias de Davi sobre os filisteus (14,8-17).

A versão da promessa divina a Davi (1Cr 17) exposta pelo Cronista, é similar àquela de 2Sm 7, mas com relevantes particularidades: em Crônicas não se acena à eventualidade de que o herdeiro de Davi possa pecar e ser corrigido por Deus (cf. 2Sm 7,14) e se faz referência à dinastia ("casa") e ao reino, que em Crônicas, no entanto, não é de Davi, mas de YHWH (17,14: "Mantê-lo-ei para sempre na minha casa e no meu reino").

Em 1Cr 18–20 se retoma dos livros de Samuel o material sobre as guerras de Davi, como confirmação do oráculo de Natan, segundo o qual Davi tinha o dever de preparar a construção do tempo, não de executá-la, já que tinha derramado muito sangue (1Cr 22,8). No capítulo 20, o Cronista apresenta o relato do assédio contra Rabá; mas, omitindo o adultério de Davi com Betsabeia e condenação de Natan. Também as revoltas contra Davi são omitidas: essas omissões têm o escopo de preservar um retrato ideal de rei. A única página negativa é o capítulo 21 que narra o recenseamento. Nesse caso, o acréscimo à versão de Samuel em 21,18–22,1 esclarece por que foi preservada essa narrativa: Davi estabelece que o terreno sobre o qual oferece o sacrifício que põe fim à praga será reservado ao futuro Templo.

Em 1Cr 22- 29 são descritos os preparativos para a construção do tempo e a organização do seu pessoal. Davi predispõe todas as coisas nos detalhes e ao mesmo tempo confia ao filho Salomão a tarefa de levar essa empresa ao seu cumprimento. Diferentemente do seu pai que derramou sangue para realizar as condições de tranquilidade e segurança que permitem a construção de um edifício imponente como o tempo, Salomão será um *homem de paz* (22,9: um jogo de palavras sobre o nome hebraico do rei). O papel de Salomão como sucessor de Davi e continuador da sua obra é colocado em evidência em particular nos capítulos 22 e 28–29, com aportes originais do Cronista, que são indícios da intenção de colocar em paralelo a história narrada com o relato da transmissão de Moisés para Josué (cf. Dt 31; Js 1).

Também a história de Salomão (2Cr 1–9) é toda orientada em vista da construção do Templo: são descritos os preparativos (cap. 2), os trabalhos para a edificação (3,1–5,1) e a sua dedicação (5,2–7,22). O enquadramento do relato é feito por 1,1-17 e 8,1–9,31 que descrevem a riqueza, a sabedoria e o prestígio internacional de Salomão, mas essas características também são apresentadas em função da edificação do tempo: a riqueza de Salomão permite a ele procurar o material para a construção, a sua sabedoria o guia na atuação do projeto e os seus relacionamentos internacionais o permitem procurar técnicos para a elaboração e execução da obra. A descrição do esplendor e da riqueza do Templo, embora mais breve, vai bem além daquela apresentada em 1Rs 6–8 e retoma numerosos elementos da tenda do deserto: o Cronista não insiste tanto em detalhes arquitetônicos ou sobre a mobília do santuário quanto sobre sua pompa. A história de Salomão se encerra com a visita e o elogio da rainha de Sabá e com a exaltação da riqueza e da sabedoria do rei; nenhum sinal da apostasia, que, ao contrário, encerra o relato sobre ele em 1Rs 11.

O que se segue (2Cr 10–36) narra a história do reino de Judá até o exílio babilônico. A sucessão dos reis de Judá é a mesma que se testemunha nos livros dos Reis, a fonte principal de Crônicas. Já foi mencionado que Crônicas omite quase que totalmente aquelas partes dos livros dos Reis que tratam do Reino do Norte. Chama a atenção ainda a tendência de Crônicas de dispor os acontecimentos de cada rei segundo uma concepção unitária: uma parte caracterizada pela fidelidade e obediência a Deus que gera sucesso e prosperidade, seguida de outra caracterizada pela infidelidade e desobediência que gera insucesso e ruína. Em relação ao Livro dos Reis, a apresentação é também caracterizada por motivos recorrentes, os quais compreendem referências a atividades de construção e a questões militares e administrativas que exprimem o sucesso de um rei. Ainda que para alguns estudiosos o Cronista retomaria nesses casos informações provenientes de uma fonte particular, esses motivos se devem, em partes, à relação entre benção e maldição que, para esse autor, rege a história narrada e que ele intenciona colocar em evidência.

A exposição sobre Roboão (2Cr 10–12) se divide em três segmentos que correspondem à atual divisão em capítulos. O primeiro segmento (cap. 10) apresenta a separação de Israel (o Reino do Norte) e Judá. Diferentemente dos livros dos Reis, o autor das Crônicas não atribui à apostasia de Salomão a responsabilidade pela divisão. Para este autor, essa foi causada pela rebelião de Jeroboão, associada à ambição e inexperiência de Roboão. O reino de Roboão é ilustrado no segundo segmento com traços positivos (cap. 11): a edificação de fortalezas (v. 5-12), a acolhida de sacerdotes e levitas que abandonavam o Norte, como consequência da política religiosa de Jeroboão (v. 13-17), e a numerosa família do rei (v. 18-23) são para o autor sinais da bênção divina e consequência do fato de que Roboão ouviu a palavra profética que o incentivava a não mover guerra contra o Reino do Norte (11,1-4). O último segmento se abre com uma nota negativa: "Quando sua realeza estava estabelecida e consolidado, Roboão abandonou a Lei de YHWH e todo o Israel seguiu seu exemplo" (2Cr 12,1). A essa se segue o relato da invasão do Faraó Sesac, causada pela arrogância e desobediência de Roboão (2Cr 12,2-9). Roboão, todavia, após esses eventos se humilha e evita assim a destruição do reino (12,6-7.12).

Enquanto o juízo sobre Abias em 1Rs 15,1-8 é negativo, o Cronista integra a apresentação sobre seu reino com a guerra movida por ele contra Jeroboão (2Cr 13,3-21), um relato ocupado em grande parte pelo discurso de Abias (v. 4-12). Nesse discurso, o Cronista manifesta o próprio ponto de vista sobre o Reino do Norte, segundo o qual YHWH assinalou a soberania sobre Israel a Davi e aos seus descendentes, por isso Jeroboão e as tribos do Norte se rebelaram contra o próprio YHWH. Além disso, eles perverteram a sua conduta religiosa, adotando práticas culturais contrárias àquelas indicadas por Deus. Como confirmação às palavras do rei, YHWH responde à invocação dos soldados de Judá (v. 14) e derrota os rebeldes.

A apresentação do reino de Asa (2Cr 14—16) tem sua síntese na proclamação do Profeta Azarias: "YHWH está convosco quando estais com ele. Se o procurardes, ele deixar-se-á encontrar, mas se o abandonares, também ele vos abandonará" (15,2). A narrativa ilustra essa mensagem referindo duas ameaças a Asa e as suas diferentes repostas. Primeiramente o seu reino é descrito como próspero (14,1-8) pois ele coloca em ato uma política de reforma religiosa, além de afastar a ameaça de Zara o Etíope (14,9-14). Nos últimos anos do seu reino, no entanto, as cosias pioram: em decorrência da política ameaçadora do Reino do Norte, Asa se alia à Ben-Adad de Aram (16,3-4), ao invés de se "apoiar" no Senhor. Por isso, o Profeta Hanani ameaça guerras e doença contra o rei (16,7-9), profecia esta que se cumpriu.

A Josafá o Cronista dedica uma longa exposição (2Cr 17–20), sinal da importância a ele atribuída. Mas também releva uma certa ambiguidade na conduta do rei, por ocasião da aliança que ele firma com o rei do Norte (Acab e Ocozias). Josafá é descrito como rei devoto e fiel a YHWH (17,1-6), empenhado em ensinar ao povo a Lei do Senhor (17,7-9). Por conta de sua fidelidade, goza de prestígio internacional, realiza obras imponentes e dispõe de um grande exército (17,10-19). Mas a aliança com o Reino do Norte lança uma sombra sobre a sua imagem: o capítulo 18 retoma – caso único em Crônicas – quase integralmente um episódio referente ao Reino do Norte narrado nos livros dos Reis no qual Josafá é envolvido em uma campanha militar promovida pelo rei de Israel. Josafá mantém a sua confiança em YHWH, não obstante a sua aliança com um rei ímpio (cf. 18,31). Além disso, diferente de seu pai Asa, que reagiu mal à crítica que lhe dirigiu um profeta, Josafá a acolhe (19,1-3) e se empenha em reconduzir o seu povo a YHWH (19,4), constituindo juízes que o guiem segundo a Lei divina (19,5-7): esse último episódio é um comentário implícito ao nome do rei, que significa "YHWH julga".

O capítulo 20 conclui a narrativa sobre Josafá e não encontra paralelo nos livros dos Reis: faz referência a um conflito armado que vê agora o rei empenhado em defender a seu reino do assalto de populações vizinhas. Aqui, Josafá é apresentado como modelo de resposta frente ao perigo: ele invoca a ajuda do Senhor (20,3-4) e convoca o seu povo para que se una a ele na súplica (20,5-12). A resposta divina é dada por um levita por meio de uma proclamação profética (20,13-17). No dia seguinte o Senhor derrota os inimigos (20,18-27), de modo que no período sucessivo do seu reino o país vive tranquilo (20,28-30). A nota conclusiva sobre o reino de Josafá tem ainda um sentido de ambiguidade (20,31-37): mesmo reafirmando a retidão do rei, menciona que os lugares altos não tinham desaparecido por completo (v. 33) e reporta a falência da iniciativa de construir embarcações, em decorrência de sua aliança com Ocozias, rei de Israel.

O reino de Jorão (2Cr 21) é desde o início marcado por tintas foscas e reflete muitos aspectos típicos do Reino do Norte, descritos nos livros dos Reis. Depois de ter tomado posse do reino, Jorão mata todos os seus irmãos (21,4), mas sobretudo a sua conduta é parecida com a dos reis do Norte, tendo esposado a filha de Abac (21,6). Não obstante isto, o Cronista comenta:

"O Senhor não quis destruir a casa de Davi por causa da aliança que havia concluído com ele e segundo a promessa que lhe fizera de deixar-lhe sempre uma lâmpada, a ele e a seus filhos" (21,7). Contudo, a punição divina não se faz esperar: ela se aplica através da revolta de Ebom e Lebna (21,8-11), que se segue – segundo um modelo recorrente em Crônicas – à ameaça proféti-ca de Elias (21,12-15), prontamente aplicada (21,16-20). O rei morre sem demonstrar arrependimento e dos seus numerosos filhos sobrevive apenas o mais jovem, Joacaz (chamado Ocozias em 2Cr 22).

A sorte de Ocozias também é determinada pela aliança com a dinastia reinante no Norte (22,1-9). Ele se torna, de fato, vítima da revolta capita-neada por Jeú. O vazio deixado pela trágica morte de Ocozias é preenchido pela rainha-mãe, Atalia, filha de Acab, que procura, inclusive, eliminar a di-nastia davídica, e, portanto, anular a promessa divina feita a Davi. Todavia, uma irmã de Ocozias consegue esconder um dos filhos do rei (22,9-12). Após sete anos de reinado de Atalia, uma aliança entre o pessoal do Templo e os chefes do povo, proclama Joás rei e elimina a rainha (23,1-15). Sob a liderança do sumo sacerdote Joiada, patrono do Rei Joás, se purifica o tempo que é confiado à custódia dos levitas (23,16-19). A despeito dos contrastes, Deus se mantém fiel à promessa feita a Davi.

O reino de Joás se inicia com passos justos, com o suporte do sumo sa-cerdote Joiada (24,1-14). Todavia, após a morte de Joiada, a conduta do rei passa a ser determinada pelos conselhos de outro gênero que o induzem a to-lerar a idolatria (24,17-18). O rei ignora a ameaça profética de Zacarias, filho de Joiada, volta-se contra ele e o elimina (24,19-22). A punição divina não se faz esperar: o rei é derrotado e executado por alguns conjurados (24,23-27).

Também o reino seguinte, de Amasias (2Cr 25), divide-se em dois perío-dos sucessivos, positivo e negativo; daí o juízo expresso pelo Cronista: "Fez o que é agradável aos olhos de YHWH, mas não com coração íntegro" (v. 2). En-quanto no início do seu reino ele se fez atento às admoestações proféticas, por-tanto pode derrotar seus inimigos (v. 5-13), quando ocorre a idolatria ele ignora as ameaças proféticas, por isso é derrotado e Jerusalém saqueada (v. 14-24).

2Cr 26 reelabora dois detalhes da breve notícia de 2Rs 15,1-7 sobre Ozias: a excepcional duração de seu reino (52 anos) e a lepra. Durante a pri-meira parte do seu reino, enquanto viveu o Profeta Zacarias, ele fez o que é reto, como seu pai Amasias, por isso Deus o fez prosperar em todos os senti-dos e lhe concedeu um longo reinado (v. 4-15). Contudo, os seus sucessos o tornaram arrogante e soberbo, a ponto de usurpar os direitos dos sacerdotes, suscitando a cólera divina que o feriu com a lepra (v. 16-21).

Um juízo totalmente positivo é reservado a Joatão, de quem a fidelidade é recompensada por YHWH com os sucessos militares e as obras de construção (27,1-9). Totalmente contrária é, contudo, a conduta de Acaz (2Cr 28), apresentado como pior rei de Judá. A sua política provoca o declínio do reino e a submissão à Assíria, como declara 2C 28,19: Com efeito, YHWH humilhava Judá por causa de Acaz, rei de Israel, que deixava Judá extraviar-se e era infiel ao Senhor". O relato faz referência a todas as derrotas sofridas por Judá durante o reino de Acaz, pelas mãos de Aram, Israel, Assíria e dos filisteus. Não obstante a falência total, o rei não muda a sua política religiosa, adotando divindades estrangeiras e chegando até mesmo a fechar as portas do Templo de Jerusalém (28,22-25). Em contraste com o modo de agir do rei, o Cronista faz referência a um episódio no qual alguns habitantes do Reino do Norte libertam e ajudam os soldados derrotados de Judá (v. 8-15). Isso serve para dar destaque à ligação entre os dois reinos e mostra que também em Israel havia pessoas dispostas a acolher a palavra de Deus. A cena prepara a reunificação dos reinos sob Ezequias.

O Livro das Crônicas dedica uma longa exposição a Ezequias (2Cr 29–32), sinal da importância que esse rei tinha aos olhos do autor. Somente em relação a ele e a Josias, o Cronista elabora um juízo completamente positivo (2Cr 29,2: "fez o que é reto aos olhos do Senhor, como o fizera Davi, seu pai"; cf. 2Cr 34,2). Ele reabre as portas do tempo, faz com que seja purificado pelos levitas (29,3-17) reestabelecendo o culto (29,18-36): como Davi e Salomão foram reis exemplares pois edificaram o tempo e organizaram o culto, assim Ezequias representa um modelo de rei que restaura o tempo e o seu culto. Inclusive a celebração da Páscoa organizada por Ezequias é exemplar, pois o rei associa a celebração dos habitantes do Reino do Norte, convidando-os a retornarem a YHWH e ao seu Templo (30,6-9). Trata-se de um acontecimento extraordinário para o Cronista que comenta: "Desde os dias de Salomão, filho de Davi, rei de Israel, nada de semelhante se tinha realizado em Jerusalém" (30,26). Após a celebração da Páscoa dá-se prosseguimento à remoção de todos os símbolos cultuais ilícitos, tanto em Judá quanto em Israel (31,1): dessa maneira, o rei é visto como aquele que reúne novamente todo o povo. Também durante a invasão assíria (cap. 32) a conduta do rei é exemplar: de fato, é ele quem encoraja os chefes do exército, exortando-os a confiar no poder de YHWH (32,7-8), eis por que Jerusalém escapa do assédio (32,22).

2Rs 21,1-17 atribui a Manassés um reino muito longo (55 anos) e um julgamento completamente negativo sobre sua conduta: para a teologia do Cronista se trata, todavia, de uma situação impossível, visto que para ele a longevidade é uma recompensa pela retidão. Ele, portanto, resolve essa contradição distinguindo dois períodos no reino de Manassés: o primeiro negativo (33,1-10), o segundo, positivo (33,11-20). A virada entre os dois períodos se dá com o exílio do rei na Babilônia, durante o qual ele se arrepende e por isso é reconduzido ao trono. O seu caso demonstra a eficácia do arrependimento. Em nível histórico (também à luz das recentes investigações arqueológicas) se indica atualmente a importância do reino de Manassés: longe de ser uma época de depravação e de terror, muitos pensam que representa uma significativa retomada econômica e social após as devastações provocadas pelas invasões assírias. Também a detenção do rei na Babilônia suscita diversas reservas (visto que 2Rs 2 não a menciona): provavelmente o autor de Crônicas elaborou um episódio de crise com o poder assírio que envolvia o rei, para conformar a apresentação de Manassés à sua teologia, mas o relato sobre Manassés "preso em ferros, amarrados em cadeias e conduzido à Babilônia" (33,11) é bastante improvável. Uma breve nota (33,21-25) sinaliza, enfim, que o sucesso de Manassés, seu filho Amon, segue a via negativa do pai e desencadeia uma conspiração que o elimina.

Diferente de seu pai, o Rei Josias é apresentado como um novo Davi, em virtude da radical reforma religiosa que ele empreende (2Cr 34–35). O relato sobre o seu reino dedica grande espaço à celebração da Páscoa, sublinhando que "não se havia celebrado em Israel uma Páscoa semelhante a esse desde a época do Profeta Samuel" (35,18). Enquanto em 2Rs 22,3 a reforma religiosa é empreendida pelo rei no décimo nono ano do seu reinado, as Crônicas não situam em tempo tão tardio o empenho religioso do rei: a reforma inicia já no oitavo ano do reino; mas o Livro da Torá é descoberto somente no décimo oitavo ano. Consequentemente, não é a descoberta do Livro da Torá que induz o rei à reforma, mas a sua religiosidade. Como lhe é próprio, o autor de Crônicas dedica uma função significativa aos levitas, em particular na narrativa da Páscoa. Problemática para o Cronista era o fim do rei, assassinado pelo Faraó Necao, já que a sua fonte (2Rs 23,29) não apresentava nenhuma justificação: em rei justo liquidado de modo humilhante. O Cronista, portanto, introduziu como motivo da morte do rei, o fato de não ter aceitado prestar ouvidos à voz de Deus que o admoestava através do faraó.

Os últimos quatro reis de Judá são apresentados de modo sumário (2Cr 36,1-14; cf., ao contrário, 2Rs 23,31–25,30). A essa apresentação se segue em relato original sobre a conduta de Jerusalém, no qual se explica a causa do exílio (36,15-21) à luz das profecias e que ao mesmo tempo se abre ao futuro: "O exílio durará até o estabelecimento do Reino Persa (2Cr 36,20b). Aliás, o exílio é uma espécie de alquimia divina, que sabe retirar o bem até mesmo do mau, se tornará um tempo no qual o país poderá finalmente gozar o repouso sabático que não lhe fora concedido anteriormente [cf. 36,21]"[224].

A exposição histórica se encerra com o Edito de Ciro (36,22-23; cf. Esd 1,1-3), do qual se discute se fizesse parte desde o início da obra ou se representa, ao contrário, um acréscimo posterior.

Estrutura e composição

A estrutura da obra é a seguinte:

1Cr 1–9	**Átrio genealógico**
1,1–2,2	De Adão aos doze filhos de Israel
2,3–4,23	A tribo de Judá
4,24-43	A tribo de Simeão
5,1-26	As tribos de Rúben, Gad e Manassés
5,27–6,66	A tribo de Levi
7	As tribos de Issacar, Benjamim, Neftali, Manassés, Efraim e Aser
8	A tribo de Benjamim
9,1-34	Os repatriados a Jerusalém
9,35-44	A tribo de Benjamim (genealogia de Saul)
1Cr 10–29	**Reino de Davi**
10–12	Davi e Jerusalém
13–16	Transferência da arca para Jerusalém e consolidação do reino
17–22	Davi projeta a construção do Templo
23–29	Os últimos feitos de Davi

---

224. LORENZIN, T. *1–2Cronache* – Nuova versione, introduzione e commento. Milão: Paoline, 2011, p. 415.

2Cr 1–9	**O reino de Salomão**
	1,1-17 Sabedoria, riqueza e fama de Salomão
	1,18–7,22 Construção e dedicação do Templo
	8–9 Sabedoria, riqueza e fama de Salomão
2Cr 10–36	**Os reis de Judá**

Como toda obra histórica, também Crônicas depende de fontes, cujo estudo foi determinado pelo fato de que a maior parte desses se encontra na própria Bíblia, como evidenciam as sinopses com outros livros bíblicos. Ao mesmo tempo, esse mesmo confronto com a literatura bíblica mostra a tendência do Cronista no emprego das suas fontes.

As principais fontes de Crônicas são as obras históricas da Bíblia: Pentateuco, Josué – Segundo Livro dos Reis, Esdras-Neemias. Destas o Cronista não retoma apenas extratos – citados por extenso ou de forma reelaborada – mas também a estrutura da própria exposição histórica. A respeito dos outros livros canônicos, percebe-se a influência dos profetas, evidente também pelo fato de que algumas mensagens proféticas são citadas quase que literalmente. Dos Livros Proféticos, todavia, não são inseridos extratos amplos. Dentre os outros livros, somente os Salmos são citados literalmente (1Cr 16,8-36; 2Cr 6,41-42). O uso que o Cronista faz dos extratos bíblicos depende "dos seus objetivos, dos seus métodos historiográficos e das suas ideias teológicas. Pode citá-los diretamente (ou quase); pode usá-los como base para inserir material adicional e para realizar uma exposição mais elaborada, ou pode resumi-los apresentando apenas o essencial em forma bastante condensada"[225].

A discussão sobre eventuais fontes extrabíblicas de Crônicas ainda está em aberto, já que com frequência são mencionadas no livro obras que não chegaram até nós, p. ex. o *"Midrash* do Livro dos Reis" (2Rs 24,27), alguns escritos proféticos, como a "Profecia de Aías de Silo" (2Cr 9,29) ou o *"Midrash* do Profeta Ado" (2Cr 13,22). Não está claro se de fato se trate de fontes independentes das bíblicas e os estudiosos se dividem entre quem admite esse recurso e quem, ao contrário, considera o material peculiar do Cronista como *tópoi* relacionados à sua teologia da retribuição, já que os relatos específicos do Cronista são em geral uma hábil composição a partir do próprio texto bíblico.

---

225. JAPHET, S. *I & II Chronicles.* Op. cit., p. 15.

A admissão de que Crônicas dependa das obras bíblicas precedentes, leva a situar a sua composição em uma época de certo modo recente, um dado que se deduz do próprio conteúdo da obra: a conclusão do átrio genealógico com a lista dos repatriados (1Cr 9) e o fechamento da obra com o Edito de Ciro (2Cr 36,22-23). Ao mesmo tempo, na ausência de critérios externos precisos, as propostas de datação do livro oscilam dentro de um arco temporal que se estende do final do século VI à primeira metade do século II a.C. A atenção que a obra reserva aos sacerdotes e as levitas (em particular os cantores) revela ainda o contexto social no qual ela foi produzida: os escribas que circulavam ao redor do Templo de Jerusalém.

Quando prevalecia a tese de uma "obra histórica cronista" havia a propensão de uma datação no período persa tardio. Ainda atualmente, não obstante essa tese esteja em desuso, diversos estudiosos optam por uma colocação de Crônicas nessa época[226].

Grande parte do debate recente sobre a datação tem envolvido a existência ou não de uma influência persa ou grega em Crônicas. Uma importante orientação se baseia sobre reconstruções sociológicas do período pós-exílico. R. Albertz sugere que sobre o pano de fundo de Crônicas esteja o conflito entre comunidade judaica pós-exílica e samaritanos. Como resposta a legislação de Esdras-Neemias que excluía os samaritanos da comunidade do Templo de Jerusalém, os samaritanos construíram um templo próprio em Gerizim, adotando nesse mesmo tempo, a Torá como texto normativo. Segundo o parecer de Albertz

> a separação cultural e a formação da comunidade em torno de Gerizim ainda não significavam em absoluto a consumação do cisma definitivo. A obra histórica do Cronista (séc. III a.C.) pressupõe, sim, de um lado, já um certo distanciamento em relação à concorrência samaritana, quando limita a "verdadeira" história da salvação ao Reino do Sul, à *golah* babilônica e à sociedade judaica, ignorando quase que completamente a história do Norte. Mas de outro lado, é ainda plena de referências cativantes em relação aos irmãos setentrionais na esperança de reconquistar o número mais alto possível ao Templo de Jerusalém[227].

---

226. Esp. Williamson, assim como Japhet, segundo o qual, no entanto, a influência persa nesse caso é menos evidente do que em Esdras-Neemias: portanto, poderiam ser um produto do início da época helenista.

227. ALBERTZ, R. *Storia della religione nell'Israele antico*. Vol. 2: Dall'esilio ai Maccabei. Bréscia: Paideia, 2005, p. 631.

Outros, ao contrário, entendem que no livro se reflita um conflito interno na comunidade do Templo de Jerusalém entre repatriados e a população local por volta do século V a.C.: o Livro das Crônicas seria a expressão de círculos de escribas não exilados e pretenderia legitimar a inclusão dos não deportados na comunidade do tempo, em oposição à tendência exclusivista de Esdras-Neemias.

Uma abordagem diferente adia ainda a data de composição de Crônicas até o século II a.C. Partindo da colocação canônica e da consideração de que a obra recapitula, "como apêndice de toda a história sagrada do povo desde o início da humanidade ("Adão") até o fim do exílio babilônico ("Edito de Ciro"), as partes canônicas precedentes à Torá e os profetas", G. Steins entende que "as Crônicas tenham sido escritas propositadamente como fechamento do cânon da Bíblia Hebraica, no âmbito da restauração proto-macabaica, a fim de que pudessem servir como base para a renovação da fé judaica depois da crise profunda provocada pela pressão cultural helênica [...]. O olhar constantemente propenso ao passado, aos livros mais antigos, que caracteriza toda a obra, e a evidente sobreposição de influxos helenistas, poderia ter caráter programático: somente numa retomada sem comprometimento da *própria* tradição há um futuro para Israel"[228].

As observações sobre a composição e sobre a datação, levam a interrogar-se sobre o gênero literário de Crônicas. Em decorrência da relação com os textos bíblicos precedentes, a discussão a esse respeito identificou a obra como *midrash*, exegese, Bíblia reescrita (*rewritten Bible*), ou teologia. No entanto, recentemente, essas classificações foram recolocadas em questão, pois as Crônicas, a este propósito, contêm textos com características únicas, sem paralelos adequados. Consequentemente, há uma certa tendência de superar a ideia de que as Crônicas sejam uma obra que intenta integrar a história deuteronomista, visto que entre elas há diferenças substanciais, em particular a nítida perspectiva pós-exílica, a concentração sobre Judá e os temas específicos: o rei davídico, o Templo e o sacerdócio. Há, pois, quem identifique em Crônicas, uma verdadeira e própria obra histórica com orientação teológica, em conformidade com os modelos historiográficos da sua época[229].

---

228. STEINS, G. "I libri delle Cronache". In: ZENGER, E. (org.). *Introduzione all'Antico Testamento*. Op. cit., p. 443-444.

229. Cf. KALIMI, I. *The Reshaping of Ancient Israelite History in Chronicles*. Winona Lake: Eisenbrauns, 2005.

Uma tese recente, retomando intuições precedentes, relaciona as Crônicas à literatura utopista[230]. Embora a teoria se baseie sobre perspectivas literárias modernas, é possível encontrar também na literatura antiga, exemplos desse gênero. Fundamentalmente, a literatura utopista cria "lugares" alternativos àqueles existentes que projeta no passado, no presente e no futuro. O traço distintivo dessa literatura é a sua função revolucionária: ela não apresenta um projeto para o futuro, mas oferece uma crítica social implícita que desafia o *status quo*. Os exemplos bíblicos citados, além da literatura profética, incluem um relato sobre o Éden, o Deuteronômio e Ez 40–48. Analisando as genealogias de Crônicas, a apresentação dos reis davídicos e do culto do Templo, emerge que o Cronista não intenciona, em absoluto, legitimar as estruturas sociais contemporâneas a ele, nem propor uma visão escatológica delas. Pelo contrário, o seu escopo é o de fornecer uma crítica ao *status quo* apresentando uma descrição utópica de "Israel", do reino de Davi e Salomão e do culto no Templo. Desse modo, em particular através das genealogias e da descrição do Templo, o Cronista não fotografa a realidade, mas cria uma alternativa a ela.

O texto

O fato de que muitos trechos de Crônicas sejam paralelos a Samuel – Reis fez com que se valorizasse a obra na crítica textual, pois em muitos casos, seria o testemunho mais antigo do texto das suas fontes. A pesquisa demonstrou, de fato, que Crônicas utilizou fontes bíblicas da tradição textual diferente do Texto Massorético (p. ex. o texto hebraico às bases da LXX para Gn e Sm). Consequentemente se deve avaliar caso a caso se os desvios de Crônicas das suas fontes dependam das suas técnicas redacionais ou da forma textual utilizada.

O Texto Massorético de Crônicas está bem conservado com exceção das listas, nas quais numerosos variantes e corrupções produziram lições bastante difíceis. Foram preservadas suas traduções gregas do Livro das Crônicas: a primeira, no Códice Alexandrino (A), é muito vizinha ao Texto Massorético, enquanto a segunda, que tem como testemunho principal do Códice Vaticano (B), se distancia do Texto Massorético em diversos momentos. Essa segunda tradução é tida como a mais antiga e reflete as condições do Egi-

---

230. SCHWEITZER, S.J. *Reading Utopia in Chronicles*. Nova York/Londres: T & T. Clark, 2007.

to ptolomaico. Todavia, ela apresenta notáveis recensões que demonstram como foi corrigida a fim de uniformizá-la ao texto hebraico que, em seguida, teria se tornado aquele do Texto Massorético.

Teologia

Os livros das Crônicas se apresentam ao leitor da Bíblia como uma escritura de segundo grau, isto é, reescrevem uma história já colocada à disposição do leitor. Duas observações merecem ser colocadas de antemão: a primeira, que cada nova época coloca a necessidade de uma reformulação da história que justifique a sua presença no tempo e as pretensões em relação ao passado; a segunda, que a história narrada dá forma à memória social e essa é muito importante para a vida da comunidade, já que define seu caráter.

> Para o Cronista, a "história de Israel" é a arena na qual atuam a providência e o domínio divino sobre seu povo. Revelando os princípios que regulam a sua história, se propõe um sólido fundamento à existência futura de Israel[231].

A exposição histórica se inicia descrevendo Israel na sua terra (1Cr 1–9), mas não se limita, como no que se segue, somente à Judá: aqui Israel é compreendido em toda a sua extensão. A unidade de Israel é ressaltada na descrição dos inícios da monarquia (1Cr 10–2Cr 9), uma unidade ao redor do rei (Davi e Salomão), mas sobretudo ao redor do Templo e do seu culto. Deve-se notar, pois, que as genealogias com as quais se abre o livro, afirmam um importante princípio de continuidade que vai para além do exílio (cf. 1Cr 9) e se contrapõe ao modelo da ruptura que emerge em Esdras.

A unidade encontrará, por fim, a sua grande crise na narrativa sobre os reis seguintes (2Cr 11–36), a qual é toda delineada na ótica do Templo, enquanto o interesse pela monarquia em si, sobretudo a questão da restauração da monarquia davídica e de um Estado autônomo, passa ao segundo plano. Para as Crônicas, o Templo é essencial tanto em seu aspectos físicos e materiais quanto no seu significado espiritual. É o lugar que o Senhor escolheu como morada e é extremamente ligado à monarquia

> primeiramente como promessa que deve ser mantida, e depois como garantia da sua permanência [...]. Não apenas Davi teria se esforçado por ter o máximo cuidado em relação a tudo aquilo que

---

231. JAPHET, S. *I & II Chronicles.* Op. cit., p. 44.

diz respeito à vida do Templo, mas cada um dos reis empenhados nas grandes reformas religiosas que o livro narra [...]. Em suma, para o Cronista, o Templo é a instituição que torna visível da maneira mais perfeita, o estado de saúde do povo, fazendo com que se torne o ponto de partida para restabelecer a identidade comunitária, que tem como referência o próprio Deus[232].

O papel de Davi que tem especial relevo na obra, de certo modo suplanta o de Moisés no Pentateuco. Com efeito, o Pentateuco se apresenta como texto constitucional para a identidade de Israel e Moisés desempenha neste um papel de mediador da vontade divina para o seu povo. A ele são remetidas as instituições fundamentais: a lei, o culto e os órgãos administrativos e até mesmo os profetas. Nas Crônicas, Davi desempenha um papel análogo ao de Moisés, particularmente em referência do culto e ao Templo. Também ele, como Moisés, recebe do próprio Deus o modelo do Templo a ser construído e o entrega a seu filho Salomão (1Cr 28,11-19). Além disso, Davi está em vezes com a origem das classes dos levitas (1Cr 23–26) e do uso dos salmos no culto (1Cr 15–16). O significado dessa apresentação de Davi é motivo de debate pelos intérpretes: alguns entendem que Davi seja construído como reflexo de Zorobabel, o governador que patrocinou a reconstrução do Templo após o exílio, outros veem aqui a justificação da teocracia pós-exílica. Ligada ao ambiente que produziu a obra – os levitas do Segundo Templo – essa apresentação de Davi deve ser considerada uma *história orientada* isto é

> uma espécie de peroração jurídico-teológica destinada a promover o seu estatuto sob o importante patrocínio do rei reconhecido como "profeta" [...]. O passado, portanto, é relido em função do presente e das complexas relações que contrapõem o clero descendente de Arão aos levitas desclassificados pela reforma deuteronomista e desvalorizados na teologia sacerdotal herdeira de Ez 44[233].

Diversos temas caracterizam a apresentação histórica do Cronista, mas certamente o mais evidente é o seu interesse pela bênção e a punição divinas nos acontecimentos do povo e dos seus reis. Esse tema emerge particular-

---

232. CAMPOS SANTIAGO, J. "La storia cronistica". In: SÁNCHEZ CARO, J.M. (org.). *Storia, narrativa, apocalittica*. Op. cit., p. 220.

233. ABADIE, P. "1–2Cronache". In: RÖMER, T.; MACCHI, D. & NIHAN, C. (orgs.). *Guida di lettura all'Antico Testamento*. Op. cit., p. 558.

mente em 2Cr 10–36, mas está presente também em todo o resto da obra. Por muito tempo prevaleceu a opinião de que a exposição histórica do Cronista fosse determinada pela ideia de uma retribuição automática e, no nível da pessoa em particular, atuasse já nos mínimos detalhes. As Crônicas, portanto, exprimiriam uma doutrina da retribuição extremamente rígida, em geral descrita como *individual* e *imediata*, em base na qual a punição se dá imediatamente em seguida à transgressão em forma de doença, morte, derrota militar ou exílio, enquanto a bênção divina se manifesta com igual imediatismo na vida dos reis justos e do povo por meio de obras de construção, prosperidade da família do rei, sucessos militares, "repouso" da terra. Deve-se, contudo, observar que, para as Crônicas, YHWH opera pessoalmente na história de Israel, abençoando o povo e retribuindo as suas ações. YHWH é apresentado como juiz (2Cr 12,6; 20,12) e rei de Israel (1Cr 29,11), portanto, as suas ações são jurídicas. De fato, bênção e maldição são em geral apresentadas como consequência da decisão pessoal de Deus e não puramente como expressão de um ordenamento impessoal do mundo, em relação ao qual Deus seria apenas o superintendente e o garante da sua atuação. Nesse sentido, a retribuição do agir humano certamente não é "automática" — embora a apresentação que é feita em Crônicas dê essa impressão — já que é sempre fundada na decisão pessoal de Deus e na sua atividade direta. Deve-se ter presente que

ainda que o Cronista creia que a punição que atingiu Judá e Israel tenha sido proporcional e correspondente à ruptura do pacto [...], de fato, não se deve ter como certo, no caso oposto, que a bênção destinada aos reis e ao povo seja necessariamente merecida e devida. Embora haja uma clara correspondência entre a observância da Lei divina e a bênção no Antigo Testamento, essa relação não se baseia sobre o mérito humano, mas sobre o amor eletivo de YHWH em relação ao seu povo. O Cronista não faz exceção a essa ideia. Ele se preocupa, contudo, em demonstrar que Deus constantemente dispensa ao seu povo as bênçãos que derivam da graça do seu pacto (e não, ao contrário, dos seus méritos), mas também que Deus demonstra o seu favor e a sua paciência em momentos particulares a quem não os merece[234].

---

234. KELLY, B.E. "'Retribution' Revisited: Covenant, Grace and Restoration". In: GRAHAM, M.P.; MCKENZIE, S.L. & KNOPPERS, G.N. (orgs.). *The Chronicler as Theologian* — Essays in Honor of Ralph W. Klein. Londres/Nova York: T & T Clark, 2003, p. 207-227 (214) [Journal for the Study of the Old Testament — Supplement Series, 371].

Portanto, também o tema da retribuição deve ser compreendido à luz da revisitação histórica que o Cronista faz. Com esse tema ele não impõe uma doutrina estranha às fontes das quais dispõe, mas procurar ilustrar com eventos específicos a ideia de como Deus age com Israel e que está no coração do pacto: "O Senhor está convosco quando estais com ele. Se o procurardes, ele deixar-se-á encontrar, mas se o abandonardes, também ele vos abandonará" (2Cr 15,2). Colocando em destaque as consequências concretas da desobediência, o Cronista ilustra uma verdade que a própria história já confirmou.

Excursus
O Templo

No Pentateuco não há qualquer ordem divina em relação à construção de um templo para Deus que fez o povo sair do Egito. Enquanto o povo está aos pés do Sinai, YHWH comunica a Moisés o projeto da *tenda do encontro* e do seu mobiliário (Ex 25–40) e prescreve as normas para os sacrifícios (Lv 1–7), mas não se faz qualquer menção a um edifício que se deva construir quando se entrar na terra. Ademais, o Deuteronômio, na famosa página na qual Deus ordena que se celebre o culto do sacrifício apenas no lugar escolhido por Ele (Dt 12,1-12), não faz referência a um edifício de culto específico (embora se possa pressupor). Dos livros de Samuel sabemos que a arca da aliança estava alocada junto ao santuário de Silo, sobre o qual, no entanto, não temos dados seguros: não é claro se se trate de um edifício em pedra (cf. 1Sm 1–3; Jr 7,12-14) ou se, ao contrário, o lugar se culto fosse uma continuação daquele móvel, construído no deserto (cf. Js 18,1; Jz 18,31).

Como para as populações vizinhas, também para Israel o Templo era o palácio terreno da divindade e ao mesmo tempo fazia parte da estrutura administrativa da cidade ou do Estado. O Templo de Jerusalém era, de fato, em primeiro lugar a morada ou a casa do Deus de Israel e, em segundo lugar, a capela do palácio, edificada ao lado do palácio do Rei Salomão. O complexo palácio-Templo era uma instituição fundamental no antigo Oriente Próximo, e funcionava como centro econômico, cultural, civil e ritual do Estado. Dois vocábulos hebraicos designam frequentemente o Templo: *báyit* ("casa") e *kekál* ("grande casa"), com o significado de casa de um deus (templo) ou cassa de um rei (palácio). *Hekál* pode denotar um templo no seu complexo, ou a sua sala central ou nave.

Embora a Bíblia forneça uma elaborada descrição do edifício do Templo e dos seus arredores, escapa o significado de grande parte da terminologia técnica usada para as partes arquitetônicas. Admite-se geralmente que a apresentação de 1Rs 6–7 seja mais confiável do que a de 2Cr 2–4 (com base na composição recente de Crônicas). Assim, a apresentação de Ez 41,1–43,12 é uma visão profética do Templo a ser reconstruído, que provavelmente retoma elementos da estrutura precedente. Mas já que nada restou do Templo construído por Salomão, a reconstrução se baseia habitualmente sobre os dados bíblicos, mas também sobre estruturas análogas do Oriente Próximo, especialmente os templos tripartidos do Norte da Síria[235].

O Antigo Testamento documenta dois templos de YHWH em Jerusalém: o *primeiro*, construído por Salomão (1Rs 5–8; 2Cr 2–4), foi destruído pelos babilônicos em 587/6 a.C. (2Rs 25,8-17), o *segundo* foi construído pelos repatriados, sob a liderança de Zorobabel e do sumo sacerdote Josué (Esd 3,8-13) e consagrado em 515 a.C. (Esd 6,16-18). No entanto, pode-se afirmar que a história documenta um Terceiro Templo, isto é, o edifício ampliado e radicalmente reestruturado por Herodes a partir de 20 a.C.

A tradição situa o Templo de Jerusalém sobre a colina oriental, ao Norte da cidade de Davi, vizinho à área agora ocupada pela Cúpula da Rocha (*qubbet es-Sakhra*), edificada em 691 d.C.

No plano teológico, o Templo, como lugar no qual o Deus invisível está presente em meio ao povo, e o culto que celebra a soberania de Deus, representam um dado central da concepção religiosa que emerge do Antigo Testamento. A própria estrutura da Torá coloca no seu centro a edificação da morada e as prescrições relativas ao culto. A própria organização do acampamento (cf. Nm) dispõe as tribos ao redor da morada, como coração da vida do povo. Se nos livros dos Reis o Templo assume relevância como posterior confirmação da legitimidade da descendência de Davi à coroa, assim como expressão da grandeza do soberano que o edifica, nos livros das Crônicas, ele é, antes de mais nada, sinal visível da solicitude de YHWH para com Israel. Nas Crônicas, Davi é apresentado como fundador do Templo e preparador da sua construção, Salomão, por sua vez, como aquele que o construiu a mando de seu pai (1Cr 28,10).

A presença divina no Templo não é, contudo, garantida pela estrutura material: a pregação profética mostra claramente que somente uma vida conforme com o pacto com Deus, garante uma relação de proximidade, do contrário, o edifício perde o seu significado e o próprio Deus o abandona (cf. Ez 18,18-22) ou o destina à destruição (Jr 7,1-15). YHWH, de fato, não habita no Templo como em uma casa (cf. 2Sm 7,5-7), Ele, sobretudo, transcende as dimensões de uma casa (cf. 1Rs 8,27).

Há duas razões para não identificar completamente YHWH ao Templo. A primeira razão é que a destruição do Templo em 587 a.C. não podia ser compreendida em Israel como significando a consequente destruição de YHWH. YHWH, para além disso, deve continuar a estar presente para os exilados, que não tinham acesso à Jerusalém e que requeriam um Deus mais praticamente disponível na diáspora. Mas a razão fundamental para a refutação definitiva dessa identificação entre pessoa e lugar não é pastoral e prática, mas teológica. Ela pertence propriamente ao

---

235. Sobre o debate histórico-arqueológico sobre o "Primeiro Templo", cf. OGGIANO, I. *Dal terreno al divino* – Archeologia del culto nella Palestina del primo millennio. Roma: Carocci, 2005, p. 215-224.

> caráter de YHWH, como é apresentado em outros lugares e de modo difuso nos testemunhos de Israel [...]. YHWH é um Deus nômade, que se movimenta livremente, que não quer ser constrangido ou domesticado por um templo, ainda que as tradições do Templo procuram conter YHWH [...]. A relação entre YHWH e Israel, enquanto se expressa a tremenda santidade de YHWH, é tal que YHWH é autossuficiente e Israel tem necessidade e pode apresentar apelo a YHWH no "dia da tribulação". O caráter soberano de YHWH contradiz qualquer flexibilização dessa dinâmica, como toda tentação de inverter a relação. Essa realidade de YHWH impõe um severo controle sobre as afirmações cultuais que são supervalorizadas ou praticadas acriticamente[236].

Esdras e Neemias

Na Bíblia Hebraica, Esdras e Neemias representam uma única exposição histórica a respeito da época posterior ao exílio. Na tradição hebraica – mas também na versão grega – formavam uma única obra: o total de seus versículos (685) é indicado somente depois do último capítulo de Neemias e a metade do livro é marcada entre *Ne* 3,31 e 3,32. A unidade da obra pode ser percebida também da soma dos livros bíblicos fornecida por Flávio Josefo[237] e que em âmbito cristão é atestada por Melitão de Sardes[238]. Orígenes parece conhecer a divisão já em dois livros, enquanto Jerônimo recorda que em hebraico são um volume único[239]. Todavia, ele noticia que a tradição atribui a Esdras quatro livros (dois dos quais ele designa como apócrifos), que têm nomes e numeração diferentes na Bíblia Hebraica e nas traduções antigas, assim como nas modernas edições:

Bíblia Hebraica	Septuaginta	Vulgata	Edições modernas
Esdras	Esdras β (1–10)	1Esdras	Esdras
	Esdras α (11–23)	2Esdras	Neemias
	Esdras α	3Esdras	3Esdras
		4Esdras	4Esdras

---

236. BRUEGGEMANN, W. *Teologia dell'Antico Testamento*. Op. cit., p. 872-873.

237. *Contra Apionem*, p. 40.

238. Cf. EUSEBIO. *Historia ecclesiastica* 4.26.14.

239. Cf. respectivamente PG 20,581A e *Carta a Paulino* 53,8.

Como mostra a tabela, também na Septuaginta se trata de uma obra única (embora algumas edições modernas separem o livro grego em Esdras β e Esdras γ. A obra denominada Esdras α na Septuaginta (3Esdras na Vulgata)[240] compreende 2Cr 35–Esd 10; Ne 7,72–8,13a e o relato da "disputa dos três pagãos" (Esdras α 3,1–5,6, que surgiu provavelmente no século II a.C. 4Esdras é um apocalipse do final do século I d.C.).[241]

Os dois livros canônicos têm diversos temas em comum: o retorno do exílio como resultado da iniciativa real (o rei persa); a ameaça dos "estrangeiros" (a identidade destes varia nas diversas situações) ou da população local (*'am ha'árets*) contra a comunidade dos repatriados; o valor das listas associado à importância atribuída à documentação, com um templo e o seu culto restaurados. Esse é o núcleo da exposição, mas há diversos temas que se entrelaçam: a providência divina, o Império Persa como instrumento nas mãos de Deus, a importância do Templo e do seu culto, a continuidade das ameaças por parte de quem não é membro da comunidade restaurada[242].

Guia para a leitura

A narrativa se abre com duas notas que caracterizam toda a sequência: a iniciativa divina e o cumprimento de uma palavra profética. YHWH suscita o espírito do Rei Ciro, o qual publica um edito que ordena a reconstrução do Templo de Jerusalém, consentindo, dessa maneira, o retorno dos deportados à pátria (Esd 1,1-4). O aporte financeiro previsto pelo edito (1,4) e cumprido pelos vizinhos (1,6), indica provavelmente que as colônias hebraicas presentes

---

240. Tradução italiana e introdução em: SACCHI, P. (org.). *Apocrifi dell'Antico Testamento*. Vol. 1. Op. cit., p. 97-178.

241. Tradução italiana e introdução em: SACCHI, P. (org.). *Apocrifi dell'Antico Testamento*. Vol. 2. Turim: UTET, 2006, p. 235-377.

242. Acolhemos aqui a tese bastante difundida da unidade de composição dos dois livros. Não faltam, contudo, posições alternativas, esp.: VANDERKAM, J.C. "Ezra-Nehemiah or Ezra and Nehemiah?" In: ULRICH, E. et al. (orgs.). *Priests, Prophets and Scribes* – Essays on the Formation and Heritage of Second Temple Judaism in Honour of Joseph Blenkinsopp. Sheffield: Sheffield Academic Press, 1992, p. 55-75 [Journal for the Study of the Old Testament – Supplement Series, 149]. • KRAEMER, D. On the Relationship of the Books of Ezra and Nehemiah. *Journal for the Study of the Old Testament* 59, 1993, p. 73-92. • BECKING, B. "Ezra on the Move...Trends and Perspectives on the Character of his Book". In: GARCÍA MARTINEZ, F. & NOORT, E. (orgs.). *Perspectives in the Study of the Old Testament and Early Judaism*. Leiden: Brill, 1998, p. 154-179 [Vetus Testamentum Supplement, 73].

no Império Persa pudessem fornecer contribuições aos repatriados. Ao mesmo tempo, a cena relembra o sustento que os egípcios deram aos filhos de Israel quando partiram na noite do êxodo (Ex 11,2-3; 12,35-36), sinalizando que aquilo que agora está acontecendo é compreendido como um novo êxodo. Além disso, o rei autoriza Sasabassar a devolver a Jerusalém os mantimentos do Templo tomados por Nabucodonosor, dos quais se fornece um inventário (1,7-10). Em seguida se apresenta a lista dos repatriados (Esd 2) que será retomada com ligeiras variações em Ne 7. No topo da lista estão os nomes de Zorobabel e Josué, que em Esd 3 são apresentados como guias do povo, enquanto não se menciona mais Sasabassar.

O relato prossegue descrevendo os primeiros passos rumo ao restabelecimento do culto em Jerusalém: a construção do altar para os holocaustos (3,1-3), a celebração da Festa das Tendas (v. 406) e a construção dos fundamentos do novo Templo (v. 7-11). A reação da população é dúbia: à alegria de muitos, se contrapõe o choro dos anciãos, motivado pela nostalgia daquele que tinha sido destruído (3,12-13).

O estilo da narração muda significativamente nos capítulos sucessivos, em particular na seção que vai de 4,1 a 6,13 onde se expõe a resistência que diversos sujeitos manifestam contra a reconstrução, incluindo, até mesmo documentos em língua aramaica. O capítulo 4 suscita diversos problemas cronológicos, visto que vai bem além da circunstância narrada no capítulo 3 e retomada em 4,24: em primeiro lugar é mencionada a resistência por parte dos "inimigos de Judá e Benjamim" (4,1; em 4,4 se trata da população local, *'am ha'árets*) durante os reinos de Ciro e Dario (4,5), enquanto em seguida se fala de uma acusação (4,6) apresentada na época de Xerxes (sucessor de Dario) e, por fim de uma correspondência com o rei sucessivo, Artaxerxes (4,7-23), a respeito não do Templo, mas da reconstrução das muralhas da cidade. A construção do Templo retomada sob Dario e desencadeada pela pregação de Ageu e Zacarias (5,1-2), é completada após o escrito que envia a Tatanai, governador da Transeufratênia (6,3-12). Terminada a construção, enfim, se celebra a dedicação do templo (6,16-18) e em seguida a Páscoa (6,19-22).

Em Esd 7–10 se concentra-se sobre a atividade de Esdras, *escriba versado na Lei de Moisés* (7,6) e *sacerdote, escriba e sábio intérprete dos mandamentos do Senhor e de suas leis referentes a Israel* (7,11). Ele retornará em seguida em Ne 8, após um parêntese inteiramente dedicado à missão de Neemias. Isso significa que a composição atual da obra relaciona os dois protagonistas (mencionados juntos também em Ne 12,26), embora uma atenta observação dos textos não deponha favoravelmente à sua contemporaneidade. Em relação à narrativa precedente, passaram-se cinquenta e sete anos (admitindo que o rei em questão é Artaxerxes I). No relato se passa alternativamente da terceira para a primeira pessoa, o que induziu a denominar essa seção como "memorial de Esdras", analogamente àquele seguinte de Neemias.

Os capítulos 7–8 narram em detalhes a viagem de Esdras e de seu grupo da Babilônia a Jerusalém. Também nessa seção se insere um texto aramaico (7,12-26) que apresenta a carta com a qual o Rei Artaxerxes encarrega Esdras de fazer uma consulta em Judá e Jerusalém para verificar a observância da "lei do teu Deus, a qual está em tuas mãos" (7,14), além disso, ela autoriza o retorno dos exilados (7,13) e um sustento financeiro para o culto no Templo. À carta de acompanhamento do rei, se segue uma oração de louvor de Esdras, com a qual inicia também o relato em primeira pessoa.

A lista dos repatriados (8,1-4) abre o relato da viagem e tem como corolário a busca por pessoal levítico para servir ao Templo (v. 15-20). Depois de ter feito um jejum de purificação (8,21-23), a caravana se move, mencionando em primeiro lugar os sacerdotes, encarregados de transportar utensílios e dons preciosos para o Templo (v. 24-30). Sobre a viagem apenas se faz menção (v. 31), enquanto se concentra sobre a chegada em Jerusalém e sobre a entrega dos dons (v. 32-34), seguida de um solene ato de culto a favor de "todo o Israel (v. 35).

A parte conclusiva do livro (Esd 9–10) é inteiramente dedicada ao problema dos matrimônios mistos e se encerra com a lista daqueles que haviam se casado com mulheres estrangeiras (10,18-44). Logo após a denúncia dos chefes do povo (9,1-2), Esdras reage com consternação e ora (9,3-15). Ao mesmo tempo, o povo se une e se empenha solenemente para resolver a questão, cabendo a Esdras a tarefa de pôr em ação esse empenho (10,1-6). Esdras convoca uma assembleia pública a qual, em decorrência do número excessivo de presente e do clima, delegou uma comissão com o mandato de preparar uma lista de todos os homens que tinham se casado com mulheres estrangeiras (10,7-44). O Texto Massorético não dá informações acerca das consequências dessa iniciativa, já que se encerra com esta frase: "Todos esses tinham desposado mulheres estrangeiras: e havia entre elas mulheres que lhes deram filhos" (10,44). A última frase revela um texto corrompido e em geral as versões modernas o alteram com base em 3Esd 9,36: "e as despediram com os filhos" (*kái apélysan autás syn téknois*; cf. Bíblia de Jerusalém), mas a Septuaginta (assim como Syr e Vulgata) supõem um texto próximo ao Texto Massorético ("e geraram filhos com elas").

Esse final brusco fez com que se supusesse que o editor tivesse omito a conclusão original das memórias de Esdras, ou que a missão de Esdras foi tão breve que ele mesmo não pode ver seus efeitos, talvez porque tenha sido rapidamente chamado de volta por Artaxerxes. [...] Mas, no complexo do livro unitário Esd-Ne, conclui-se apenas o segundo movimento: a cena novamente se transportará para a corte persa para um outro início"[243].

O Livro de Neemias inicia com uma notícia que menciona o protagonista enquanto está a serviço do rei persa como copeiro: alguns judeus chegados da pátria-mãe o informaram acerca da desolação de Jerusalém e da província de Judá (Ne 1,1-3). A notícia causa mal-estar em Neemias que prontamente se dirige a Deus para obter socorro (1,4-11). No entanto, o seu humor é percebido pelo Rei Artaxerxes que o autoriza a ir para Jerusalém para reconstruir a cidade (2,1-8).

Em seguida, narra-se o cumprimento da tarefa destinada a Neemias e a dificuldade que ele precisou superar (2,9–6,19). Chegando em Jerusalém, faz, em primeiro lugar, uma inspeção dos muros da cidade e solicita que os trabalhadores os reconstruam (2,11-18). Imediatamente surgem resistências à reconstrução (2,9-10.19-20) que depois serão narradas em detalhe nos capítulos 4–6. Ne 3,1-32 elenca as pessoas que trabalharam nas várias partes das muralhas. A lista não menciona Neemias e poderia ter tido uma origem independente do memorial no qual está inserida.

As posições ao projeto de Neemias provêm tanto de fora quanto de dentro da comunidade. A oposição externa é liderada por Sanabalat (governador da Samaria), Tobias (para alguns um funcionário de Sanabalat, mas talvez, de fato, o governador da região da transjordânia) e Gosem (talvez governador

---

243. BALZARETTI, C. *Esdra-Neemia* – Nuova versione, introduzione e commento. Milão: Paoline, 1999, p. 105.

de uma província vizinha). Esses tentam impedir a reconstrução da cidade, inicialmente com desdém (2,19-20; 3,33-35), em seguida planejando uma agressão militar (4,1-17), e, por fim, com projetos homicidas em relação a Neemias (6,1-14). A oposição interna procede de um grupo ligado aos adversários precedentes (6,17-19), mas o verdadeiro obstáculo, neste caso, é econômico (5,1-13): as restrições causadas pela carestia e pela concentração sobre a reconstrução das muralhas são agravadas pelas taxas e pelos juros cobrados pelos ricos, inclusive Neemias (5,10). Neemias convence que cessem as cobranças de juros e que restituam os bens confiscados (5,11-13). Não obstante as resistências, os projetos de reconstrução de Neemias são colocados em ação e completados em 52 dias (6,15-19).

Em Ne 7 emerge ainda um problema posterior: a população da cidade é pouco numerosa e isso induz Neemias a recensear a população presente na província. Aqui se repete a lista dos repatriados de Esd 2 – também aqui, imediatamente seguida pelo relato de uma ação litúrgica (cf. Esd 3 com Ne 8). A retomada da lista de Esd 2 indica que terminara o período de preparação, pois se faz presente a mesma comunidade que tinha retornado e que reconstruíra o Templo. As duas versões da lista emolduram o relato sobre o retorno que, nas suas diversas fases, representa a resposta ao Edito de Ciro. A lista de Ne 7, além disso, estabelece quais são os membros legítimos da comunidade pós-exílica.

A seção seguinte do livro (Ne 8–13) inclui duas partes bem definidas: a primeira (cap. 8–10) apresenta o vértice religioso da reconstrução através da leitura solene da Torá (cap. 8), a cerimônia penitencial (cap. 9) e o compromisso de respeitar a Lei divina assinado pela comunidade (cap. 10); a segunda (cap. 11–13) inicia com a lista daqueles que foram escolhidos para se estabelecerem em Jerusalém a fim de repovoá-la (11,1-24; uma lista similar se encontra em 1Cr 9,2-17 e diz respeito aos primeiros que retornaram do exílio) e outras listas incluem os assentamentos de Judá e Benjamim (11,25-36) e o pessoal do Templo (12,1-26); segue-se, então, com a dedicação das muralhas da cidade (12,27-43) e a apresentação das medidas de reforma aplicadas por Neemias (12,44–13,31).

A leitura da Lei (8,1-12) parece ligada ao memorial de Esdras e muitos entendem que originalmente se encontrasse imediatamente depois de Esd 8.

Discute-se ainda sobre qual seria a Lei lida em público: mesmo que a maior parte dos estudiosos sugere que fosse o Pentateuco, ou ainda uma forma deste muito próxima da atual, não faltam reservas consideráveis. De qualquer modo, embora seja justo concluir que o narrador identifique a Torá lida no tempo de Esdras com o Pentateuco, isso não necessariamente leva a concluir que essa sua convicção corresponda ao evento efetivo. Na verdade, a cena reflete a ideia que progressivamente se impôs no judaísmo do Segundo Templo acerca da função de Esdras e da *goláh* babilônica, uma ideia que, todavia, é mais consequência de opções teológicas do que de acontecimentos efetivos. De resto, é digno de nota que nessa cena se reflita em parte o culto sinagogal: se leva o rolo da Torá (v. 2), que é lido sobre uma estante de madeira construído para essa ocasião (v. 4) que corresponde à *bimáh* sinagogal. Após a abertura do rolo (v. 5) se pronuncia uma bênção solene (v. 6), concluída com o *amém* da assembleia. Em seguida, a leitura é acompanhada da explicação (v. 8), ou, como supõem alguns estudiosos, da tradução em aramaico.

Uma nova cerimônia de culto é apresentada em Ne 9. Trata-se de uma liturgia penitencial, que poderia ter sido motivada pela audição da Torá: a intensa oração que percorre a história de Israel, de Abraão em diante, salienta as consequências da reiterada desobediência do povo, exprimindo desse modo a vontade da assembleia de aderir à Lei do Senhor e de observar seus preceitos. Tudo isso culmina com o compromisso público assinado em Ne 10: nesse capítulo se apresenta primeiramente a lista dos signatários (v. 2-8), em seguida os pontos específicos que caracterizam esse solene compromisso: a exclusão dos matrimônios mistos (v. 31), a santificação do sábado e a remissão dos débitos no sétimo ano (v. 32), os utensílios para o culto do Templo (v. 33-35), as primícias e os primogênitos do gado (v. 36-37), o dízimo (v. 38-40).

Ne 11 inicia com a lista daqueles que deveriam habitar em Jerusalém, a fim de repovoá-la (11,1-19). A lista é similar àquela de 1Cr 9,2-17 (lista os primeiros repatriados do exílio). A esta se seguem alguns complementos, relativos aos habitantes de Judá e Benjamim (11,21-36) e aos sacerdotes (12,1-26).

> A colocação estratégica dessas listas informa o leitor que a atividade dos reformadores fora bem-sucedida. Primeiro o Templo e em seguida as muralhas foram reconstruídas. Agora (cap. 11), a cidade reconstruída é habitada pelo povo que firmou um pacto. Além disso (cap. 12), o pessoal do Templo está completo. No cap. 11

prevalecem as categorias espaciais: o povo é associado à terra. No cap. 12 prevalecem, ao contrário, as categorias temporais: o presente é associado ao início, o pessoal do culto unifica a era que vai de Zorobabel e Josué (12,1) a Neemias e Esdras (12,26)[244].

Segue-se, então, a solene dedicação das muralhas da cidade (12,27-43), que muito provavelmente na sua origem se colocava imediatamente depois da lista dos habitantes de Jerusalém (11,1-20).

A narrativa se conclui apresentando cada uma das medidas de reformas aplicadas por Neemias: a regulamentação das ofertas (12,44-47), a separação dos estrangeiros (13,1-3), a supressão de um abuso cometido no recinto do Templo a favor de Tobias (13,4-9), a regulamentação do dízimo (13,10-13) e do sábado (13,15-22), a eliminação dos matrimônios mistos (13,23-29). Ne 13,30-31 sintetiza as providências tomadas pelo protagonista em três categorias: a purificação de tudo o que é estrangeiro, os direitos do pessoal dedicado ao culto, as provisões para os sacrifícios.

Estrutura e composição

A exposição histórica apresenta uma clara divisão cronológica em duas fases, em base na qual se podem distinguir duas partes principais:

– Esd 1–6 onde se narra o retorno e a construção do Segundo Templo sob o reinado de Ciro e Dario (final do séc. VI a.C.);

– Esd 7–Ne 13 onde se descreve a consolidação interna e externa da comunidade judaica sob Artaxerxes I (metade do séc. V a.C.).

Em ambas as fases se faz presente uma dupla de personagens (Josué e Zorobabel; Esdras e Neemias) os quais guiam a comunidade, mas com funções distintas: cultuais e religiosas para Josué e Esdras; políticas e administrativas para Zorobabel e Neemias.

Contudo, a cronologia não é suficiente para explicar a composição da obra, a qual requer que se atente também para as temáticas que nela emergem.

T.C. Eskenazi ressaltou o processo de *repetição* na organização do conjunto[245], baseando a estrutura sobre as seguintes observações: a repetição

---

244. Ibid., p. 169.

245. ESKENAZI, T.C. *In an Age of Prose* – A Literary Approach to Ezra-Nehemiah. Atlanta: Scholars Press, 1988, p. 37-40.

principal é a lista dos repatriados (Esd 2 e Ne 7) e representa a chave da estrutura; o Edito de Ciro e a resposta dos exilados (Esd 1,1-6) resumem os principais temas; Esd 6,14[246] coloca em foco a temática da teologia do livro, correlacionando a ação do povo de Israel – representado pelos "anciãos" – , a reconstrução do Templo e a verdadeira fonte de poder que move os três reis da Pérsia, isto é, o Deus de Israel.

Eskenazi se apoia, além disso, no modelo estruturalista de C. Bremond[247], segundo o qual a estrutura elementar de um relato inicia abrindo a possibilidade ao processo sucessivo, prossegue realizando a virtualidade precedente e se conclui uma vez alcançado o resultado. Portanto, a estrutura que propõe é a seguinte:

I – *Virtualidade* (definição dos objetivos): o decreto de Ciro exorta a construir a casa de Deus (Esd 1,1-4).

II – *Processo de implementação*: a comunidade reconstrói a casa de Deus segundo o decreto (Esd 1,5–Ne 7,72).

    a) Introdução: sumário proléptico (Esd 1,5-6).

      b) Construção do altar e do Templo pelos repatriados (Es 1,7–6,22).

        c) Construção da comunidade dos repatriados através da Lei (Esd 7–10).

    d) Construção das muralhas da cidade pelos repatriados (Ne 1,1–7,5).

    e) Recapitulação: lista dos repatriados (Ne 7,6-72).

III – *Sucesso* da reconstrução (objetivo alcançado; Ne 8–13).

    a) Consolidação segundo a Torá (Ne 8–10).

    b) Recapitulação: listas dos membros da comunidade (Ne 11,1–12,26).

    c) Dedicação da casa de Deus (Ne 12,27–13,3).

    d) Coda (Ne 13,4-31).

O Edito de Ciro (Esd 1,1-4) introduz e resume, de modo substancial, os temas fundamentais do livro, focalizando sobre o povo de Deus, sobre a construção da casa de Deus e sobre o cumprimento do Edito de Deus e de Ciro. Estes três pontos – povo (*'am*) casa

---

246. "Os anciãos dos judeus continuaram a construir, com êxito, sob a inspiração do Profeta Ageu e de Zacarias, filho de Ado. Terminaram a construção de acordo com a ordem do Deus de Israel e a ordem de Ciro e de Dario, reis da Pérsia."

247. BREMOND, C. "La logica dei possibili narrativi". In: BARTHES, R. et al. (orgs.). *L'analisi del racconto*. Milão: Bompiani, 1969, p. 97-122 [orig. francês: 1966] [Idee nuove].

de Deus, documentos escritos – são fundamentais para a estrutura e a mensagem de Esd-Ne. Eles correspondem a três principais temas em Esd-Ne: primeiro, a centralidade de toda a comunidade em detrimento da concentração sobre as ações heroicas dos assim chamados "grandes homens"; segundo, a ampliação da noção de casa de Deus a qual não compreende somente o Templo, mas a cidade inteira; terceiro, a centralidade dos textos escritos como fontes de autoridade[248].

Um estudo atento revela que nas origens do livro atual estão três complexos de tradições surgidas ao redor de determinados personagens: a tradição Josué-Zorobabel, a tradição Esdras e a tradição Neemias[249]. Juntamente com essas tradições, a pesquisa se concentra sobre o valor dos documentos aramaicos presentes no texto e sobre a confiabilidade das listas.

No que tange os documentos oficiais, o confronto com os testemunhos coetâneos, levou a uma conclusão negativa acerca do seu valor documental, visto que não estão em conformidade com o estilo da chancelaria imperial; ao mesmo tempo, é oportuna uma avaliação mais articulada. O Edito de Ciro é reproduzido em aramaico em Esd 6,3-5, enquanto em 1,2-4 aparece em hebraico e com uma mais evidente caracterização teológica correspondente ao pensamento do narrador. Quanto às cartas dos reis, é difícil acreditar que o narrador tenha criado os documentos, pois nem sempre correspondem ao relato: é muito mais provável que ele tivesse à disposição uma coleção de documentos, embora isso não demonstre com certeza a autenticidade deles. O uso do aramaico faz supor documentos oficiais, mas poderia ser um expediente literário para dar a eles uma aparência de autenticidade (cf., p. ex., Est; tb. o historiador Flávio Josefo recorre com frequência a esse expediente). Sem negar de modo absoluto que nas suas bases haja autênticas comunicações da administração persa, é evidente que estas foram reelaboradas por escribas hebreus para lhes conformar aos seus escopos. De qualquer modo, falta uma documentação precisa com a qual confrontar, tampouco há certificações sobre uma política imperial religiosa tolerante. No máximo, se pode falar de flexibilidade e variedade, isto é, os persas estavam dispostos a

---

248. ESKENAZI, T.C. *In an Age of Prose*. Op. cit., p. 40.

249. Cf. GRABBE, L.L. *Ezra-Nehemiah*. Londres/Nova York: Routledge, 1998, p. 184.

operar com normas locais e segundo os costumes e as leis locais na medida em que não contrastavam com os interesses mais amplos do império.

A respeito do complexo de tradições sobre Esdras, se passa de concepções minimalistas (o redator dispunha apenas de Esd 7,12-26 e, consequentemente, o memorial seria um *midrash* livre do decreto de Artaxerxes) a quem conceba o relato em primeira pessoa como fonte e aquele em terceira pessoa como reelaboração. A passagem da primeira para a terceira pessoa retrataria um estilo literário difuso (cf. Tb; Dn), ou resultaria de uma deliberada imitação das memórias de Neemias depois da união das respectivas tradições.

As listas presentes nos livros têm um valor mais teológico do que documental e tem a mesma função das listas que caracterizam o Livro de Josué, ligadas à ocupação da terra: definem com precisão quem faz parte de Israel e quem não faz[250].

Até mesmo as memórias de Neemias apresentam uma oscilação entre primeira e terceira pessoa, onde se destaca sobretudo o caráter não homogêneo dos materiais do relato em terceira pessoa, enquanto o material em primeira pessoa apresenta uma narrativa coerente, ainda que com alguma incongruência. Isso levou a ver o desenvolvimento do memorial em duas etapas: a primeira, que aborda a missão confiada a Neemias a Artaxerxes, a segunda, uma reescritura feita pelo próprio Neemias para responder às sucessivas contestações à sua obra reformadora[251].

A sucessão cronológica entre os dois personagens é problemática: o relato supõe a precedência da missão de Esdras e, depois de um período no qual sai de cena, ele é visto repentinamente em ação por ocasião da proclamação pública da Torá (Ne 8) e da dedicação das muralhas (Ne 12,36). A análise interna mostra, no entanto, que Neemias não tem função alguma na cena da leitura pública da Torá (em Ne 8,9, o verbo no singular indica que o seu nome foi acrescentado). O mesmo vale para Esdras na cena da dedicação das muralhas: o seu nome aparece em uma espécie de apêndice (13,36c). O debate sobre a cronologia foi introduzido por A.-A. van Hoonacker em uma série de artigos escritos entre 1890 e 1924, nos quais elenca diversos argumentos que demonstrariam que Neemias chegou a Jerusalém em 445 a.C.

---

250. Cf. BLENKINSOPP, J. *Ezra-Nehemiah* – A Commentary. Londres: SCM, 1989, p. 84.

251. WILLIAMSON, H.G.M. *Ezra and Nehemiah*. Waco: Word Books, 1985, p. xxiv-xxviii.

(sob Artaxerxes I) e Esdras em 398 a.C. (sob Artaxerxes II). A sua hipótese teve significativas aprovações, mas não faltam discordâncias. As posições dos estudiosos podem ser sintetizadas como segue:

a) Para alguns, Esdras seria invenção do Cronista;

b) Outros aceitam a nova datação da missão de Esdras: de 458 (sétimo ano de Artaxerxes I) a 398 (Artaxerxes II), portanto, depois de Neemias. Nesse caso, a associação dos dois personagens não seria histórica;

c) Uma minoria sustenta que Esdras seja posterior a Neemias, mas sempre durante o reino de Artaxerxes I: Neemias teria chegado em 445, enquanto Esdras em 428 (corrigindo o "sétimo" ano de Esd 7,7-8 em "trigésimo sétimo"), coincidindo com a segunda permanência de Neemias em Jerusalém;

d) Há ainda que proponha uma solução histórico-redacional: as notícias sobre a atividade comum dos dois personagens são redacionais, portanto, têm valor teológico, não histórico[252].

Este último cenário é preferível sobre a base de argumentos internos e de observações de caráter jurídico:

> De um ponto de vista estritamente histórico, a obra reformadora de Neemias (445 a.C.) precedeu a de Esdras (398 a.C.). Como explicar, portanto, a (re)apresentação bíblica, que inverte os dados cronológicos? Mais uma vez a intenção teológica expressa sob forma narrativa no livro, permite esclarecer a cena: Como se poderia promulgar a Lei (Ne 8) sem antes ter resolvido a questão dos matrimônios mistos (Esd 9–10) e sem antes ter reconstruído as muralhas de Jerusalém (Ne 2–3/6) e repovoado a cidade (Ne 7)? A Lei é oferecida a um povo purificado e separado de "qualquer elemento misto". No sentido forte que lhe confere a expressão de Esd 9,9, a Lei se constitui, então, como um "reparo (*gadér*) seguro em Judá e em Jerusalém[253].

---

252. Cf. SHAVER, J.R. "Ezra and Nehemiah: On the Theological Significance of Making them Contemporaries". In: ULRICH et al. (orgs.). *Priests, Prophets and Scribes* — Essays on the Formation and Heritage of Second Temple Judaism in Honour of Joseph Blenkinsopp. Sheffield: Sheffield Academic Press, 1992, p. 76-86.

253. ABADIE, P. "Esdra-Neemia". RÖMER, T.; MACCHI, D. & NIHAN, C. (orgs.). *Guida di lettura all'Antico Testamento*. Op. cit., p. 549.

O texto

Como já indicado, a tradição massorética considera Esdras e Neemias um único livro. A língua usada é o hebraico bíblico tardio, que sofre influxos persas e aramaicos. O texto hebraico e as partes aramaicas são bem conservados e apresentam poucas dificuldades. Até mesmo as variações nas listas dos nomes ou nos números (especialmente em Esd 2 e Ne 7) correspondem ao que se pode esperar de uma obra antiga.

A existência de dois textos gregos gerou um amplo debate, que sofreu uma mudança drástica com a descoberta dos manuscritos do deserto de Judá, os quais incluem três fragmentos de Esdras. Os fragmentos de Qumran são muito próximos do Texto Massorético e divergem de modo substancial de 3Esdras.

O confronto entre as versões gregas evidencia que cada uma delas tem uma forma literária específica. Andam juntas quanto apresentam a reconstrução do Templo sob Zorobabel e a missão de Esdras, mas no restante incluem material próprio: 3Esdras inicia com os últimos dois capítulos de Crônicas (enquanto Esdras canônico apenas com os últimos versículos do livro) e inclui o relato sobre os três pagãos, uma legenda sobre Zorobabel não contemplada em Esdras-Neemias; Esdras-Neemias, ao contrário, contém o relato da reconstrução da cidade por Neemias, um material completamente ausente em 3Esdras. De fato, em 3Esdras a cidade já está reconstruída no tempo de Zorobabel e Esdras, tornando, portanto, supérflua a missão de Neemias. Por isso, alguns estudiosos concluem que 3Esdras é mais antigo do que as outras fontes textuais, as quais teriam adaptado sucessivamente todo o texto dos relatos sobre Zorobabel e Esdras à inserção do memorial de Neemias[254].

Teologia

Esdras e Neemias oferecem uma janela bastante importante sobre a auto compreensão do judaísmo do Segundo Templo, à luz da relação que o

---

254. Cf. BÖHLER, D. "On the Relationship between Textual and Literary Criticism – The Two Recensions of the Book of Ezra: Ezra-Neh (MT) and 1Esdras (LXX)". In: SCHENKER, A. (org.). *The Earliest Text of the Hebrew Bible* – The Relationship between the Masoretic Text and the Hebrew Base of the Septuagint Reconsidered. Atlanta: SBL, 2003, p. 35-50 [Society of Biblical Literature. Septuagint and Cognate Studies Series, 52].

autor estabelece entre a situação narrada e a literatura bíblica com as quais se conecta.

Um primeiro tema que subjaz é o da eleição de Israel, a quem se assinala um papel e uma relação especial, pois recebeu uma nomeação ou um encargo por decreto do Rei divino (Dt 4,32-40). Afirmando a eleição, se coloca em jogo uma representação de Deus que tem como pressuposto a convicção da superioridade do próprio Deus, do seu poderio e da sua vontade de domínio. Essa superioridade se exprime em relação aos outros povos com a representação da vitória sobre eles, mas exige também de Israel a construção de uma sociedade justa (Dt 16,20) pois "Israel é compreendido como uma comunidade que deve preocupar-se com o bem-estar do próximo e deve estar disposta a exercer o poder público no interesse pelo próximo, mesmo quando esse exercício do poder público deponha contra os interesses estabelecidos"[255].

Contudo, emerge nos textos uma tensão: o Deuteronômio, de um lado, exorta a amar os estrangeiros (cf. Dt 10,19; 15,3; 23,21; 24,19-21) e, de outro, ordena que se elimine toda presença estrangeira no país para evitar a deriva da apostasia (Dt 7,1-6). A tensão é posteriormente acentuada pela narrativa da aplicação dessas normas no Livro de Josué. Nesse caso a interpretação apela ao gênero literário, para mostrar que se trata de uma ficção, de modo que os cananeus não seriam pessoas reais, mas atores de um drama que tem Israel como vencedor (é o herói).

O cenário de Josué, no entanto, se reapresenta com a situação narrada nos livros de Esdras e Neemias: perante o perigo de uma *contaminação* (cf. Esd 9,2; 10,2.10) se apela aos preceitos do Pentateuco concernentes a exogamia, tida como causa de apostasia e sincretismo (cf. Ex 34,11-16; Dt 7,1-4; 20,10-18). Todavia, enquanto Ex 34 e Dt 7 proíbem apenas o matrimônio exogâmico, sem dar qualquer prescrição em caso de infração, em Esdras e Neemias são tomadas medidas drásticas, difíceis de compreender com base naquilo que a própria Torá de Moisés diz acerca da proteção do pobre e do indigente.

Ainda no caso de Esdras e Neemias, deve-se considerar o tipo de narrativa. A sequência narrativa visa, de fato, a *reconstrução* de uma sociedade depois que os pressupostos da sociedade precedente tinham ruído. Os elementos constitutivos da sociedade precedente eram um território bem definido, a ins-

---

255. BRUEGGEMANN, W. *Teologia dell'Antico Testamento*. Op. cit., p. 554.

tituição monárquica, o Templo e os seus funcionários; agora, estes pressupostos ou são ausentes ou redefinidos: o território não somente diminuíra, mas na realidade, não mais existia, o único âmbito territorial de que dispunha parece ser a área cercada pelas muralhas de Jerusalém (cf. Ne). Mesmo na presença de uma autoridade política local (o *governador*), esta não assume qualquer valor simbólico na construção da comunidade (diferentemente em Ageu e Zacarias, ao menos no que concerne Zorobabel), de modo que a única instituição que parece ter autoridade seja o sacerdócio. Nesse caso, no entanto, uma das funções essenciais do sacerdócio, a da comunicação da Torá, é agora transferida para uma outra categoria (ou instituição), o escriba (embora Esdras una em si as duas funções, cf. Esd 7,6-11). Atesta-se aqui a emergência de um modelo religioso que progressivamente se impôs no hebraísmo: de um lado um centro ideal e simbólico representado pelo Templo de Jerusalém, único lugar de culto habilitado à exceção dos sacrifícios, do outro, a referência a um escrito ou a um *corpus* escriturístico como documento que regula a relação com Deus, não apenas do povo, mas também de cada um dos crentes.

O relato propõe um novo ingresso na terra com um novo enredo. Não mais a fuga de um rei (o faraó), mas uma iniciativa real (o Edito de Ciro), sublinhando que não é preciso restaurar a antiga dinastia, já que se pode preservar a própria identidade étnica e religiosa ainda que sob um domínio estrangeiro, agora que o Grande Rei realiza com a sua política *tolerante* a vontade do verdadeiro soberano (o Deus dos céus). O retorno é, além disso, modelado sob a tipologia do êxodo[256] e assume o andamento de uma *procissão cultual*: como no êxodo do Egito, também nesse caso toda a história sinaliza a passagem da escravidão à liberdade e é apresentada como cumprimento de uma palavra de Deus[257]. Como no modelo de referência, também aqui à origem há uma iniciativa divina e se pede ao povo uma resposta consequente, isto é, a adesão à vontade de Deus expressa na Torá.

---

256. Cf. ESKENAZI, T.C. "The Missions of Ezra and Nehemiah". In: LIPSCHITS, O. & OEMING, M. (orgs.). *Judah and the Judeans in the Persian Period*. Winona Lake: Eisenbrauns, 2006, p. 509-529.

257. O êxodo é o cumprimento da declaração divina a Abraão em Gn 15,13-14; o Decreto de Ciro é o cumprimento da palavra transmitida por Jeremias (Esd 1,1) que anunciava o domínio babilônio, sua queda e o retorno dos exilados a Sião (Jr 25,9-14; 27,6-8; 29,10-14).

Enfim, em Esdras e Neemias a resposta à Torá modela a relação com os "outros", já que a nova identidade assumida pelo povo de Deus requer a separação dos outros grupos presentes no país. Essa posição contrasta com o pedido de que os "outros" sejam extirpados (como impõe Dt 7,1-6 e como realiza Josué) e com a proposta de uma aliança sócio-religiosa ou de uma mistura com os "outros" (a concepção, parece, dos opositores de Esdras). A história antiga é, portanto, retomada, mas com novas nuances. De Esdras e Neemias resulta, de fato, que um só grupo de Israelitas é considerado o "verdadeiro" Israel, excluindo outros grupos ou pessoas; além disso, apelando à *linhagem santa* (Esd 9,2), a ideia de eleição divina é reformulada em categorias biológicas (cf. Esd 2,1; Ne 7,6; 9,2.8).

Ignorando o problema da classificação sociológica do grupo considerado nos dois livros, vale notar que esse está à procura de uma identidade religiosa e étnica em Esd 9–10, baseada propriamente sobre a categoria de *linhagem santa*, na qual convergem duas descrições tradicionais de Israel[258]: a denominação "santa" se conecta com o Deuteronômio onde Israel é com frequência denominado "povo santo" (cf. Dt 7,6; 14,2.21; 26,19); enquanto se fala do povo como "linhagem de Abraão" em outros contextos (Is 41,8; Jr 33,26; Sl 105,6; 2Cr 20,7). Ambas estão ligadas à consciência de serem eleitas por Deus.

A expressão *linhagem santa* demonstra, portanto, uma radical autointerpretação do grupo constituído ao redor de Esdras, que também deve ser lida como cumprimento de uma profecia, aquela que inaugura a missão de Isaías e que culmina com o anúncio de uma devastação do país que será abandonado pela população (Is 6,11-12), mas na qual também se prospecta a preservação de um resto, designado como "linhagem santa" (6,13). É, pois, emblemático que no Livro de Isaías o tema da *linhagem* aplicado ao povo aflore apenas na segunda e terceira parte, onde, sobretudo a terceira parte, põe em evidência um conflito interno da comunidade presente em Judá no pós-exílio. Nesse contexto se contrapõem os eleitos/servos de YHWH (65,9) "àqueles que abandonaram YHWH, esqueceram o seu Monte Santo, prepararam uma mesa para Gad e encheram as taças para Meni" (65,11). Estaria em

---

258. BIANCHI, F. "Una stirpe santa" (Is 6,13b = Esd 9,2) – L'identità di Israele in epoca achemenide ed ellenistica. *Rivista Biblica* 55, 2007, p. 297-311.

jogo, portanto, uma apostasia religiosa. Os eleitos/servos são "linhagem de Jacó" (65,9), "linhagem que YHWH abençoou" (61,9; 65,23), "linhagem que dura eternamente" (66,22): estes são aqueles que em Jacó se "converteram do pecado (59,20) e com os quais Deus firmou a sua aliança (59,21).

De modo parecido deve-se compreender a situação em Esdras e Neemias: os estrangeiros sobre os quais falam os textos representam um número que desvela um debate entre o povo hebraico, que culminou na prevalência de uma perspectiva religiosa em detrimento de outras, mesmo consideradas, em determinadas épocas e por determinados círculos, perfeitamente legítimas do ponto de vista do javismo. Com efeito, mesmo não faltando referências aos adversários nos textos, o autor não está preocupado com a identidade de tais pessoas, mas em mostrar que a obra dos dois reformadores foi levada a cabo, não obstante as oposições encontradas.

Esdras e Neemias refletem um Israel reunido ao redor do Templo que talvez, na verdade, nunca tenha existido, visto que na mesma tradição hebraica não faltam textos nos quais é completamente ausente a assim chamada *restauração*. Os dois livros pretendem descrever as origens do judaísmo, mas não faltam opiniões divergentes acerca das origens dele, que, todavia, não foram incluídas no Antigo Testamento. Nesse sentido se pode mencionar obras tais como o *Documento de Damasco*[259], que se conecta com uma figura de fundador diferente (o *Mestre de Justiça*): também nesse se narra o passado pós-exílico de Israel e o exílio é compreendido como punição; também aqui se fala de um pacto com os membros do grupo eleito, baseado sobre uma legislação, e se faz alusão a um processo de interpretação da lei, tratando de santidade e da separação "daqueles de fora" (incluindo os outros judaítas). O *Documento de Damasco* parece, no entanto, vizinho aos círculos ideológicos de *Jubileus*, *Enoque* e Daniel, os quais negam que depois do final do exílio tenha havido uma *restauração* e ignoram a construção de um templo feita naquela época, ou diminuem a sua importância. Isso ilustra que Esdras e Neemias não representam o resultado necessário da relação exclusiva com Deus, mas uma opção que, ao final, se impôs na definição canônica do judaísmo.

---

259. Trad. italiana em: GARCÍA MARTÍNEZ, F. *Testi di Qumran*. Bréscia: Paideia, 1996, p. 114-164 [Biblica].

Um segundo tema particularmente significativo é o papel que o livro dedica ao intérprete da Torá, o escriba. Com escriba (*grammatéus*) se designa na época grega, mas já na época persa, um oficial de governo que desempenhava funções administrativas, financeiras e forenses. Em Esdras e Neemias – mas já em Crônicas – a função que será indicada ao escriba é extremamente associada à função sacerdotal, já que, como afirma um texto profético contemporâneo a esses escritos, "os lábios do sacerdote devem custodiar a ciência e da sua boca se recebe a Lei (Torá), pois ele é mensageiro do Senhor dos exércitos (Ml 2,7). Segundo os livros das Crônicas, de fato, desde épocas antigas, os levitas teriam desempenhado um papel similar ao dos escribas sucessivos, isto é, o de ensinar o povo (cf. 2Cr 17,7-9; 35,3); assim também Ne 8,7-9 indica aos levitas um papel importante na instrução do povo, através da interpretação daquilo que se lê na Lei. Além disso, é decisiva a dupla caracterização de Esdras como "sacerdote, escriba da Lei do Deus dos céus" (no Edito de Artaxerxes rescrito em aramaico: Esd 7,11), provavelmente retomada de um título persa oficial, que o autor transpõe em hebraico sublinhando a competência de Esdras na Lei de Moisés: "ele era um escriba versado na Lei de Moisés" (Esd 7,6); "Esdras tinha aplicado seu coração a perscrutar a Lei de YHWH, a praticar e ensinar, em Israel, os estatutos e as normas. [...] Esdras, o sacerdote-escriba, sábio intérprete dos mandamentos do Senhor e de suas leis referentes a Israel" (Esd 7,10-11).

Nos testemunhos seguintes se assiste, no entanto, à progressiva emancipação da classe escriba em relação ao sacerdócio. Se o Templo, como centro ideal e simbólico, possuía seus funcionários indicados no Pentateuco e legitimados pela autoridade estatal (ao rei – ou ao imperador – cabia a nomeação do sumo sacerdote), a progressiva centralidade atribuída à Torá escrita na relação de cada fiel com Deus requeria a existência de pessoas instruídas na mesma e competentes na sua interpretação. Essas pessoas até a época de composição dos escritos do Novo Testamento eram designadas com o título de escribas, enquanto em seguida, na tradição hebraica prevaleceu a denominação de "sábios" (*chakamím*). Uma vez que a Torá foi colocada por escrito, os sacerdotes deixaram de ser a fonte da Torá: agora a autoridade é revestida por um Livro, do qual a autoridade do sacerdote passa a ser dependente.

A democratização da instrução na Lei no século IV abriu a via ao aparecimento do escriba e imperceptivelmente reduziu a supremacia do sacerdote. De agora em diante a argumentação erudita passou a exercer maior prestígio sobre o pronunciamento de uma autoridade. O Sl 1 apresenta como modelo de beatitude não os sacerdotes oficiantes no Templo, mas o sábio que medita sobre a Torá dia e noite[260].

---

260. BICKERMAN, E. *From Ezra to the Last of the Maccabees* – Foundations of Post-Biblical Judaism. Nova York: Schocken Books, 1962, p. 18.

4

Os hebreus e as nações

Na literatura bíblica, o final do período monárquico se constitui como um divisor de águas decisivo. Das referências a respeito desse acontecimento, tanto nos textos narrativos quanto nos proféticos, fica claro o que determinou a natureza da coleção presente no cânon bíblico. O Israel que reúne os textos bíblicos não é aquele que esteve aos pés do Sinai, tampouco aquele que vive à sombra do rei, mas aquele que deve estar subjugado por dominadores estrangeiros, pois a terra é agora apenas uma pequena província (na verdade, por muito tempo inclusive dividida em duas províncias) de um grande império[261]. Ao mesmo tempo, um dos fatores mais importantes na construção da identidade hebraica do período pós-exílico é constituído pela presença de hebreus fora da terra de Israel. Ainda que a literatura bíblica (cf. em particular Esdras e Neemias, além da segunda parte de Isaías) dá destaque ao retorno ao país, na verdade, muitíssimos hebreus permaneceram tanto onde tinham sido estabelecidos pelos seus dominadores anteriores (a diáspora oriental) quanto onde tinham se refugiado durante um tempo para fugir das diversas represálias (p. ex. no Egito; cf. J 43–45).

O judaísmo do Segundo Templo não se identifica, portanto, apenas com quem retornou. Além dos repatriados há um Israel disperso e nunca reunido que – como mostram os textos relacionados a tal situação[262] – que tem

---

261. Sobre a história do período, cf. esp.: SACCHI, P. *Storia del Secondo Tempio* – Israele tra VI secolo a.C. e I secolo d.C. Turim: SEI, 1994. • BOCCACCINI, G. *I giudaismi del Secondo Tempio* – Da Ezechiele a Daniele. Bréscia: Morcelliana, 2008.

262. Além daqueles protocanônicos (Dn 1–6; Est), há diversas obras que a tradição cristã preservou: os acréscimos gregos a Daniel e Ester; 3Esdras 3–4; Tobias, a Carta de Jeremias. Outros textos, por sua vez, são apócrifos (ou pseudepígrafos).

necessidade de definir a sua posição nos ambientes nos quais não é possível uma nítida separação do elemento pagão, apenas um isolacionismo invisível. A literatura ligada a tal condição traz à baila uma série de estratégias voltadas a mostrar como a preservação da própria identidade representa um ato de fidelidade ao Deus que escolheu o seu povo e como, ao mesmo tempo, a presença do hebreu em meio às nações seja um benefício para elas.

A própria Torá – da qual a redação final ocorre na época sobre a qual estamos tratando – apresenta um caso singular que é visto por muitos intérpretes em estreita relação com a literatura da diáspora, isto é, a história de José. O relato de José tem como protagonista um hebreu que ascende ao nível máximo da hierarquia egípcia, evitando demonstrar os aspectos da vida hebraica (alimentares, sexuais, rituais) que poderiam se constituir como um impedimento para o acesso a essa carreira. Além disso, é emblemática a integração à história de José proposta no apócrifo *José e Asenet*, onde o protagonista é apresentado com um judeu íntegro, fiel às leis de pureza. O apócrifo responde ao problema levantado pelo texto de Gênesis que atribui a José uma mulher egípcia (Gn 41,45), narrando a conversão da mulher de José, um evidente contraste com a solução adotada em Esdras e Neemias, onde não se faz qualquer aceno a uma eventual conversão das mulheres estrangeiras (uma prática, no entanto, explicitamente aprovada no Livro de Rute).

O ambiente da diáspora era bastante plural, pois as comunidades hebraicas são documentadas tanto na área mesopotâmica quanto na área mediterrânea. Consequentemente, também a literatura surgida no seu interior reflete situações e problemáticas bastante diversificadas e as respostas que os hebreus souberam oferecer nos diferentes contextos nos quais se encontravam[263].

Ao mesmo tempo, também a comunidade reunida ao redor do Templo de Jerusalém precisou afrontar novos desafios: a relação com governadores e funcionários estrangeiros; os embates com a população residente no centro da Palestina, considerada pelos repatriados como não pertencente ao povo hebraico, mas que também tinha a Torá de Moisés como referência (daí terão origem os samaritanos); a constante instabilidade política, que rotineiramente via o território da Síria Palestina ser atravessado por exércitos e contestado entre os sucessivos impérios; por último, o confronto com o helenismo que,

---

263. Cf. BARCLAY, J.M.G. *Diaspora* – I giudei nella diaspora mediterranea da Alessandro a Traiano (323 a.C.-117 d.C.). Bréscia: Paideia, 2004.

depois de um período de convivência pacífica, viu prevalecer a oposição à cultura dominante (expresso politicamente na revolta macabaica e literalmente nos livros dos Macabeus).

Fora do país, a relações aos desafios do helenismo se expressou em particular através da afirmação da superioridade da própria tradição cultural, também sobre a base do critério de antiguidade de origem em relação a todas as outras. Esse comportamento da diáspora manifesta uma exigência interna à própria comunidade judaica: a de definir o estatuto do hebreu em uma situação de diáspora cultural e religiosa, na qual assumir um rígido código de leis, levava a uma autoexclusão tanto do tecido social quanto político, com o consequente perigo do surgimento de reações violentas e persecutórias contra qualquer minoria, percebida como diferente em uma determinada sociedade.

Se, para ilustrar o judaísmo dessa época, se lança mão das fontes rabínicas (as quais, exatamente por manifestar continuidade com o passado, introduzem uma ótica posterior na apresentação da época precedente ao nascimento do judaísmo chamado "normativo"), se é tentado a observar sobretudo os acentos particularistas e exclusivistas presentes na literatura do período: nesse caso, Israel é apresentado como caracterizado pela eleição divina, pelo dom da sabedoria (divina), pela posse da Torá que determina a sua relação com o único Deus (contraposto aos ídolos). Se, todavia, alargamos o horizonte em direção ao esforço cultural empreendido pelo judaísmo do Segundo Templo, temos condições de perceber como propriamente essas temáticas, longe de pretender manifestar uma tendência exclusivista (ou até mesmo uma espécie de misantropia, segundo a acusação feita antigamente contra os hebreus), são relidas nessas obras utilizando a bagagem conceitual que a cultura helênica fornecia, a fim de pôr as bases para se torarem interlocutores da cultura hegemônica.

Excursus
Midrash

Nos estratos mais antigos da literatura rabínica o termo *midrash* denota a interpretação rabínica da Escritura. Essa exegese era praticada com base em uma série de regras hermenêuticas, muitas das quais foram elencadas pelos rabinos, que remetiam as origens da sua exegese midráshica à própria Bíblia.

Muitos estudiosos seguindo em particular M. Fishbane[264], relacionam o *midrash* rabínico às interpretações internas à Bíblia (*inner-biblical interpretation*), quando um texto bíblico interpreta outro texto bíblico. Nessa perspectiva, por exemplo, o Deuteronômio pode ser visto como uma espécie de *midrash* sobre as tradições do êxodo e do deserto; do mesmo modo, em alguns profetas se encontram *midrash* às leis da Torá. Assim, o Livro das Crônicas pode ser compreendido como um *midrash* à Samuel-Reis. No comentário rabínico ao Levítico (*levítico Rabba* 1,3), se afirma que as Crônicas foram compostas exatamente como *midrash*.

Também os escritos de Rute, Tobias, Judite e Ester são relacionados, por diversos exegetas, ao gênero literário midráshico.

Tobias

O Livro de Tobias contém um gracioso relato didático que se encerra positivamente. Tobi[265], um hebreu da tribo de Neftalí, deportado para a Assíria, vive em Nínive e, em decorrência da sua fidelidade à Lei de Deus, sofre várias provações, se tornando, por fim, pobre e cego. Paralelamente Sara, uma jovem hebreia, sua parente, residente de Ecbátana, vive o drama da impossibilidade de se unir em matrimônio com um homem, pois é atormentada por um demônio Asmodeu. Ambos oram ao Senhor e a sua oração é ouvida contemporaneamente. Tobi se recorda de um depósito de dinheiro deixado em Rages, na Média, junto a um parente seu e decide enviar seu filho Tobias para retirá-lo. Este é acompanhado, na sua viagem, por um guia que por fim se revela como sendo o anjo Rafael: será ele quem indicará a Tobias os remédios para os males que afligem tanto seu pai quanto a mulher, que durante a viagem o jovem desposará. Ao final, tanto a cegueira de Tobi quanto o demônio que aflige a jovem, são expulsos.

---

264. FISHBANE, M. *Biblical Interpretation in Ancient Israel*. Oxford: Clarendon, 1985. Cf. tb. STEMBERGER, G. *Il Midrash* – Uso rabbinico della Bibbia. Introduzione, testi, commenti. Bolonha: EDB, 1992 [orig. alemão: 1982] [Collana di studi religiosi]. • VENTURA AVANZINELLI, M. *Fare le orecchie alla Torà* – Introduzione al Midrash. Florença: Giuntina, 2004.

265. O nome Tobi em grego, é *Tobit* no manuscrito Vaticano, enquanto no Sinaítico é *Tobith*; a Vetus Latina o apresena como *Tobi* que corresponde melhor ao original semítico atestado em Qunram. Trata-se, evidentemente de um diminutivo do nome do filho Tobias ("YHWH é o meu bem"), ou do nome do pai Tobiel ("Deus é o meu bem"). O nome completo é atestado tanto no Antigo Testamento (cf. 2Cr 17,8; Esd 2,60; Ne 2,19; 7,61-62; Zc 6,10) quanto em textos extrabíblicos (cf. *Dizionario Enciclopedico della Bibbia*. Roma: Borla; Città Nuova, 1995, p. 1.289-1.290). A versão grega com o final *t/th* tem a função de tornar o nome indeclinável.

Com Ester e a primeira parte do Livro de Daniel o relato de Tobias oferece uma janela sobre a vida dos hebreus da diáspora. Em Ester se trata da diáspora da época persa, em Daniel daquela da época neobabilônica, enquanto Tobias remonta ainda mais anteriormente e descreve a vida dos filhos de Israel deportados pela Assíria logo após a conquista do Reino do Norte. O drama da perda da terra foi ainda mais agravado pelo fato de ter de viver em certo sentido longe do Senhor: em meio a gente pagã, submissos a leis de reis muitas vezes arbitrários e despóticos, o esforço dos filhos e das filhas de Israel por se manterem fiéis à própria religião e às próprias tradições foi, em várias ocasiões colocado em crise por reações repressivas e persecutórias.

Contudo, o maior problema é a sensação de que Deus se tenha retirado da cena da história. Assim, em Ester um *pogrom* cria o risco de exterminar todos os hebreus do Império Persa, em Daniel os decretos reais criam o risco de impedir as práticas religiosas, em *Tobias*, não obstante as obras de caridade de Tobi e a probidade de Sara, os dois protagonistas vivem um o drama da cegueira e outro o da impossibilidade de construir uma família. Nesses relatos, ao contrário, emerge com clareza que também fora da terra de Israel YHWH é o Deus fiel ao seu povo e a única fonte de esperança. Somente confiando nele é possível, até mesmo na condição do exílio, voltar o olhar para o futuro no qual Deus cumprirá as promessas proféticas e, consequentemente, se manter fiel ao pacto que está no fundamento da vida do povo.

Guia para a leitura

A história se abre com a apresentação do protagonista, do que são ilustradas a árvore genealógica e a pátria de origem. Além disso, se informa acerca da ambientação do relato: a Assíria (1,1-2). Ao final da narrativa o leitor virá a saber que o relato foi escrito por ordem do anjo Rafael (cf. 12,10). A referência histórica à deportação assíria põe o assunto em continuidade com aqueles narrados nos livros dos *Reis*, nos quais o relato sobre os hebreus do Reino do Norte termina com a deportação para a Assíria (cf. 2Rs 17). O Livro de Tobias se apresenta como continuação ideal daquela história: o Israel disperso não é irremediavelmente perdido, pois há quem, mesmo em condições adversas como Tobi, preserva a própria identidade étnica e religiosa.

Em 1,3–3,6, a narrativa é construída em forma autobiográfica. Tobi, membro da tribo de Neftali, assentada no Norte da terra prometida, fora deportado para Nínive dos assírios sob o Rei Salmanassar (727-722 a.C.).

Enquanto vivia no seu país, a conduta de Tobi se distinguia da conduta da sua gente pela sua relação com o Templo de Jerusalém e a observância das prescrições relacionadas a esse (1,4-8). Além disso, antes de ir para o exílio, Tobi se casara com Anna que lhe deu um filho, Tobias (1,9).

Na terra do exílio o acento é colocado sobre a distinção entre Tobi e o ambiente pagão: daí a insistência nas normas alimentares de pureza (1,10-11) e sobre a solidariedade com os seus concidadãos (1,16-19). Tobi alcança uma posição econômica favorável junto ao Rei Salmanassar, em decorrência da qual realiza viagens. Durante uma destas, deposita dez talentos de prata junto à Gabael, na Média (v. 14). Além disso, ele pratica obras de caridade para com os seus conterrâneos pobres em Nínive (v. 16-18). Ao mesmo tempo, precisa enfrentar a cólera de Senaquerib (705-681 a.C.) que, acabando de retornar de uma derrota na Judeia (em 701 a.C.), matou muitos filhos de Israel, enquanto Tobi os sepulta em segredo. Por esse motivo, é denunciado e procurado, e precisa, portanto, se esconder, perdendo todos os seus bens. Após um breve tempo, Senaquerib é assassinado e sucedido por seu filho Esaradon, junto ao qual intercede Aicar, sobrinho de Tobi, de modo que este pode retornar para Nínive (1,19-22).

Durante o reinado de Esaradon, Tobi não se desvia de seu estilo de vida e, por ocasião da Festa de Pentecoste manda seu filho Tobias levar alimento a algum pobre entre seus conterrâneos deportados. O filho sai e encontra no caminho o cadáver abandonado de um israelita assassinado (2,1-3). Tobi se apressa em recolhê-lo e renuncia ao almoço festivo, pois se tornava impuro pelo contato com o cadáver. À noite o sepulta e, depois de se ter purificado, se recolhe na sua casa junto ao muro do pátio, caem então sobre seus olhos excrementos de pássaros e ele perde a visão (2,4-10). Fica nessa condição durante quatro anos, sustentado economicamente por Aicar. Também sua mulher Anna, faz trabalhos em domicílio mas Tobi passa a suspeitar dela por conta das recompensas que recebe e a acusa de roubo, ao que a mulher lhe insulta (2,11-14). Humilhado e aflito, Tobi ora, confessando os pecados do seu povo e os seus pecados: na sua oração ele, todavia, não pede perdão, mas que possa morrer para não sofrer outras humilhações (3,1-6).

A cena se transfere para Ecbátana, na Média, e passa a ter Sara, filha de Raguel como protagonista. A jovem é insultada por uma serva em decorrência de sua dura situação: fora entregue como esposa para sete maridos, mas na noite das núpcias o demônio Asmodeu os matara. A serva, no entanto, acusa Sara de lhes ter assassinado. Primeiramente Sara pensa em cometer suicídio, mas para não atrair ainda mais sofrimentos ao seus pais, dirige-se a Deus em oração, proclamando a sua inocência e honestidade e ao mesmo tempo pede, assim como Tobi, para morrer, caso não haja solução para a sua condição vergonhosa (3,7-15).

O narrador informa que as orações dos dois protagonistas foram ouvidas na presença de Deus e que Rafael foi enviado em socorro de ambos (3,16-17).

A essa altura, Tobi se recorda do dinheiro deixado junto à Gabael e decide enviar seu filho para resgatá-lo. Antes de lhe dar instrução sobre a recuperação do dinheiro, Tobi lhe dá diversos conselhos, que são expressões da sua piedade (4,3-19). O tom usado por Tobi recorda os grandes patriarcas de Israel e as recomendações dadas ao filho têm uma característica tipicamente sapiencial (temas análogos ocorrem em Eclo 29,8-13). Trata-se de um discurso que somente aparentemente interrompe a narração, mas que, na verdade, tem o escopo de preparar a viagem de Tobias, como mostra a conclusão.

Para recuperar o dinheiro, Tobias tem necessidade de um acompanhante, já que deve empreender uma grande viagem. A procura por um companheiro termina rapidamente pois o jovem encontra o anjo Rafael, do qual, no entanto, não conhece a identidade (5,1-4). Tobias o apresenta ao pai que o acolhe, depois de saber que se chamava Azarias e era filho de Ananias, parente de Tobi (5,9-14). Depois de ter fixado a recompensa do acompanhante, os dois partem com a bênção do pai e a reação angustiada da mãe (5,15–6,1).

Na sua viagem os dois acampam à margem do Rio Tigre e capturam um peixe grande. Azarias instrui Tobias a fim de que extraia o fel, o coração e o fígado e os conserve pois tem funções medicinais. O coração e o fígado, se queimados, com a fumaça podem libertar uma pessoa do poder de um demônio ou de um espírito maligno, enquanto o fel pode curar a cegueira se com ele se untar os olhos (6,2-9). Quando chegaram nos arredores de Ecbátana, Azarias prepara o jovem para o encontro com os seus parentes, Raguel e sua filha Sara. Segundo as normas matrimoniais, Tobias tem o direito de esposar Sara e Azarias se mostra disposto a favorecer o matrimônio. Tobias manifesta sua perplexidade: de fato, ele conhece a situação de sua parente e o destino traçado pelos seus sete maridos. Azarias, no entanto, o assegura: com o coração e o fígado extraídos do peixe, é possível superar qualquer dificuldade uma vez deitando-se sobre o leito nupcial (6,10-19).

Chegando em Ecbátana, são acolhidos com entusiasmo pela família de Raguel (7,1-8). Enquanto estão à mesa, Tobias pede a mão de Sara e, não obstante os seus temores, os genitores reconhecem o direito de Tobias e lhe concedem a filha como esposa, acordando o ato de matrimônio (7,9-16).

Em seguida a cena se transfere para a o quarto de núpcias, onde Tobias, recordando as instruções de Azarias "tirando o fígado e o coração do peixe de dentro do saco onde os guardava, colocou-os sobre as brasas do perfumador. O cheiro do peixe expulsou o demônio, que fugiu pelos ares até o Egito. Rafael seguiu-o, prendeu-o e acorrentou-o imediatamente" (8,2-3). Logo em seguida Tobias e Sara oram, invocando como modelo da união Adão e Eva e em seguida se recolhem (8,4-9). Ao mesmo tempo, os genitores e seus servos, ansiosos pelo que poderia acontecer, cavam uma cova para sepultar Tobias caso lhe ocorresse o mesmo que aos maridos precedentes. Pela manhã, contudo, se descobre que os dois esposos estão sãos e salvos e, nesse momento, os pais elevam uma oração de louvor pelo perigo que fora superado (8,10-18).

As festas nupciais se estendem por vários dias e Tobias, sabendo que seus pais o esperavam ansiosamente, não quer retardar seu retorno. Por isso, manda Azarias a Gabael para retirar o dinheiro e convidá-lo para as festas de núpcias (9,1-6). Terminados os dias das festas nupciais, Tobias insiste junto ao sogro a fim de que consinta que ele parta com a mulher e possa deixar Ecbátana. Raguel entrega "a Tobias sua mulher Sara e a metade de todos os seus bens: servos e servas, bois e carneiros, jumentos e camelos, vestes, prata e utensílios" (10,10) e, com a bênção de seus sogros, Tobias parte (10,8-4).

Chegando nas proximidades de Nínive, Azarias e Tobias se antecipam aos outros, levando consigo o fel. A primeira a vê-los é Anna que corre ao seu encontro. Em seguida, Tobias se aproxima de seu pai e cura a sua cegueira com o fel. Depois, Tobias narra tudo quanto aconteceu durante a longa viagem e conduz seu pai até a porte da cidade para acolher sua mulher. Tobi abençoa sua nora e a sua família e se celebra, por sete dias, uma festa nupcial, da qual participam também Aicar e o seu sobrinho Nadab (11,1-19).

É chegado, então, o momento de pagar o guia que acompanhou Tobias e de despedí-lo. Rafael, no entanto, toma Tobi e seu filho em separado e revela a sua identidade, explicando o sentido das suas vicissitudes: tudo isso aconteceu por vontade de Deus, que enviou o seu anjo para atender às orações de Tobi e Sara (12,1-15). Ouvindo essas coisas, pai e filho ficam admirados, mas o anjo os exorta a não temerem, a bendizer a Deus e, por fim, a pôr por escrito tudo quanto viveram (12,16-22).

A essa altura, Tobi prorrompe em um hino de agradecimento e de louvor (13,1-18) que dá destaque em primeiro lugar à misericórdia de Deus. Se Deus puniu os filhos de Israel com o exílio, da mesma forma ele terá misericórdia para com eles e lhes reunirá dos países nos quais foram dispersos. Também Jerusalém fora punida, mas Deus fará reconstruir o seu Templo e as nações nela celebrarão o Senhor e trarão ofertas. Pela quinta vez, o leitor é colocado frente a uma oração, desta vez, longa e cuidadosamente elaborada:

> Pode ser que o autor tenha reformulado e/ou feito uma fusão com algum hino preexistente. Aqui, como em toda a obra, a repetição de termos técnicos e temáticas similares, contribui para que o trecho não seja percebido como um corpo estranho. A dependência de trechos veterotestamentários e a convergência com textos contemporâneos revelam um autor sensível à produção literária à sua disposição [...]. Por um lado, supera as outras orações em extensão e complexidade, por outro, elucida por meio de um hino, o sentido não somente da história de Tobi mas, a partir dessa, de toda a história (do povo de Israel e de todos os povos) e, nesse sentido, se aproxima de outras composições de 1Sm 2,1-10 e Lc 1,46-55[266].

Em seguida, chegando Tobi à idade de cento e doze anos e sentindo a morte vizinha, apresenta a seu filho as últimas recomendações. Tobias deve deixar Nínive e migrar para a Média, pois as profecias de Naum se cumpriram e Nínive será destruída. Também a terra de Israel ficará desolada, pois seus habitantes serão deportados e o Templo será destruído (14,3-4). Deus, no entanto, novamente terá piedade do seu povo: uma parte voltará e o Templo será reconstruído (14,5). No entanto, tudo isso é apenas uma condição provisória (v. 5: "até estarem completos os tempos"), pois o cumprimento das profecias se dará quando todos os exilados retornarão e o Templo será reconstruído em todo o seu esplendor. Então, os filhos de Israel viverão para sempre na Terra santa, as nações se converterão e os ídolos serão eliminados (14,5-7). Essas afirmações de Tobi mostram que

> a condição da diáspora entendida como exílio pode ser compreendida como estado provisório que se estende até o tempo escatológico. Estar na diáspora significa viver em um tempo de passagem,

---

266. ZAPPELLA, M. *Tobit* – Introduzione, traduzione e commento. Cinisello Balsamo: San Paolo, 2010, p. 126-127.

a diáspora é um período intermediário entre duas épocas dentro e fora da terra, é um tempo no qual o povo de Deus espera e aguarda a intervenção decisiva de Deus e um tempo no qual Deus espera que o povo retorne a ele (13,6). A experiência do Deus misterioso, imperscrutável e curador que Tobi faz, lhe dá esperança de que Deus estenderá a sua mão curadora sobre todo o Israel[267].

Após a morte de seus pais, Tobias se transfere para junto de seus sogros em Ecbátana e a estes garantiu uma sepultura honrosa. Morreu aos 117 anos, bendizendo o Senhor que pusera fim ao Império Assírio, como predissera seu pai no momento de sua morte (14,12-15).

Excursus
Achikàr[268]

Aicar é talvez o escrito sapiencial que gozou do mais amplo prestígio internacional nas literaturas do antigo Oriente Próximo e medieval e na Europa oriental, circulando por tradição direta em uma multiplicidade de línguas e de formas textuais, e, além disso, acompanhado de uma igual persistente e multifacetada constelação de testemunhos indiretos, tanto sobre o personagem do sábio ministro arameu – sagaz solucionador de enigmas – a serviço dos reis assírios Senaquerib e Asaradon quanto pela transposição da sua história a outros protagonistas, e ainda pela densa rede de relacionamentos com escritos célebres das mais diversas tradições linguísticas (das sapienciais egípcias e mesopotâmicas a diversos livros da Bíblia Hebraica, da literatura judaica pós-exílica a trechos do Novo Testamento, dos aforismas às fábulas gregas, à paremiografia árabe e à narrativa persa e indiana), ou ainda, por fim, pela atribuição pseudoepigráfica ao seu nome de complexos gnômicos das mais diversas origens[269].

A obra escrita relacionada a esse personagem chegou até nós por meio de várias versões e consiste em duas partes, combinadas diferentemente e interpoladas:

---

267. MACATANGAY, F.M. Exile as Metaphor in the Book of Tobit. *Rivista Biblica* 62, 2014, p. 189.

268. Indica-se aqui a transliteração do nome proposta pela Bíblia CEI [Conferência Episcopal Italiana] (2008), a transliteração alternativa *Ahiqar* é mais habitual em âmbito científico. Na tradução para o português se adotou a forma mais comum na abordagem científica e também na Bíblia de Jerusalém, *Aicar* [N.T.].

269. CONTINI, R. & GROTTANELLI, C. (orgs.). *Il saggio Ahiqar* – Fortuna e trasformazione di uno scritto sapienziale: Il testo più antico e le sue versioni. Bréscia: Paideia, 2005, p. 11 [Studi biblici, 148].

um relato que compõe um quadro geral (a *História de Achiàr*), na qual a história do protagonista – com poucas exceções – é narrada em primeira pessoa, e uma coleção de *Provérbios* (que divergem de uma versão para ourta). Os provérbios, nas versões mais recentes, são divididos em duas séries intercaladas no relato.

A história tem como protagonista um ministro arameu dos reis assírio Senaquerib (705-681) e Asaradon (680-669) que no texto aramaico encontrado em Elefantina no Egito (o texto mais antigo sobre *Achikàr* conhecido até agora) é intitulado "sábio escriba e hábil", "conselheiro de toda a Assíria" e "chanceler do rei da Assíria". Até o momento, não há consenso sobre a origem assíria dos *Provérbios* e tampouco da *História*: "a despeito dos esforços dos assiriólogos não foi possível identificar o suposto original acádico e tampouco demonstrar a realidade histórica de Ahiqar"[270].

Em síntese, a *História de Achikàr* apresenta o seguinte: em decorrência de sua sabedoria, Achikàr se torna o principal conselheiro do rei assírio (uma espécie de grão-chanceler); como não tem filhos, adota seu sobrinho Nadin e o instrui com uma série de conselhos a fim de que seja seu sucessor. Depois de ter assumido o lugar do tio, Nadin o acusa falsamente diante do rei e consegue obter a sua condenação à morte. O funcionário encarregado de executar a sentença, no entanto, recordando-se que Achikàr lhe salvara a vida em uma ocasião precedente, ao invés de executá-lo o esconde em sua casa. Pouco tempo depois o rei tem necessidade de um conselho para uma questão muito delicada e se arrepende de ter ordenado a morte de Achikàr. Nesse momento, o funcionário confessa ao rei que escondera Achikàr. Assim, o sábio é reintegrado ao seu cargo, enquanto o sobrinho é condenado.

Achikàr é mencionado no Livro de Tobias por quatro vezes (1,21-22; 2,10; 11,18; 14,10): é sobrinho de Tobi e o sustenta economicamente; com seu sobrinho Nadin, participa das núpcias de Tobias e, por fim, a sua história é exemplar pelo modo como opera a justiça divina.

A ligação entre os personagens é em nível literário, não histórico, e há várias razões que explicam isto: as instruções sapienciais presentes no Livro de Tobias têm afinidade com aquelas de Achikàr, inclusive os dois temas centrais (o sepultamento e a esmola); também as vicissitudes de Tobi (humilhação seguida de reabilitação) se harmonizam com as de Achikàr. A popularidade da história de Achikàr também junto aos hebreus (como se percebe nos papiros de Elefantina) justifica a relação que o autor do Livro de Tobias estabelece entre os dois, assim como a apresentação do filho de Tobi pode ser lida em uma perspectiva intertextual como anti-Nadin: também Tobias, como Nadin, recebe instruções do pai, mas diferentemente daquele, ele não trairá a confiança nele depositada e oferecerá um exemplo de piedade filial.

---

270. PARPOLA, S. "Il retroterra assiro di Ahiqar". In: CONTINI, R. & GROTTANELLI, C. (orgs.). *Il saggio Ahiqar*. Op. cit., p. 91.

Estrutura e composição

Dessa breve análise emerge que o livro apresenta uma clara estrutura: uma *exposição inicial*, na qual os dramas de Tobi e Sara são colocados em foco (1,3–3,17); uma *parte principal*, representada pela viagem de Tobias e Azarias (4,1–14,1a); um *epílogo* que narra a conclusão da vida dos protagonistas (14,1b-15)[271]. Em seus detalhes, a estrutura pode ser graficamente apresentada como segue:

1,1-2	**Título**	
1,3–3,17	**Exposição: dois dramas na diáspora hebraica**	
	1,3–3,6	Autobiografia de Tobi
	3,7-15	Relato sobre Sara em Ecbátana: a sua situação e a sua oração
	3,16-17	A resposta à oração de ambos: envio de Rafael (Deus cura)
4,1–14,1a	**Parte principal: a viagem de Tobias e Azarias**	
	A) 4	Projeto de envio e instruções testamentárias de Tobi ao filho
	B) 5,1–6,1	Procura por um acompanhante de viagem e partida
	C) 6,2-18	A viagem de Nínive à Ecbátana
	D) 7,1–10,13	Em Ecbátana: matrimônio, fim de Asmodeu e recuperação do dinheiro
	C^1) 11	De Ecbátana a Nínive
	B^1) 12	Oferta da recompensa ao acompanhante;
	A^1)	Cântico de louvor de Tobi
	13,1–14,1a	
14,1b-15	**Epílogo**	

Não obstante essa clara estruturação e, embora na pesquisa atual prevaleça a tese de que o livro se apresenta de modo unitário e coerente, dois estudiosos recentemente propuseram um longo percurso redacional da obra, com base na crítica literária[272]. Uma avaliação atenta das características li-

---

271. A estrutura foi bem identificada e argumentada por ENGEL, H. "Auf zuverlässingen Wegen und in Gerechtigkeit – Religiöses Ethos in der Diaspora nach dem Buch Tobit". In: BRAULIK, G.; GROSS, W. & MCENEMICE, S. (orgs.). *Biblische Theologie und gesellschaftlicher Wandel*: Für N. Lohfink. Friburgo/Basileia/Viena: Herder, 1993, p. 83-100.

272. Cf. DESELAERS, P. *Das Buch Tobit*. Düsseldorf: Patmos, 1990 [Geistliche Schriftlesung 11]. • RABENAU, M. *Studien zum Buch Tobit*. Berlim: De Gruyter, 1994 [Beihefte zur Zeitschrift für die alttestamentliche Wissenschaft, 220].

terárias e narrativas do livro, mostra, contudo, que está estruturado com maestria e transparência, tornando, em grande parte, supérflua uma análise baseada sobre pressupostos excessivamente formais.

Durante muitos séculos o livro foi considerado um resumo histórico efetivo, mas a pesquisa moderna demonstrou que, mesmo dentro de um enquadramento ambiental e factual específico, o relato é essencialmente obra de fantasia. Tal caracterização orientou o confronto entre os temas contidos na narração e outras obras literárias, em particular no século XIX foram identificadas relações estreitas entre Tobias e os relatos populares (*folktales*). Isso fez com que se relacionasse o nosso livro às fábulas. O principal motivo da comparação com os relatos de fábulas e o do "morto em paz", mas também o do peixe que cura, ou da mulher ameaçada por um monstro. Todavia, os temas das fábulas não são os únicos a constituírem termos de comparação. Ao lado desses há paralelos interessantes com obras literárias, bíblicas ou não. A semelhança estrutural com o Livro de Jó é inegável, enquanto a relação entre Tobi e a corte assíria o aproxima dos relatos de Dn 1–6; é, pois, explícita a referência às vicissitudes de Achikàr em vários pontos (*Tb* 1,21-22; 2,10; 14,10); o episódio que culmina com o matrimônio entre Tobias e Sara remete a Gn 24 (Isaac e Rebeca); certos aspectos da relação entre Tobias e Rafael tem afinidade com eventos que envolvem Telêmaco e a deusa Atenas na *Odisseia*[273]. Todos esses paralelos, que avizinham o nosso livro dos relatos populares e romances de muitas culturas, são, no entanto, reelaborados em uma trama que acolhe motivos, formas e expressões típicas da teologia deuteronomista, além daqueles da literatura sapiencial e apocalíptica.

Quanto à modalidade narrativa, embora o relato em geral se desenrole obedecendo a sequência cronológica, chama a atenção o deliberado *paralelismo* de algumas cenas, assim como a prolepse evidente de eventos futuros. Por fim, vale sublinhar a passagem da complicação à resolução por meio de um percurso que coloca em jogo o herói do livro, Tobias, de quem a atividade é sempre guiada e iluminada por Azarias, o anjo com semblante humano. As cenas paralelas são:

1) A autobiografia inicial do protagonista (1,3–3,6) é narrada em paralelo com a história de Sara (3,7-15). Na diáspora, a identidade hebraica se

---

273. Cf. MACDONALD D.R. "Tobit and the Odyssey". In: MACDONALD, D.R. (org.). *Mimesis and Intertextuality in Antiquity and Christianity*. Harrisburg: Trinity Press International, 2001, p. 11-40.

torna possível a partir da fiel observância da Torá e pelo matrimônio endogâmico: o enredo ressalta a fidelidade do protagonista, mas também a crise que a diáspora gera na consciência do crente, quando propriamente a mesma fidelidade se torna causa de sofrimento;

2) A noite de núpcias de Tobias e Sara (8,1-17), quando o narrador descreve três diferentes atividades: o que acontece no quarto nupcial (v. 2.4-9), Rafael que persegue e por fim encarcera Asmodeu no Egito (v. 3), Raguel e a sua casa (v. 10-17). É inegável a natureza cômica da apresentação de Raguel, em linha com a ironia fina que subjaz a todo o livro (o narrador onisciente sempre concede ao leitor uma antecipação dos eventos, dando-lhe uma clara superioridade sobre os protagonistas, dos quais, portanto, é convidado a avaliar as reações aos eventos mais do que aos atos por eles cometidos);

3) O tempo passado junto aos sogros (cap. 10), quando se apresenta em paralelo aquilo que acontece em Nínive e em Ecbátana. O leitor sabe que a angústia de Tobi e Anna pela sorte do seu único filho está em vias de ser superada. Aprecia-se, no entanto, a sutileza psicológica do autor ao colocar em cena a disputa entre os dois cônjuges, em paralelo à preocupação do filho, que põe em destaque a piedade filial de Tobias.

A tendência do narrador fica evidente, tanto por meio de comentários próprio quanto pela boca dos protagonistas, ao antecipar aquilo que está por narrar, um procedimento que, em parte, dissipa a tensão em relação ao êxito do relato, mas que, ao mesmo tempo, ajuda a compreender a perspectiva escolhida pelo autor; isso acontece em pontos decisivos (cf. 3,16-17; 5,22; 6,3-9; 6,11-18; 14,3-7). Essas prolepses narrativas desempenham uma função bem clara: colocam em destaque a condução divina dos eventos, ressaltando que não nos encontramos frente a uma espécie de determinismo cego, mas frente a uma oportuna assistência para quem, como Tobi e seu filho, não pretende conduzir os eventos, mas procura sempre aquilo que está em conformidade com o plano divino.

Na trama, Nínive representa um ponto focal e opera uma integração de todo o livro (1,3; 14,15): é o lugar da deportação e da aflição, mas também o lugar no qual se consumará a retribuição divina. Nínive é, portanto, símbolo da opressão e provação, mas também do poder salvador de Deus; instrumento da punição divina nos anúncios proféticos (cf. Is 10,5-11), emblema do inimigo do povo e da maldade humana (cf. Na 2–3 e Jn), assume aqui o papel cumprido pela Babilônia em outras narrativas (cf. Dn 1–6).

A unidade do relato é garantida pela história de Tobi, mas a perspectiva que a unifica não é a sua biografia, e sim o problema de *retribuição*, que está presente em dois níveis: o primeiro em perspectiva histórica, como retribuição do inimigo opressor (o destino da Assíria); o segundo em nível individual, quando Tobi reconquista a saúde e os seus bens. O pano de fundo histórico do livro é, portanto, constituído pela história do povo de Israel, mas o foco se concentra sobre a sorte de um israelita piedoso que, mesmo no exílio, se mantém fiel àquelas virtudes que permitem vencer na vida, como sublinha Tobi nas suas instruções ao filho (cf. 4,5-6). A referência às virtudes se constitui como uma grande inclusão posterior do relato (cf. 1,3 e 14,8-9), sublinhando sua importância tanto para reforçar os laços entre os exilados (cf. 1,3.17.18; 2,2.4-8) quanto como modelo a ser assumido por quem quer que viva na mesma condição de Tobias.

A ambientação do relato na diáspora oriental sugere que sua origem seja o mesmo ambiente, o qual também lança luzes sobre o escopo do autor: ele proclama repetidas vezes o senhorio universal do Deus de Israel e a sua presença e atividade também entre os dispersos, a despeito das provas às quais são submetidos. Exorta o seu povo a preservar a própria identidade na diáspora. A fonte dessa identidade é encontrada na família, no respeito pelos próprios genitores e na preservação de uma descendência pura.

O texto

De modo geral se admite que a língua original seja o aramaico e a composição remonta ao século III a.C., especialmente porque no relato não há ecos da perseguição sofrida no século II a.C. sob os selêucidas.

A história do texto do Livro de Tobias é bastante complexa e deve ser relacionada à sua situação canônica: enquanto nas Igrejas cristãs ele foi acolhido desde a época patrística entre os textos canônicos (não obstante as reservas de Jerônimo), em âmbito hebraico, embora conhecido e lido, não foi acolhido. O testemunho de Jerônimo comprova que era lido entre os hebreus[274], mas o original semita do livro não foi preservado e, até o momento da descoberta dos manuscritos do Mar Morto, eram conhecidas apenas as versões de Tobias.

---

274. Prólogo a Tobias na Vulgata: "Pediste-me que traduzisse para o latim um escrito em língua caldeia [aramaica], o Livro de Tobias, que os hebreus, destacando-o do catálogo das escrituras divinas, o incluíram àqueles que chama hagiógrafos".

Não obstante isto, até mesmo antes de Qumran se propôs o problema sobre qual seria o original semítico do livro (i. é, se hebraico ou aramaico), em decorrência da descoberta de duas versões hebraicas e de uma aramaica presente em antigos livros impressos e em manuscritos medievais e publicados ou republicados no final do século XIX. Perguntou-se num primeiro momento qual dessas seria a base da tradução grega ou da latina, feita por Jerônimo (visto que ele declara ter traduzido em texto aramaico, valendo-se do conselho de uma pessoa que conhecia hebraico e aramaico); muito cedo, no entanto, se admitiu que se tratava de uma tradução baseada sobre a versão grega ou latina do Livro de Tobias.

Com a descoberta dos fragmentos aramaicos e hebraico do livro em Qumran[275], o problema do original semita recebeu uma nova impostação. Todavia, a questão principal ainda é sobre a relação entre esses fragmentos (que cobrem apenas 20% do livro e nos quais somente em pouquíssimos versículos foram preservados integralmente) a as múltiplas recensões gregas do livro. Enquanto, de fato, a tradição grega principal utilizou durante séculos o texto preservado no Códice Vaticano, com a descoberta do Códice Sinaítico junto ao Mosteiro de Santa Catarina no Sinai (1844), se teve à disposição uma versão que em muitos pontos de vista, diverge daquela até então conhecida: esta, mesmo respeitando o sistema geral da narração, é mais longa e tem um estilo que denota uma notável dependência de um texto semítico e uma grande proximidade em relação à antiga versão latina (Vetus Latina). A discussão acerca da prioridade entre os textos gregos foi desde o início bastante envolvente e os textos de Qumran mostraram que a versão do Sinaítico depende de um texto semítico e não é uma reelaboração do texto breve[276].

Todavia, o que é singular é que em Qumran estivessem presentes tanto textos aramaicos quanto hebraicos. Portanto, se deve concluir que "os textos hebraicos, aramaicos, gregos e latinos de Tobias permitem entrever um estado textual dinâmico já nas línguas semíticas na época pré-cristã, não apenas nas traduções e nas revisões dos séculos II-III d.C. e nas respectivas tradu-

---

275. Trata-se de quatro manuscritos aramaicos (4Q196-199) e de um hebraico (4Q200), publicados por J.A. Fitzmyer (in: BROSHI, M. et al. *Qumran Cave XIV* – Parabiblical Texts. Part 2 (DJD XIX). Oxford: Clarendon, 1995, p. 1-76).

276. A tradução oficial da CEI de 2008 se baseia sobre o texto longo [a tradução portuguesa da Bíblia de Jerusalém de 2002 também segue a recensão do Códice Sinaítico e da Vetus Latina – N.T.].

ções em língua latina ou na Bíblia siríaca. Nenhum outro texto bíblico tem atestações linguísticas tão diversificadas já em época pré-cristã"[277].

Teologia

Descrevendo a sua conduta na terra de Israel e em seguida no exílio, Tobi informa de onde provém a sua própria formação: "Por fim, o terceiro dízimo eu o entregava aos órfãos, às viúvas e aos estrangeiros que viviam com os israelitas; levava-o e o dava a eles de três em três anos, e nós o consumíamos conforme os preceitos da Lei de Moisés e as recomendações de Débora, mãe de nosso pai Ananiel, pois meu pai havia morrido deixando-me órfão" (Tb 1,8). Enquanto em seguida será Tobi que instruirá seu filho, aqui é uma mulher quem cumpre esse papel, pois o pai do protagonista estava morto. Isso implica que as mulheres tinham uma certa competência a propósito da Lei no período do Segundo Templo, como parece atestar também o Livro dos Provérbios que fala da "Torá de tua mãe" (cf. Pr 1,8; 6,20; cf. tb. 31,6).

No Livro de Tobias não se acena a uma instrução oficial na lei, assim como não se faz referência a edifícios ou ambientes nos quais os hebreus se encontravam: o único âmbito decisivo é o familiar, que deve ser compreendido como família mononuclear – é o caso da família de Tobi em Nínive – seja como clã ou família ampliada, como mostra a própria solidariedade entre os hebreus no livro e sobretudo a frequente recorrência do termo "irmão".

Toda a história se oferece ao leitor como uma deliberada perspectiva: se relata a história de um casal de esposos fadados a viver fora da terra natal, uma situação em muitos aspectos análoga àquela de Abraão e de sua mulher Sara. Como Abraão, também Tobi deve permanecer fiel à vontade de Deus em uma situação na qual tudo pareceria depor contra essa escolha, pois as promessas de Deus parecem contraditas pelos eventos. Também a Tobi, no entanto, assim como a Abraão, Deus se faz vizinho de modo imprevisível, mas eficaz.

Portanto, no livro se coloca à luz a experiência daqueles hebreus que devem afrontar uma situação na qual as promessas divinas contidas nos textos proféticos parecem desmentidas. O livro se dirige a estes para mostrar que a fidelidade a Deus preserva, antes de tudo, a própria nação e depois, abre em direção ao futuro. Eis por que até o fim, o pai Tobi se preocupa com a instrução

---

277. HALLERMAYER, M. *Text und Überlieferung des Buches Tobit*. Berlim/Nova York: De Gruyter, 2008, p. 187.

de seu filho, pondo em prática o que Moisés pedia no Deuteronômio (cf. Dt 4,9; 6,7. 20-25; 32,7.46). O livro nos fornece dois exemplos desse ensinamento paterno (cf. 4,5-19; 14,3-11), onde se insiste no dever de corresponder à vontade de Deus expressa nos seus mandamentos, mas todo o livro deve ser recebido como fonte de instrução, no ensinamento sobre a prática das obras de misericórdia (cf. Tb 1,16-17; 4,6-11; 14,9), sobre a fidelidade às leis alimentares (1,10), sobre o matrimônio endogâmico (1,9: inclusive restrito à própria *família*, isto é, o clã; cf. ainda 4,12-13), que no livro são justamente os traços distintivos da vida dos hebreus em um contexto pagão (cf. 1,10-22), enquanto quando ele vivia na sua terra natal o que distinguia a sua conduta era a fidelidade ao Templo de Jerusalém (1,4-9).

Desse modo, o livro se apresenta como um guia para a vida do hebreu em um contexto no qual a sua identidade religiosa e étnica é ameaçada, e a referência aos antepassados de Israel (Abraão, Isaac, Jacó e suas mulheres) não é uma simples reminiscência histórica, mas uma precisa referência ideal, da qual se compreende que a vida na diáspora não é apenas um castigo pelos pecados, mas também tempo no qual Deus oferece de novo a sua misericórdia (Tb 13,3-7). Na diáspora se vive o tempo da prova como Abraão, até que Deus realize a sua promessa; como para Isaac e Rebeca, o matrimônio e a família representam a situação na qual deve ser preservada a própria identidade étnica e cultural. Como Jacó, também o hebreu da diáspora deve afrontar sua longa viagem que o fará amadurecer na fidelidade ao Deus de seu pai, consciente de que ele vive em um mundo pleno de injustiça com o qual deve estar sempre pronto – como Ló – a romper qualquer ligação; por isso Tobi moribundo exorta seu filho: "Portanto, meu filho, sai de Nínive, não fiques aqui. Logo que tiveres sepultado tua mãe junto de mim, parte naquele mesmo dia, seja qual for, e não te demores mais neste país, porque vejo que aqui se cometem sem pudor muitas injustiças e muitas faltas" (Tb 14,9-10).

Judite

O relato narra como uma devota judia (o nome da heroína significa propriamente "judia") foi capaz de debelar, servindo-se de sua beleza e de sua astúcia, uma grave ameaça que se avizinhava da cidade, situada no coração da terra de Israel: os assírios, chefiados por Holofernes, assediavam Betúlia, mas Judite conseguiu ser recebida no seu acampamento e, por fim, matar o general inimigo.

A heroína se coloca na esteira de tantos outros personagens que constelam a literatura hebraica, bíblica ou não, os quais, confiando no poder de Deus e na sua fidelidade para com o povo por ele escolhido, não temem colocar a própria vida em jogo e pôr em prática suas próprias habilidades e recursos para contribuir com a libertação da própria nação de alguma situação difícil. O protótipo desses personagens certamente é Moisés e, em geral, na narrativa bíblica as figuras dos libertadores são homens, contudo, o traço característico do Livro de Judite é que a figura principal é uma mulher. Não faltam protagonistas femininas do mesmo tipo nas narrações bíblicas: a mãe de Moisés e sua irmã arriscam a própria vida para impedir que ele morra; Débora juntamente com Barak guiam os israelitas na guerra vitoriosa contra os cananeus; Jael não hesita em assassinar Sísara, comandante do exército inimigo; Ester coloca em jogo a sua vida para desmascarar o perverso projeto de Aman e salvar os hebreus. E, exatamente como Ester, também Judite põe em prática a astúcia feminina, aliás, esse é um motivo ligado a diversas mulheres do Antigo Testamento: Rebeca, Tamar, Betsabeia, Rute e Abigail.

Portanto, duas tradições bíblicas confluem no Livro de Judite: a dos libertadores e das libertadoras do povo e a das mulheres hábeis e corajosas. Ao mesmo tempo diversos traços do Livro de Judite demonstram que também a época na qual ele foi composto, determinou a sua forma: seja a historiografia grega, seja o romance grego inspiraram a narração peculiar aí contida.

Guia para a leitura

O relato se inicia com a apresentação de um terrível soberano e de suas ações extraordinárias: Nabucodonosor – aqui definido como rei da Assíria[278] – que convocou todos os povos do antigo Oriente Próximo, de Elam até a Etiópia, para fazerem guerra contra Arfaxad, rei dos médios, que tinham como capital Ecbátana, descrita em todo o seu esplendor e da qual são apresentadas sobretudo suas poderosas fortificações (1,1-10). O Ocidente menosprezou a ordem de Nabucodonosor e, portanto, ele viu-se obrigado a atacar Ecbátana apenas com as tropas orientais (v. 11-12). Não obstante isto, ele derrotou os médios e dominou a sua capital. A vitória foi festejada durante 120 dias (v. 13-16).

---

278. Embora a notícia seja imprecisa, é apresentada também em diversas fontes gregas (já em Heródoto) que não distinguem com precisão entre assírios, babilônicos e sírios (cf. PRIEBATSCH, H.Y. Das Buch Judith und seine hellenistischen Quellen. *Zeitschrift des Deutschen Palästina-Vereins* 90, 1974, p. 50-60).

Derrotados os médios, Nabucodonosor decide punir o Ocidente por não ter se aliado a ele e enviou o seu General Holofernes para devastar o território sírio-palestino (2,1-13). Holofernes é um nome persa (*orophérnes* na língua original) e, somos informados por fontes gregas[279] que também um dos generais de Artaxerxes III, quando este invadiu a Ásia Menor, tinha esse nome. Esse general já possuía um poderio muito grande (ocupava o "segundo lugar" depois do rei), mas agora ele se torna a *mão* (v. 12) do Grande Rei na execução da sua vingança. Como cabeça de um exército imponente, devia impor a submissão os povos rebeldes (2,7: "preparar terra e água" é uma fórmula de origem persa que indica o ato de submissão, ou a vontade de pedir um tratado que garanta a inviolabilidade) e estava autorizado a saquear, exterminar e deportar aqueles que tinham se rebelado (2,7-9).

A expedição se dirige primeiramente em direção ao Norte da Cilícia, para em seguida voltar-se em direção ao Sul. Devastou a Síria e em seguida toda a costa palestina, de Tiro a Gaza, declarou sua submissão (2,14–3,5). O itinerário seguido pelo exército (2,21-28) é bastante inusitado e improvável. Pode-se certamente supor, com muitos exegetas, que o texto esteja em desordem, ou que o autor não conhecesse muito bem a geografia do Oriente Próximo. Todavia, não se deve excluir uma necessidade de exagerar e o desejo deliberado de impressionar o leitor: ao redor de Judá tudo fora submetido, ao Norte, ao Sul, a Leste e Oeste. Nada resiste ao ímpeto das forças assírias: qualquer um esmorece ao seu gigantesco poder, e tudo é destruído por sua força incontrolável.

Em 3,6-9 se manifesta um objetivo da campanha militar até agora ignorado. Holofernes não se contentava apenas com os tributos, pois eliminava templos e bosques sagrados; o escopo, enfim, é expresso em v. 8 ("de maneira que todo os povos adorassem só a Nabucodonosor, e que todas as línguas e todas as tribos o invocassem como deus") e contrasta com a profissão de fé do povo hebraico: somente o Deus de Israel é Deus e nenhum outro. Do ponto de vista histórico, não temos qualquer atestação de que os soberanos babilônicos e assírios exigissem ser venerados por seus súditos como deuses, não obstante em tais culturas fosse bastante estreita a relação entre a divindade e o soberano. A pretensão de honras divinas por parte dos soberanos se acentuou, no entanto, na época helenística (do séc. III a.C. em diante),

---

279. *Diodoro Siculo* XXXI.19.2-3.

com evidentes manifestações já a partir de Alexandre Magno e de modo mais incisivo primeiramente no Egito (onde a dinastia dos Lágidas se colocou em continuidade com a tradição faraônica, que identificava o rei como deus) e em seguida na Síria, com Antíoco IV Epífanes, contra o qual povo hebraico, exasperado pela política religiosa do rei, empreendeu uma dura luta.

O exército assírio agora se movia em direção ao Egito e já estava na planície de Esdrelon, mas para alcançar a estrada costeira devia atravessar as colinas que unem os montes da Samaria ao topo do Carmelo. Holofernes acampou entre Geba e Citópolis por um mês, durante o qual consolidou suas forças (3,9-10).

Nesse ponto, o narrador mostra o reflexo dos acontecimentos sobre os israelitas: um terror indescritível os invadiu. A preocupação dos israelitas não se referia apenas à sua sobrevivência: teriam, de fato, podido se render ao conquistador e entregar-se a ele, como as populações da Costa. Holofernes, no entanto, não se contentava em submeter e pilhar os povos: ele pretendia afirmar também a supremacia de uma divindade, eliminando toda e qualquer oposição religiosa àquele que ele supunha, fosse o único deus, Nabucodono-sor (cf. 3,8). Isso explica por que o povo não temesse pela própria vida, mas "por Jerusalém e pelo Templo do Senhor, seu Deus" (4,2). Decidiu-se, por-tanto, resistir a todo custo: o sumo sacerdote enviou às fronteiras a ordem de conter o avanço dos assírios, ao mesmo tempo em que, com jejuns e orações solenes, se suplicava ao Senhor de não abandonar a casa de Israel nas mãos dos ímpios (4,4-15).

A fúria de Holofernes se acendeu, mas ainda não se transformou em ação: inicialmente ele quis se informar sobre a situação dessa população que resistia a ele com tanta determinação (5,1-4). Aquior[280], um amonita, expôs ao general aquilo que diferencia Israel dos outros povos: a sua história prova que, enquanto se mantêm fiéis ao seu Deus, eles são invencíveis (5,5-21). Aquior é apresentado aqui segundo uma tradição bíblica já consolidada: é, de fato, o tipo de bom pagão, que toma posição favorável à Israel e, sobretudo, sabe reconhecer o que determina a história[281]. Todavia, o discurso de Aquior

---

280. O nome do líder dos amonitas (habitantes da região nos arredores da atual Amã na Jordânia) poderia remeter ao hebraico *'achi'ór*, que significa "meu irmão é luz", quase uma ilustração do papel que ele deverá cumprir em relação a Holofernes.

281. Cf. Balaão em Nm 22–24; Raab em Js 2.

foi percebido pelos outros generais como um deboche (5,22-24) e com desdém por Holofernes, que opôs às palavras de Aquior a segurança na invencibilidade de Nabucodonosor, único verdadeiro deus (6,1-9). Aquior foi, então, expulso do acampamento e deixado a mercê dos hebreus, os quais, tendo ouvido sua história, o acolheram com benevolência e hospitalidade na cidade de Betúlia (6,10-21). A essa altura já está claro o que está em jogo: não são apenas os dois exércitos que se enfrentam, mas Deus e Nabucodonosor.

Holofernes, por fim, passou ao ataque e o povo se refugiou entre os muros de Betúlia (7,1-5). Ao invés de destruir a cidade, o general assírio aceitou o conselho dos aliados e decidiu ocupar a fonte situada no vale com o escopo de abater os habitantes de Betúlia pela cede (7,6-18). O tempo passava e as dificuldades aumentavam dentro das muralhas. Embora os chefes se mantivessem firmes no seu propósito, muitos habitantes, não podendo mais suportar tamanha privação, começaram a rebelar-se e a exigir que se chegasse a uma solução (7,19-29). A observância desses eventos levou essa gente ao desespero, mas não a renegar o próprio Deus: Deus não abandonara seu povo por fraqueza ou arbitrariedade, mas "pelas nossas iniquidades e pelas culpas dos nossos pais" (v. 28). Ozias, um dos chefes da cidade conseguiu obter um adiamento de cinco dias, confiando em uma ajuda divina (7,30-32).

Nesse momento entra em cena a heroína do relato, Judite, uma rica viúva que viviam reclusa entre oração e jejum. Seguindo o estilo dos relatos que tratam de personagens eminentes, o autor introduz a protagonista apresentando a sua genealogia, que é a mais longa dentre aquelas que a Bíblia reserva a uma mulher (8,1). A isso se seguem os relatos das circunstâncias que a tornaram viúva (8,2-3) e o estilo de vida que caracterizou a sua viuvez (8,4-6), para culminar com o destaque dado a seus dotes físicos (8,7) e espirituais (8,8). Sabedora do ultimato que os chefes tinham dado a Deus, Judite os repreendeu duramente: "Quem sois vós, que hoje tentais a Deus e vos colocais acima dele?" (8,12).

O trecho que descreve o encontro entre Judite e os chefes da cidade (8,9-36) representa o centro teológico do livro e o narrador mostra-se muito hábil ao fazer falar os vários personagens, seja seu pensamento, sejam a contribuição que esses pretendem oferecer ao progresso dos acontecimentos. Judite é informada dos acontecimentos (v. 9), mas ainda assim não deixa o lugar no qual vive retirada: são os chefes que vão a ela (v. 11). Nisso temos um indício da grande estima que ela conquistara dentro da cidade.

O discurso de Judite (8,11-27) é um veemente ato de acusação contra os chefes da cidade. Eles não sujeitaram somente a si mesmo, mas a Deus, portanto, para Judite, eles "se colocaram acima dele", pois o colocaram à prova ("tentaram") duvidando da sua vontade salvífica (v. 12-14). Ela mostra as consequências nefastas da rendição (v. 21-23), mas sobretudo oferece a sua interpretação teológica dos acontecimentos: o assédio contra Betúlia não é expressão da impotência de Deus em relação à Nabucodonosor, assim como não é um castigo divino como consequência de alguma culpa cometida pelo povo, tampouco uma cega necessidade produzida pela irracional evolução dos eventos (v. 15-17). Ao contrário, Judite, encontra na história do povo uma explicação alternativa: os patriarcas, mesmo sendo justos, foram "colocados à prova", seja Abraão (cf. Gn 22), seja Isaac (embora não esteja claro à qual prova o autor faça referência), seja Jacó (Gn 29–31). Assim como num tempo os patriarcas sofreram, isto é, foram colocados à prova por Deus "para sondar os seus corações" (8,27)[282], agora o povo fiel é convidado a ler nessa desesperadora situação a *correção* que o Senhor está sugerindo àqueles que participam da sua aliança, aos quais foi confiada a sua Lei e que podem invocá-lo com confiança (cf. Dt 4,7).

Em comparação com as firmes e solenes expressões de Judite, a reação de Ozias (8,28-31) mostra a pusilanimidade dos chefes da cidade, os quais não souberam guiar o povo em direção ao Senhor: os humores do povo determinaram as suas escolhas. Ozias, no entanto, reconhece a *sabedoria* de Judite (v. 29) e esse aceno à sabedoria da mulher é uma mensagem implícita para o leitor: Judite é *sábia* e *prudente*, diferente dos chefes que não sabem pensar em nada para superar o momento difícil. Frente a falta de ação dos líderes, de fato, Judite está por agir (8,32). A "sua mão" (8,33), como a de Moisés (cf. Sb 11,1) será o instrumento através do qual o Senhor proverá o seu povo. E os chefes nada podem fazer além de consentir (8,35): talvez porque liberados de um peso (aquele que os colocou de frente às suas próprias responsabilidades), ou talvez porque realmente confiam na habilidade dessa mulher.

Antes de passar a ação, Judite eleva uma prece a Deus (cap. 9) para que a ajude a seduzir Holofernes e a despedaçar o seu orgulho. Remetendo

---

282. Um princípio análogo está presente em Gn 22,1; Sb 3,5; Eclo 2,1; Tg 1,2-12.

pelos v. 2-4 ao episódio narrado em Gn 34[283], Judite sinaliza que com a sua iniciativa os assírios estão prestes a *contaminar* o Templo (9,8; cf. Gn 34,5 LXX). Evoca-se aqui a imagem de Jerusalém como virgem dada por esposa a Deus, que, todavia, está por correr o risco de ser contaminada (cf. Is 62,1-12; Jr 3,1-2; Ez 16.23; Os 2,12). Ao mesmo tempo, se pode perceber uma alusão à empresa que Judite está para iniciar: também ela está por expor-se ao tipo de contaminação da qual Dina foi vítima; por isso, é necessário que Deus mostre o seu poder, a fim de que essa eventualidade não venha a acontecer.

Além disso, é também expressiva a retomada do motivo da *mão* (cf. 8,33) que encontramos em 9,2.9.10, que se conecta a um motivo de Ex 15,6.9: como a mão de Deus derrotou os egípcios, assim Judite reza para que a sua mão agora debele os assírios, renovando os prodígios do êxodo. Por fim, deve-se notar a insistência no *engano* (9,3.10.13): Judite fora apresentada como mulher sábia (cf. 8,9) e agora deixa entender que o que está para cumprir se dará propriamente pela sua habilidade de superar a força bélica do inimigo como uma força diferente daquelas usadas pelos homens.

Em meio a uma situação difícil, com o tempo cada vez mais exíguo, em decorrência do limite fixado pelos anciãos da cidade, o narrador apresenta uma mulher que se adorna com atenção para se tornar fascinante "a fim de seduzir os homens que a vissem" (10,1-4): o general assírio havia predisposto a sua máquina de guerra, a heroína agora prepara a arma que usará para derrotar o inimigo. A descrição da beleza de Judite (que determina todo o desenvolvimento do capítulo 10, centrado exatamente sobre a reação dos varões à extraordinária beleza dessa mulher), de fato, faz um contraponto à descrição do exército assírio que se avizinha para punir os rebeldes (cf. cap. 2), assim como a reação dos homens a tal beleza corresponde à capitulação de todos os povos frente ao avanço do exército liderado por Holofernes.

Chegando ao acampamento assírio, a sua beleza e suas sábias palavras encantam Holofernes e os seus oficiais (cap. 11) que a acolhem com entusiasmo, permitindo-lhe inclusive não se tornar impura de modo algum: lhe é até mesmo permitido alimentar-se dos alimentos que a sua serva trouxera consigo e de lavar-se todas as noites na fonte externa ao campo para abluções e para elevar a Deus uma intensa oração (12,1-9).

---

283. Trata-se de uma vingança levada a cabo pelo engano de Simeão e Levi contra os siquemitas que tinham violentado Dina.

Enfim, a sua beleza surte o efeito esperado: após três dias, não podendo mais se conter e temendo ser alvo de chacotas pela tropa por não ter conseguido seduzi-la (12,10-12), Holofernes a convida à sua tenda para um banquete. Judite aceita e ao final da noite permanece sozinha na tenda com o comandante completamente embriagado (12,13–13,2). Nesse momento, Judite novamente invoca a Deus (13,4-5): a sua oração nesse momento decisivo evidencia ainda mais a sua sincera religiosidade. Ela sabe que o que está para cumprir significa a salvação para o seu povo e a exaltação de Jerusalém. Essa frágil mulher é como Davi frente a Golias (cf. 1Sm 17, 48-54) e como ele, confia não na sua própria capacidade, mas na assistência divina. No silêncio da noite e na solidão se cumpre o gesto que resolve o drama: Judite empunha o alfanje do inimigo e desfere dois golpes no pescoço de Holofernes decepando sua cabeça (13,6-8); em seguida com a sua serva retornou à cidade levando a cabeça do general no alforje (13,9-10).

Chegando junto às muralhas, Judite pronuncia uma expressão de triunfo que evoca textos litúrgicos (cf. Sl 24,7; 118,19-20). À população que lhe acorreu, convida a louvar a Deus: Ele agiu pelas mãos de uma mulher, como nos tempos antigos[284]. O *engano* foi bem-sucedido (13,16) e a mulher retornou a sua cidade sem se contaminar.

Nesse momento Judite expõe o seu plano para derrotar o exército assírio, agora sem comandante e, por isso, disperso (13,17–14,4): a heroína toma a situação em suas mãos, pois a sua iniciativa demonstrou a sua determinação, a sua sagacidade e, sobretudo que Deus estava com ela.

Aquior, o amonita, vendo a cabeça de Holofernes, professa a sua fé em Deus e se faz circuncidar (14,5-10). Nesse momento, Aquior, como no capítulo 5, representa o justo pagão que sabe compreender plenamente o agir de Deus; a sua conversão e a consequente circuncisão contrastam com o dispositivo legal contido em Dt 23,4-5, que exclui da comunidade de YHWH o amonita e o moabita.

Ao nascer do sol se inicia o triunfo de Israel: a descoberta do cadáver do comandante gera confusão entre o exército assírio que, pelo terror se dispersa em fuga (14,11–15,3a). O exército, entregue ao pânico, se torna agora

---

284. A referência diz respeito a Jz 4,17-22; 5,24-27.

apenas uma confusão de debandados a mercê da represália judaica, a qual não tarda e assume proporções tais que envolve todo o Israel, de Jerusalém à Galileia até a Transjordânia (15,3b-7).

De Jerusalém chegam o sumo sacerdote e os notáveis para se congratularem com Judite (15,8-10). Os festejos culminam com uma cena que remete a 1Sm 18,6-7: Judite é louvada pelas mulheres de Israel e forma com elas um cortejo triunfal (15,12-13). Os tirsos (v. 12)[285] eram ramos ou bastões cobertos por relva usados especialmente pelas bacantes; juntamente com as coroas (v. 13) refletem costumes helênicos.

Em 15,14–16,17 Judite se transborda em um cântico de louvor: aqui é descrita a partir do modelo de Maria, irmão de Aarão (cf. Ex 15,20-21), que como líder das mulheres hebreias entoou os louvores a Deus após a vitória contra os egípcios.

O episódio do livro é composto por duas partes: em primeiro lugar se indica a conduta que em seguida marcou a vida de Judite (16,21-22) e depois se narra a conclusão de sua vida (16,23-25). Judite perseverou na sua viuvez consagrada a Deus, não obstante a sua beleza despertasse o desejo de muitos homens. Como aos patriarcas, também a ela Deus concedeu uma vida longa. Até mesmo as últimas notícias sobre o comportamento do Judite manifestam a sua sabedoria e probidade: libertou a serva que a acompanhara ao encontro de Holofernes e distribuiu os seus bens entre seus familiares, segundo as prescrições da Lei de Moisés (cf. Nm 27,5-11), para que o patrimônio não saísse do âmbito da família e da tribo.

Estrutura e composição

Diversos exegetas negaram a unidade da composição de Judite, evidenciando a desproporção entre a primeira parte do livro (cap. 1–7) e a segunda (cap. 8–16) a qual contém, por sua vez, o sumo da história. De fato, a heroína entra em cena apenas no capítulo 8, enquanto os capítulos precedentes se concentram sobre as campanhas militares assírias. No entanto, se se atenta à técnica narrativa, a primeira parte "constrói o caráter de Holofernes e prepara a ironia dramática, substancial do relato [...]. Ao mesmo

---

285. O objeto aparece no Antigo Testamento somente aqui e em 2Mc 10,7 por ocasião da Festa da Purificação do Templo.

tempo a 'falta de proporção' constitui o caráter de Judite"[286]; ademais, a primeira parte se constitui como contraste à segunda e isso com base nas seguintes observações[287]:

- na primeira parte Nabucodonosor e Holofernes vencem todas as batalhas, enquanto na segunda, vencem Judite e os israelitas;
- o poderio masculino prevalece na primeira parte, enquanto na segunda predominam a beleza feminina e a sua sedução;
- todos os homens israelitas (cap. 4–6) se refugiam dentro dos muros da sua cidade, enquanto Judite e a sua serva deixam a cidade para sair ao encontro do inimigo;
- no capítulo 5, Aquior não é bem-sucedido ao tentar convencer Holofernes a desistir de seu propósito; Judite, ao contrário, se comporta de modo enganador e desonesto com Holofernes, mas tem sucesso completo;
- Holofernes, o vencedor de tantas batalhas e o terror de tantos povos (cap. 2–7) é subjugado por uma mulher.

Esses e outros elementos permitem perceber no relato, um conjunto bem-compaginado e um desenho narrativo bem-estruturado.

Nos capítulos 1–7 o tema é o *medo* ou a refutação do mesmo (cf. 1,11; 2,28; 4,2; 5,23; 7,4), e os homens (varões) desempenham um papel de liderança; nos capítulos 8–16 no centro da cena estão a *beleza*, mencionada explicitamente ou suposta, e uma mulher (cf. 8,7; 10,4.7.10.14.19.23; 11,21; 12,12; 16,20: 16,6.9). Exatamente como o *medo dos assírios* tem o efeito de submeter nações e povos, assim a *beleza de Judite* faz capitular um varão depois do outro.

O tema que atravessa todo o relato é a pergunta: "Quem é deus?" Os primeiros capítulos descrevem a supremacia de Nabucodonosor, enquanto a segunda parte do livro demonstra que essa supremacia pertence somete ao Deus de Israel. As duas partes do livro apresentam uma notável simetria, ao mesmo tempo, a centralidade do problema teológico é colocada em destaque pela seguinte estrutura[288]:

---

286. ALONSO SCHÖKEL, L. *L'arte di raccontare la storia* – Storiografia e poetica narrativa nella Bibbia. Roma/Cinisello Balsamo: GBP/San Paolo, 2013, p. 151.

287. CRAVEN, T. *Artistry and Faith in the Book of Judith*. Chico: Scholars Press, 1983, p. 53-59.

288. Trata-se da proposta de ZENGER, E. *Das Buch Judit*. Gütersloh: Gerd Mohn, 1981, p. 259.

1-3	**Nabucodonosor demonstra que é deus**
1	Campanha militar de Nabucodonosor contra Arfaxad
2,1-13	Nabucodonosor confia a Holofernes a tarefa de punir as nações que não o reconhecem
2,14-3,10	A campanha militar contra as nações desobedientes até Judá
4-7	**Quem é deus – Nabucodonosor ou YHWH?**
4	Israel é tomado pelo pânico; o sumo sacerdote ordena os preparativos para o combate
5,1-6,11	Holofernes fala com Aquior. Aquior é expulso do acampamento assírio
6,12-21	Aquior é acolhido em Betúlia; seu relato à população
7	Assédio de Betúlia: situação desesperadora que desemboca no ultimato imposto a Deus
8-16	**YHWH demonstra ser Deus, salvando Israel pela mão de uma mulher**
8	Corajosa tomada de posição de Judite em contraste com a posição do povo e de seus líderes
9,1-10,5	Judite se prepara para agir: ora e se adorna
10,6-13,10	Iniciativa heroica de Judite para salvar o seu povo
13,11-14,10	Retorno para Betúlia e reação à iniciativa de Judite. Aquior se converte
14,11-15,7	O exército assírio em confusão; represália e saque dos israelitas
15,8-16,20	Festejos
16,21-25	A vida de Judite em seguida

Em relação ao gênero literário os estudiosos propuseram diversas definições: romance histórico, relato popular, novela, escrito edificante, relato breve. H. Egel[289] propõe, na esteira de E. Zenger, ver em Judite um *relato didático-teológico em forma de romance*. Mais convincente é a proposta de M. Hellmann, retomada por B. Otzen: Judite seria uma "legenda", isto é, "um relato breve com uma relação de certo modo vaga com a história e a realidade; mas, ao mesmo tempo, tendo como centro gravitacional a edificação religiosa, onde os protagonistas são retratados como figuras ideais e a mensagem de todo o relato é um apelo à confiança no poder divino"[290].

---

289. ENGEL, H. "Il libro di Giuditta". In: ZENGER, E. (org.). *Introduzione all'Antico Testamento*. Op. cit., p. 502.

290. OTZEN, B. *Tobit and Judith*. Londres/Nova York: Sheffield Academic Press, 2002, p. 126.

Portanto, os personagens adquirem um caráter de "tipo": de um lado os opositores de YHWH (no vértice está Nabucodonosor que se arroga prerrogativas divinas), de outro o Israel fiel (que encontra o seu símbolo em Judite, a viúva frágil e devota que confiando em Deus derrota o inimigo). Pode-se ver no contexto a história do êxodo relida e reinterpretada: como naquele tempo Deus derrotou o faraó e o seu exército *pela mão de Moisés*, da mesma forma agora, abate a potência militar de Nabucodonosor *pela mão de Judite*. No centro da mensagem teológica está a demonstração de que a fidelidade a Deus permite ao povo experimentar a libertação operada por YHWH até mesmo nas circunstâncias mais adversas.

Acerca da data de composição do livro, as opiniões atuais divergem sobre alguns dados. O *terminus ante quem* é fornecido pela alusão a Judite na carta de Clemente romano (1Clem 55,3-5, *c.* 96 d.C.). Em relação à interpretação tradicional, o mundo narrado (i. é o primeiro período pós-exílico) não representa mais o ponto de apoio, reconhecendo que o autor do livro retomou nomes e eventos da época pré-exílica (Nabucodonosor, a Assíria etc.) e os combinou com nome e eventos da época persa (Bagoa, Holofernes, Joaquim...). Além disso, ele construiu o seu relato a partir de numerosos elementos, tendo como modelo temas e figuras bíblicas. Um importante estudo[291] mostra em detalhes aqueles aspetos do relato que se orientam em direção à época grega, após a crise com o Império Selêucida: em particular a insistência no fato de que a invasão inimiga representava uma ameaça em relação ao Templo (cf. 9,8-13) não correspondem à prática persa, e tampouco à de Alexandre Magno ou dos Ptolomeus no Egito. Com essa, bem ao contrário, se concede a imagem que os livros dos Macabeus e de Daniel, assim com as fontes profanas, oferecem de Antíoco IV.

Isto leva a concluir que o livro tenha sido composto em época asmoneia, muito provavelmente por volta do final do reino de João Hircano I (135-104 a.C.) ou ainda no início do reino de Alexandre Janeu (103-78 a.C.). Nesse sentido, se orienta em particular, a menção à espada de Simeão em 9,2, com a qual foi punido o delito cometido pelos habitantes de Siquém: essa referência parece aludir ao saque de Siquém empreendido por João Hircano em 128 a.C. A própria colocação de Betúlia na região da Samaria mostra – além da ironia de uma vitória alcançada pelos judeus contra um rei pagão em um

---

291. Cf. DELCOR, M. Le livre de Judith et l'époque grecque. *Klio* 49, 1967, p. 151-179.

território conhecido pela sua hostilidade em relação a Jerusalém – que essa região estava sob o controle judaico, uma visão que teria sido impossível antes que João Hircano assumisse o controle sobre todo o território (depois de 129 a.c.), Aristóbulo colonizasse a Galileia (104 a.c.) e Alexandre Janeu anexasse a região costeira a Gaza (por volta de 96 a.c.).

O autor seria um hebreu que vivia na terra de Israel e, segundo alguns, um expoente do primitivo movimento farisaico[292], mas nada há no texto que seja específico desse movimento. Ademais, deve-se sublinhar que

> A função do Livro de Judite pode ser relacionada à época asmoneia, na qual foi composto. Trata-se de um texto decididamente nacionalista que celebra as vitórias de Deus sobre os sírios. O próprio nome "Judite" pode ser uma personificação da Judeia e ao mesmo tempo remete ao nome do grande combatente Macabeu que libertou o Templo, derrotou e decapitou Nicanor, preservando, desse modo, o Templo recentemente consagrado da destruição[293].

O texto

O texto mais antigo do Livro de Judite é a versão grega, da qual chegaram a nós recensões bastante diferentes entre si[294]. Muitos aspectos do texto grego induzem a considerá-lo uma tradução. Ao mesmo tempo, não está claro – na falta de uma documentação efetiva, como no caso do Livro de Tobias – se o original fosse hebraico ou, como se deduz a partir de Jerônimo, aramaico. De acordo com o parecer de um certo número de intérpretes, a sintaxe e a fraseologia fariam inclinar-se à admissão de um original hebraico. T. Craven pensa, ao contrário, que "seja igualmente plausível que o texto grego tenha sido escrito desde o início em um refinado grego hebraizado"[295]. Da mesma forma H. Engel observa que algumas expressões gregas características – em particular nos discursos e nas orações – não dependem de um

---

292. MOORE, C.A. *Judith*: A New Translation with Introduction and Commentary. Garden City: Doubleday, 1985, p. 70-71.

293. NICKELSBURG, G.W.E. *Jewish Literature between the Bible and the Mishnah*. Minneapolis: Fortress, 2005, p. 101.

294. O documento mais antigo que chegou a nós é provavelmente um óstraco datado da segunda metade do séc. III d.C. que contém Jd 15,1-7.

295. CRAVEN, T. *Artistry and Faith in the Book of Judith*. Op. cit., p. 5.

original hebraico, mas do recurso à versão grega dos Setenta[296]. Contudo, a questão da tradução permanece aberta.

As únicas versões semíticas são as hebraicas, conhecidas, no entanto, somente a partir de manuscritos medievais. Estas são estreitamente relacionadas à Vulgata a ponto de que os estudiosos, quase que na sua unanimidade, as consideram traduções do latim (como é o caso das versões medievais de Tobias). Diferente da tradição hebraica, a cristã acolheu Judite entre os textos canônicos. Desde os primeiros séculos os padres da Igreja citam o livro como escritura inspirada (cf. Clemente Romano, Clemente de Alexandria, Tertuliano). O concílio de Hipona (393) foi favorável à sua canonicidade. As dúvidas surgiram sobretudo com Jerônimo, favorável ao cânon rabínico da Escritura, do qual Judite é excluído. O próprio Jerônimo, no prólogo à versão latina do livro, atesta a sua acolhida na Igreja.

Teologia

O início do relato é marcado pelo tema do *medo*, que cobre todo o Oriente Próximo. Num primeiro momento as nações ocidentais "não tinham temor algum" de Nabucodonosor (1,11) e, por isso, não responderam ao seu apelo contra Arfaxad, mas muito cedo a reação do rei assírio espalhou "medo e terror" entre essas populações (2,28). Também os Judeus, ao ouvir as notícias a respeito do avanço assírio "foram tomados por um terror indescritível" (4,2).

Ao lado desse tema, emerge progressivamente a oposição radical. Se inicialmente o conflito era entre seres humanos (Nabucodonosor considerado um "homem qualquer", cf. 1,11), em um determinado momento por detrás de um aparente evento militar emerge uma deliberada intenção religiosa: "para que todos os povos adorassem Nabucodonosor e o invocassem como deus" (3,8). O conflito se radicaliza, portanto, mostrando que pretende tocar as verdadeiras forças que movem a história. O povo de Betúlia tem diante de si de um lado o comandante assírio com o seu imponente exército: não o deus de Holofernes, mas ele, o seu convidado, como ele se autoproclama. De outro lado, diante do povo estão os chefes da cidade: sem exército, sem recursos e, por fim, privados de uma fé autêntica em Deus.

---

296. ENGEL, H. "Der Herr ist ein Gott, der Kriege zerschlägt – Zur Frage der griechischen Originalsprache und der Struktur des Buches Judit". In: SCHUNCK, K.D. & AUGUSTIN, M. (orgs.). *Goldene Äpfel insilbernen Schalen*. Frankfurt am Maim: Peter Lang, 1992, p. 155-159 [Beiträge zur Erforschung des Alten Testaments und des antiken Judentums, 20].

O confronto é entre divindades, mas o cenário é a história humana, por meio dos representantes ("servos", cf. 6,3) dessas divindades: o enviado do deus assírio é um comandante arrogante, feroz, mas sobretudo poderoso; os "servos" do Deus de Israel são, ao contrário, um pequeno povo, privado de exército, com líderes inclinados a seus compromissos e, ora, tomados de terror. O conflito sobre o poder, em última análise, mostra que o que está em jogo diz respeito a quem seja o verdadeiro Deus.

A história narrada na última parte é determinada pela *prova* à qual os líderes do povo submetem Deus, um ato julgado como ímpio pela heroína do livro (cf. 8,11-13) e que mostra a sua incapacidade de compreender o sentido dos eventos: não é Deus que está sendo colocado à prova nessa querela, mas o povo, isto é, os descendentes dos pais *justos* os quais, colocados à prova por Deus, se demonstraram fiéis (cf. 8,25-26). O comportamento fundamental diante da prova é, para Judite, a confiança na intervenção divina, mas não compreendida em chave fatalista. Ao invés de permanecer inerte, a mulher se coloca na primeira linha na disputa.

Não invoca uma intervenção sobrenatural (como os chefes), mas confia na assistência divina, lançando mão dos dotes que Deus lhe havia dado: beleza e sabedoria. Os homens (varões) veem na beleza um objeto a ser desfrutado, uma presa para os seus desejos: Judite, ao contrário, se serve dela para submetê-los à sua estratégia vitoriosa. Com efeito, ninguém sai incólume do encontro com ela, nem sequer os chefes do povo, dos quais ressalta a pusilanimidade em relação à sabedoria de espírito da heroína, tampouco os soldados assírios que, planejando usá-la como espólio para o general, lhe permitem chegar diretamente ao objetivo que almejava, e ainda sequer Holofernes que usará todas as artes da sedução, mas será vitimado pelas próprias maquinações.

A escolha por um herói feminino como sujeito de um relato bélico, em um relato que se originou em uma cultura que tendia a confinar à mulher dentro do ambiente familiar e, sob uma certa perspectiva, a compreendê-la puramente como apêndice do homem (varão), é por si mesmo uma mensagem: Deus não emprega a sua força compondo imponentes exércitos, nem colocando com guia de seu povo comandantes enérgicos; mas, tampouco lança mão de expedientes miraculosos. Em Judite o agir de Deus se manifesta naquilo que o ser humano não é capaz de compreender a eficácia e sobretudo em um ser tido como necessitado de proteção (cf. 11,1-4). Eis por que "Judite não é por nada frágil. A sua coragem, a sua fé em Deus e a sua sabedoria – o que falta em sua contraparte masculina – salvam o destino de Israel"[297]. No relato, Judite é sempre representada como superior aos homens com os quais tem algum tipo de relação: os chefes ficam completamente desorientados frente à eminência do assédio, ela, ao contrário, toma a iniciativa; são ela e a sua serva que salvam Betúlia, não os homens armados da cidade; o presunçoso Holofernes é humilhado e com ele Nabucodonosor (cf. 14,18); também a ordem do ataque decisivo parte de Judite (14,1-5).

A moralidade da estratégia usada por Judite deixa o leitor um pouco perplexo, sobretudo a insistência que ela mesma salienta, no engano e na sua capacidade de sedução. Contudo, a partir do relato se percebe que o próprio autor valoriza esta escolha: Judite soube escolher as armas à sua disposição para golpear o lado frágil dos seus adversários. Ela joga uma partida sabendo que sobre esse terreno o inimigo é atacável: desse modo ridiculariza todo um exército e humilha o seu comandante. A esse respeito, se deve notar que em quase todos os trechos nos quais a heroína coloca em ação o seu estratagema têm uma conotação irônica. Mais do que engano, que em última análise é resultado da ingenuidade dos homens envolvidos na história, deve-se ressaltar a sabedoria dessa mulher, que nesse caso significa astúcia, habilidade, tática; sabedoria que se manifesta na escolha da arma com a qual enfrentar um inimigo que se crê forte, mas que, na verdade, é constrangido a capitular por uma mulher que habilmente se serve dos dotes femininos.

Com a sua ação, dentre outras coisas, Judite quis preservar o tempo da contaminação que o elemento pagão teria podido introduzir (cf. 8,21-22): a esse propósito, é emblemática a referência feita a Dina na sua oração, pois lança mão de imagens proféticas que apresentam Israel e Jerusalém como a virgem esposa de YHWH (9,2). E, nesse caso, é uma mulher quem refuta qualquer chance de contaminação para superar o drama: a prova é vencida apenas pela adesão confiante e ativa ao Senhor da história. Na época da composição do livro, o Templo de Jerusalém tinha assumido uma grandeza simbólica importante para todos os hebreus: um povo disperso sobre a terra, que, todavia, encontrava a sua unidade na observância da Lei e na referência ao único lugar escolhido por Deus para habitar entre os seres humanos.

---

297. NICKELSBURG, G.W.E. *Jewish Literature between the Bible and the Mishnah*. Op. cit., p. 99.

Judite mostra que o que está em jogo é muito mais do que a simples sobrevivência de uma cidade, de uma nação ou de um povo: o que está em jogo é a negação de Deus, a apostasia, a adesão a um novo senhor e patrão (8,18-20). Esse é o risco que corre toda geração dos filhos de Israel quando o poder dominante é estrangeiro, se vive em meio a populações com usos e costumes diferentes e não raramente o ser minoria étnica torna difícil permanecer fiel à Torá, ou, até mesmo impede. A história de Judite se torna, portanto exemplar: quem conta com a força bruta não prevalece, quem move um exército potente não necessariamente será vitorioso. Ao contrário, a perseverança e a coragem inteligente e fiel de uma mulher prevaleceram sobre o estúpido orgulho de homens poderosos. Essa é a confiança que o texto intencionava infundir nos hebreus da época: nem os persas, nem os gregos, nem os romanos possuíam as verdadeiras armas para prevalecer, mas Israel que guardou o Templo no qual Deus escolheu colocar o seu nome e ao qual Deus doou os seus preceitos, que o tornam mais sábios do que todos os outros povos.

O Livro de Judite se apresenta ainda como revisitação do êxodo. A crise que o povo vivia no presente em certo sentido reproduz o passado: o povo a mercê de um poder estrangeiro, um arrogante que se opõe à senhoria de Deus. Também nesse momento Deus parte de uma humanidade débil, desanimada, enfraquecida e lhe permite encontrar uma liderança segura, dotada de sábia decisão e de coragem imarcescível. O que torna Judite uma liderança autêntica é, todavia, a sua fé inabalável: como Moisés, também ela no momento do desespero exorta o seu povo a confiar em Deus (cf. 8,17 com Ex 14,13-14).

Fazendo de uma mulher o instrumento humano escolhido por Deus para libertar o seu povo, o autor retoma a tradição de Débora e Jael (cf. Jz 4–5); mas, posteriormente acentua a sua relevância. Aqui, como mostra o próprio nome da heroína (*Judite*, "judia"), a própria mulher é identificada com a causa do seu povo: ela, como o povo, carrega os sinais da viuvez (por uma nação que não mais existe, cf. Lm 1,1); como o povo, corre o risco de ser contaminada (9,8) e como ele é aparentemente indefesa frente ao inimigo. No entanto, como símbolo, Judite mostra ao seu povo o caminho que a fé em Deus exige tomar: viver uma relação de profunda decisão para com Deus, no respeito às práticas religiosas (oração, jejum, penitência) e abandonando-se com confiança à vontade divina, sem pretender "hipotecar" os seus planos (8,16). Desse modo, o povo não se deixará abater pelos acontecimentos, nem afundará em uma espécie de vitimismo, mas se tornará protagonista dos acontecimentos da história, através da força gerada nele a partir da fé no único Deus e Senhor da história.

Ester

Ester é uma heroína dos cinco *meghillót* ("rolos festivos": Rt, Ct, Lm, Ecl, Est) conservados na Bíblia Hebraica. O rolo é lido por ocasião da Festa dos Purim, como recordação da salvação experimentada pelos hebreus naquele dia. Embora seja um dos cinco ele é universalmente conhecido como a *meghilláh*, não porque seja o mais importante, mas pela sua imensa popularidade, pela solenidade que se dá à sua leitura pública e pelo fato que é o único ainda lido geralmente de um rolo de pergaminho. Um tempo era algo perfeitamente normal que toda casa hebraica possuísse uma *meghilláh* e se dedicava muito tempo e habilidade à elaboração de textos ricamente adornados e de invólucros artisticamente trabalhados.

Ester é, pela maior parte dos hebreus, o mais conhecido dos livros bíblicos. Muitas circunstâncias contribuíram para isto: a história dramática que envolve toda a nação, a eficaz caraterização dos personagens, a alegria da Festa dos Purim na qual é lido e, sobretudo, o tema que perpassa o relato inteiro: Amã se torna o protótipo dos perseguidores de Israel e a sua queda sempre significou a qualquer tempo, uma esperança e um refúgio para o povo hebraico oprimido.

A história é ambientada na corte persa e envolve tanto funcionários públicos quanto o harém do rei. Na sua forma atual o texto se apresenta como *a legenda da Festa dos Purim*, isto é, a explicação da origem da mesma, embora muitos exegetas duvidem de que essa fosse a função originária do escrito, visto que há menção da festa somente na conclusão (que poderia ser um apêndice posterior). Não obstante as numerosas tentativas de determinar a base histórica do livro (isso sobretudo para Mardoqueu, um nome atestado em documentos de época persa que hoje conhecemos), os resultados são ainda muito escassos. Em um olhar superficial a história parece verdadeira, seja porque nada parece improvável, seja pela ausência de qualquer intervenção sobrenatural (isto no texto hebraico no qual Deus nunca é nominado).

O Rei Assuero[298] corresponde bem a Xerxes I (486-465 a.C.) que deu continuidade, e, por fim perdeu, a guerra contra os gregos movida por

---

298. *Assuero*: a Septuaginta e Flávio Josefo identificam o rei como Artaxerxes, enquanto o Texto Alfa, a Vetus Latina e a Vulgata simplesmente transliteram o nome hebraico.

seu pai, Dario e completou o palácio real de Persépolis. O autor parece bem informado sobre as práticas de administração persas e sobre os costumes dessa nação; se serve, ainda de numerosos vocábulos persas. O confronto com as fontes antigas, no entanto, revela que as aporias da narração: antes de tudo a chegada de Ester em 480 a.C. (cf. 2,16: "o sétimo ano do reino de Assuero") é improvável, pois naquele momento Xerxes estava empenhado na campanha militar contra a Grécia, como atesta Heródoto; além disso, se Mardoqueu foi deportado para a Babilônia em 587 a.C. (cf. 2,6), certamente não pôde ser ministro de Xerxes, pois teria ao menos 122 anos no décimo segundo ano de Xerxes (474 a.C.). Por fim, segundo Heródoto, a mulher de Xerxes foi Amestri e a rainha da Pérsia era escolhida entre a família real ou de uma das sete casas principescas – ou seja, não as concubinas que, ao contrário, eram escolhidas dentre todas as mulheres da Ásia[299].

Dentre os elementos que permitem duvidar da historicidade há ainda a estreita semelhança entre alguns episódios de Ester e alguns relato médio-o-rientais apresentados, sobretudo, na famosa coleção *As mil e uma noites*[300].

Guia para a leitura

Como bem ilustra a edição da renovada tradução da CEI (2008)[301], o leitor do Livro de Ester deve fazer face à uma situação textual bastante complexa em relação à qual as posições dos intérpretes se dividem. Em geral, as edições católicas reproduzem um texto misto, como a edição precedente da CEI, enquanto as edições da tradição protestante apresentam a tradução do texto hebraico e, em apêndice, os chamados "Acréscimos ao Livro de

---

299. Cf. LOADER, J.A. "Das Buch Ester". In: MÜLLER, H.-P.; KAISER, O. & LOADER, J.A. *Das Hohelied/Klagelieder* – Das Buch Ester. Göttingen: Vandenhoeck & Ruprecht, 1992, p. 208 [Das Alte Testament Deutsch 16/2].

300. Minissale ilustra as analogias entre *As mil e uma noites* ("que pode ser considerado um clássico da literatura universal") e os seguintes trechos de Ester: 2,12-14 (a "passagem" de uma jovem à noite no quarto do rei); 7,2-3 (o pedido de Ester ao rei que ecoa a solicitação de Sharazad); 6,7-11 (as honras propostas para o amigo do rei e reservadas a Mardoqueu apresentam uma certa semelhança com o que o rei do romance árabe decreta para o seu *visir*); 8,16-17 (a exultação geral dos hebreus, paralela à conclusão da obra árabe) (cf. MINISSALE, A. *Ester* – Nuova versione, introduzione e commento. Milão: Paoline, 2012, p. 40-41).

301. Trata-se da referência já mencionada ao texto da Conferência Episcopal Italiana (CEI). As edições da Bíblia em português em geral optam pela versão mais longa, com a reprodução do texto hebraico e a indicação em itálico dos acréscimos do texto grego (cf. Bíblia de Jerusalém, Bíblia Vozes, Bíblia Sagrada Edição Pastoral etc.) [N.T.].

Ester" atestados em grego. Aqui, seguiremos a trama do Texto Massorético, indicando, contudo, as diferenças em relação a versão grega, onde estas se tornam decisivas para o relato.

Essa complexa situação está presente desde o início. O Texto Massorético se abre com um artefato narrativo centrado sobre o repúdio da Rainha Vasti em decorrência da sua desobediência à ordem dada pelo Rei Assuero (1,1-22), enquanto o texto grego apresenta dois episódios que precedem esse trecho narrado pelo texto hebraico: o sonho de Mardoqueu (1,1^a-1^l) e a conspiração contra o rei (1,1^m-1^r).

Em paralelo com o banquete (apenas de homens) oferecido por Assuero, se acena ao banquete proposto pela rainha Vasti (apenas para mulheres, v. 9). O tema do banquete estará no centro também na sequência da história, quando Ester convidará o rei ao banquete oferecido por ela.

No sétimo dia o rei decide apresentar a sua consorte ao povo como objeto de admiração. O narrador circunscreve a ordem para Vasti num contexto de embriaguez do rei (1,9-11): uma ordem irracional.

Vasti se recusa apresentar-se diante do rei (1,12) e isso poderia decorrer do fato de que ela não é uma simples concubina real. A negação da rainha desperta a ira do monarca, que consulta "os sábios, conhecedores dos tempos" (1,13-15), os quais conhecem os procedimentos legais que o rei deve aplicar para resolver o problema criado pela negação da rainha. Eles ilustram ao rei as consequências políticas e sociais da negação (1,16-18). A punição de Vasti corresponde à sua ação (1,19): fica proibida, a partir de então, de fazer propriamente aquilo que se negou a fazer, isto é, comparecer na presença do rei.

No texto grego, o banquete de Assuero e o repúdio de Vasti são precedidos por dois episódios. O primeiro (1,^{a}-1^l) narra o sonho de Mardoqueu que se dá um ano antes dos eventos descritos em 1,1-9 e cinco anos antes que Ester se torne rainha (2,16). Isso representa uma antecipação narrativa que reflete a história de José (cf. Gn 37,6-10) e será explicado somente ao final da narração (10,3^a-3^k). No sonho se destacam sobretudo os traços teofânicos (cf. v. 4) e escatológicos (v. 7; cf. Gl 2,2.10-11; Sf 1,15) que mostram como a história de Ester tenha se transformado na versão grega de um relato da corte em conflito escatológico. Em 1,1^h ocorre a primeira menção de Deus (42 vezes nos acréscimos e nunca no TM) indicando que os eventos que estão por se desencadear são dirigidos e guiados por ele. O segundo episódio narra uma conspiração (1,1^m-1^r) que não tem uma colocação cronológica clara: no acréscimo grego parece ter se dado em concomitância com o sonho (portanto, no segundo ano do reino de Assuero), enquanto o segundo, o Texto Massorético (2,21) se deu no sétimo ano. Uma seguinte contradição advém do fato de que aqui foi Mardoqueu quem informa o rei, enquanto em 2,22 é Ester. O trecho coloca em destaque a lealdade do protagonista do relato e introduz um dos motivos que regem a tensão narrativa: o conflito entre dois funcionários reais, devido à preferência dada imerecidamente pelo rei a Amã, ignorando o serviço a ele prestado por Mardoqueu.

Em seguida se descreve como se chegou a substituir a rainha (2,1-18): o método adotado para resolver o problema não é, no entanto, fruto da mente do rei, mas dos "jovens que estavam a serviço do rei" (v. 2). Segundo o estilo de tantos relatos populares, o rei tem à disposição todas as mulheres em idade de se casarem ("virgens") do reino. Para as jovens poderá parecer o sonho do príncipe encantado de tantas fábulas; mas, ao contrário, com essa decisão se inaugura uma disputa sem exclusão de golpes (cf. 2,13.15: as mulheres podem levar à presença do rei o que quiserem) na qual somente uma será vencedora, enquanto as outras serão reclusas no harém (v. 14), protegidas como concubinas do rei, mas separadas do resto do mundo.

Nesse momento entram em cena os dois personagens principais (v. 5-7): um judeu, da tribo de Benjamim que fizera parte do primeiro grupo de deportados (em 597 a.C.); ao lado dele se apresenta a sua prima Ester que, órfã, fora adotada por ele. Nada se diz sobre as características dos dois personagens: se acena somente à beleza de Ester (v. 7), o que é suficiente, nesse momento, para impressionar o rei.

Como as outras meninas, também Ester é introduzida no harém do Rei Assuero. O eunuco denominado para guardar as jovens tem por ela especial simpatia (v. 8-9). 2,10 anota que, por ordem de Mardoqueu, Ester não revela a sua origem.

Ester confia na experiência do eunuco e impressiona o rei (v. 15-17); se torna, portanto, rainha (a data de 2,16 corresponde a dezembro-janeiro de 479-478 a.C., cerca de quatro anos depois da deportação de Vasti) e o rei oferece um solene banquete nupcial (v. 18).

2,19-20 parece uma repetição de 2,8-10: Mardoqueu aqui é apresentado como membro da administração do reino ("se sentava à porta do rei"). A "porta" indica a corte real na sua inteireza, isto é, o aparato administrativo central do império. O germe de uma rebelião política é reprimido pela intervenção de um funcionário judeu, que informa o rei por intermédio de Ester. Um fato de tal gravidade é imediatamente registrado nos anais oficiais, mas o rei se omite de recompensar Mardoqueu pelo que fizera (2,21-23).

Essa omissão introduz um percurso narrativo que se resolverá apenas no capítulo 6: Mardoqueu não é recompensado; mas, inesperadamente um outro dignitário, sim, Amã (3,1-2). Ao invés da recompensa, o judeu é ainda acusado de insubordinação ao rei (3,3). Nenhum título de mérito é apresentado para justificar a dignidade conferida a Amã. A sua promoção, no entanto, indica a sua contraposição ao povo hebraico: ele é descendente de Agag ("Agaguita") um rei de Amalec derrotado por Saul (cf. 1Sm 15). No contraste entre Mardoqueu (descendente da família de Saul) e Amã (amalecita) se repropõe a antiga oposição entre os dois povos, que encontra suas raízes já na peregrinação do deserto (cf. Ex 17,8-16; Dt 25,17-19). Mardoqueu motiva a sua insubordinação pelo fato de que "é um judeu" (3,4), isto é, pertence a um povo que sempre esteve em contraste com o povo de Amã. Isso explica também a reação de Amã: não basta eliminar o súdito insubordinado (3,6), pois a inimizade demonstrada por Mardoqueu nada mais é que a expressão da inimizade que todo o povo de Israel nutre em relação ao seu.

3,7 é provavelmente uma glosa que intenta relacionar os acontecimentos descritos em seguida, com a conclusão do livro, na qual se instituía a Festa dos Purim. Segundo um costume bastante conhecido em âmbito babilônico, se tira a sorte no início do ano (*Purim* deriva do acádico *puru*, um termo que tem sua tradução fornecida pelo próprio autor do livro).

O comportamento de Amã em relação aos judeus (3,8-9) reflete um modo de considerar esse povo que não está de acordo com a prática administrativa persa, que tolerava as diferenças étnicas e as respeitava. Ademais, as acusações que Amã formula aparecem com frequência nas fontes gregas da época helênica. Três são os principais motivos de acusação: são um povo "segregado", isto é, que não assimilam os outros; "que tem leis diferentes" e que "não observa as leis do rei".

Além da sugestão de exterminar os judeus, Amã acrescenta a oferta de uma soma considerável. Amã não diz ao rei o nome do povo e, diferentemente do comportamento manifestado no momento da deposição de Vasti (quando o rei fez uma ampla consulta, cf. 1,13), ou por ocasião da conspiração dos dois eunucos (quando o rei ordenou inclusive uma investigação, cf. 2,23), nesse caso, Assuero parece agir com extrema celeridade: a decisão é tomada com muita superficialidade, baseada somente sobre palavras (enganosas) de uma única pessoa.

Diferente do Texto Massorético (3,12-15), a versão grega apresenta inclusive o decreto do Rei Assuero (3,13a-13g). Pela forma redundante e o estilo, se supõe que tenha sido composto em grego (cf. a estreita analogia com 3Mc 3,12-29); o início e o final do decreto criam um importante contraste com o seu conteúdo: se fala de paz e se ordena um extermínio. No texto, são retomadas acusações costumeiramente dirigidas aos judeus pelos seus inimigos (cf. Sb 2,15; Dn 3,12). O rei afirma agir somente em vista do bem-estar do seu povo (v. 13b), com uma linguagem tipicamente propagandista: dá a impressão de que quem está no poder pense somente no bem-estar do povo, na paz que todos desejam, mas a realidade é bem diferente.

O capítulo 4 desempenha um papel central no percurso narrativo, pois mostra a passagem de uma apresentação passiva da heroína à sua ativa participação nos acontecimentos. A reação de Mardoqueu ao edito é intencionalmente espetacular (4,1-2): ele não pode se comunicar diretamente com o harém, deve, por isso, suscitar o interesse de quem tem acesso à rainha. Assiste-se antes de tudo a uma primeira tentativa pouco estratégica da rainha de pôr fim à encenação do seu parente (v. 4). Mardoqueu informa Ester sobre o que ocorrera e lhe ordena que interceda pelo povo junto ao rei (v. 7-8). A primeira reação da rainha à ordem de Mardoqueu é completamente centrada sobre ela mesma (v. 11): o aceno ao perigo que correria apresentando-se ao rei sem ser convocada não é apenas o temor de uma missão que poderá falir; mas, como mostra a resposta de Mardoqueu, manifesta uma provável convicção por parte de Ester de poder ser poupada das consequências do edito, haja visto a dignidade da qual gozava. Também nesse caso é Mardoqueu quem provoca Ester a amadurecer como pessoa e a sua resposta em 4,13-14 é fundamental, pois sublinha que a condição de Ester não a torna estranha a situação do seu povo: ela continua sendo uma judia e como tal não pode ignorar a condição do seu povo. Portanto, deve assumir a sua responsabilidade. "Quem sabe se não teria sido em vista de uma circunstância como essa que foste elevada a realeza?" (v. 14): no texto hebraico de Ester o nome divino nunca é mencionado, mas essa frase mostra que a história não é uma mera sucessão de fatos casuais, mas possui uma direção e finalidade. Nesse momento, Ester responde com uma ordem (v. 16:

jejum durante três dias), é ela quem toma a iniciativa. A atenção, portanto, se desloca para o seu êxito, do qual depende a sorte de todo um povo.

A versão grega inclui nesse momento duas intensas orações ($4,17^{a-z}$) que permitem ao leitor entrar no íntimo dos protagonistas e de enriquecer por meio de uma perspectiva religiosa os três dias de espera e de jejum de toda a comunidade judaica.

O Texto Massorético dedica apenas poucas linhas ao exórdio do encontro entre Ester e Assuero (5,1-2).

Bem diferente é a apresentação na versão grega, que oferece uma cena de grande eficácia ($5,1^{a-f}$ + 2^{a-b}) e na Septuaginta representa o vértice do relato: foi preparado com jejuns e orações e tudo está em jogo nesse momento. Ester diante do rei, ao menos aparentemente, fali completamente: ela está tomada pelo terror, tanto que por duas vezes sucumbe. Todavia, mesmo que a mulher sucumba, Deus não se deixa surpreender: ele muda a ira do rei em mansidão. A fragilidade dessa mulher coloca ainda mais em destaque de quem é a vitória: foi o poder divino, e não a coragem ou a fraqueza de Ester, que, segundo essa versão, buscou a salvação do povo.

O diálogo entre Ester e o rei é breve e incisivo (5,3-4): Ester obteve o favor do rei, agora ele está completamente bem-disposto em relação a ela, a ponto de lhe fazer uma oferta exorbitante. A rainha, no entanto, evita expor de imediato a sua solicitação, suscitando no leitor uma crescente expectativa. Nesse ponto, a situação está completamente nas mãos dessa mulher: é ela quem tem em xeque esses dois homens. Contudo, o leitor permanecerá ainda surpreso mediante o segundo momento em que Ester não apresenta a sua solicitação (5,6): pergunta-se, portanto, até quando vai durar essa vantagem de Ester.

A cena sucessiva suscita ainda mais tensão: Amã, sem saber dos planos de Ester e orgulhoso da posição que ocupa, decide sem hesitação, eliminar Mardoqueu e solicitar isso ao rei na manhã seguinte (5,9-14), que será, portanto, o dia do banquete decisivo de Ester, mas também de Mardoqueu. E se o plano de Amã (que Ester ignora) fosse bem-sucedido, a hesitação de Ester em interceder junto ao rei em favor do seu povo pareceria ainda mais absurda ao leitor.

O que se segue, mostra em poucos versículos, o inimigo dos Judeus passar da exultação do dia anterior (5,9) à consternação (6,12). Nenhuma explicação é fornecida a respeito da insônia do rei (diferentemente do grego que a atribui ao próprio Deus) que, para ocupar o tempo, pede que se leia para ele as crônicas do reino (6,1-3). Anda uma causalidade: a atenção é direcionada para um acontecimento que o leitor já conhece (cf. 2,21-23) mas que não recebeu uma resposta adequada do rei (ao contrário do texto grego que em 1,1q antecipa a recompensa de Mardoqueu).

Logo pela manhã Amã se dirige ao rei. A cena do diálogo entre Assuero e Amã (6,6-10) se desenrola completamente sobre a perspectiva da ironia narrativa que opõe os interlocutores: o rei não se preocupa pelo fato de que Amã esteja ali já bem cedo e lhe pede conselho. Amã acredita ter interpretado o pensamento do rei e propõe uma maneira espetacular para honrar a pessoa escolhida pelo rei. A hesitação desaparece num piscar de olhos: o rei recebera o conselho que solicitara, o aprova e ordena ao seu conselheiro que o execute (v. 10).

Preparada pela cena precedente na qual se descreve a frustração imediata de Amã em relação à Mardoqueu, se abre, então, a cena mais dramática do relato, na qual o "inimigo dos judeus" é desmascarado e punido (6,14–7,10). Retoma-se a cena do banquete, um momento de importância na vida da corte persa (cf. cap. 1) ainda que agora seja o rei quem se encontra em embaraço. O episódio se divide em dois quadros bem definidos: Ester apresenta o seu pedido ao rei (7,1-6); o inimigo é executado (7,7-10).

A ironia que sustenta o diálogo entre o rei e a rainha é extraordinária: o rei nada sabe sobre o complô armado por Amã contra os judeus, mesmo sendo cúmplice. Amã não sabe que Ester é uma judia. O rei formula uma pergunta (7,5) que denota o isolamento desse dominador universal: ele tinha vendido um povo, tinha expedido um decreto contra os judeus e ainda assim interpela Ester como se nada soubesse em relação àquilo que acontece no seu reino.

Em relação à cena seguinte (7,7-10) funciona com inclusão a ira do rei que se inflama (v. 7) e depois se aplaca (v. 10). Amã se dá conta de que nesse momento os favores do rei não mais são dirigidos a ele, por isso recorre a Ester (v. 7): nessa cena a rainha não desempenha uma função ativa, ela se cala e com o seu silêncio permite a condenação de Amã, o qual teve seu gesto de súplica interpretado pelo rei como uma transgressão da etiqueta de corte que impunha regras severas quanto ao comportamento em relação às mulheres do harém. A acusação do rei contra Amã (v. 8) parece ser nada mais do que um expediente cômodo com o qual o rei pôde se livrar de quem agora perdera sua confiança.

O inimigo fora então eliminado e com ele uma parte do perigo que aflige os judeus. Contudo, ainda estava em vigor o decreto real que, sendo escrito em nome do rei e carregando o seu selo, é irrevogável (cf. 3,12). Depois de ter descrito os benefícios que o rei concede imediatamente a Ester e ao seu parente Mardoqueu (8,1-2), se assiste a uma nova solicitação de Ester ao rei (8,3-6): o inimigo morto não é ainda a garantia da inexistência de algum perigo para o povo, pois enquanto o decreto real permanece em vigor a vida dos judeus está ameaçada. Pode-se notar ainda a habilidade da rainha ao atribuir toda a culpa a Amã: embora os decretos tenham o selo real, eles são fruto das maquinações do inimigo dos judeus (v. 5).

O rei expõe a Ester quanto já fizera por ela e pelo seu povo (8,7-8) e o leitor poderia concluir: qual era o alcance do seu poder, visto que não pode revogar, como pedia Ester, os decretos ordenados por Amã. Deixando carta branca aos dois judeus, o rei parece indicar que agora cabe aos próprios judeus encontrar uma via de fuga, mesmo com a sua aprovação que legaliza as suas escolhas sucessivas.

A versão da Septuaginta (8,7-8) apresenta Assuero encolerizado enquanto no Texto Massorético o rei se apresenta com um tom mais conciliador, não sem ambiguidade.

Obtida a autorização, se redige uma carta com o selo real. A carta de Mardoqueu é enviada no mês de *Sivan* (segundo o TM), que corresponde a maio/junho. Foi, portanto, enviada dois meses e dez dias depois do Edito de Amã (cf. 3,12). Já que não pode anular o decreto de Amã, o novo *visir* deve contorná-lo. O edito concede o direito de legítima defesa aos judeus: eles podem "se reunir para porem sua vida em segurança" (8,11). Assim compreendido, o edito não representa uma vingança dos judeus contra os seus inimigos; mas, inicialmente, um ato de legítima defesa de um povo que tem sua existência ameaçada.

A versão grega inclui o texto do Edito de Mardoqueu (8,12[a-v]), no qual são ilustrados os motivos que levaram o rei a depor o seu *visir* e a se contrapor à sua política em relação aos judeus, concedendo a estes defender-se e evitar o perigo que os ameaçava. O raciocínio tipicamente grego e o estilo expositivo induzem a compreender o trecho como uma composição claramente helenista, portanto, não baseada sobre um original semita. Vale notar que nesse edito a instituição da Festa dos Purim é atribuída ao rei persa (8,12[u]).

O edito foi celeremente difundido por todo o império, através dos correios reais (8,13-14). Em conformidade com ele os judeus agora podiam se defender e, ainda mais, se voltar contra seus inimigos. 8,15-17 suscita no leitor a sensação de uma descrição conclusiva: ao judeu que sofrera uma injustiça são reservadas as honras mais altas. A consternação que acompanhara o edito promulgado por Amã (cf. 3,15) é agora substituída pela alegria e pela festa com a qual os habitantes de Susa acolhem o novo edito (8,15b); ao luto e ao jejum dos judeus, que se seguira ao anúncio do *pogrom*, se contrapõe agora a exultação dos mesmos (8,16-17a). Inclusive, a condição dos judeus é vista como uma situação feliz que faz com que as pessoas se unam a eles ou com eles se identifiquem (8,17b). A história alcança aqui o seu vértice narrativo e isso levou alguns intérpretes a situar nesse ponto a conclusão originária de Ester, a partir de onde se teria acrescentado o restante (9,1–10,3): com efeito, a tensão narrativa desaparece a partir daí, para dar lugar a um relato de certo modo óbvio, dadas as premissas, da vitória dos judeus. Todavia, não deixa de ser verdade que a vitória agora é somente anunciada (ainda que certa) e, por isso, o que segue completa esse anúncio mostrando a sua efetiva atuação.

No décimo segundo mês a situação muda completamente: o povo que devia ser oprimido agora tem "nas mãos" os seus inimigos (9,1-10). O inimigo fora destruído: a sua sorte depende agora da "vontade" dos judeus (v. 5), mas isso não significa uma perseguição indiscriminada, mas a execução do que lhes fora consentido pelo edito real. Até mesmo os filhos dos inimigos dos judeus foram exterminados (v. 6-10).

Em seguida, a doce e pávida Ester é apresentada com uma roupagem não usual: não contente com o primeiro massacre, pede ao rei uma nova determinação para completar o massacre (9,11-19). O pedido de Ester, no entanto, é interpretado à luz da preocupação que sustenta essa parte conclusiva do livro, na qual se pretende explicar tanto a origem da Festa dos Purim quanto o motivo da sua celebração em duas datas diferentes (v. 18-19 justificando as duas diferentes datas da festa).

A parte final do capítulo 9 é toda dominada pelas preocupações concernentes a celebração da Festa dos Purim e das suas modalidades e inclui: a carta de Mardoqueu que institui a celebração anual da festa e os dias nos quais acontece (v. 20-22); a adesão dos judeus (v. 23-28); a carta de confirmação (v. 29-32). 9,26 explica o nome da festa a partir da sorte (cf. v. 24). Todavia, o significado de *Purim* é conjectural (não obstante é relacionado a um vocábulo acádico): não se compreende, de fato, por que esse dia é chamado "sortes", e nenhuma proposta convincente surgiu até o momento.

A obscuridade do termo indica que a festa e o seu nome existiam antes da composição de Ester e o autor procurou relacioná-la à história por ele narrada. Em 9,29-32 fica clara a dúplice intenção de atribuir uma função à rainha na situação da festa e de acenar à prática do jejum, relacionada com *Purim* somente mais tarde (v. 31).

A conclusão do livro (10,1-3) poderia explicar por que no século I a.C. *Purim* era chamado "o dia de Mardoqueu" (cf. 2Mc 15,36): com efeito, aqui Ester desaparece de cena e encontramos apenas o *visir*, do qual é descrita a promoção concedida pelo rei, a sua função do império, a sua popularidade entre os judeus ("os seus irmãos"), a sua ação a favor da sua estirpe.

A versão grega prossegue com a interpretação do sonho inicial de Mardoqueu em chave alegórica (10,3[a-k]). A história narrada é explicada à luz do agir salvífico de Deus (v. 3[f]) atuado em resposta à invocação dos judeus (uma provável referência a 4,3). A ação divina é descrita com linguagem deuteronomista como libertação por meio de "sinais e prodígios" (cf. Dt 29,2; 34,11) e a própria história é transposta em nível escatológico, fornecendo uma interpretação diferente das "sortes", isto é, o nome com o qual a festa é recordada. De fato, enquanto no livro as sortes denominam um rito divinatório, através do qual se consultava a vontade divina em vista de uma ação (cf. 3,7; 9,24), aqui "sortes" assume o significado de "destino" (v. 3[g-h]; cf. Jr 13,25; Dn 12,13; Is 17,14), um pensamento recorrente também nos textos de Qumran. 10,3k representa a notícia conclusiva acrescentada a versão grega: "No quarto ano de Ptolomeu e de Cleópatra, Dositeu, que se dizia sacerdote e levita, assim como seu filho Ptolomeu, levaram ao Egito a presente carta concernente aos Purim. Eles a deram como autêntica e traduzida por Lisímaco, filho de Ptolomeu, da comunidade de Jerusalém". Mesmo com a indicação dos soberanos, a data continua incerta, pois houve mais do que um rei e rainha egípcios com tais nomes. Em geral, se admite que se refira a Ptolomeu VIII Sóter II Látiro (116-80 a.C.): a data, portanto, seria por volta de 114/113 a.C.

Estrutura e composição

O relato é conduzido com grande habilidade, e, não obstante o nome que lhe atribui a tradição, a ação é dominada pelo contraste entre dois funcionários da corte persa: Mardoqueu (judeu) e Amã (amalecita). Esse conflito, além de retomar a antiga inimizade entre judeus e amalecitas, representa a verdadeira tensão que sustenta o escrito, a ponto de que alguns intérpretes veem nele o núcleo originário do livro, ao qual em seguida foi acrescentada a tradição da ascensão de Ester e da sua intercessão em favor do povo[302]. A acentuação dos diversos motivos narrativos confluídos no relato (que talvez originalmente eram independentes: por exemplo, a reticência da rainha de comparecer diante do rei, a rivalidade entre dois membros da corte, a bela rainha que salva o seu povo de um grave perigo) corre o risco, no entanto, de não levar em conta o tecido atual que se apresenta perfeitamente coerente, se se excetua a referência à Festa dos Purim: os trechos sobre os *Purim* (3,7; 9,20-32) poderiam remeter a uma reelaboração, que transformou o relato da salvação em uma "legenda festiva" (*hieròs logos*) da Festa dos Purim[303].

À luz do fato de que o livro chegou até nós em pelo menos três formas diferentes[304], diversos estudiosos indagaram sobre o processo redacional que estaria nas suas bases. Visto que o Texto Alfa grego (TA) é mais breve do que o Texto Massorético nas partes que tem em comum com este (enquanto a tradução dos LXX depende de um texto vizinho ao TM), alguns pensam que o Texto Alfa (sem os acréscimos gregos, provavelmente acrescentadas nessa versão a partir dos LXX) seja a tradução de um original hebraico mais antigo do que o Texto Massorético, o qual não incluía o tema do massacre dos inimigos dos judeus e tampouco o tema do caráter irrevogável das leis persas. Esse relato mais antigo seria contado entre os relatos de corte surgidos na diáspora em época persa ou no início do período helênico, nos quais se dá destaque à possibilidade para os judeus de viverem em paz sob um regime estrangeiro. A redação massorética seria, por sua vez, a responsável pelo endurecimento do tom: aqui a luta contra os inimigos os judeus, assume contornos muito mais drásticos e é resolvida por meio de um violento conflito. Essa redação refletiria um período de tensão entre grupos étnicos e poderia ser relacionada ao conflito entre Macabeus e sírios (apoia essa hipótese o fato de que o décimo terceiro de *Adar* seja mencionado como o dia que celebra a morte de Nicanor em 1Mc 7,49 e 2Mc 15,36 – essa data corresponde, no entanto, exatamente àquela do massacre dos inimigos dos judeus no TM e de Ester).

---

302. Cf. BICKERMAN, E.J. *Quattro libri stravaganti delle Bibbia* – Giona, Daniele, Kohelet, Ester. Bolonha: Patròn, 1979, p. 183-202.

303. MINISSALE, A. *Ester*. Op. cit., p. 30. Com um parecer diferente encontra-se: JONES, B.W. The So-Called Appendix to the Book of Esther. *Semitics* 6, 1978, p. 36-43.

304. Cf. o parágrafo seguinte sobre o texto, p. 237-239.

De qualquer modo, essa reconstrução ainda é alvo de discussões, visto que muitos estudiosos defendem a prioridade do Texto Massorético em relação a ambas as traduções gregas[305].

A observação na narrativa levou à seguinte segmentação do texto (considerando as integrações gregas):

1,1[a-r]	**Prólogo: o sonho de Mardoqueu**
1–2	**Exposição**
1	O repúdio de Vasti
2,1-20	Ester se torna rainha
2,21-23	Mardoqueu descobre a conspiração no palácio
3,1–9,19	**O corpo do relato**
3,1-6	A ira de Amã se acende contra Mardoqueu e o seu povo
3,7-15	Xerxes aprova e proclama o pogrom contra os judeus
3,13[a-g]	Edito de Amã
4,1-17	Mardoqueu convence Ester a interceder junto ao rei
4,17[a-i]	Oração de Mardoqueu
4,17[k-z]	Oração de Ester
5,1a-f.2[a-b]	Ester se apresenta ao rei
5,1-8	Ester convida o rei e a Amã para um banquete (primeiro banquete de Ester)
5,9-14	Amã articula a eliminação de Mardoqueu
6,1-13	Honras atribuídas a Mardoqueu. Eliminação de Amã
6,14–7,10	Segundo banquete de Ester: o inimigo punido
8,1-12	O favor do rei se volta para os judeus
8,12[a-x]	O edito para a proteção dos judeus
8,13-17	As reações da população ao edito
9,1-10	(Primeira) vitória dos judeus (13 de Adar) sobre os seus inimigos
9,11-19	(Segunda) vitória dos judeus (14 de Adar) em Susa
9,20–10,3	**A Festa dos Purim. Epílogo**
10,3[a-j]	Interpretação do sonho de Mardoqueu
10,3[k]	Notícia sobre o tradutor

---

305. Cf. JOBES, K.H. *The Alpha-Text of Esther* – Its Character and Relationship to the Masoretic Text. Atlanta: Scholars Press, 1996 [Society of Biblical Literature Dissertation Series, 153].

A disposição proposta segue essencialmente a ação, mas há ainda uma interessante simetria fornecida pela narrativa por meio da sequência dos banquetes e festejos (em hebraico *mishtéh*)[306] que se apresenta combinada:

Primeiro parágrafo:	1,2-4	Assuero e a nobreza
	1,5-8	Assuero e todo o povo de Susa
Segundo parágrafo:	1,9	Vasti e as mulheres
	2,18	Para a entronização de Ester
Terceiro parágrafo:	5,4-8	Primeiro banquete de Ester
	7,1-9	Segundo Banquete de Ester
Quarto parágrafo:	9,17.19	Primeira Festa dos Purim (14 de *Adar*)
	9,18	Segunda Festa dos Purim (15 de *Adar*)

A correspondência entre os primeiros dois banquetes e os últimos dois fornece ao Livro de Ester na forma hebraica uma estrutura que sublinha uma inversão das sortes (cf. 9,1). O banquete de Vasti e o de Ester são, por sua vez, tanto paralelos quanto contrapostos: ambos são oferecidos em honra de uma bela rainha e provavelmente para celebrar as núpcias, mas para Vasti se trata de seu último banquete e para Ester, do primeiro. Por fim, os dois banquetes que Ester prepara para Assuero e Amã apresentam uma rainha, agora consciente de seu papel, que sabe tirar proveito de sua ascensão junto ao rei para buscar a salvação para o seu povo.

Pode-se observar a caracterização em sentido sapiencial do livro, embora o acento seja colocado sobretudo sobre o agir heroico dos protagonistas: "quando as condições de vida são normais ou estáveis, a sabedoria fornece as linhas-guia ou ideais para a conduta. Mas quando o ordenamento normal é ameaçado, essas linhas de conduta são insuficientes. Nesse momento o herói deve entrar em ação"[307]. As afinidades com a história de José (também está ambientada em corte estrangeira) também foram colocadas em evidência: o seu sucesso em uma corte estrangeira e a sua missão de salvador do povo tem pontos de encontro com os dois heróis do Livro de Ester. O Livro do

---

306. Cf. LEVENSON, J.D. *Esther* – A Commentary. Louisville: Westminster John Knox Press, 1997, p. 5-6.

307. Cf. MCGEOUGH, K. Esther the Hero: Going beyond 'Wisdom' in Heroic Narratives. *Catholic Biblical Quarterly*, 70, 2008, p. 44-65.

Êxodo também se apresenta particularmente esclarecedor para iluminar o gênero literário do relato[308].

Frente à verossimilhança dos eventos narrados e sobretudo a ausência no texto hebraico de intervenções sobrenaturais, se propôs caracterizar essa história como "relato histórico"[309]. Conforme já observado, enquanto o elemento narrativo evidencia uma hábil composição que sabe desfrutar de técnicas que envolvem o leitor e o tornam partícipe da história narrada, é muito mais difícil ter clareza dos elementos efetivamente históricos referenciados na narrativa em si. Isso porque

> Ester é um exemplo típico de narração sobre a Pérsia a partir da época persa. Retoma alguns motivos da literatura bíblica e partilha muitos outros com a mais ampla literatura mundial do seu tempo, preservada abundantemente em obras gregas. Portanto, a propósito de Ester, devemos usar essas obras gregas para escopos literários, não para escopos históricos. Em certo sentido, o relato de Ester nada mais é que uma mescla de motivos comuns associados à corte persa, tecidos com fios narrativos igualmente convencionais do sábio cortesão em uma corte estrangeira, da competição entre cortesãos e da mulher que salva o seu povo. O que impressiona é que de um menu tão comum, tenha surgido um entretenimento tão eficaz e agradável[310].

O texto

A problemática textual de Ester está entre as mais complexas dentre os livros do Antigo Testamento, visto que são documentados ao menos três tipos textuais. À forma textual hebraica, apresentada unicamente pelo Texto Massorético (e não documentada em Qumran), se acostam, de fato, a versão grega dos Setenta e o chamado *texto lucianeo* ou Texto Alfa, que, graças à sua particularidade pode ser considerado uma edição grega específica.

O Texto Massorético transmite a forma mais breve e se caracteriza pela ausência da menção a Deus. Quanto a Qumran, alguns estudiosos viram nos

---

308. Cf. GERLEMAN, G. *Esther*. Op. cit.

309. MINISSALE, A. *Ester*. Op. cit., p. 22.

310. BERLIN, A. The Book of Esther and Ancient Storytelling. *Journal of Biblical Literature* 120, 2001, p. 14.

relatos preservados em alguns fragmentos aramaicos, modelos que estariam nas bases desse livro bíblico, mas a documentação é insuficiente: em suma, os textos invocados têm em comum com o Livro de Ester apenas a ambientação dos relatos junto à corte persa.

A tradição textual grega, por sua vez, além de atestar uma forma muito mais longa, goza de uma documentação mais antiga. Antes de tudo, há a versão da Septuaginta, que tem como testemunhos alguns manuscritos com caracteres maiúsculos (do séc. IV d.C.) e dois papiros[311]. Em comparação com o Texto Massorético, o texto da Septuaginta é uma tradução de um original hebraico que se perdeu, um texto bastante próximo ao Texto Massorético, mas não idêntico a este. Inclui, além disso, seis porções de texto, em geral chamadas de "acréscimos", pois não chegou até nossos dias algum original hebraico (duvidando de sua originalidade, Jerônimo os colocou ao final do livro na sua tradução). Para a sua numeração a versão italiana da CEI recorre às letras do alfabeto latino[312]:

a) 1,1a-r   o sonho premonitório de Mardoqueu e a conspiração evitada;
b) 3,13a-g   o decreto de extermínio difundido no império;
c) 4,17a-z   as orações de Mardoqueu e de Ester;
d) 5,1a-2b   Ester diante do Rei Assuero;
e) 8,12a-v   o decreto de salvação para os hebreus;
f) 10,3a-k   interpretação do sonho de Mardoqueu e notícia conclusiva.

Esses trechos mostram, sobretudo, que a versão grega explora bastante o aspecto religioso da história, mas isso ocorre também nas outras partes do livro, onde a tradução grega menciona Deus, que, ao contrário, é totalmente ausente no hebraico (cf. 2,20; 4,8; 6,1.13). "Em linha geral se pode dizer que essa versão grega seja mais rica no vocabulário do que o texto hebraico, mas isso é simplificado do ponto de vista estilístico"[313].

---

311. Trata-se do pap. *Oxy 4443* do séc. I-II d.C. e do pap. *967* do séc. III. O segundo transmite quase todo o texto, o primeiro, ao contrário, apenas poucos versículos da parte final do livro.

312. De acordo com a edição de Rahlfs-Hanhart (2006) [em geral as versões em língua portuguesa também seguem essa forma de apresentação do texto (cf. Bíblia de Jerusalém, Bíblia Vozes, Bíblia Pastoral) – N.T.].

313. MINISSALE, A. *Ester*. Op. cit., p. 58-59.

Frente a ampla documentação do texto da Septuaginta, o Texto Alfa é atestado somente em quatro manuscritos medievais (remontam aos séc. XI-XIII). Mesmo seguindo a trama dos outros dois textos, o Texto Alfa apresenta um texto mais breves do que o dos Setenta (inclusive os "acréscimos"). Diversos estudiosos apontam uma certa independência do Texto Alfa em relação ao texto dos Setenta, supondo a tradução grega de um texto hebraico diferente do Texto Massorético. Outros o consideram uma livre reconstrução da Septuaginta.

Teologia

Lendo Ester, sobretudo se se limita apenas às partes conservadas em hebraico, prova-se um certo desconforto em relação aos valores que aí parecem ilustrados através do comportamento dos personagens. É, portanto, oportuno considerar os protagonistas da história para evidenciar com maior clareza a intenção do texto.

1 Os dois inimigos

A tensão que rege o relato está centrada sobre o conflito surgido entre dois funcionários da corte persa: do ponto de vista da ação, são, de fato, estes que agem desde o início (enquanto a Rainha Ester é inicialmente movida a agir demandada por alguém). Aparentemente as motivações do conflito se situam no horizonte da mesquinhez que rodeiam toda estrutura de poder, onde a carreira e o proveito pessoal podem se tornar a única razão para toda e qualquer iniciativa, criando suspeitas, inveja, ciúmes, corrupção e delitos. Todavia, o narrador está atento à caracterização dos dois personagens e isso permite entrever duas diferentes concepções de poder.

De um lado está o ambicioso Amã, que chegou ao vértice da hierarquia e exige ser honrado e respeitado por todos. Não se menciona como ele tenha chegado a obter o favor do rei e quais méritos o tenham motivado. Mas imediatamente se oferece um exemplo de como ele concebe o seu poder: não é o governante preocupado com o bem-estar dos súditos do império, mas com a própria honra e dignidade. A recusa de um subordinado de lhe reconhecer as devidas honras é tida por ele como o germe de uma possível erosão do seu poder. Já que, para além do comportamento de um funcionário judeu poderia se tratar do sintoma de uma oposição que lhe poderia advir de todo um povo (cf. 3,4), ele decide promover um *pogrom*.

Diante de Amã está o judeu Mardoqueu. Inicialmente também este parece agir somente em vista de uma vantagem pessoal (conseguir colocar Ester no palácio pode ser produtivo também para ele), mas imediatamente manifesta a sua fidelidade ao soberano (cf. 2,21-23) e a sua preocupação em relação ao povo (cf. 4,1-2). Mas o traço que mais se destaca nesse personagem é a afirmação da sua identidade étnica: ele ordenou que sua sobrinha não revelasse as suas origens, mas diante da ordem que lhe impunha honrar um "inimigo" do seu povo, ele não teme revelar-se (3,4). Não se trata somente de uma questão de perda de prestígio: se trata de decidir qual preço vale a própria identidade. Como qualquer judeu, Mardoqueu está disposto a fazer concessões com a corte para que o seu povo possa gozar de um justo bem-estar. Todavia, ele se recusa a renegar sua própria identidade, a renegar as próprias origens, submetendo-se a alguém que encarna em si toda a hostilidade que o seu povo enfrentou ao longo da história (cf. Ex 17,16; Dt 25,17-19).

Ademais, no Livro de Ester, como em outros relatos do período ambientado na corte (cf. José, Daniel, Achikàr), se ressalta o tema da justiça: Assuero elege como seu *visir* alguém sem mérito para tal, que acusa injustamente um povo e quer exterminá-lo. Portanto, a solução do problema se dará quando a corte, o lugar no qual a justiça deveria ser aplicada, estiver novamente em condições de reafirmar a justiça. Mardoqueu, de fato, não se opõe a uma disposição do rei por meio de uma rebelião, tampouco por presunção, mas preservando a sua própria identidade.

2 A rainha

Inicialmente Ester é apresentada como uma personagem passiva: o seu ingresso no harém é decidido por Mardoqueu da mesma forma que o seu comportamento naquele lugar é sugerido por ele. Até mesmo seu ornamento no momento de ser apresentada ao rei depende da indicação de um outro (cf. 2,15). Mas tudo isso é apenas o contexto: quando, pois, for colocada diante da responsabilidade que a sua nova condição lhe impõe em relação ao seu povo, não se omitirá (cf. 4,13-16). Pode-se ocultar a própria identidade a fim de realizar um relacionamento sereno com que é diferente, a fim também de não ser marginalizada por parte de um poder absoluto, mas se esse silêncio se torna cumplicidade com um crime ou ainda conivência com quem quer destruir a própria origem, então, nenhum preço é alto demais. Desinteressar-se pelos destinos do seu povo teria significado recusar colher o significado profundo da dignidade da qual fora revestida. Nas palavras de Mardoqueu a Ester (4,7-14) se transmite uma visão do papel daqueles judeus que em diferentes épocas chegaram ao vértice dos impérios na medida em que se sucederam no cenário da história: esses não são privilegiados, mas estão aí para fazer com que seus irmãos e irmãs possam viver em paz. Não é a sua vantagem pessoal que deve prevalecer, mas a sorte e o bem-estar do seu povo.

3 O rei

A apresentação que o texto faz do rei da Pérsia surpreende: ele, que mesmo detendo um poder absoluto, é sempre apresentado como manipulado por sugestões ou iniciativas já planejadas por outros. Sob esse ponto de vista o Rei Assuero não assume propriamente uma função de personagem; mas, ao contrário, se tornou um símbolo do *poder*: como este é cego, condicionável, influenciável segundo as circunstâncias, manipulável. Assuero, por isso, é sempre movido pelos eventos, aconselhado/guiado nas suas escolhas. Cabe a outros mover seus pronunciamentos em direção à justiça e ao bem: ele não vê, o seu conhecimento é manipulado e a sua memória tem necessidade de constantes apelos. O poder não muda nas suas atitudes, somente mudam as suas decisões e isso é possível porque ao redor dele se alternam pessoas diferentes que orientam os seus posicionamentos. Por isso, é importante para os judeus não estar longe de quem, como Assuero, encarna o poder: exatamente em decorrência da confiança que o rei deposita sobre seus representantes na corte, exatamente em decorrência da possibilidade de se movimentar e de sugestionar que ele lhes consente, surge a oportunidade para o povo de viver com tranquilidade sob o domínio estrangeiro.

4 O povo

Dele se fala, dele é decidida a sorte, ele é vítima e depois vencedor, sofre e depois se alegra. O seu destino depende do poder, mas também de como os seus membros sabem entrar em relação inteligente com esse. A acusação de Amã parece fornecer a imagem de um povo estranho, diferente (cf. 3,8) mas isso nada mais é do que a exasperação do ponto de vista de um funcionário que viu sua honra desprezada. Nada no texto indica que os judeus vivessem no Império Persa em condições de desejada separação em relação ao resto dos cidadãos (embora a acentuação dos acréscimos gregos seja diferente) e, propriamente por isso, a decisão de Amã parece ainda mais absurda. Apenas uma visão dos destinos humanos na qual os homens se distinguem em decorrência de seus hábitos, ritos e costumes, justifica o agir de Amã. Mas a justiça tem a primazia.

5 Deus

A ausência total da menção ao nome divino no Texto Massorético de Ester desorientou muitos leitores do livro. Essa ausência gerou acusações contra o texto de que se trataria de uma visão completamente profana dos destinos humanos (aqui, profana se opõe a religiosa) e, ainda, a acusação de um nacionalismo exasperado. Já a versão grega da Septuaginta atesta um esforço evidente de reler religiosamente a história contida no livro. Todavia, é indispensável dar as razões do silêncio do livro hebraico em relação a Deus, sem lançar mão de subterfúgios teológicos, tais como o recurso a possíveis alusões à divindade presentes no próprio livro. Com efeito, trechos como 4,14.16 podem representar referências a um possível envolvimento de Deus na história. Todavia, as alusões, ainda que significativas, permanecem válidas e não explicam por que o narrador evita nomear Deus também onde isso seria natural (cf. em 4,16 onde Ester convoca os judeus ao jejum "por mim": Isso significa que o jejum não seja apenas um gesto de desespero, mas uma tentativa de agir sobre os eventos – apelando a quem está em instâncias superiores?).

Na apresentação de sucessivas coincidências positivas no livro, se poderia entrever como "marca d'água" o agir providencial de Deus: Vasti é repudiada e uma judia, acolhida com satisfação pelos eunucos do rei, consegue ocupar o seu lugar; Amã planeja a destruição do povo e exatamente quando está para iniciar a realização do seu plano, condenando o seu adversário, e o rei é acometido por uma insônia e lê nos anais o benefício que lhe alcançara Madoqueu. Quem quer que seja que esteja animado por um autêntico espírito religioso não atribuiria esses eventos somente ao acaso, por isso, se poderia concluir que propriamente essa fosse a perspectiva do autor do livro. Todavia, não se faz qualquer referência explícita a Deus: o leitor é, portanto, deixado na dúvida.

Contudo, um aspecto do relato pode ajudar a compreender o significado do silêncio em relação a Deus: no centro da preocupação do livro está a sorte do povo e é isso que move os dois protagonistas judeus a agirem. Em 6,13 os conselheiros de Amã e a mulher lhe dizem: "Tu começas a cair diante de Mardoqueu: se ele é da raça dos judeus, tu não prevalecerás contra ele; antes, certamente cairás mais baixo diante dele". Essa firmação representa uma explícita admissão do valor desse povo: Mas o que torna esse povo tão seguro? Deve-se notar que o relato exposto no livro não é simplesmente um fato de crônica, mas um evento típico: os judeus da diáspora estão sempre a mercê de poderes que dispõem da sua sorte com base em seus próprios interesses. Também o judeu que confia no Senhor da história pode, portanto, sentir-se abandonado a si mesmo e temer sucumbir definitivamente. No entanto, ele sabe que no seu povo existem membros que podem libertá-lo da desgraça, se, como Mardoqueu e Ester souber assumir as suas responsabilidades. Isso não oferece todas as garantias diante do sofrimento, mas torna a história aberta a possibilidade de salvação. Exortando Ester a agir, Mardoqueu mostra que a sua posição no palácio não é ao acaso (cf. 4,14); não apela a Deus, mas lhe faz perceber que cabe a ela reconhecer o valor das circunstâncias e o seu papel frente a elas. O mesmo caberá para cada judeu das gerações sucessivas: também esse deverá reconhecer a sua responsabilidade frente a "circunstâncias como essa" e ao mesmo tempo todo o povo poderá confiar que em iguais circunstâncias surgirão homens e mulheres que se encontrarão providencialmente no lugar certo.

A providência não deve ser compreendida com uma sucessão de milagres e o Livro de Ester é um testemunho disso. A providência consiste na preservação do povo: certamente a história no seu significado profundo permanece velada, mas um véu não é uma parede intransponível, e sim um apelo à inteligência humana a fim de que não se deixe encerrar na causalidade dos eventos para buscar captar o fio misterioso que lhes enche de significado.

Os livros dos Macabeus

Preservados nos manuscritos da Septuaginta e em diversas versões antigas, chegaram a nós quatro livros ditos "dos Macabeus", obras, na verdade, muito diferentes entre si pela forma e concepções. Os dois primeiros foram acolhidos pelo cânon da Igreja Católica e das Igrejas orientais, enquanto 3 Macabeus era lido apenas em algumas Igrejas orientais; mesmo sendo bastante apreciado, 4 Macabeus nunca recebeu um reconhecimento canônico.

A despeito do título, o Terceiro Livro dos Macabeus não faz qualquer referência às empreitadas dos Macabeus contra Antíoco Epífanes. Ao contrário, contempla fatos envolvendo a batalha de Rafia (217 a.C.) liderada por

Ptolomeu IV Filopátor (221-203) para reconquistar ao domínio da dinastia Lágida na região siro-palestina ocupada por Antíoco III o Grande (223-187 a.C.). Depois de ter derrotado Antíoco III, o Rei Ptolomeu fez um giro com objetivo propagandístico entre as cidades dos territórios reconquistados, incluído Jerusalém (3Mc 1,8-29). Durante a sua visita ao Templo de Jerusalém o rei insistiu para entrar na parte interna – o Santo dos Santos – apesar das admoestações e súplicas dos sacerdotes e da população. Mas uma repentina paralisia de origem divina o impediu de cumprir essa profanação (2,1-24). Retornado ao Egito, Ptolomeu quis se vingar da afronta sofrida e iniciou uma perseguição religiosa contra os judeus de Alexandria; por meio de um decreto, ordenou que fossem recenseados e marcados com uma folha de hera, emblema de Dionísio, à exceção de quem se convertesse ao culto a Dionísio: a quem se convertesse o rei prometeu igualdade de direitos com os alexandrinos (2,25-30). Poucos aceitaram a proposta e a baixa adesão ao decreto por parte dos hebreus exasperou o soberano. Isso o levou a mover uma perseguição contra toda a comunidade hebraica do Egito (2,31–3,11). Uma ordem previa reunir todos os hebreus torturados e encarcerados em Schedia, localidade nas proximidades de Alexandria, e em seguida prendê-los no hipódromo (3,12-29). O rei ordenou que fossem soltos contra as pessoas no hipódromo elefantes armados para a guerra, embriagados e inebriados de incenso para que ficassem ainda mais agitados (5,1-10). Por intervenção de Deus, Ptolomeu foi acometido por uma espécie de amnésia que retardou a tragédia. A despeito disso, a ordem de lançar os elefantes foi retomada (5,11-51). Depois da oração de Eleazar, em velho sábio, apareceram no céu anjos que confundiram os agressores: os elefantes se voltaram para trás e pisotearam muitos soldados de Ptolomeu (6,1-23). Atingido por esse evento, o soberano se arrependeu de suas intenções persecutórias e, convencido da lealdade dos hebreus egípcios, lhe concedeu a liberdade, a permissão de celebrar uma festa comemorativa de sete dias e de executar os apóstatas (6,24–7,19). A conclusão informa que foi erguida uma estela para celebrar a instituição da festa, foi fundado um lugar de oração e os bens confiscados dos hebreus foram restituídos (7,20-23). O livro foi composto em grego (e durante muito tempo foi ignorado no Ocidente, como mostra o fato de que dele não havia nenhuma tradução latina antiga). A datação é muito incerta: se oscila entre o fim do século II a.C. e o século I d.C. A festa sobre a qual fala o livro é mencionada também em Flávio Josefo (*Contra Apionem* 2,53-56), que, no entanto, a relaciona a episódios que remetem ao período de Ptolomeu VIII Evérgeta II Físcon (144-117 a.C.).

O *Quarto Livro dos Macabeus*, por vezes intitulado nos manuscritos *Sobre a Razão* ou *Sobre a razão senhora de si*, remonta a um período entre o século I a.C. e o século I d.C.; foi composto em grego, provavelmente na Antioquia da Síria. O livro se inicia apresentando diversos exemplos tirados da história bíblica (1,30–3,18), mas em seguida se concentra sobre a morte de Eleazar e dos sete irmãos que foram perseguidos por não renegarem Deus. A retomada desses episódios tem o escopo de demonstrar a validade da alegação com a qual se abre o livro, isto é, "se a razão sustentada pela piedade religiosa possa ter o domínio absoluto sobre as paixões" (1,1). De fato, se trata de uma obra parenética, uma exortação a viver segundo a piedade, isto é, segundo a razão, visto que somente essa última tem condições de governar as paixões, de controlá-las por meio da observância da Lei. Enquanto para os gregos o comportamento dos mártires hebreus é expressão de fanatismo, para o autor, ao contrário, se trata de uma escola de autodomínio: o perseguidor não pode dominar a razão daquele que está oprimindo, por isso, os irmãos "opuseram ao tirano a sua filosofia e por meio desse seu senso, abateram a sua tirania" (8,15), visto que a lógica dos dominadores e dos seus servos "não é tão potente a ponto de sufocar a razão" (9,17).

Excursus
Historiografia grega da época helenística

Os principais gêneros historiográficos gregos são:

– A história geral dos povos gregos (que eventualmente envolve também outros povos "bárbaros"), distinta da história local de cada cidade. A primeira evolui no sentido da história universal, a segunda no sentido da reunião de "antiguidades" e memórias.

– Segundo alguns estudiosos a etnografia/geografia antiga nasce como um filão historiográfico de pesquisa sobre a história e as características dos povos bárbaros; de fato, em período arcaico e clássico, boa parte dos escritos logográficos[314] era dedicado a isto. Em geral, as obras eram intituladas de acordo com o nome do povo (*Persikà; Indikà; Aigyptiakà; Romaikà*). Os escritores desse

---

314. No uso moderno, costuma-se identificar com o nome de *logógrafos* os historiadores gregos anteriores a Heródoto, a começar pelo provavelmente legendário Cadmo de Mileto. Essa denominação remete a Tucídides, que assim chamava os seus predecessores (Heródoto inclusive) que tinha se dedicado à tratativa dos eventos históricos.

gênero de história pretendiam atingir a fantasia dos ouvintes e leitores, não lhes era exigido qualquer rigor metodológico.

— Na idade helenística, a partir da fusão desses dois gêneros precedentes, nascerá a *periegética*, que tem como mais famoso escritor por nós conhecido, Pausânias.

— Um gênero praticado desde a idade tardo-arcaica é a biografia de personagens ilustres. Na idade imperial romana, Plutarco de Queroneia criará um gênero particular de biografia moralizante confrontando as vidas de dois personagens.

Heródoto é, depois de Hecateu de Mileto e por muitos aspectos em polêmica com ele, o primeiro autor antigo a intervir criticamente na reconstrução das histórias do passado. Com ele, o objeto de pesquisa se desloca e é determinado em sentido propriamente historiográfico: o tema fundamental da "pesquisa" (*historía*) se torna uma guerra, vistas nas suas origens distantes e no seu detalhado desenrolar; guerra que envolve gregos e bárbaros, e na qual eles se reconhecem nas suas características étnicas e políticas. Para Heródoto o tema das guerras persas é peculiar pois permite um conhecimento seguro e claro, isto é, pertence à história sobre a qual se pode exercer controle, dada a proximidade do tempo e o caráter direto dos testemunhos. Por outro lado, no entanto, é um tema que já pertence ao passado, do qual é importante ter em mente a tradição. Assim, se estabelece entre o polo da crítica da tradição mítica (Hecateu) e o polo da pura história contemporânea (Tucídides) uma zona neutra, que se caracteriza propriamente por "conservar a lembrança"; e esta se constituirá como terceira linha fundamental da historiografia grega.

Diferentemente de Heródoto, Tucídides se focaliza sobre a história política e militar contemporânea. É o fundador daquela que depois dele se chamará *história pragmática*. Tucídides procura dar à história o estatuto de ciência: diferente de Heródoto, não consente à curiosidade, aos aspectos mitológicos e/ou etnográficos, nem aos relatos tradicionais, aos quais não dá muito crédito. Apresenta documentos e, com maior sistematicidade que Heródoto, reproduz (com que medida de fidelidade, é objeto de vasto debate historiográfico) os discursos diretos proferidos pelos protagonistas das histórias narradas.

A extraordinária empresa levada a termo por Alexandre Magno com a conquista, em poucos anos, de quase toda a Ásia, bem além dos confins do mundo então conhecido, assim como também a sua complexa e carismática figura de homem e de líder, suscitaram desde o primeiro momento, uma consistente produção historiográfica que depois cresceu extraordinariamente alimentando um verdadeiro mito de Alexandre cuja fortuna ultrapassa os séculos.

Na prática desse período se acentuaram, combinando-se de diversas maneiras, algumas tendências antitéticas já perceptíveis no concurso do século IV:

— no que se refere à forma, a acuidade linguística e estilística de alguns historiadores se opunha, em outros, a indiferença em relação ao valor formal da obra e em relação às técnicas retóricas;

— no que se refere à substância do relato histórico, ao respeito escrupuloso pelo verdadeiro em algumas obras, se contrapunha um tratamento de certo modo mais livre dos fatos, a fim de obter uma representação dramática apta a suscitar emoções no leitor.

Essas tendências abriram a estrada ao filão historiográfico dito *patético* ou *dramático*, que objetivava suscitar no leitor emoções intensas por meio de artifícios (com os imprevistos, as peripécias, as reviravoltas) comparáveis àqueles da tragédia clássica. Esse tipo de representação trágica dos acontecimentos caracterizou tanto a historiografia centrada sobre a figura de Alexandre Magno quanto a sucessiva.

Dava-se destaque especial aos episódios propensos a suscitar piedade ou medo, como mudanças repentinas de sorte, e horrores descritos nos detalhes. Além disso, o narrador não intervinha com comentários sobre os eventos ou analisando sua causa, buscando assim criar a ilusão de que os acontecimentos descritos se desenrolaram desenvolvendo-se sob os olhos do leitor. Quando os fatos em si não eram suficientemente dramáticos, era grande a tentação de incutir-lhes um pouco de fantasia.

Exatamente esse filão representa o precedente imediato e significativo do romance grego, a ponto de se lançar a hipótese de que esse constituía o seu elemento genético[315]: de fato, a história "patética" é caracterizada exatamente pela irrupção do "privado" nos fatos históricos, um fenômeno que gerava grande incômodo a historiadores como Políbio e a retóricos como Luciano.

No quadro da historiografia da época helenística se situam também os livros dos Macabeus, com a sua minuciosa atenção à história regional e com os seus traços patéticos (especialmente em 2Macabeus).

O contexto histórico dos livros dos Macabeus

O nome *livros dos Macabeus* é transmitido desde o século II d.C. e essa designação deriva do apelido dado a Judas, o herói das histórias neles narradas: o significado desse apelido é incerto, mas muitos o identificam como uma derivação do hebraico *maqqébet*, "martelo". As duas obras não apresentam uma história contínua como os livros de Samuel, Reis e Crônicas, mas tratam parte do mesmo período histórico: 1Macabeus dos anos 175-134 e 2Macabeus dos anos 187-161. Servem-se da mesma cronologia, pois datam os eventos segundo a era selêucida (312/311 a.C. = ano 1). Os dois livros narram sobretudo os conflitos dos judeus contra os selêucidas no século II a.C., determinado pela situação política que marcava o reino selêucida, que devia se entender com os interesses dos romanos no Oriente.

Antíoco III o Grande, depois de ter perdido com a batalha de Ráfia a quarta guerra síria (217 a.C.), por fim conseguiu conquistar a Celessíria

---

315. Essa é a avaliação de CANFORA, L. *La storiografia greca*. Milão: Mondadori, 1999, p. 58.

(batalha de Pânio), gozando inicialmente do favor das populações em decorrência da mudança de regime. As suas ambições em relação aos territórios da Ásia Menor foram, no entanto, frustradas pela intervenção dos romanos que lhe impuseram uma pesada derrota em Magnésia (189 a.C.), com graves sanções econômicas que induziram tanto a ele quanto aos seus descendentes a tomar do tesouro do Templo os recursos necessários para o pagamento de tais sanções.

Em 187 lhe sucedeu o filho Seleuco IV Filopátor, a respeito do qual as fontes antigas apresentam um julgamento raso; à exceção de 2Macabeus que faz referência ao envio por Seleuco do seu funcionário Eliodoro para tomar os tesouros do Templo de Jerusalém, uma tentativa frustrada pelo próprio Deus (2Mc 3,4-40).

Em 175 a.C. subiu ao trono Antíoco IV, filho de Antíoco III, refém de Roma por muitos anos após a derrota sofrida pelo pai. Ao contrário da imagem que a tradição transmitiu desse rei, Antíoco não foi um fanático promotor da cultura helenística, nem quis impor os costumes gregos a todos os povos do Oriente Próximo; tampouco foi um louco (como muitas fontes apresentam, deformando o seu título Epífanes – "deus manifesto" – em Epímanes – "louco"); foi, na verdade, semelhante a muitos soberanos do tempo, concentrando o seu interesse sobre duas coisas: o dinheiro e o poder. As necessidades financeiras de Antíoco foram, de fato, desfrutadas da aristocracia de Jerusalém, que era internamente dividida.

O sumo sacerdote Onias III tinha um irmão chamado Jasão, que ofereceu a Antíoco uma considerável quantia para ser nomeado sumo sacerdote; se trata de um incremento a um tributo anual que devia ser pago aos selêucidas. Além disso, Jasão teve aprovação para transformar Jerusalém em uma *pólis* grega, dotada de estruturas e instituições adequadas (cf. 2Mc 4). A iniciativa de Jasão não durou muito, três anos depois ele foi traído por Menelau que obteve o sumo sacerdócio do rei, sempre com a condição de oferecer um tributo ainda mais considerável.

A política externa de Antíoco IV agravou ainda mais a situação, ele inicialmente derrotou o Egito em 169 a.C., mas no ano seguinte suas ambições foram frustradas pelos romanos que lhe fizeram recuar. No retorno da expedição, em decorrência da situação turbulenta encontrada em Judá, primeiramente saqueou o Templo e em seguida enviou um velho ateniense "com a missão de forçar os judeus a abandonarem as leis de seus pais e a não se governarem mais segundo as leis de Deus. Mandou-o, além disso, profanar o Santuário de Jerusalém, dedicando-o a Zeus Olímpico, e o do Monte Garizim, como o pediam os habitantes do lugar, a Zeus Hospitaleiro" (2Mc 6,1-2).

Os historiadores debatem acerca da natureza dessa perseguição, visto que se trata de um caso único no mundo antigo: a questão diz respeito ao peso que tiveram os protagonistas judeus no processo de helenização – isto é, se se trata de um problema interno da comunidade judaica, que levou o rei a intervir – e as motivações que impulsionaram o rei: eram realmente de tipo religioso, ou ele apenas procurar recursos econômicos para os seus ambiciosos projetos políticos e militares?

Nesse momento explodiu a revolta: os judeus, liderados pelos Macabeus, defenderam com sucesso a sua autonomia religiosa e conquistaram a liberdade política.

Primeiro Livro dos Macabeus

O Primeiro Livro dos Macabeus relata a opressão sofrida pelos judeus por parte de Antíoco IV Epífanes (175-164 a.C.) e a rebelião dos Macabeus contra tal política, que tinha o escopo de constranger os judeus a assumir costumes e ritos gregos (cap. 1–2). Os líderes da revolta foram em sucessão os filhos do sacerdote Matias: Judas (3,1–9,22); Jônatas (9,23–12,53), Simão (13,1–16,16) e depois do assassinato deste último, seu filho João Hircano (16,19-24). Os eventos fundamentais na narrativa são a reconquista de Jerusalém e a purificação e consagração do Templo (dezembro de 164 a.C.), que se celebra ainda hoje na Festa de Hanucá (4,36-61); conquista da liberdade religiosa (6,55-63) e a constituição de um Estado independente (14,25-29).

Guia para a leitura

O livro se abre descrevendo o cenário no qual se dá o confronto entre judeus e selêucidas. Em um breve resumo histórico (1,1-9) apresenta a fragmentação do mundo helenístico, sucessiva à campanha vitoriosa de Alexandre Magno, uma situação geopolítica que o autor estigmatiza como "multiplicação do mal" (v. 9).

Com a ascensão ao trono de Antíoco IV (175 a.C.), o autor entra no núcleo da história que pretende narrar: informa, em primeiro lugar, que o processo de helenização de Jerusalém não foi inaugurado por iniciativa do rei, mas por infidelidade de alguns judeus (a referência é, em primeiro lugar, às intrigas entre Jasão e Menelau, mas no livro se assiste a uma espécie de *damnatio memoriae* desses inimigos do próprio povo), atraídos pelas novidades e pelas oportunidades que essa ascensão prospectava (1,10-15).

De retorno da sua campanha militar no Egito, Antíoco IV subiu a Jerusalém com o exército e profanou o Templo, usurpando utensílios e tesouros (1,20-28). Uma seguinte expedição militar liderada por um encarregado dos tributos, culminou com a construção de uma cidadela (*Akra*) anexa ao Templo, onde se estabeleceu uma guarnição síria (1,29-40). Além disso, se faz referência a um decreto real no qual "o rei prescreveu, em seguida, a todo o seu reino, que todos formassem um só povo, renunciando cada qual a seus costumes particulares" (1,41-42). Segundo essa apresentação o rei teria sido um fanático promotor da cultura helenista. Todavia, essa atitude do rei não é documentada por fontes externas à Bíblia, além disso, toda as fundações gregas constituídas por ele, foram seguidas por solicitações feitas pelas populações locais, as quais consideravam uma oportunidade e um privilégio essa nova situação.

> Em 198 Antíoco III tinha concedido aos judeus o direito de viver segundo a Lei de Moisés. A historiografia profana desconhece qualquer decreto de Antíoco IV que tenha revogado essa concessão e que impunha uma uniformidade religiosa. Por vezes se cita o fato de que o rei tinha uma predileção particular pelo culto a Zeus Olímpio (cf. Dn 11,38). O relato de que o rei prescreveu a todos que adorassem apenas uma divindade se encontra também em Dn 3. O autor bíblico apresenta o contexto lúgubre da perseguição e da apostasia, para destacar ainda mais em seguida, a tenacidade dos combatentes e dos mártires[316].

As ordens do rei se referem à abolição de grande parte dos aspectos distintivos do judaísmo antigo: o culto no Templo e o seu sistema sacrificial, a observância do sábado e das solenidades hebraicas, a abolição da circuncisão dos meninos e das leis de pureza; além disso, era consentido sacrificar carnes suínas (1,44-50). O Templo foi profanado, provavelmente para erigir um altar pagão no seu interior (1,54); tanto 1Macabeus quanto Daniel (9,27; 11,31; 12,11) se referem a esse ato com uma designação pejorativa ("abominação

---

316. DOMMERSHAUSEN, W. *1 Makkabäer, 2 Makkabäer*. 2. ed. Würzburg: Echter, 1995, p 20.

da desolação") que em hebraico é provavelmente um jogo de palavras sobre o nome da divindade que se pretendia propor para ser venerada[317]. O decreto era aplicado para destruir os livros da Lei e perseguir quem os possuía (1,56-57); as mães que faziam circuncidar seus filhos eram exterminadas com eles e com os familiares (1,61).

A resposta judaica ao programa do rei não foi uniforme: de um lado "muitos dentre o povo aderiram a eles, todos os que eram desertores da Lei. E praticaram o mal no país" (1,52); de outro, desde o início se assistiu a um movimento de resistência que o autor identifica com Israel (1,53), implicando que quem apoiava Antíoco, não fizesse mais parte de Israel. A esse Israel fiel pertenciam os mártires que "preferiam morrer a contaminar-se com os alimentos e profanar a Aliança sagrada" (1,63).

Contudo, a resistência não foi somente passiva e o autor se concentra propriamente sobre aquele que se organizou ao redor de Matias, sacerdote da estirpe de Joiarib, a partir de 166 a.C. O movimento de resistência ganhou forma em Modin, cidade às margens do caminho entre Jerusalém e Jope, para onde Matias se transferira. Ao redor dele se reuniram os seus cinco filhos (2,2-5) que são os protagonistas das histórias narradas em seguida. O motivo da resistência armada foi a profanação do Templo e da cidade santa (2,7-13) e a ocasião que a desencadeou foi a chegada em Modin dos emissários do rei com o escopo de impor o novo regime religioso (2,15-16). Matias refutou a proposta dos funcionários (2,17-22); mas, sobretudo, matou um judeu que se apresentava para prestar sacrifício e também o emissário que o induzira (2,23-25). Esse gesto é interpretado pelo narrador à luz de um modelo bíblico, o de Fineias contra Zambro (2,26; cf. Nm 25,6-15): o que moveu Matias foi o mesmo *zelo* em relação à lei, isto é, a defesa do fundamento da identidade do povo eleito. Motivada por esse zelo se organizou ao redor dele a resistência armada contra os selêucidas (2,27-30).

Desde o início foi necessário decidir como enfrentar a luta e se manifestou uma primeira distinção entre os Macabeus e os resistentes piedosos que insistiam na observância escrupulosa do sábado, negando-se a combater ainda que atacados (2,31-38); Matias e os seus filhos, ao contrário, decidiram não

---

317. 1Mc 1,54 é a interpretação mais antiga da expressão que aparece em Daniel: em grego apresenta *bdélygma eremóseos* (lit. "abomínio de devastação") enquanto o hebraico *shiqqúts shomém* ("abomínio devastante") é uma possível deformação de *ba'ál shamém*, o deus sírio correspondente a Zeus Olímpio.

seguir o exemplo dos piedosos e defender-se em caso de ataque em dia de sábado, pois a alternativa teria significado a eliminação de Israel (2,39-41). Nesse momento se uniram a ele os assideus (em hebraico *chasidím*, "pios, devotos"), descritos como "homens de grande valor em Israel" (2,42). A resistência, então, se organizou e golpeou os transgressores da lei, demolindo os altares pagãos e obrigando a circuncidar os filhos; desse modo "recuperaram a Lei das mãos dos pagãos e dos reis, e não permitiram que o celerado triunfasse" (2,48).

Em seguida, Matias, depois de ter exortado os filhos a prosseguirem com a luta mostrando zelo pela Lei e dando a vida pela aliança, morreu. A exortação de Matias (o gênero literário é o do "testamento") invoca numerosos exemplos bíblicos a serem tidos como modelo da própria conduta em situações de crise (2,49-61). Além disso, Matias previu o fim de Antíoco IV (2,62) e nomeou Judas como comandante do exército (2,66).

As ações de judas são narradas em 3,1–9,22. Antes de tudo, Judas foi um líder militar: depois de uma breve notícia introdutória (3,1-2) apresenta-se um poema que celebra suas ações, destacando, sobretudo o seu valor como guerreiro (3,3-9). Em seguida se narra que Judas derrotou Apolônio, governador da Samaria, e tomou posse da sua espada (3,10-12), como fez Davi com Golias (1Sm 17,51; 21,9-10); o primeiro sucesso militar de certo relevo, no entanto, ocorreu em Bet-Horon, localidade nos arredores de Jerusalém, contra Seron, comandante do exército da Síria (3,13-26): nos moldes dos gloriosos líderes do povo, também Judas confiou mais na ajuda divina que na força e astúcia militar (v. 19: "a vitória na guerra não depende do tamanho do exército: é do céu que vem a força").

A essa altura, Antíoco ordenou que se punisse a rebelião, mas tendo necessidades financeiras empreendeu uma expedição contra a Pérsia e delegou a Lísias a tarefa de restabelecer a ordem na Judeia (3,27-37). Mas os planos de Antíoco foram desfeitos por Judas que em Emaús com o seu exército, derrotou Górgias e Nicanor os generais encarregados por Lísias em Bet-Sur (4,26-35). Judas e os seus homens combatiam "por nosso povo e pelo lugar santo (3,43) e dois poemas ilustram a condição penosa do santuário, símbolo da condição na qual vivia todo o povo (3,45.51-53). As referências aos antecedentes bíblicos também constelam essa parte: Judas observava escrupulosamente as prescrições de Dt 20,5-8 e despediu aqueles que estavam edificando a própria casa, ou seja, estavam para se casar, assim como aqueles que plantavam a vinha ou estavam com medo (3,56); incitando as tropas, lhes recordou a intervenção divina junto ao mar Vermelho (4,9), mostrando que se encontravam em uma situação análoga. Retornando vitoriosos da batalha, os soldados "cantavam e bendiziam ao Céu, repetindo: Ele é bom e seu amor é eterno" (4,24). Antes do confronto com Lísias, Judas orou, recordando um outro antecedente bíblico: a morte de Golias por Davi e a derreta dos filisteus por Saul e Jônatas (4,30).

A consequência mais relevante dos êxitos militares de Judas foi a purificação e a nova dedicação do Templo de Jerusalém, que o narrador descreve em detalhes (4,36-61). A dedicação é celebrada no dia 24 de Casleu de 148 da era selêucida (correspondente a 15 de dezembro de 164 a.C.), exatamente três anos depois da profanação do Templo (cf. 1,59). Enquanto um contingente detinha os soldados sírios sediados na *Akra*, Judas encarregou os sacerdotes que deveriam cumprir os ritos devidos. Foi celebrada uma festa de oito dias (4,56) e em seguida Judas, os seus irmãos e toda a assembleia deliberaram que fosse celebrada todos os anos (4,59): se trata da Festa de Hanucá (mencionada nos evangelhos com o nome grego *Enkáinia*, cf. Jo 10,22), ainda hoje celebrada pelos judeus.

Agora que Jerusalém e os seus arredores, até Bet-Sur, nas proximidades de Hebron, estavam sob seu controle (4,60-61), Judas empreendeu diversas expedições militares em todas as direções: contra a Idumeia ao Sul (5,3-5.65), contra a Galileia ao Norte (5,12-23), e por fim em direção a região costeira a Oeste (5,66-68). Tratava-se de expedições punitivas por violências ou perseguições sofridas pelos judeus, mas também de ações preventivas necessárias em relação a eventuais ameaças.

Nesse ínterim, Antíoco morreu ao final de uma campanha militar (6,1-17): 1Macabeus situa a morte do perseguidor após a dedicação do Templo, enquanto 2Mc 9,1-19, antes. Ao insucesso da campanha militar se juntaram as notícias negativas vindas da Judeia que pioraram a situação do rei e aprofundaram uma severa depressão, a ponto de atribuir suas doenças às ações ímpias que cumprira em Jerusalém (v. 12-13). Morreu em 163 a.C., depois de ter nomeado regente Filipe, um de seus conselheiros.

A sua morte não trouxe paz e prosperidade à Judeia, pois a guarnição síria ainda estava presente na *Akra* (6,18). Judas decidiu assediá-la, mas uma delegação conseguiu chegar a Antíoco V Eupátor para lhe pedir que intervisse em prol da guarnição (6,21-27). Por isso, o rei moveu uma nova

expedição militar contra Judas; a batalha campal aconteceu em Bet-Zaca-
rias, localidade a cerca de 18 quilômetros de Jerusalém (6,32-47), durante
a qual morreu um dos filhos de Matias, Eleazar. No entanto, quando tudo
parecia perdido, a rivalidade entre os dois regentes, Lísias e Filipe, provocou
a retirada das tropas de Antíoco, o qual para confrontar a ameaça de Filipe
que intentava tomar o poder, aceitou firma rum acordo com os judeus, con-
cedendo-lhes que "seguissem suas tradições, como antes" (6,59). A *Akra*,
todavia, permaneceu em funcionamento (6,60-63) e somente em 141 a.C.
foi desmontada (cf. 13,50). Por isso, no ano 162 a.C. o movimento macabai-
co terminou em dificuldade: um dos irmãos estava morto, derrotas militares
tinham acontecido, a paz ainda era de certo modo incerta, por fim, o ataque
selêucida enfraquecera as defesas judaicas.

No ano seguinte um novo rei subiu ao trono em Antioquia, Demétrio I
Sóter (161-150 d.C.) filho de Selêuco IV, que nomeou um novo sumo sacerdote. Demétrio, retornando de Roma, para onde fora como refém para
substituir seu irmão Antíoco IV, conseguiu assumir o poder, depois de ter
feito matar Antíoco V e Lísias (7,1-4). Uma delegação dos judeus, liderada
por Alcimo, que aspirava ao sumo sacerdócio, o exortou a intervir na Judeia
(7,5-7). O rei nomeou Alcimo sumo sacerdote e o enviou com o General
Báquides para punir os rebeldes (7,8-9). Estes se apresentaram com tom
conciliador, mas Judas e os seus irmãos não lhes deram confiança, diferente
de outros que confiaram neles. O verdadeiro rosto de Alcimo rapidamente se
manifestaria (7,10-18).

Em seguida Báquides confiou a Alcimo a tarefa de controlar o território (7,20); mas esse controle certamente teria de acertar as contas com a
resistência de Judas. Uma nova denúncia junto ao rei provocou o envio de
Nicanor com um poderoso exército (7,26-32). Segundo 2Macabeus parece
ter havido um período de convivência pacífica com Judas, enquanto para
1Macabeus as relações foram plenas de animosidade desde o início. Nicanor
chegou ao ponto de ameaçar atear fogo ao Templo se Judas não lhe fosse
entregue (7,35) e isso provocou a batalha contra Judas, na qual Nicanor morreu
por primeiro (7,43). Antes da batalha Judas orou (7,41-42) recordando o
precedente bíblico no qual Deus derrotou o exército assírio que assediava
Jerusalém (cf. 2Rs 19,35). A oração de Judas foi ouvida e se decidiu celebrar
o aniversário da vitória todos os anos no dia treze de Adar (cf. 2Mc 15,36).

1Mc 8 é inteiramente dedicado às relações diplomáticas entre Judas e os romanos, que naquele tempo tinham direcionado seus interessem ao Oriente. Judas firmou uma aliança com os romanos com o escopo de acostar-se de um poder protetor contra as ingerências do governo selêucida. Após um breve resumo sobre as vitórias militares dos romanos nos primeiros decênios do século II a.C. e algumas observações sobre as instituições romanas (8,1-16), aliás, não completamente exatas, se narra que Judas enviou embaixadores a Roma para firmar uma aliança (8,17-22); a proposta foi aceita e se reporta o texto do tratado (8,23-32). A autenticidade do tratado foi contestada, mas as objeções não o anulam; quanto ao texto é provável que seja uma reelaboração do texto original, feita pelo autor. A evolução sucessiva da situação na Judeia, que, inclusive resulta na proclamação de um reino com uma certa independência, encontra certamente no apoio romano com teor antisselêucida uma explicação adequada. Ao mesmo tempo, a aliança com um poder estrangeiro retoma a prática política muitas vezes denunciada pelos profetas na época dos reis: de um lado se obtém um poder protetor, de outro se submete a um domínio estrangeiro, uma dependência que também nesse caso se revelará funesta, como mostram as tragédias dos séculos I-II d.C.

No ano 160 a.C. Demétrio I enviou Báquides e Alcimo com uma força militar muito mais poderosa do que a de Judas (9,1-5); tal era a desproporção que muitos soldados de Judas abandonaram o campo, e permaneceram com ele apenas 800 homens (9,6); tendo decidido ainda assim enfrentar corajosamente o inimigo, Judas pereceu em batalha (9,7-18). A sua sepultura é narrada sob o estilo da sepultura dos reis (9,19-22) e o seu lamento fúnebre (9,21: "Como pôde cair o herói que salvava Israel?") é uma citação de 2Sm 1,19.

Depois de uma inicial desarticulação a facção antisselêucida se reorganizou e escolheu como comandante Jônatas, irmão de Judas (9,23-31). Enquanto Judas tinha sido um brilhante e corajoso líder militar, Jônatas se revelou um político hábil e soube tirar proveito das tensões e conflitos internos do reino selêucida para garantir a autonomia e liberdade do seu povo. Inicialmente Jônatas foi obrigado a fugir pois era procurado por Báquides: buscou ajuda junto aos nabateus, mas estes o traíram e inclusive levaram seu irmão João à morte (9,32-37); para se vingar, Jônatas e Simão armaram uma emboscada contra um cortejo nupcial e depois se refugiaram nos pântanos do Jordão (9,38-42). Ainda que Jônatas tenha conseguido fugir de Báquides, este tinha o controle sobre o território e tinha capturado como reféns os filhos dos chefes da região, mantendo-os prisioneiros na *Akra* (9,50-53).

Em 159 a.C. Alcimo começou a demolição das muralhas internas do Templo, que separava o espaço acessível aos pagãos daquele reservado aos hebreus (9,54); logo em seguida ele sofreu um ataque epiléptico e morreu entre vários tormentos (9,55-56). Báquides voltou a Antioquia e o país permaneceu tranquilo por dois anos (9,57); em seguida, Báquides retornou para capturar Jônatas e os seus (157 a.C.) convencido por gente iníqua, mas não conseguiu e, ao final, se chegou a firmar um acordo para pôr fim ao conflito (9,58-72). O narrador conclui essa seção recordando o modelo dos antigos juízes: "Cessou, assim, a espada de afligir Israel. Jônatas estabeleceu-se em Macmas, onde começou a governar o povo. E fez desaparecer os ímpios do meio de Israel" (9,73).

Entre 157 e 152 a.C. se assiste a um período de relativa calma. Os ânimos se reacendem quando aparece na cena política um novo pretendente ao trono da Síria: Alexandre Balas (o Epífanes) que se passou por filho ilegítimo de Antíoco IV (10,1), declarando conflito aberto com Demétrio I. Em decorrência do conflito interno no reino selêucida, a posição de Jônatas ganhou notável importância, pois ambos os adversários tinha necessidade de suporte. Com habilidade política, Jônatas conseguiu jogar entre os dois rivais, tanto mais porque, ao que parece, era o único líder judeu com o qual podiam contar. Depois da morte de Alcimo em 159 a.C. não se menciona mais qualquer sumo sacerdote e até mesmo Flávio Josefo não o cita, ao contrário, ele afirma que o cargo de sumo sacerdote permaneceu vacante durante sete anos depois da morte de Alcimo, embora em alguns trechos se indique Judas como sucessor por três anos e, portanto, reduza o período de *intersacerdócio* a apenas quatro anos[318]. Essa situação totalmente irregular deu origem a diversas hipóteses acerca do detentor do encargo durante o período em questão: há quem sugere uma deliberada *damnatio memoriae* (por vários motivos) ou pelo fato de que teria se revestido do encargo um substituto de posição inferior; para alguns, a problemática é relacionada à origem do grupo dos que se retiraram em Qunram[319].

---

318. Cf. respectivamente *Ant.* XX, 237; XII, 414.419.434; XIII, 46.

319. Cf. VANDERKAM, J.C. *Manoscritti del Mar Morto* – Il dibattito recente oltre le polemiche. Roma: Città Nuova, 1995, p. 114-119.

O primeiro a buscar o apoio de Jônatas foi Demétrio (10,6) e isso lhe permitiu retomar o controle de Jerusalém (10,7-14); em seguida Alexandre Balas o nomeou sumo sacerdote e amigo do rei (i. é, um dos seus conselheiros especiais: (10,14-21). Demétrio não se deu por vencido e novas e significativas ofertas a Jônatas (10,25-45), mas Jônatas não confiou em Demétrio e permaneceu fiel a Alexandre (10,46-47); uma escolha acertada pois pouco tempo depois Demétrio morreu em batalha (10,48-50). A fidelidade de Jônatas foi premiada por Alexandre por ocasião ao seu matrimônio com a filha de Ptolomeu (um matrimônio político, para sancionar uma aliança): Jônatas foi revestido de púrpura, nomeado general e governador da província (10,51-66).

Em 147 a.C. Demétrio II, filho de Demétrio I, reivindicou o trono de seu pai, introduzindo um novo fator de instabilidade no reino selêucida (10,67-69). Apolônio, general de Demétrio em Celessíria, desafiou Jônatas para o combate, mas este, com seu irmão Simão, conseguiu apoderar-se de Jope (10,70-76), incendiar e saquear Azoto (10,77-85) e a obter a rendição de Ascalon (10,86-87); a esse ponto, Alexandre lhe conferiu ainda outras honras (v. 88-89). Ao mesmo tempo, Ptolomeu agiu com ardil contra seu genro Alexandre e procurou um modo sorrateiro de tomar posse de seu reino. Chegou-se ao confronto armado: Alexandre foi obrigado a fugir para a Arábia onde foi morto, enquanto no passar de poucos dias também Ptolomeu morreu (11,1-18), deixando o campo livre para Demétrio II que foi proclamado rei (145 a.C.).

Dada a situação política confusa, Jônatas decidiu se apossar da *Akra* (11,20), mas após uma denúncia foi convocado por Demétrio para encontrá-lo em Ptolomaida: também nessa ocasião Jônatas conseguiu alcançar graça diante do rei e foi confirmado como sumo sacerdote e amigo do rei (11,27), obtendo inclusive algumas concessões prometidas já por Demétrio I (10,28-37). Mas as relações entre Demétrio e Jônatas se corromperam quando Jônatas veio com suas tropas em socorro do rei durante uma rebelião e um tumulto em Antioquia, confiando nas promessas que lhe fizera (10,38-51): Demétrio, na verdade, renegou quanto prometera e não honrou os compromissos assumidos (10,52-53).

Em 145 d.C., Antíoco VI Epífanes, filho de Alexandro Bálas, com o apoio de Trifão destronou Demétrio II e tomou posse da Antioquia. Imediatamente confirmou os privilégios de Jônatas (11,57) e ao mesmo tempo nomeou seu irmão Simão como governador do território costeiro, de Escada de Tiro até a fronteira com o Egito (11,59). Depois disso, os irmãos empreenderam diversas batalhas para confirmar o seu domínio sobre a região (11,60-74). Talvez com o escopo de obter maior autonomia em relação ao poder selêucida, Jônatas enviou uma delegação a Roma para renovar o tratado firmado com Judas (12,1-4; cf. cap. 8); da mesma forma retomou o contato com Ario (308-265 a.C.), rei de Esparta, com base em um provável parentesco entre os dois povos (12,5-23).

Contudo, a disputa pelo trono selêucida ainda não tinha terminado, portanto, Jônatas e Simão se viram envolvidos (12,24-34); se procurou, portanto, consolidar as defesas de Jerusalém, também para isolar a *Akra* (12,35-37). Com o passar de poucos anos, Trifão, na tentativa de se livrar de Antíoco VI, conseguiu, com armações, fazer Jônatas prisioneiro em Ptolomaida em 142 a.C. (12,39-53).

Simão, que participara da luta com os Macabeus desde o início assumiu o comando no lugar do irmão (13,1-11); com ele a Judeia alcançará a plena independência política. Trifão, nesse ínterim, tentou invadir a Judeia servindo-se de Jônatas com refém, mas não conseguiu e teve de retirar-se (13,12-2); durante a viagem de retorno à Antioquia matou Jônatas (13,23-24). Simão, informado do ocorrido, recuperou os restos mortais do irmão e o sepultou em um mausoléu reservado à sua família em Modin (13,25-30).

Em seguida, Trifão matou o jovem Antíoco VI e se proclamou rei em seu lugar; nesse momento Simão retomou os contatos com Demétrio II, obtendo o perdão e a sua confirmação dos privilégios concedidos anteriormente (13,31-40). Na verdade, o poder de Demétrio II era puramente nominal nessa fase, mas o autor apresenta essa data (142 a.C.) como o início de uma nova era: "no ano cento e sessenta, foi retirado de Israel o jugo das nações. E o povo começou a escrever, nos documentos e nos contratos: 'No ano primeiro de Simão, sumo sacerdote, estratego e chefe dos judeus'" (13,41-42). Simão reunia então na sua pessoa, o encargo religioso (sumo sacerdote), militar (estratego) e político (chefe dos judeus).

Após a tomada de Gazara (13,43-48)[320], Simão finalmente teve condições de assumir o controle da *Akra* em Jerusalém em 141 a.C. (13,49-52). No mesmo período a tentativa de Demétrio II de recuperar o trono foi frustrada

---

320. Os manuscritos de 1Mc apresentam "Gaza"; a conjectura "Gazara" se baseia em Flávio Josefo [trata-se da atual Gezer, 30km a Noroeste de Jerusalém – N.T.].

por Arsaces, rei da Pérsia e Média, que fez dele prisioneiro (14,1-3). A despeito disso, o autor de 1Macabeus apresenta a época de Simão como um período pacífico e feliz, tecendo o elogio do rei com um poema que retoma imagens bíblicas tradicionais para colocar em evidência os méritos: a perícia militar, o empenho pela paz, o zelo pela lei, a atenção às necessidades (14,4-15).

Simão renovou a relação com Roma e Esparta (14,16-24), enquanto o povo decidiu proclamá-lo oficialmente chefe da nação, sumo sacerdote e líder do exército, com um decreto escrito em placas de bronze (14,27-45), a serem afixadas no recinto do Templo, depositando suas cópias no tesouro (14,48-49). A dinastia selêucida, ao contrário, estava em contínua turbulência: em 138 a.C. Antíoco VII Sideta, filho de Demétrio I e irmão de Demétrio II, enviou uma carta a Simão, reconfirmando-lhe privilégios e prometendo ainda outras honras, se lhe apoiasse na sua tentativa de tomar o trono selêucida, eliminando Tristão (15,1-9). As operações militares tiveram início com o desembarque de Antíoco VII na Síria. Contudo, enquanto estava assediando Dora, Antíoco negou as contribuições militares de Simão, descumprindo as promessas feitas e solicitando a Simão a restituição das cidades e dos territórios conquistados fora da Judeia, ou ainda de lhe entregar uma significativa indenização pecuniária (15,25-31). Simão replicou afirmando que nada fora arbitrariamente ocupado: as ocupações militares dos judeus tiveram como único escopo a recuperação da "herança dos nossos pais" (15,33-35).

Após a retirada de Trifão (15,37), Antíoco VII confiou o controle da região costeira ao General Cendebeu que moveu diversas ações de desestabilização contra os judeus, mas ao final, foi derrotado por João Hircano (15,38–16,10). A narrativa se encerra com o trágico fim do último filho de Matias: em 134 a.C., Simão foi morto por traição durante um baquete na fortaleza de Doc, próximo de Jericó, pelo seu genro Ptolomeu, que intencionava matar também os filhos de Simão para assumir seus cargos. Mas João Hircano conseguiu frustrar seus planos e suceder seu pai (16,11-22). Com uma fórmula conclusiva, que recorda os livros dos Reis, se remete os anais (ou "crônicas") do seu sumo sacerdócio, os quais infelizmente não chegaram a nós (v. 23-24). As histórias do reino de João Hircano foram documentadas por Flávio Josefo (que provavelmente as recuperou da obra de Nicolau de Damasco).

Estrutura e composição

O percurso percorrido no guia para a leitura coloca à luz do dia a clara disposição cronológica da narrativa, que se apresenta com a história de uma longa revolta provocada pela política repressiva de Antíoco IV e que teve como resultado a instauração do reino asmoneu. Daí a importância do livro para a história do mundo helenístico. Ao mesmo tempo, a organização cronológica não deve fazer com que se esqueça que o relato apresenta uma clara orientação teológica, para além da tomada de posições políticas.

Se se segue a disposição cronológica, o livro se apresenta dividido em quatro partes: uma introdução (cap. 1–2), seguida pela parte principal que narra as ações dos três filhos de Matias, isto é, Judas (cap. 3–9), Jônatas (cap. 10–12) e Simão (cap. 13–16). A essa apresentação foram introduzidas retificações por N. Martola[321]: ele distingue entre a composição fundamental, que diz respeito antes de mais nada à purificação do Templo e em seguida à libertação da *Akra* (cap. 1–7; 9–11; 12,4–14,15), enquanto considera como acréscimos à história fundamental 8,1-32; 12,1-23; 14,16–16,24. Martola chama alguns desses acréscimos de "ilhas", pois tem pouco ou nada a ver com o contexto (8,1-32; 12,1-23), a outros chama "integrações" (14,16–16,24). Segundo Martola, o relato fundamental se encerrava com o elogio a Simão em 14,4-15[322].

D.S. Williams[323], com base nas repetições, isola três seções principais: 1,1–6,17; 6,18–14,15; 14,16–16,24. Concorda com o precedente sobre o fato de que as primeiras duas partes ressaltavam a obra de libertação do Templo e da *Akra* cumpridas por Judas e Simão e, além disso, são filo-asmoneias. A terceira seção poderia ser um *addendum*, por efetivamente retoma os pontos suscitado, mas coloca o acento sobre a fundação da linha sumo-sacerdotal de Simão. Além disso, a terceira seção constitui uma unidade literária singular, enquanto as duas primeiras seções são estruturas encaixadas, cada

---

321. MARTOLA, N. *Capture and Liberation* – A Study in the Composition of the First Book of Maccabees. Åbo: Åbo Akademi, 1984 [Acta Academiae Aboensis – Ser. A. Humaniora, 63/1].

322. N. Martola retoma uma tese bastante conhecida, segundo a qual a edição original de 1Mc terminaria com 14,15, considerando 14,16–16,24 um acréscimo sucessivo elaborado por um autor ou redator. Como suporte para essa tese se alega que Flávio Josefo em *Antiguidades Judaicas* 12,241-13,214 apresenta uma paráfrase de 1Mc, mas omite 1Mc 14–16.

323. WILLIAMS, D.S. Recent Research in 1 Maccabees. *Currents in Research: Biblical Studies* 9, 2001, p. 169-184.

uma composta por várias unidades singulares que se correspondem inversamente, como mostra o esquema seguinte:

Primeira seção

A 1,1-10 — Morte de Alexandre Magno; apresentação de Antíoco IV

    B 1,11-15 — Judeus renegados buscam alianças com os pagãos

        C 1,16-64 — O Templo é profanado pelos gregos

            D 2,1-70 — Matias incita seus filhos para a revolta

                E 3,1-26 — Judas lidera a revolta

            D^1 3,27–4,35 — Antíoco IV tenta reprimir a revolta

        C^1 4,36-61 — A libertação e dedicação do Templo

    B^1 5,1-68 — Os justos judeus derrotam os pagãos ao seu redor

A^1 6,1-17 — Morte de Antíoco IV

Segunda seção

A 6,18–7,50 — Os judeus obtêm a liberdade de culto

    B 8,1-32 — Os judeus firmam um acordo com Roma

        C 9,1–10,66 — Jônatas toma o poder

        C^1 10,67–11,74 — Jônatas preserva o seu poder

    B^1 12,1-23 — Os judeus renovam o tratado com Roma

A^1 12,24–14,15 — Simão liberta a Akra e obtém independência política

Terceira seção

14,16-24 — Renovação da aliança com Esparta e Roma

14,25-49 — A população de Judá confirma e gratifica Simão

15,1-14 — Acordo entre Simão e Antíoco VII

15,15-24 — Apêndices ao tratado com Roma

15,25-36 — Ruptura entre Simão e Antíoco VII

15,37–16,10 — Vitória dos filhos de Simão sobre Cendebeu

16,11-24 — Assassinato de Simão e ascensão ao trono de João Hircano

Não obstante as precedentes observações anacrônicas, a obra se apresenta unitária e oferece uma visão plenamente nacionalista dos eventos. A data de composição se pode afirmar a partir de alguns dados: a indicação conclusiva dos anais do sumo sacerdócio de João Hircano (16,23-24) indica que o livro foi escrito após sua morte; além disso, a atitude totalmente positiva em relação aos romanos (cf. 8,1-32; 12,1-4; 14,24.40; 15,15-24) supõe uma data precedente a 63 a.C., quando Pompeu profanou o tempo depois de ter invadido o país[324]. Portanto, é provável uma data entre 104 a.C. (morte de Hircano) e 63 a.C. Quem admite duas redações, data uma primeira por volta de 130 a.C. e a segunda por volta de 100 a.C. Na sua forma final, de qualquer modo, parece um escrito propagandístico contra os opositores dos Asmoneus (entre os quais os fariseus e os essênios), em crescimento durante o reino de Alexandre Janeu.

O texto

1Macabeus chegou até nós em grego, mas o original era em hebraico, como testemunham Orígenes e Jerônimo. Nenhum fragmento do texto hebraico foi preservado, por isso, todos os testemunhos textuais se basearam sobre a tradução grega (inclusive as versões antigas: latina, siríaca e armena). Parece que Flávio Josefo tinha à sua disposição ainda o texto hebraico, embora ele tenha utilizado a tradução grega para a sua paráfrase. Segundo J.A. Goldstein o tradutor da antiga versão latina (Vetus Latina) mesmo traduzindo do grego, teria podido consultar o texto hebraico para algumas lições melhores[325]. Na verdade, parece depender de uma versão grega (talvez melhor) diferente daquela preservada atualmente. O original hebraico foi perdido talvez em decorrência da pouca estima que os fariseus nutriam pela dinastia asmoneia, mas também porque este não foi acolhido entre os livros canônicos pelos rabinos.

Teologia

A leitura do livro demonstra que o autor modelou os seus personagens com base em antecedentes bíblicos, particularmente destacam-se os ecos das ações de Josué e de Saul. A guerra dirigida por Judas toma como modelo a conquista do país por Josué, enquanto a instauração da dinastia asmoneia é vizinha aos relatos sobre os inícios da monarquia em Israel. As referências e alusões à Escritura são úteis ao escopo do autor, aliás, indispensável, pois

---

324. Cf. FLÁVIO JOSEFO. *Guerra judaica*, I, p. 152-153.

325. Cf. GOLDSTEIN, J.A. *I Maccabees* – A New Translation with Introduction and Commentary. Garden City: Doubleday, 1976 [Anchor Bible, 41].

ele não objetiva apenas engrandecer as ações dos seus heróis, mas tem ainda a necessidade de "legitimar uma casa reinante sem laços reais com a raiz de Arão (sacerdócio) e de Davi (realeza). Frente a falta desses laços, as Asmoneus trazem a sua legitimidade da 'Escritura', como demonstra o relato tecendo relações ideais com os antepassados fundadores de Israel"[326].

Tudo isso demonstra que o autor figura entre os defensores da dinastia asmoneia, legitimando suas pretensões à luz da luta pela independência política e religiosa da nação capitaneada por seus fundadores, "nas mãos dos quais fora confiada a salvação de Israel" (5,62). No livro se condena qualquer compromisso com o helenismo e os judeus que resistem e se mantêm fiéis à Lei são, para o autor, o verdadeiro Israel. O leitor deve estar consciente de que se trata de uma idealização, visto que no decorrer de poucos anos também a dinastia asmoneia assumirá os traços de todas as outras casas reinantes no mundo grego e inclusive dentro do próprio mundo judaico será contestada por motivos religiosos (como mostram o conflito entre Alexandre Hircano e os fariseus e, como sustentam outros, a crítica radical documentada nos manuscritos do mar Morto).

Além disso, chama atenção no livro a causa que desencadeou a crise não foi apenas a política dos reis selêucidas: as divisões internas da aristocracia de Jerusalém têm um papel não secundário, em particular no que tange o encargo do sumo sacerdote.

> A obra é toda direcionada ao tema da independência nacional e à valorização daqueles que combatem para a conservação da Lei. Tem grande relevo a morte gloriosa que se liga ao tema da memória. A continuidade depois da morte não é expressa somente através da continuação nos próprios filhos ou na continuidade com povo. Aparece ainda uma imortalidade ligada à memória do nome. Esta não é ligada à coragem de guerrear e às virtudes heroicas como para a poesia grega; outras virtudes estão no topo da escala de valores: a obediência da Lei (2,64), a recordação da tradição [...], o respeito ao pacto [...], a defesa do próprio povo [...]. São ausentes eventuais intervenções sobrenaturais e prodígios que, ao contrário, caracterizam 2Macabeus. Isso não significa uma falta de referência à intervenção divina: Judas exorta os seus a confiarem em Deus

---

326. ABADIE, P. "1 et 2 Maccabei". RÖMER, T.; MACCHI, D. & NIHAN, C. (orgs.). *Guida di lettura all'Antico Testamento*. Op. cit., p. 602.

(3,19.53) e a se remeterem à sua vontade (3,60). Antes das batalhas são feitas orações aos céus se lhe implora o socorro. Deus não abandona aqueles que se recordam daquele que redime e salva Israel (2,61; 3,18; 4,10). As orações e sacrifícios tem um peso significativo, mas talvez ainda mais importante é a observância das normas. Fundamental é a referência à tradição: contínua a expressão de respeito pelos livros sagrados, pela Lei neles contida, pela história que transmitem[327].

Segundo Livro dos Macabeus

O Segundo Livro dos Macabeus inicia com duas cartas dos judeus de Jerusalém aos seus correligionários residentes em Alexandria do Egito (1,1-2,18). Não obstante o título tradicional, as histórias narradas no livro não são a continuação daquelas expostas em 1Macabeus, aliás, em parte, dizem respeito ao mesmo período. De fato, o autor informa acerca de suas fontes: ele se baseou em uma obra em cinco livros de Jasão de Cirene, ele o sintetiza (2,19-32). Sobre Jasão de Cirene sabemos muito pouco: provavelmente foi um judeu da diáspora, contemporâneo de Judas Macabeu.

Fica evidente a diferente perspectiva do autor de 2Macabeus em relação ao de 1Macabeus: enquanto 1Macabeus pretende legitimar a dinastia asmoneia e atribui aos seus líderes o mérito do resgate do domínio selêucida opressor, Jasão de Cirene e o seu compilador anônimo expõem uma história que diminui o papel dos asmoneus, descrevendo-os como militarmente ineficazes e pessoalmente corruptos. Isso não significa que o escopo do livro seja o de atacar as teses do autor de 1Macabeus: uma rápida leitura da obra ajuda, de fato, a colher os seus escopos pedagógicos, que se manifestam nas numerosas referências à Lei divina (mais de trinta vezes) e à celebração das festividades mencionadas na Bíblia, além da instituição de duas novas festividades (a de *Chanukkáh* e o *dia de Mardoqueu*) e, por fim, nas doze orações coletivas ou hinos de ação de graças dirigidos a Deus.

Guia para a leitura

O autor coloca, antes do prefácio da sua obra (2,19-22) duas cartas. A primeira (1,1-9) é uma exortação aos judeus para que celebrem a Festa da

---

327. CALABI, F. *Storia del pensiero giudaico ellenistico*. Bréscia: Morcelliana, 2010, p. 135 [Letteratura cristiana antica].

Dedicação do Templo (Hanucá) para comemorar a reconsagração promovida por Judas Macabeu em 164 a.C. A carta é datada do ano 188 da era selêucida, que corresponde a 124/123 a.C.; esta poderia ser também a data na qual foi enviada o resumo da obra de Jasão de Cirene.

A segunda carta não é datada (1,10–2,18) e foi enviada dos judeus de Jerusalém para um certo Aristóbulo, hebreu notável do Egito e a outros judeus. O escopo da carta é explicar por que os judeus do Egito devem celebrar a Hanucá e remete a "festa do fogo" ao tempo de Neemias (1,18), mencionando uma legenda sobre o fogo sagrado mantido aceso durante o exílio e informando acerca de uma biblioteca reunida por Neemias, que continha livros sobre reis e profetas, obras de Davi, cartas de monarcas e outros documentos. A insistência nesse tema mostra que a celebração daquela festividade era debatida fora da terra de Israel, por isso os judeus egípcios tinham necessidade de argumentos a esse respeito: com efeito, se tratava de uma instituição recente, privada de fundamentos na Torá.

Segue-se, então, o prefácio do autor (2,19-32) o qual manifesta a sua intenção de simplificar a obra de Jasão de Cirene para torná-la mais acessível. Todavia, a exposição que segue não é um simples compêndio: o autor adapta uma seleção de episódios ao seu escopo, a saber, o de ilustrar aos seus leitores a grande honra que se deve atribuir ao Deus dos judeus e a necessidade de participar da festa instituída para comemorar esses eventos.

Entre o prefácio (2,19-32) e a conclusão (15,37-39), o corpo do livro narra três ataques ao Templo de Jerusalém e a sua vitoriosa defesa garantida por Deus e pelo povo de Israel: 3,1-40 (Heliodoro); 4,1–10,9 (Antíoco IV Epífanes); 10,10–15,36 (Nicanor).

O primeiro assalto ao Templo ocorreu no tempo de Selêuco IV (3,1-40), que enviou o seu ministro Heliodoro a fim de confiscar os tesouros aí depositados. Como causa do envio de Heliodoro estavam contrastes internos entre os dirigentes do Templo de Jerusalém: o sumo sacerdote Onias III é descrito como pessoa muito íntegra, mas em decorrência de um desacordo com ele "a respeito da administração da cidade" (v. 4), um certo Simão informou Selêuco, através do governador de Celessíria, acerca dos tesouros armazenados no Templo, solicitando-lhe que tomasse posse destes. Quando Heliodoro chegou a Jerusalém, Onias procurou explicar-lhe que o tesouro não é tão imponente e que se tratava, sobretudo, dos depósitos a prazo (v. 9-12). Heliodoro, no entanto, não quis lhe dar ouvidos e decidiu ir ao Templo para confiscar o dinheiro, pondo levando a cidade ao pânico (v. 13-22). Mas, no Templo, Heliodoro e seus acompanhantes foram bloqueados por um cavaleiro e por dois jovens que defenderam o santuário e os golpearam a ponto de quase morrerem (v. 22-30); somente a intercessão de Onias foi capaz de preservá-lo da morte. Quando, pois, o ministro voltou a ter com o rei, lhe informou que aprendera a lição: "Se tens algum inimigo, ou conspirador contra a ordem pública, envia-o para lá: tu o receberás de volta moído de golpes, se porventura conseguir escapar! É que verdadeiramente sobrepaira, em torno do Lugar santo, uma especial força de Deus" (v. 38).

O episódio de Heliodoro representa uma espécie de *ouverture* em relação ao que segue, enunciando o que será desenvolvido nas partes sucessivas: as tensões dentro da comunidade judaica de Jerusalém que desembocam no apelo ao poder selêucida, com o resultado que a intervenção do rei culmina com a ameaça de profanar o Templo. Mas a profanação não acontece, pois Deus intervém para proteger o Templo e o seu povo. Todavia, enquanto no episódio de Heliodoro a intervenção divina é de natureza sobrenatural, já que se trata de figuras angelicais, em seguida, Deus intervém por intermédio de seres humanos, isto é, Judas Macabeu e os seus companheiros.

Mesmo depois do incidente envolvendo Heliodoro, continuaram em Jerusalém as intrigas por conta do encargo de sumo sacerdócio (4,1-6). Com o escopo de contrastar as intrigas de Simão, Onias foi ter com o rei, mas a morte de Selêuco IV e a sucessiva ascensão ao trono de Antíoco IV Epífanes impediram a sua iniciativa. Jasão, irmão de Onias, ao contrário, pôde tirar proveito da situação, ele prometera ao rei um incremento do tributo recolhido na Judeia em troca do cargo de sumo sacerdote (4,7-8). Além disso, o autor de 2Macabeus afirma que Jasão obteve aprovação do rei para transformar o estilo de vida em Jerusalém, introduzindo instituições típicas das cidades gregas: um ginásio, uma efebia e o direito de fazer o levantamento dos antioquenos de Jerusalém (4,9-10). Não está claro se para os judeus de Jerusalém essas inovações foram verdadeiramente radicais, pois já a algum tempo estavam habituados aos costumes gregos; mas, o autor de 2Macabeus manifesta todo o seu desprezo por essas mudanças que para ele são inconcebíveis, tanto mais porque isso substituía as instituições tradicionais (portanto a Torá) até então garantidas pelos dominadores do momento (4,11).

O ápice desse projeto foi alcançado com a ereção do ginásio, aos pés da *Akra*, junto ao tempo, e com o uso do típico chapéu ("petaso") por parte dos atletas: tudo isso causado pela "exorbitante perversidade de Jasão, ímpio e de modo nenhum sumo sacerdote" (4,13). Mas o julgamento do autor é afiado: o mau cometido se volta sobre quem o comete (4,16-17) e os episódios sucessivos mostram toda a ambiguidade que a relação com os soberanos helenistas comportava para os judeus. Jasão recebeu magnificamente Antíoco IV em 172 a.C., mas pouco depois foi substituído no seu encargo por Menelau, irmão de Simão que prometera ao rei um incremento nos tributos, exatamente como o fizera o próprio Jasão anteriormente (4,22-29).

Arrogante e tirano, Menelau é descrito como "grande insidiador contra seus concidadãos" (4,50), à luz de diversos episódios, em particular: a subtração de objetos de ouro do Templo para pagar os débitos contratados (4,32) e o assassinato de Onias pois tinha denunciado o seu delito (4,33-34). O próprio Antíoco reagiu com indignação à morte de Onias (4,35-38). Também a população de Jerusalém reagiu aos sacrilégios: uma revolta matou Lisímaco, irmão de Menelau (4,39-42), mas a denúncia dos delitos ao rei não teve qualquer resultado positivo, pois Menelau foi reconfirmado no seu cargo, após ter corrompido Ptolomeu (4,43-50).

Uma grande agitação tomou conta de Jerusalém por ocasião da campanha de Antíoco IV no Egito (169 a.C.). Espalhando-se a notícia da morte de Antíoco, Jasão atacou a cidade para reconquistar o cargo de sumo sacerdote (5,1-6). A iniciativa faliu e o autor narra com riqueza de detalhes a sorte ignominiosa de Jasão (5,7-10).

Em decorrência da desordem provocada pelo conflito entre Menelau e Jasão, o rei pensou que tivesse explodido uma revolta na Judeia e, frustrado pelo fato de que os romanos lhe tinham obrigado a deixar o Egito (cf. Dn 11,30), repreendeu brutalmente a insurreição: segundo 2Macabeus, em três dias foram mortas oitenta mil pessoas e muitas outras foram vendidas como escravas (5,11-14). Antíoco se atreveu ainda a entrar no tempo, tendo Menelau como guia, tomando posse dos utensílios sagrados (5,15-16): um ato intolerável para o autor, que justifica o fato de Deus não ter intervindo para evitar tal profanação – como, ao contrário tinha feito anteriormente com Heliodoro – por conta dos pecados cometidos pelos habitantes da cidade (5,17-20).

Após a exposição do Templo por Antíoco IV, a situação piorou ainda mais na Judeia: Menelau permaneceu no cargo, foram nomeados governadores bárbaros em Jerusalém e ao pé do Garizim, e Apolônio invadiu Jerusalém em dia de sábado (5,21-26). A esse ponto, Judas Macabeu e alguns companheiros decidiram retirar-se para o deserto para não se contaminarem (5,27); o autor não faz qualquer menção ao pai e aos irmãos de Judas, pois não está interessado nas histórias da dinastia: o seu interesse por Judas se concentra sobre suas ações como instrumento divino para a defesa e a purificação do Templo.

Nesse ínterim, a profanação do Templo chegou a um grau extremo. O capítulo 5 se encerrava com a conquista militar da cidade; o capítulo 6 se abre com o decreto de perseguição contra a rebelião hebraica. Em 5,27 o autor alude à rebelião de alguns membros do povo, que naquele momento teria podido ser expressão do nacionalismo judaico; com a perseguição religiosa, a oposição ocupa o centro da atenção do autor, mas se trata da oposição dos mártires. Para 2Macabeus, de fato, é o martírio que opera a expiação e, portanto, permite a reconciliação e a salvação; o martírio não é, por isso (como em 1Mc 2) parte do problema, mas da solução[328].

Em 2Mc 6,1-9 são descritas as medidas estabelecidas pelo rei para impor novos costumes religiosos. A mudança da dedicação do Templo de Jerusalém a Zeus Olímpio e do Templo de Garizim a Zeus Hospitaleiro demonstram a gravidade da situação (ainda que os nomes pareçam alinhados com a prática grega de reinterpretar os nomes divinos, mais do que o resultado de uma mudança de culto); a informação "contém um interessante dado histórico no fato de que o autor nomina os templos juntos, como se considerasse ambos legítimos"[329].

A descrição do drama que se abateu sobre o povo hebraico chega ao seu ápice nas histórias dos mártires (6,10–7,42), onde grande importância é dada aos motivos que os levaram a sacrificar a própria vida. Duas mulheres foram torturadas e mortas por terem circuncidado seus filhos (6,10); outros foram queimados vivos nas grutas onde se tinham escondido para observar o dia do sábado (6,11); um escriba chamado Eleazar foi trucidado por ter se recusado a comer carne de porco (6,18-31) e por ter recusado a proposta que lhe fizeram de submeter-se ao decreto, não querendo dar um mau exemplo aos jovens. O episódio mais famoso é narrado em detalhes em 2Mc 7,1-42 e

---

328. Cf. SCHWARTZ, D.R. *2 Maccabees*. Berlim/Nova York: De Gruyter, 2008, p. 272.

329. BRUTTI, M. *Secondo libro dei Maccabei* – Introduzione, traduzione e commento. Cinisello Balsamo: San Paolo, 2014, p. 101.

envolve uma mulher e seus sete filhos, torturados e massacrados, pois se recusaram a "comer carnes de porco proibidas" (v. 1). Todas essas pessoas sofreram, portanto, o martírio pois se propuseram permanecerem fiéis às práticas que distinguiam os judeus no mundo helenístico: a circuncisão, a observância do sábado e as regras alimentares.

O episódio da mãe e dos seus sete filhos é particularmente tocante, pois cada um dos sete filhos é levado diante do rei e, sob tortura, expõe o motivo da sua desobediência; a própria mãe intervém em duas ocasiões. O narrador busca trazer à luz, através das palavras da mãe e dos jovens, qual é a fonte da sua corajosa oposição, isto é, a fé na ressurreição. O segundo filho declara ao rei: "Tu, celerado, nos tiras desta vida presente. Mas o Rei do mundo nos fará ressuscitar para uma vida eterna, a nós que morremos por sua lei" (7,9). O terceiro apresenta a sua língua e as suas mãos e proclama: "Do céu recebi estes membros, e é por causa de suas leis que os desprezo, pois espero dele recebê-los novamente" (7,11). O quarto diz: "É desejável passar para a outra vida às mãos dos homens, tendo da arte de Deus a esperança de ser um dia ressuscitado por ele. Mas para ti, ao contrário, não haverá ressurreição para a vida" (7,14). Por fim, a mãe exorta o último filho: "aceita a morte, a fim de que eu torne a receber-te com ele na Misericórdia" (7,29). Com suas afirmações sobre a fé na ressurreição, 2Macabeus reflete uma abordagem do tema que se atesta também em outras obras do período (cf, Dn 12,1-3). O martírio é, além disso, apresentado como correção e não como punição para o povo (6,12-16).

Com o capítulo 8 entra novamente em cena Judas Macabeus. Em um primeiro momento, com os seus companheiros, organizou uma força de cerca de seis mil homens e empreendeu algumas ações de perturbação e de guerrilha (8,1-7), provavelmente sem criar muito alarde para a administração selêucida. No entanto, quando Judas derrotou Nicanor (8,8-29), assim com Timóteo e Báquides (8,30-33), o próprio Nicanor reconheceu a ameaça que ele constituía e proclamou "que os judeus tinham um Defensor [isto é: Deus] e que os judeus, por essa razão eram invencíveis, pois obedeciam às leis estabelecidas por ele" (8,36).

Em 2Mc 9 (diferentemente de 1Mc 6,1-17) a morte de Antíoco precede a purificação do Templo de Jerusalém. Após ter sido escorraçado na Pérsia (9,1-4), Antíoco decidiu punir Jerusalém pela derrota sofrida por Nicanor, mas Deus o atingiu com uma praga incurável e invencível (9,5-10). Estre os espasmos, reconheceu o poder do Deus de Israel (9,11-12) e prometeu que teria declarado a cidade santa livre e, ainda mais, que teria se tornado hebreu (9,13-17). Após ter designado como sucessor o seu filho Antíoco V, o rei morreu entre cruéis tormentos (9,19-29).

Com a morte do perseguidor se abriu uma possibilidade de purificar o Templo (10,1-9) o fato culmina com a instituição da festa de Hanucá, que se inicia no mesmo dia em que teve início a profanação do Templo, isto é, 25 de Casleu (novembro-dezembro); a celebração dura oito dias e tem importantes semelhanças com a Festa das Tendas.

O terceiro assalto ao Templo envolve Judas Macabeu e o general sírio Nicanor. Antes de narrar esse episódio, 2Macabeus explica como Judas consolidou o seu poder e debelou seus inimigos. A purificação do Templo certamente teve um impacto simbólico sobre a revolta, mas se trata de um primeiro passo de confirmação com outras ações e vitórias. Depois de noticiar a subida ao trono de Antíoco V Eupátor (10,10-13), são narradas as vitórias militares de Judas contra os idumeus (10,14-23), contra Timóteo (10,24-38) e contra Lísias (11,1-15). Em seguida, são reportadas quatro cartas que têm como objetivo permitir aos judeus viverem em paz e manterem os seus costumes ancestrais; se trata das cartas de Lísias aos judeus (11,16-21), de Antíoco a Lísias (11,22-26), de Antíoco aos judeus (11,27-33) e de dois embaixadores romanos aos judeus (11,34-38).

Reestabelecida a paz, os judeus retomaram as suas atividades agrícolas (12,1), mas alguns funcionários selêucidas "não os deixavam viver tranquilos nem realizar as obras de paz" (12,2). Um massacre de judeus em Jope provocou a retaliação de Judas (12,3-9) contra Jope e Jâmnia. Em seguida Judas derrotou um contingente de árabes (12,10-12), atacou a cidade fortificada de Caspin e dele tomou posse (12,13-16), em seguida capturou Timóteo, mas este conseguiu ser solto em troca da promessa de libertar os reféns que estavam em seu poder (12,17-25). Em seguida Judas marchou contra Cárnion e o Templo de Atargatis (12,29-31) e subiu a Jerusalém para a Festa das Semanas. Depois de ter celebrado a festa, ele e os seus, combateram contra Górgias (12,32-37). Todos esses episódios têm como fio condutor um motivo comum: a aniquilação dos inimigos é garantida pelo poder do Senhor e é justificada pela idolatria das populações.

Depois de ter celebrado o sábado (12,38), Judas decidiu sepultar os soldados mortos na batalha contra Górgias, mas fez uma descoberta trágica: sob as túnicas dos soldados foram encontrados objetos sagrados consagrados aos ídolos de Jâmnia, revelando-se, assim, o motivo pelo qual tinham sido mortos

(12,39-42). Com uma escolha bastante singular, Judas decidiu fazer uma coleta para que fosse oferecido no Templo um sacrifício de expiação pelos pecados cometidos dos que tinha tombado em batalha (12,43-45), relacionando esse gesto com a fé na ressurreição dos mortos. Para Judas, portanto, a morte não era suficiente para expiar o pecado (cf. v. 42), por isso, os mortos tinham necessidade de uma ajuda posterior, ajuda essa prestada por meio do sacrifício. Isso implica a crença de que os pecados são punidos depois da morte, com o corolário da crença em um lugar no qual isso acontece – a geena ou o purgatório – uma ideia que teve uma história autônoma tanto no hebraísmo quanto no cristianismo.

No ano 163 a.C. Antíoco V e Lísias atacaram a Judeia novamente, com o apoio do sumo sacerdote Menelau (13,1-3). Lísias, no entanto, informou que o próprio Menelau era a causa das desordens na região, por isso se decidiu eliminá-lo (13,4-8). O assalto de Antíoco e Lísias, de qualquer modo, não teve sucesso: primeiramente o rei foi atacado por Judas nas proximidades de Modin (13,9-17) e novamente derrotado junto a Bet-Sur (13,18-22). Por fim, foi obrigado a retirar-se em decorrência das notícias sobre uma revolta que explodira em Antioquia (13,23-26).

Três anos depois, Demétrio I usurpou o trono selêucida (14,1-2). Alcimo convenceu o novo soberano para intervir contra Judas, pois "enquanto Judas estiver vivo, não é possível que a situação se torne pacífica" (14,10). Demétrio nomeou Nicanor como estratego da Judeia e o enviou para combater contra Judas e estabelecer Alcimo como sumo sacerdote (14,12-13). Quando Nicanor chegou à Judeia decidiu inicialmente não contrastar Judas, pelo contrário, chegou a um acordo com ele (14,15-25). Segundo 2Macabeus, a situação teria permanecido tranquila se não tivesse a intervenção de Alcimo junto ao rei para denunciar o acordo entre Judas e Nicanor como complô contra a coroa (14,26). Obrigado por ordens do rei, Nicanor solicitou às autoridades do Templo que Judas lhe fosse entregue, ameaçando destruir o altar e substituí-lo por outro dedicado a Dionísio (14,33). Não convencido com essa ameaça, Nicanor decidiu prender Razis (14,37-46), um dos anciãos mais estimados de Jerusalém, o qual preferiu entregar-se à morte que ao inimigo, "invocando, ao mesmo tempo, Aquele que é o Senhor da vida e do espírito, para que lhos restituísse" (v. 46).

A batalha decisiva contra Nicanor é narrada em 2Mc 15. O projeto de Nicanor de tomar Judas e seus homens em assalto em dia de sábado não teve resultado positivo (15,1-5). Antes do confronto militar, Judas exortou os seus homens (15,6-11) e lhes narrou um sonho (15,12-16), no qual Onias, o sumo sacerdote falecido, e Jeremias oravam pelo povo e exortavam o herói a combater. A tropa se deixou persuadir (15,17-20) e Judas fez uma intensa oração, pedindo que o Senhor intervisse em defesa do seu povo santo (15,21-25).

Iniciada a batalha, os judeus muito rapidamente ficaram em vantagem, dominando "não menos de trinta e cinco mil homens"; o próprio Nicanor foi morto e o seu busto foi dependurado nas muralhas da *Akra* para mostrar o destino de quem se levanta com arrogância contra Deus (15,26-35). O resumo da batalha se encerra com a solene deliberação da celebração do "dia de Nicanor" (15,36) para comemorar a data da batalha (12 de Adar de 161 a.C.). O autor especifica ainda que essa recordação é celebrada um dia antes do "dia de Mardoqueu", um título da Festa dos Purim que é atestado somente aqui, motivado, provavelmente pela intenção do narrador de sinalizar o paralelismo entre Mardoqueu e Judas, ambos vingadores dos inimigos dos judeus e ligados a uma festividade.

Com o fim das ameaças contra Jerusalém, então devolvida às mãos dos hebreus (15,37), o autor encerra a sua obra.

Estrutura e composição

A respeito da estrutura literária da obra os comentaristas não chegam a um consenso. A forma atual do livro se abre com duas cartas (1,1-9 e 1,10–2,18) e com uma introdução (2,19-32) que apresenta a narração sucessiva como o resumo de uma obra histórica muito mais ampla atribuída a Jasão de Cirene. A parte principal narra episódios que se deram durante o reinado de quatro reis: Selêuco IV (3,1–4,6), Antíoco IV (4,7- 10,9), Antíoco V (10,10–13,26), Demétrio I (14,1–15,37). O relato se encerra antes da morte de Judas Macabeu.

O princípio que unifica a estrutura de 2Macabeus não é imediatamente evidente e é complicado pelo fato de que o livro se apresenta como o resumo de uma obra maior. Essas duas dificuldades estimularam a busca por acréscimos e interpolações; há quem conceba que a primeira e a última partes da narração (a história de Heliodoro e as narrativas ligadas ao dia de Nicanor) não fizessem parte das tratativas de Jasão; há consenso sobre o fato de que a seção dedicada às guerras de Judas Macabeu no tempo de Antíoco V (10,10–13,26) reúna diversas campanhas militares sem qualquer pretensão cronológica; ao mesmo tempo, a ligação entre essa parte e o que a antecede e a sucede é objeto de debate. No que tange as narrativas sobre os mártires

(6,18–7,42) o consenso quase que unânime as admite como interpolações posteriores. O problema surge também do fato de que, não obstante os livros se refiram à mesma época, o relato de 1–2Macabeus se difere em muitas particularidades, por vezes até mesmo na ordem dos acontecimentos, mesmo contendo numerosos trechos paralelos.

Embora A. Momigliano defina o resumo como "um conglomerado um pouco incoerente de motivos"[330], outros, ao contrário, identificaram temas que unificam toda a exposição. Diversas propostas buscaram ilustrar o escopo do resumo e J. Sievers[331] os distinguiu em quatro categorias:

a) *Cultual:* apresentar a origem da Festa de Hanucá e do dia de Nicanor e exortar os hebreus a observar essas festas; ou ainda: criticar o Templo de Leontópolis no Egito demonstrando a sacralidade do Templo de Jerusalém;

b) *Teológica*: demonstrar a vitalidade da fé na retribuição, à luz do relato paradigmático da profanação e da dedicação do Templo;

c) *Historiográfica*: contestar 1Macabeus e apoiar o que se afirma em Dn 7–12;

d) *Propagandístico*: apresentar o valor do Templo, incluindo a dimensão cultual, mas sem limitar-se a ela.

A abordagem que identifica como centro do interesse do autor o Templo de Jerusalém e as suas instituições é convincente: o elemento comum e unificante entre as cartas e o resumo é a ênfase sobre a sacralidade do Templo. O resumo, de fato, se inicia com a honra prestada ao Templo (3,1-2) e se encerra com a festa pela libertação do Templo.

No que se refere ao gênero literário,

> é difícil classificar o Segundo Livro dos Macabeus em um gênero literário bem definido; mas, em tempos recentes, o estudo da linguagem e do estilo do livro deu uma válida contribuição para a solução do problema. Particularmente interessante é a proposta de Doran, a qual, da análise do estilo da narração, deriva o reconhecimento de um gênero secundário: não uma história universal, como a de Políbio sobre a ascensão de Roma, mas uma história local que

---

330. MOMIGLIANO, A. "Il secondo libro dei Maccabei". In: MOMIGLIANO, A. *La storiografia greca*. Turim: Einaudi, 1982, p. 316 [Piccola Biblioteca Einaudi, 427].

331. SIEVERS, J. *The Hasmoneans and Their Supporters from Mattathias to the Death of John Hyrcanus I*. Atlanta: Scholar Press, 1990, p. 8-10 [Studies in the History of Judaism, 6].

se refere a eventos recentes concernentes numa cidade local. Nesse sentido 2Macabeus se aproxima de obras de historiadores locais como Sirisco, que escreve a história de Chersoneso, ou Eudemo, Mirão e Temócrito que escreveram a história de Rosi[332].

Reconhecendo a unidade da obra avançou-se no sentido de diversas propostas de estrutura. Vale apresentar a proposta que, levando em consideração a distinção entre a seção inicial (1,1–2,32) e a narrativa das histórias do Templo da cidade de Jerusalém, segue a linha cronológica dos reis selêucidas para a segunda parte[333]:

Primeira Parte

1,1–2,18	Cartas
2,19-32	Prefácio

Segunda Parte

3,1–4,6	Acontecimentos durante o reino de Selêuco IV enquanto Onias III é sumo sacerdote	
4,7–10,9	Acontecimentos durante o reino de Antíoco IV	
	4,7-50	Jasão e Menelau lutam para garantir o cargo de sumo sacerdote
	5–7	A "revolta" de Jerusalém e as suas consequências; os martírios
	8	Revolta de Judas Macabeu
	9	Morte de Antíoco IV
	10,1-9	Purificação e dedicação do Templo
10,10–13,26	Acontecimentos durante o reino de Antíoco V	
	10,10–11,38	Defesa da Judeia contra ameaças externas e tratado com o rei
	12–13	Defesa dos judeus que vivem fora da Judeia e segundo tratado com o rei
14,1–15,36	Acontecimentos durante o reino de Demétrio I, enquanto Alcimo é sumo sacerdote	
	14, 1-25	Primeira ameaça contra o Templo, resolvida com um acordo
	14,26–15,36	Derrota e morte do ímpio Nicanor
15,37-39	Epílogo	

---

332. BRUTTI, M. *Secondo libro dei Maccabei*. Op. cit., p. 13-14.

333. Cf. DORAN, T. *2 Maccabees* – A Critical Commentary. Minneapolis: Fortress, 2012, p. 12-13. • BRUTTI, M. *Secondo libro dei Maccabei*. Op. cit., p. 15.

Visto que 2Macabeus se apresenta como um resumo da história em cinco volumes de Jasão de Cirene, para poder datar sua composição, seria necessário dispor de maiores notícias sobre esse historiador, contudo, não temos informações de outras fontes a respeito dele.

> Buscou-se estabelecer, com alguma dificuldade, o período no qual Jasão escreveu, a partir de Abel, o qual [...] distinguia duas posições extremas e uma intermediária: a arcaizante de Niese, segundo a qual Jasão teria escrito pouco depois de 160 a.C., enquanto a data do epítome remontaria a 124 a.C., isto é, à data da primeira carta; a de Willrich, que situava Jasão no primeiro decênio da nossa era; e a intermediária de Moffat que remetia por volta de 130 a.C.[334]

O último evento narrado é a morte de Nicanor (161 a.C.), mas para a composição do livro é necessário esclarecer a relação entre o resumo e as cartas que o precedem. A maioria dos estudiosos compreende que o resumo deva ser datado antes da chegada de Pompeu a Jerusalém (63 a.C.), pois o livro manifesta uma atitude positiva em relação aos romanos (cf. 4,11; 11,34) e em 15,37 que desde a vitória de Judas sobre Nicanor "a cidade esteve nas mãos dos hebreus". Muito estudiosos, portanto, situam a elaboração do resumo entre a data da primeira carta (124 a.C.) e a chegada de Pompeu (63 a.C.). Quanto ao lugar de origem do resumo, uma vez que é evidente que foi escrito em grego, muitos estudiosos propõem uma ambientação na diáspora (p. ex. Alexandria ou Antioquia); mas não há motivos para excluir que um hebreu residente em Jerusalém, que conhecia bem o grego e era instruído na cultura do tempo, tenha escrito uma obra desse gênero.

O texto

O texto de 2Macabeus é documentado em dois manuscritos em caracteres maiúsculos, o alexandrino do século V d.C. e o vêneto do século VIII; além disso, é atestado em mais de trinta manuscritos minúsculos. Chegaram até nós também algumas versões latinas, dentre as quais se destaca pela importância a Vetus Latina; embora seja uma tradução, dois argumentos motivam o seu valor como testemunho do texto: é muito próxima da versão de 2Macabeus usada por Cipriano no século III d.C., por isso atesta um texto pré-lucianeo, e, ademais, algumas seções suas parecem explicar melhor as

---

334. BRUTTI, M. *Secondo libro dei Maccabei*. Op. cit., p. 29.

lições diferentes e problemáticas que outros testemunhos. Além desta, possuímos também a versão siríaca, armena e copta.

Teologia

A paz e a prosperidade de Jerusalém assim como o respeito dos pagãos para com o Templo no época de Onias III são atribuídos ao fato de que "as leis eram observadas perfeitamente, graças à piedade do sumo sacerdote (3,1); a visão que conteve a tentativa de Heliodoro demonstra, de fato, como Deus protege o Templo se o povo permanece fiel à visão é a primeira das manifestações (*efipáneia*) que ilustram a intervenção divina nas histórias humanas.

Narrando a helenização de Jerusalém, o autor releva que Israel e os seus líderes tinham esquecido o pacto e transgredido as leis (cf. 4,7.11-15.25.34.39.50; 5,6); essa foi a causa das desordens e das catástrofes que em seguida acometeram a nação. Antíoco IV é, portanto, o executor de um juízo divino (5,17-18). Contudo, esse juízo teológico faz emergir um paradoxo quando se narra a conduta dos mártires (6,18–7,42): a perseguição é a punição pelos pecados de Israel (7,18), todavia, esses mártires são entregues à morte exatamente por terem se negado a ceder ao pecado (cf. 6,27.30; 7,2.9.11.23.37). A obediência dos mártires à Torá e as orações de Judas e dos seus companheiros (8,2-4) representam na narrativa a condição para a transformação dos destinos de Israel: os irmão e a mão declaram que Deus novamente terá misericórdia do seu povo e a invocação de Judas vai também no mesmo sentido.

De fato, em seguida, Deus vai ao encontro do povo, primeiramente golpeando o perseguidor (cap. 9) e depois consentido a purificação do Templo, conservando-o puro mesmo durante o assalto de Nicanor. Ao final, portanto, a bênção divina retorna sobre Israel e o santuário está em segurança.

> Um tema relevante do livro é o da morte exemplar, testemunho e declaração de uma escolha de vida e de um pertencimento. Aqueles que [...] enfrentam uma vida dolorosa e ainda assim não renunciam à observância da Lei se tornam modelo de comportamento. O tema da "morte nobre" também é atestado, de modo variado, na cultura greco-romana: basta recordar a morte de Sócrates, mas também, num período sucessivo, nos *exempla* propostos por Sêneca. A noção foi retomada em âmbito cristão onde deu lugar a uma

verdadeira literatura de martirológio. No mundo hebraico, mais do que de "martírio", inclusive no sentido técnico de "testemunho", os desenvolvimentos do discurso se moveram no sentido da "santificação do nome". A literatura sucessiva com frequência considerou as vítimas das perseguições como herdeiros dos profetas ou, ao contrário, dentro de um discurso sobre a função expiatória do justo que sofre[335].

A sorte dos justos encontra no livro ainda uma consideração que centraliza a retribuição divina: Deus resgatará esses mortos violentados e injustiçados ressuscitando os seus fiéis. Os irmãos (cap. 7) são julgados e condenados porque violaram a ordem do rei, mas a sua desobediência civil é motivada pela obediência da Lei divina.

Na ressurreição a sua desobediência da Lei do rei será justificada no tribunal divino, pois obedeceram à Lei do "rei do universo" (7,9). A sua será uma ressurreição corpórea (7,10-11), um remédio apropriado à tortura física que agora devem sofrer. Deus curará aquilo que Antíoco feriu [...]. Deus re-criará aquilo que criara – não obstante a tentativa de Antíoco de destruí-lo (7,22-23.28-29; cf. 14,37-46). As considerações sobre a ressurreição nesse relato têm suas raízes na teologia do Segundo Isaías. O tema do sofrimento e da justificação se liga a uma interpretação tradicional de Is 52–53. A arrogância e a punição de Antíoco, descritas em 2Mc 9 sobre o modelo de Is 14 [...], retomam a mesma tradição [...]. A mãe representa a Mãe de Sião do Segundo Isaías, a qual espera o retorno dos seus filhos dispersos [...], e o seu modo de falar reflete a interpretação do Segundo Isaías em Br 4,17-29. A descrição da ressurreição como nova criação tem suas raízes na teologia da criação e da redenção do Segundo Isaías (Is 43,1-2.6-7; 44,1-2;46,3-4). O anúncio profético do exílio é de certo modo interpretado aqui com libertação e justificação, não obstante a morte[336].

---

335. CALABI, F. *Storia del pensiero giudaico ellenistico*. Op. cit., p. 142-143.

336. NICKELSBURG, G.W.E. *Jewish Literature between the Bible and the Mishnah*. Op. cit., p. 108-109.

Biografia comentada

Questões introdutórias gerais

Referências indispensáveis para o estudo são as introduções a todo o Antigo Testamento, nas partes dedicadas aos Livros Históricos. Em particular, preserva o seu valor para a consideração da literatura na perspectiva da história das fontes, a obra de O. Eissfeldt, assim como a de R. Rendtorff pela história das tradições. Uma maior atenção à análise narrativa e sócio-histórica prestam, por sua vez, as obras organizadas por E. Zenger e por T. Römer, J.D. Macchi e C. Niham. Particular atenção aos gêneros literários e aos ambientes sociais que estão nas origens dos livros bíblicos é apresentada, ao contrário, na obra de A. Rofé.

EISSFELDT, O. *Introduzione all'Antico Testamento*. Vols. I-IV. Bréscia: Paideia, 1970-1984 [3. ed. alemã: 1964].

RENDTORFF, R. *Introduzione all'Antico Testamento* – Storia, vita sociale e letteratura d'Israele in epoca biblica. Turim: Claudiana, 2013 [3. ed. alemã: 1988].

ROFÉ, A. *Introduzione alla letteratura della Bibbia ebraica*. Vol. I: Pentateuco e libri storici. Bréscia: Paideia 2011 [orig. hebraico/inglês: 2004] [Introduzione allo studio della Bibbia – Supplementi, 48].

RÖMER, T.; MACCHI, D. & NIHAN, C. (orgs.). *Guida di lettura all'Antico Testamento*. Bolonha: EDB, 2007 [orig. francês: 2004] [Lettura Pastorale della Bibbia].

SOGGIN, J.A. *Introduzione all'Antico Testamento*: dalle origini alla chiusura del canone alessandrino. 4. ed. Bréscia: Paideia, 2000 [Biblioteca di cultura religiosa].

ZENGER, E. (org.). *Introduzione all'Antico Testamento*. 2. ed. Bréscia: Queriniana, 2013 [orig. alemão: 2012].

Entre os tratados específicos sobre os Livros Históricos em língua italiana se destaca:

SÁNCHEZ CARO, J.M. (org.). *Storia, narrativa, apocalittica*. Bréscia: Paideia, 2003 [orig. espanhol: 2000] [Introduzione allo studio della Bibbia 3/2].

Menos ampla, mas bem documentada e de impostação mais didática:

BORGONOVO, G. (org.). *Torah e storiografie dell'Antico Testamento*. Leumann: Elledici, 2012 [Logos: corso di studi biblici, 2].

CORTESE, E. *Le tradizioni storiche d'Israele* – Da Mosè a Esdra. 2. ed. Bolonha: EDB, 2001.

MERLO, P. & SETTEMBRINI, M. *Il senso della storia* – Introduzione ai Libri storici. Cinisello Balsamo: San Paolo, 2014.

PINTO, S. *Io sono un Dio geloso* – Manuale sul Pentateuco e i libri storici. Introduzione ed esegesi. Roma: Borla, 2010 [Nuove vie dell'esegesi].

TÁBET, M. *Introduzione al Pentateuco e ai libri storici dell'Antico Testamento*. Roma: Edizioni Università della Santa Croce, 2000 [Sussidi di teologia].

Uma exposição detalhada sobre as características estruturais e estilísticas dos diversos tipos de narração presentes no Antigo Testamento é oferecida em:

SEYBOLD, K. *Poetica degli scritti narrativi nell'Antico Testamento*. Bréscia: Paideia 2010 [orig. alemão: 2006]. [Introduzione allo studio della Bibbia – Supplementi, 44].

Entre as recentes publicações em língua inglesa, documentado e esclarecedor é:

MCKENZIE, S.L. *Introduction to the Historical Books* – Strategies for Reading. Grand Rapids/Cambridge: Eerdmans, 2010.

Sobre a análise narrativa, entre as numerosas contribuições se distinguem as apresentações metodológicas de J.L. Ska e de D. Marguerat; Y. Bourquin, assim como as coleções de estudos específicos de L. Alonso Schökel. A obra de R. Alter continua sendo um ponto de referência sobre o tema.

ALONSO SCHÖKEL, L. *L'arte di raccontare la storia* – Storiografia e poetica narrativa nella Bibbia. Roma/Cinisello Balsamo: GBP/San Paolo, 2013 [Lectio].

ALTER, R. *L'arte della narrativa biblica*. Bréscia: Queriniana, 1990 [orig. inglês: 1981] [Biblioteca biblica].

MARGUERAT, D. & BOURQUIN, Y. *Per leggere i racconti biblici* – La Bibbia si racconta. Iniziazione all'analisi narrativa. Roma: Borla, 2011 [orig. francês: 2009].

SKA, J.-L. *"I nostri padri ci hanno raccontato"* – Introduzione all'analisi dei racconti dell'Antico Testamento. Bolonha: EDB, 2012 [orig. inglês: 1990].

SONNET, J.P. *L'alleanza della lettura* – Questioni di poetica narrativa nella Bibbia ebraica. Roma/Cinisello Balsamo: GBP/San Paolo, 2011 [Lectio].

O confronto com as composições de caráter histórico do antigo Oriente Próximo e com o mundo grego e helenístico é oferecido de forma sistemática por J. Van

Seters; em língua italiana, não há uma tratativa sistemática disponível; um resumo já antigo é oferecido por H. Cancik. Dois estudos em inglês oferecem uma perspectiva mais atualizada: M. Van de Mieroop que mostra a contribuição da literatura cuneiforme para a pesquisa histórica e S.B. Parker que evidencia como as inscrições semíticas contribuem para a inteligência dos textos narrativos do Antigo Testamento:

CANCIK, H. *Verità mitica e verità storica* – Interpretazioni di testi storiografici ittiti, biblici e greci. Bréscia: Paideia 2004 [orig. alemão: 1970] [Studi biblici,141].

MOMIGLIANO, A. *Le radici classiche della storiografia moderna*. Florença: Sansoni, 1992.

PARKER, S.B. *Stories in Scripture and Inscriptions* – Comparative Studies on Narratives in Northwest Semitic Inscriptions and the Hebrew Bible. Oxford: Oxford University Press, 1997.

VAN SETERS, J. *In Search of History* – Historiography in the Ancient World and the Origins of Biblical Historiography. Winona Lake: Eisenbrauns, 1997 [reimpressão da edição original: New Haven, 1983].

VAN DE MIEROOP, M. *Cuneiform Texts and the Writing of History*. Londres/Nova York: Routledge, 1999 [Approaching the Ancient World].

No debate sobre a possibilidade de reconstruir os acontecimentos históricos de Israel e sobre o valor histórico das narrações bíblicas se destaca, em língua italiana, a contribuição de M. Liverani. Trata-se de uma perspectiva moderadamente crítica, que leva em consideração as fontes extrabíblicas. As contribuições de I. Finkelstein, por sua vez, se referem à comparação entre narrativa bíblica e dados arqueológicos: se trata de um olhar competente, mas que representa uma voz no debate atual, como mostra a obra editada por B.B. Schmidt.

LIVERANI, M. *Oltre La Bibbia* – Storia Antica d'Israele. Roma/Bari: Laterza, 2003 [trad. bras.: *Para além da Bíblia*: História antiga de Israel. São Paulo: Paulus/ Loyola, 2008].

FINKELSTEIN, I. *Il regno dimenticato* – Israele e le origini nascoste della Bibbia. Roma: Carocci, 2014 [orig. francês: 2013].

FINKELSTEIN, I. & SILBERMAN, N.A. *Le tracce di Mosè* – La Bibbia tra storia e mito. Roma: Carocci, 2011 [orig. inglês: 2001] [Saggi, 14] [1ª trad. bras., sob o título *A Bíblia não tinha razão*, pela extinta Editora Girafa; atualmente retraduzido como: *A Bíblia desenterrada*. Petrópolis: Vozes, 2018].

FINKELSTEIN, I. & MAZAR, A. *The Quest for the Historical Israel* – Debating Archaeology and the History of Early Israel. Atlanta: SBL, 2007 [Archaeology and Biblical Studies, 17].

MAZZINGHI, L. *Storia d'Israele dalle origini al periodo romano*. Bolonha: EDB, 2007 [Studi biblici, 56].

SOGGIN, J.A. *Storia d'Israele* – Introduzione alla storia d'Israele e Giuda dalle origini alla rivolta di Bar Kochbà. Bréscia: Paideia, 2002 [Biblioteca di cultura religiosa].

Dos Profetas Anteriores à história deuteronomista

Sobre a chamada história deuteronomista, resumos úteis são expostos nas introduções sinalizadas anteriormente. Os estudos sobre o tema se encerraram; além da síntese basilar de M. Noth (nunca traduzido para o italiano), se destaca particularmente as recentes propostas de T. Römer e de R.G. Kratz e algumas coleções que oferecem o espectro do debate (a bibliografia italiana infelizmente é escassa).

BARBAGLIA, S. (org.). *Deuteronomismo e sapienza* – La riscrittura dell'identità culturale e religiosa d'Israele. Atti del XII convegno di studi veterotestamentari, Napoli 10-12 settembre 2001. Bolonha: EDB, 2003 [Ricerche Storico-Bibliche, 1].

DOZEMAN, T.; RÖMER, T. & SCHMID, K. (orgs.). *Pentateuch, Hexateuch, or Enneateuch?* Identifying Literary Works in Genesis through Kings. Atlanta: SBL, 2011 [Society of Biblical Literature – Ancient Israel and its Literature, 8].

KRATZ, R.G. *Die Komposition der erzählenden Bücher des Alten Testaments* – Grundwissen der Bibelkritik. Göttingen: Vandenhoeck & Ruprecht, 2000 [Uni-Taschenbücher, 2.157].

NOTH, M. *Überlieferungsgeschichtliche Studien* – Die sammelnden und bearbeitenden Geschichtswerke im Alten Testament. 3. ed. Tübingen: M. Niemeyer, 1967 [1. ed. 1943].

DE PURY, A.; RÖMER, T. & MACCHI, J.-D. (orgs.). *Israël construit son histoire* – L'historiographie deutéronomiste à la lumière des recherches récentes. Genebra: Labor et Fides, 1996 [Le Monde de la Bible, 32].

RÖMER, T. *Dal Deuteronomio ai libri dei Re* – Introduzione storica, letteraria e teologica. Turim: Claudiana, 2007 [orig. inglês: 2005] [Strumenti].

SMEND, R. *La formazione dell'Antico Testamento*. Bréscia: Paideia, 1993 [orig. alemão: 1989] [Letture bibliche].

Josué

Tradução interlinear para o italiano
REGGI, R. *Giosuè, Giudici*. Bolonha: EDB, 2007.

Comentários

Os comentários de D. Baldi e H.W. Hertzberg seguem a clássica abordagem de crítica literária e histórica; os de R.S. Hess leem a obra em chave histórica com evidente tendência concordista, mesmo sendo bastante documentados. Os comentários de F. Cocco, J.F.D. Creach, M. Navarro e J.A. Grindel estão atentos à dimensão teológica e existencial da obra. Profundo e em diálogo com as atuais tendências interpretativas – históricas e literárias – é o comentário de J.L. Sicre Diaz. O comentário de F. Dalla Vecchia inclui o texto hebraico e a tradução.

BALDI, D. *Giosuè*. Turim: Marietti, 1952 [La Sacra Bibbia].

COCCO, F. *Giosuè e Giudici*. Pádua: Messaggero, 2014 [Dabar – Logos – Parola].

CREACH, J.F.D. *Giosuè* Turim: Claudiana, 2012 [orig. inglês: 2003] [Strumenti].

DALLA VECCHIA, F. *Giosuè* – Introduzione, traduzione e commento. Cinisello Balsamo: San Paolo, 2010 [Nuovissima versione della Bibbia dai testi antichi, 6].

GRINDEL, J.A. *Giosuè – Giudici*. Bréscia: Queriniana, 1994 [orig. inglês: 1985] [Bibbia per tutti, 7].

HERTZBERG, H.W. *Giosuè, Giudici, Rut*. Bréscia: Paideia, 2001 [6. ed. alemã: 1985] [Antico Testamento, 9].

HESS, R.S. *Giosuè*. Chieti/Roma: GBU, 2006 [orig. inglês: 1996).

NAVARRO, M. *I libri di Giosuè, Giudici e Rut*. Roma: Città Nuova, 1994 [Guide spirituali all'Antico Testamento].

SICRE DÍAZ, J.L. *Giosuè*. Roma: Borla, 2004 [orig. espanhol: 2002] [Commenti biblici].

Entre os comentários em língua estrangeira e muito bem-documentados sobre a pesquisa arqueológica está o de V. Fritz; uma leitura original, na esteira de F.M. Cross, é oferecida por R.D. Nelson; atendo-se, no entanto, à dimensão narrativa do livro está L.D. Hawk.

FRITZ, V. *Das Buch Josua*. Tübingen: J.C.B. Mohr/P. Siebeck, 1994 [Handkommentar zum Alten Testament, I/7].

HAWK, L.D. *Joshua*. Collegeville: Liturgical Press, 2000 [Berit Olam].

NELSON, R.D. *Joshua* – A Commentary. Louisville: Westminster John Knox Press, 1997 [Old Testament Library].

Teses

G. Crocetti e A.N.W. Curtis apresentam o livro, ilustrando suas características literárias, históricas e teológicas. P. Kaswalder oferece um guia útil para identificar os topônimos citados no Livro de Josué. J.R. Franke oferece um panorama sobre a exegese patrística. A história da redação do livro é estudada por M.N. van der Meer com base nas documentações textuais.

CROCETTI, G. *Giosuè, Giudici, Rut*. Bréscia: Queriniana, 1987 [Leggere oggi la Bibbia 1.7].

CURTIS, A.N.W. *Joshua*. Sheffield: Sheffield Academic Press, 1994 [Old Testament Guides].

FRANKE, J.R. (org.). *Giosuè, Giudici, Rut, 1–2Samuele*. Roma: Città Nuova, 2007 [orig. inglês: 2005] [La Bibbia commentata dai Padri – AT, 3].

KASWALDER, P.A. *La terra promessa* – Elementi di geografia biblica. Milão: Edizioni Terra Santa, 2010.

RUSSOTTO, M. *Giosuè* – Finalmente la terra, Cinisello Balsamo: San Paolo, 1998.

VAN DERMEER, M.N. *Formation and Reformulation*: The Redaction of the Book of Joshua in the Light of Oldest Textual Witnesses. Leiden: Brill, 2004.

Juízes

Tradução interlinear para o italiano

REGGI, R. *Giosuè, Giudici*. Bolonha: EDB, 2007.

Comentários

Atento à crítica literária é o comentário de H.W. Hertzberg, enquanto G. Rizzi propõe uma leitura atenta dos métodos sincrônicos e admite o livro como substancialmente confiável em nível histórico. Mais atentos à dimensão narrativa e a teológica são J. Clinton McCann e F. Cocco; didáticos e voltados aos leitores que buscam um primeiro estudo são M. Navarro e J.A. Grindel.

CLINTON MCCANN, J. *Giudici*. Turim: Claudiana, 2009 [orig. inglês: 2002] [Strumenti].

COCCO, F. *Giosuè e Giudici*. Pádua: Messaggero, 2014 [Dabar – Logos – Parola].

GRINDEL, J.A. *Giosuè – Giudici*. Bréscia: Queriniana, 1994 [orig. inglês: 1985] [Bibbia per Tutti, 7].

HERTZBERG, H.W. *Giosuè, Giudici, Rut*. Bréscia: Paideia, 2001 [6. ed. alemã: 1985] [Antico Testamento, 9].

NAVARRO, M. *I libri di Giosuè, Giudici e Rut*. Roma: Città Nuova, 1994 [Guide spirituali all'Antico Testamento].

RIZZI, G. *Giudici*. Milão: Paoline, 2012 [I libri biblici – Primo Testamento, 7].

Os comentários de R.G. Boling e J.A. Soggin seguem uma impostação clássica, atenta à perspectiva filológica e histórica. V.H. Matthews se concentra sobre a crítica retórica e social, ilustrando o pano de fundo social e literário do livro.

BOLING, R.G. *Judges* – A New Translation with Introduction and Commentary. Garden City: Doubleday, 1975 [Anchor Bible, 6A].

MATTHEWS, V.H. *Judges & Ruth*. Cambridge: Cambridge University Press, 2004 [New Cambridge Bible Commentary].

SOGGIN, J.A. *Judges* – A commentary. Londres: SCM, 1981 [Old Testament Library].

Teses

G. Crocetti apresenta as problemáticas literárias e teológicas do livro. Ao hipotético "Livro dos Libertadores" W. Richter dedica a sua pesquisa, considerando-o o núcleo do qual partiu a história literária do Livro dos Juízes. Atenta às figuras femininas que atravessam a história narrada no livro, S. Ackerman ilustra a sua relevância e seu papel, através do confronto com as tradições religiosas do mundo antigo. J.R. Franke oferece um panorama sobre a exegese patrística.

ACKERMAN, S. *Warrior, Dancer, Seductress, Queen* – Women in Judges and Biblical Israel. Garden City: Doubleday, 1998 [Anchor Bible Reference Library].

CROCETTI, G. *Giosuè, Giudici, Rut*. Bréscia: Queriniana, 1987 [Leggere oggi la Bibbia 1.7].

FRANKE, J.R. (org.). *Giosuè, Giudici, Rut, 1–2Samuele*. Roma: Città Nuova, 2007 [orig. inglês: 2005] [La Bibbia commentata dai Padri – AT, 3].

RICHTER, W. *Die Bearbeitungen des "Retterbuches" in der deuteronomischen Epoche*. Bonn: P. Hanstein, 1964 [Bonner biblische Beiträge, 21].

Rute

Tradução interlinear para o italiano

REGGI, R. *Megillot. Rut, Cantico dei cantici, Qoèlet, Lamentazioni, Ester*. Bolonha: EDB, 2006.

Comentários

J. Vílchez Líndez e D. Scaiola ilustram, com amplo aparato informativo, a qualidade literária e a profundidade teológica do relato; em particular D. Scaiola sublinha a integridade do livro, inclusive da genealogia. C. D'Angelo amplia a pesquisa para a tradição hebraica sucessiva sobre Rute que chega a ver nela o modelo do prosélito e do crente israelita em geral. Didático e voltado para leitores que procuram uma primeira aproximação é J. Fischer.

D'ANGELO, C. *Il Libro di Rut* – La forza delle donne. Bolonha: EDB, 2004 [Collana biblica].

FISCHER, J. *Cantico dei cantici, Rut, Lamentazioni, Qoelet, Ester.* Bréscia: Queriniana, 1997 [orig. inglês: 1985] [Bibbia per Tutti, 24].

HERTZBERG, H.W. *Giosuè, Giudici, Rut.* Bréscia: Paideia, 2001 [6. ed. orig. alemã: 1985] [Antico Testamento, 9].

PENNA, A. *Giudici e Rut.* Turim: Marietti, 1963 [La Sacra Bibbia].

VÍLCHEZ LÍNDEZ, J. *Rut ed Ester.* Roma: Borla, 2004 [orig. espanhol: 1998] [Commenti biblici].

SCAIOLA, D. *Rut.* Milão: Paoline, 2009 [I libri biblici – Primo Testamento, 23].

Entre os comentários em língua estrangeira, o de E.F. Campbell é um representante da tendência que assegura uma datação tardia para a obra, compreendendo-a como uma novela histórica; a comparação com os costumes sociais da época monárquica representa a base das propostas interpretativas. Um esquema expositivo tradicional é seguido por K. Nielsen; mas, focalizando a atenção na intertextualidade (em particular a história de Judas e Tamar), mostra a coerência da narrativa à luz também de uma pontual análise da estrutura, das repetições dos temas principais; também ela é favorável a admissão de uma datação em época monárquica. Inovador é o comentário de I. Fischer que data o livro em época pós-exílica e o lê como *literatura exegética*, acolhendo-o na sua integralidade, inclusive com a genealogia final.

CAMPBELL, E.F. *Ruth* – A New Translation and Commentary. Garden City: Doubleday, 1975 [Anchor Bible, 7].

FISCHER, I. *Rut.* Friburgo/Basileia/Viena: Herder, 2001 [Herders Theologischer Kommentar zum Alten Testament, 8].

NIELSEN, K. *Ruth* – A Commentary. Louisville: Westminster John Knox Press, 1997 [Old Testament Library].

Teses

Uma leitura feminista do livro é proposta nos ensaios organizados por A. Brenner, enquanto naqueles reunidos por J. Riaud se apresenta um debate no qual se coloca também o Livro de Rute, sobre a relação com os estrangeiros na tradição bíblica. A. Wénin, por sua vez, apresenta uma abordagem narrativa ao relato.

BRENNER, A. (org.). *Ruth and Esther.* Sheffield: Sheffield Academic Press, 1999 [The Feminist Companion to the Bible, 3].

RIAUD, J. (org.). *L'étranger dans la Bible et ses lectures.* Paris: Cerf, 2007 [Lectio Divina, 213].

WÉNIN, A. *Le livre de Ruth* – Une approche narrative. Paris: Cerf, 1998 [Cahiers Évangile, 104].

1–2Samuel

Tradução interlinear para o italiano
REGGI, R. *Samuele.* Bolonha: EDB, 2011.

Comentários

G. Boccali, G. Bressan e H.W. Hertzberg, embora documentados e profundos, mostram uma excessiva concentração sobre a crítica literária. Os outros comentários são mais atentos à discussão narrativa; particularmente W. Brueggemann une intuição teológica de grande respeito. J.R. Franke oferece um panorama sobre a exegese patrística.

BOCCALI, G. *I libri di Samuele* – Versione, introduzione e note. Cinisello Balsamo: Paoline, 1972 [Nuovissima versione della Bibbia dai testi originali, 8].

BOWES, P. *I libri di Samuele.* Bréscia: Queriniana, 1995 [orig. inglês: 1985] [Bibbia per Tutti, 8].

BRESSAN, G. *Samuele.* Turim: Marietti, 1954 [La Sacra Bibbia].

BRUEGGEMANN, W. *I e II Samuele.* Turim: Claudiana, 2005 [orig. inglês: 1990] [Strumenti].

FRANKE, J.R. (org.). *Giosuè, Giudici, Rut, 1–2Samuele.* Roma: Città Nuova, 2007 [orig. inglês: 2005] [La Bibbia commentata dai Padri – AT, 3].

HERTZBERG, H.W. *I libri di Samuele.* Bréscia: Paideia, 2003 (7. ed. alemã: 1986) [Antico Testamento, 10].

MAZZINGHI, L. *1-2Samuele.* Pádua: Messaggero, 2006 [Dabar – Logos – Parola].

SICRE DÍAZ, J.L. *Il primo libro di Samuele.* Roma: Città Nuova, 1997 [Guide spirituali all'Antico Testamento].

TÁBET, M. *Il secondo libro di Samuele.* Roma: Città Nuova, 2002 [Guide spirituali all'Antico Testamento].

Nos comentários em língua estrangeira, uma perspectiva histórico-crítica guia a obra de Caquot-Robert assim como as de P.K. McCarter. Sobre a arte narrativa do livro se concentram R. Alter e D. Jobling com importantes intuições.

JOBLING, D. *1Samuel.* Collegeville: Liturgical Press, 1998 [Berit Olam].

ALTER, R. *David Story* – A Translation with Commentary of 1 and 2Samuel. Nova York/Londres: W.W. Norton, 1999.

CAQUOT, A. & PHILIPPE, R. *Les livres de Samuel.* Genebra: Labor et Fides, 1994 [Commentaire de l'Ancien Testament, 6].

MCCARTER JR., P.K. *I Samuel* – A New Translation with Introduction and Commentary. Garden City: Doubleday, 1979 [Anchor Bible, 8].

_____. *II Samuel* – A New Translation with Introduction and Commentary. Garden City: Doubleday, 1984 [Anchor Bible, 9].

Teses

O livro de C. Conroy aplica a abordagem narrativa à história da ascensão de Davi ao trono, uma metodologia acompanhada também por J.P. Fokkelman e D.M. Gunn. Também B. Costacurta seguiu essa abordagem, com uma destacada atenção à mensagem que a narração propõe ao leitor. O estudo de B. Halpern tem, ao contrário, a finalidade de encontrar a figura histórica do Rei Davi, no centro da narrativa. R. Gelio estuda o texto do ingresso do Rei Davi em Jerusalém e elabora uma história ao redor da qual se constitui uma trama teológica.

CONROY, C. *Absalom! Absalom!* Narrative and Language in 2Sam 13–20. Roma: Biblical Institute Press, 1978 [Analecta Biblica, 81].

COSTACURTA, B. *Con la cetra e con la fionda* – L'ascesa di Davide verso il trono. 3. ed. Bolonha: EDB, 2003 [Studi biblici, 42].

_____. *Lo scettro e la spada* – Davide diventa re (2Sam 2–12). Bolonha: EDB, 2006 [Studi biblici, 53].

FOKKELMAN, J.P. *Narrative Art and Poetry in the Books of Samuel*: A Full Interpretation Based on Stylistic and Structural Analysis. Vols. I-IV. Assen: Van Gorcum, 1981-1993 [Studia Semitica Neerlandica, 20].

GELIO, R. *L'ingresso di Davide in Gerusalemme capitale* – Studio letterario, storico e teologico su II Sam 5,6-8; 6,1-23. Cinisello Balsamo: San Paolo, 1997 [Studi sulla Bibbia e il suo ambiente, 3].

GUNN, D.M. *The Story of King David* – Genre and Interpretation. Sheffield: JSOT Press, 1978 [Journal for the Study of the Old Testament Supplement Series, 6].

_____. *The Fate of King Saul* – An Interpretation of a Biblical Story. Sheffield: JSOT Press, 1980 [Journal for the Study of the Old Testament Supplement Series, 14].

HALPERN, B. *I demoni segreti di Davide* – Messia, Assassino, traditore, re. Bréscia: Paideia 2003 [orig. inglês: 2001] [Introduzione allo studio della Bibbia – Supplementi, 19].

1–2Reis

Tradução interlinear para o italiano
REGGI, R. *Re*. Bolonha: EDB, 2012.

Comentários

Em língua italiana são raros os comentários aos livros dos *Reis*. M. Nobile oferece um comentário de grande espessura, atento às discussões recentes sobre as problemáticas textuais, históricas e literárias. Destinado a um público menos especializado, mas bem informado sobre questões históricas e literárias é C. Balzaretti. Voltado a quem afronta sozinho e pela primeira vez o texto bíblico é A. Laffey.

BALZARETTI, C. *I libri dei Re*. Roma: Città Nuova, 2002 [Guide spirituali all'Antico Testamento].

LAFFEY, A. *I libri dei Re*. Bréscia: Queriniana 1995 [Bibbia per Tutti, 9].

NOBILE, M. *1-2 Re* – Nuova versione, introduzione e commento. Milão: Paoline, 2010 [I libri biblici – Primo Testamento, 9].

Entre os comentários em língua estrangeira, os de M. Cogan; H. Tadmor preferem as problemáticas filológica e históricas, enquanto os de R.L. Cohn e J.T. Walsh são atentos à dimensão narrativa dos livros. Uma interessante mediação é oferecida pelo comentário de M.A. Sweeney que se concentra não só sobre as problemáticas históricas, mas também sobre as estratégias narrativas empregadas nos livros.

BUIS, P. *Le livre des Rois*. Paris: Gabalda, 1997 [Sources Bibliques].

COGAN, M. & TADMOR, H. *I Kings* – A New Translation with Introduction and Commentary. Garden City: Doubleday, 2001 [Anchor Bible, 10].

_____. *II Kings* – A New Translation with Introduction and Commentary. Garden City: Doubleday, 1988 [Anchor Bible, 11].

COHN, R.L. *2 Kings* (Berit Olam). Collegeville: Liturgical Press, 2000.

SWEENEY, M.A. *I & II Kings* – A Commentary. Louisville: Westminster John Knox Press, 2007 [Old Testament Library].

WALSH, J.T. *1 Kings*. Collegeville: Liturgical Press, 1996 [Berit Olam].

Teses

W. Brueggemann apresenta uma leitura temática do Primeiro Livro dos Reis, enquanto A. Shenker (um dos editores da *Bíblia Hebraica Quinta*) ilustra a relação entre o texto hebraico e o texto grego, à luz da documentação textual mais recente. Sobre os relatos proféticos contidos nos livros, se encontram, por sua vez, os autores: A. Rofé apresenta com maestria e completeza os gêneros literários utilizados nas narrações sobre os profetas Elias e Eliseu e os confronta com análogas composições bíblicas; O. Carena utiliza uma abordagem original para ilustrar os relatos proféticos; M. Masson se concentra, ao contrário, sobre a experiência de Deus feita pelos profetas, que assumem traços místicos.

BRUEGGEMANN, W. *Il primo libro dei Re* – Guida alla lettura. Turim: Claudiana, 1993 [orig. inglês: 1982] [Parola per l'uomo d'oggi, 10].

CARENA, O. *La comunicazione non-verbale nella Bibbia* – Un approccio semiotico al ciclo di Elia ed Eliseo: 1 Re 16,29–2 Re 13,25. Turim: Marietti, 1981 [Collana biblica].

MASSON, M. *Elia l'appello del silenzio.* Bolonha: EDB, 1993 [orig. francês: 1992] [Lettura pastorale della Bibbia].

ROFÉ, A. *Storie di profeti* – La narrativa sui profeti nella Bibbia ebraica: generi letterari e storia. Bréscia: Paideia, 1991 [orig. inglês: 1988] [Biblioteca di storia e storiografia dei tempi biblici].

SCHENKER, A. *Septante et Texte Massorétique dans l'histoire la plus ancienne du texte de 1Rois 2–14.* Paris: Gabalda, 2000 [Les cahiers de la Revue biblique, 48].

A obra cronista

L. Zunz está nas origens da discussão sobre a unidade autoral dos livros de Crônicas-Esdras-Neemias. A sua tese foi contraposta com argumentos literários e teológicos por S. Japhet e H.G.M. Williamson e atualmente é pouco seguida. Uma boa apresentação do período histórico ao qual remonta a composição dos livros bíblicos em questão se encontra em L.L. Grabbe.

GRABBE, L.L. (org.). *Did Moses Speak Attic?* Jewish Historiography and Scripture in the Hellenistic Period. Sheffield: Sheffield Academic Press, 2001 [Journal for the Study of the Old Testament – Supplement Series, 317].

JAPHET, S. *The Ideology of the Book of Chronicles and Its Place in Biblical Thought.* Berna/Frankfurt am Main/Nova York: Peter Lang, 1997 [Beiträge zur Erforschung des Alten Testaments und des Antiken Judentums, 9].

WILLIAMSON, H.G.M. *Israel in the Books of Chronicles.* Cambridge: Cambridge University Press, 1977.

ZUNZ, L. *Die gottesdienstlichen Vorträge der Juden historisch entwickelt.* Berlim: Asher, 1832.

1–2Crônicas

Tradução interlinear para o italiano

REGGI, R. *Cronache.* Bolonha: EDB, 2013.

Comentários

No estilo da colação na qual se insere, o comentário de C. Balzaretti analisa somente as páginas fundamentais dos dois livros. M. Selman examina as mais recentes interpretações: elementos centrais da obra são, segundo ele, a monarquia e a Templo e o escopo principal do Cronista é oferecer uma interpretação da Escritura para demonstrar que as promessas feitas a Davi ainda vigoravam para os seus leitores. Obra densa e profunda, o comentário de T. Lorenzin considera 1–2Crônicas uma "história artística", escrita por um literato refinado no período sucessivo às guerras macabaicas; em nível textual Lorenzin valoriza o Texto Massorético e considera a obra fruto do trabalho de escribas que, utilizando os métodos hermenêuticos dos quais em seguida se apropriarão os rabinos, atualizam as antigas escrituras na modalidade da "reescritura da Bílbia".

BALZARETTI, C. *I libri delle Cronache*. Roma: Città Nuova, 2001 [Guide spirituali all'Antico Testamento].

LAFFEY, A. *I Libri delle Cronache*. Bréscia: Queriniana, 1995 [orig. inglês: 1985] [Bibbia per tutti, 10].

LORENZIN, T. *1-2Cronache* – Nuova versione, introduzione e commento. Milão: Paoline, 2011 [I libri biblici – Primo Testamento, 30].

RANDELLINI, L. *Il libro delle Cronache*. Turim: Marietti, 1966 [La Sacra Bibbia].

SELMAN, M. *I Cronache*. Chieti/Roma: GBU, 2004 [orig. inglês: 1994].

O comentário de S. Japhet é de grande valor, inclusive pela contribuição dada pela autora à distinção de Crônicas e Esdras-Neemias, consideradas por ela obras diferentes e com diferentes autores. Tende para a unidade de composição de 1–2Crônicas, mesmo que não excluindo acréscimos; presta particular atenção às fontes utilizadas pelo Cronista; o livro foi composto por volta do final da época persa ou dos inícios da helenista e tem as características de uma "história". G.N. Knoppers apresenta uma tradução baseada sobre textos por ele reconstruídos à luz da documentação de Qumran e dos estudos recentes; grande atenção é colocada, portanto, sobre a reconstrução do significado originário do texto. R.W. Klein atenta à forma final do texto, que compreende como composto na primeira metade do século IV a.C.; considera 1–2Crônicas uma obra histórica e teológica; muito aprofundadas são suas notas críticas textuais.

JAPHET, S. *I & II Chronicles* – A Commentary. Londres: SCM, 1993 [Old Testament Library] [uma versão abreviada e atualizada em JAPHET, S. *1 Chronik*. Friburgo/Basileia/Viena: Herder, 2002 [Herders Theologischer Kommentar zum Alten Testament]; JAPHET, S. *2 Chronik*. Friburgo/Basileia/Viena: Herder, 2003 [Herders Theologischer Kommentar zum Alten Testament].

KNOPPERS, G.N. *I Chronicles 1-9* – A New Translation with Introduction and Commentary. Nova York/Londres/Toronto/Sydney/Auckland: Doubleday, 2004 [Anchor Bible, 12].

_____. *I Chronicles 10–29* – A New Translation with Introduction and Commentary. New Haven/Londres: Yale University Press, 2004 [Anchor Bible, 12A].

KLEIN, R.W. *1 Chronicles* – A Commentary. Minneapolis: Fortress, 2006 [Hermeneia].

Teses

Uma lúcida apresentação da composição e das problemáticas histórico-literárias é oferecida por R. Cavedo. Sobre a situação religiosa refletida no livro, um bom guia é R. Albertz. I. Kalimi, ao contrário, mostra que o Cronista é um autor refinado, que sabe gerir suas fontes e demonstra notável habilidade literária; convida sobretudo a não considerar Crônicas uma espécie de parente pobre dos livros dos Reis: Crônicas é, ao contrário, uma fonte importante para a história das ideias e do pensamento do período pós-exílico e deve ser considerado um produto literário original. S.J. Schweitzer vê em Crônicas uma expressão da literatura utopistas.

ALBERTZ, R. *Storia della religione nell'Israele antico.* Vol. 2: Dall'esilio ai Maccabei. Bréscia: Paideia, 2005 [orig. alemão: 1997] [Introduzione allo studio della Bibbia – Supplementi, 24].

CAVEDO, R. *1-2Cronache. Esdra e Neemia.* Bréscia: Queriniana, 1991 [Leggere oggi la Bibbia 1.9-10].

KALIMI, I. *The Reshaping of Ancient Israelite History in Chronicles.* Winona Lake: Eisenbrauns, 2005.

SCHWEITZER, S.J. *Reading Utopia in Chronicles.* Nova York/Londres: T & T. Clark, 2007 [Library of Hebrew Bible – Old Testament Studies, 442].

Esdras e Neemias

Tradução interlinear para o italiano

REGGI, R. *Esdra Neemia.* Bolonha: EDB, 2012.

Comentários

Depois do de B.M. Pelaia, o comentário em língua italiana de certa densidade é o de C. Balzaretti, que leva em consideração o debate empreendido depois dos anos de 1970 e é atento, além das questões históricas, também às problemáticas literárias. O comentário de R. Burns tem uma abordagem literária e teológica às várias unidades e é destinado a quem se aproxima pela primeira vez ao texto bíblico. Rica em referências e atento às problemáticas históricas é a obra de F. Bianchi.

PELAIA, B.M. *Esdra e Neemia.* Turim: Marietti, 1960 [La Sacra Bibbia].

BALZARETTI, C. *Esdra-Neemia* – Nuova versione, introduzione e commento. Milão: Paoline, 1999 [I libri biblici – Primo Testamento, 23].

BIANCHI, F. *Esdra – Neemia. Introduzione, traduzione e commento.* Cinisello Balsamo: San Paolo, 2011 [Nuovissima versione della Bibbia dai testi antichi, 6].

BURNS, R. *Esdra e Neemia.* Bréscia: Queriniana 1995 [orig. inglês: 1985] [Bibbia per Tutti, 11].

Entre os comentários em língua estrangeira, se destacam os dois que melhor refletem as avaliações opostas acerca da origem da obra. O comentário de J. Blenkinsopp sustenta o pertencimento de Esdras-Neemias ao Cronista; o comentário privilegia as questões históricas e oferece uma ampla apresentação da época histórica e da tradição judaica sobre Esdras-Neemias; de certo modo carente em relação a aspectos literários e teológicos. O comentário de H.G.M. Williamson defende, por sua vez, a autonomia de Esdras-Neemias em relação a Crônicas; é rico de notas filológicas, atento aos gêneros literários, à estrutura e ao contexto histórico-social das seções e perícope; cada perícope é concluída por um aprofundamento teológico. O comentário de W. Rudolph é rico do ponto de vista filológico (o autor é também editor do fascículo sobre Esdras-Neemias da BHS) e dedica amplo espaço à relação do livro canônico com 3Esdras (ou Esdras *alpha*).

BLENKINSOPP, J. *Ezra-Nehemiah* – A Commentary. Londres: SCM, 1989 [Old Testament Library].

WILLIAMSON, H.G.M. *Ezra and Nehemiah.* Waco: Word Books, 1985 [Word Biblical Commentary, 16].

RUDOLPH, W. *Esra und Nehemia samt 3. Esra.* Tübingen: Mohr, 1949 [Handkommentar zum Alten Testament, 20].

Uma apresentação completa das problemáticas literárias e históricas de Esd-Ne é oferecida pela importante tese de L.L. Grabbe; sobre esse tema se concentra também D. Garbini, com propostas originais. Sobre o contexto histórico da composição de Esd-Ne ainda útil e estimulante é M. Smith. T.C. Eskenazi representa uma das primeiras tentativas de ler Esd-Ne à luz das atuais ciências da literatura.

ESKENAZI, T.C. *In an Age of Prose* – A Literary Approach to Ezra-Nehemiah. Atlanta: Scholars Press, 1988 [Society of Biblical Literature Monograph Series, 36].

GARBINI, G. *Il ritorno dall'esilio babilonese.* Bréscia: Paideia 2001 [Studi biblici, 129].

GRABBE, L.L. *Ezra-Nehemiah.* Londres/Nova York: Routledge 1998 [Old Testament Readings].

SMITH, M. *Gli uomini del ritorno* – Il Dio unico e la formazione dell'Antico Testamento. Verona: Essedue, 1984 (ed. ingl. 1971).

Sobre a diáspora e a literatura correlata

Sobre o desenvolvimento histórico do período e sobre as correntes teológicas emergentes, oferecem uma ampla documentação P. Sacchi e G. Boccaccini; uma apresentação atenta aos vários contextos nos quais a literatura do período surgiu, é oferecida por J.M.G. Barclay. Sobre a relação entre narração hebraica e gêneros narrativos gregos e romanos se concentra L.M. Wills, mostrando tanto a afinidade quanto a originalidade das obras hebraicas.

BARCLAY, J.M.G. *Diaspora* – I giudei nella diaspora mediterranea da Alessandro a Traiano (323 a.C.-117 d.C.). Bréscia: Paideia, 2004 [orig. inglês: 1996-1998] [Introduzione allo studio della Bibbia – Supplementi, 17].

BOCCACCINI, G. *I giudaismi del Secondo Tempio* – Da Ezechiele a Daniele. Bréscia: Morcelliana, 2008 [Antico e Nuovo Testamento].

SACCHI, P. *Storia del Secondo Tempio* – Israele tra VI secolo a.C. e I secolo d.C. Turim: SEI, 1994 [Storia].

WILLS, L.M. *The Jewish Novel in the Ancient World*. Ithaca/Londres: Cornell University Press, 1995 [Myths and Poetics].

Tobias

Tradução intertextual

REGGI, R. *Giuditta Tobia*. Bolonha: EDB, 2013.

Comentários

Rico de muitos comentários e de análises aprofundadas é G. Priero, embora escrito quando ainda não se dispunha dos documentos do deserto de Judá. Atento às problemáticas textuais, literárias e teológicas é o comentário de J. Vílchez Líndez. M. Zappella oferece uma detalhada análise do texto grego e das caraterísticas literárias do relato; além disso, inclui também o texto e a tradução do grego I (mss. B e A) e da Vulgata. L. Mazzinghi atenta sobretudo à mensagem teológica do relato e inclui uma tradução original acompanhada de notas. B.M. Billot propõe uma leitura espiritual que convida a aprofundar a nossa relação com o mundo para curar as feridas interiores.

BABINI, G. *I libri di Tobia, Giuditta, Ester*. Roma: Città Nuova, 2001 [Guide spirituali all'Antico Testamento].

BILLOT, B.M. *Il cammino di Tobia* – Iniziazione e guarigione. Pádua: Messaggero, 2005 [orig. francês: 2003] [Il pozzo di Giacobbe. Nuova Serie].

CRAGHAN, J. *Ester, Giuditta,Tobia, Giona* Bréscia: Queriniana 1995 [orig. inglês: 1982] [Leggere oggi la Bibbia 1.11].

MAZZINGHI, L. *Tobia: il cammino della coppia*. Magnano: Qiqajon, 2004 [Spiritualità biblica].

NOWELL, I. *I libri di Giona, Tobia, Giuditta*. Bréscia: Queriniana 1997 [orig. inglês: 1985] [Bibbia per tutti, 25].

PRIERO, G. *Tobia*. Turim: Marietti, 1953 [La Sacra Bibbia].

VÍLCHEZ LÍNDEZ, J. *Tobia e Giuditta*. Roma: Borla, 2004 [orig. espanhol: 2000] [Commenti biblici].

VIRGULIN, S. *Tobia*. 3. ed. Roma: Paoline, 1995 [Nuovissima Versione della Bibbia dai testi originali, 17].

ZAPPELLA, M. *Tobit* – Introduzione, traduzione e commento. Cinisello Balsamo: San Paolo, 2010 [Nuova versione della Bibbia dai testi antichi, 30].

O comentário de J.A. Fitzmyer é uma mina de informações sobre a história do texto: oferece uma tradução dos dois textos gregos, integrada pelos fragmentos do livro encontrados nas grutas de Qumran (editados por ele); quase completamente ausente é a atenção aos aspectos literários do livro. Ponto de referência indispensável é o comentário de C.A. Moore para aprofundamento da análise filológica, literária e teológica. R.J. Littman comenta o texto preservado no Códice Sinaítico e se concentra sobre questões filológicas, mostrando também o contato entre o relato e a literatura antiga, incluindo textos bíblicos e obras gregas; a análise teológica é reduzida e com frequência restrita à ligação entre *Tobias* e as concepções deuteronomista. H. Schüngel-Straumann valoriza a dimensão narrativa do livro.

FITZMYER, J.A. *Tobit*. Berlim/Nova York: De Gruyter 2003 [Commentaries on Early Jewish Literature].

LITTMAN, R.J. *Tobit* – The Book of Tobit in Codex Sinaiticus. Leiden/Boston: Brill 2008 [Septuagint Commentary Series].

MOORE, C.A. *Tobit* – A New Translation with Introduction and Commentary. Nova York: Doubleday, 1996 [Anchor Bible, 40A].

SCHÜNGEL-STRAUMANN, H. *Tobit*. Friburgo/Basileia/Viena: Herder 2000 [Herders Theologischer Kommentar zum Alten Testament, 19].

Teses

B. Otzen analisa o conteúdo do livro e as suas fontes, discute o gênero literário e os temas e os motivos emergentes e apresenta a situação textual, além do estatuto canônico. Dois estudos específicos (M. Hallermayer, G. Toloni) se apoiam no comentário de Fitzmyer, tratando o problema do texto original de *Tobias* e a relação entre os testemunhos atuais disponíveis.

HALLERMAYER, M. *Text und Überlieferung des Buches Tobit*. Berlim/Nova York: De Gruyter, 2008 [Deuterocanonical and Cognate Literature Studies, 3].

OTZEN, B. *Tobit and Judith*. Londres/Nova York: Sheffield Academic Press, 2002 [Guides to Apocrypha and Pseudepigrapha].

TOLONI, G. *L'originale del libro di Tobia* – Studio filologicolinguistico. Madri: Instituto de Filología, 2004 [Textos y estudios "Cardenal Cisneros" de la Biblia Poliglota Matritense, 71].

Judite

Tradução interlinear para o italiano
REGGI, R. *Giuditta Tobia*. Bolonha: EDB, 2013.

Comentários

A maior parte dos comentários em língua italiana tem uma finalidade teológico-espiritual, consequentemente não aprofunda questões filológicas ou de crítica Literária; são atentas à perspectiva narrativa, em particular, I. Nowell e D. Scaiola. O comentário de G. Priero, mesmo sendo já antigo, é rico de estímulos e bem comentado; pontual também é o comentário de S. Virgulin. J. Vílchez Líndez é atualmente a apresentação mais completa do livro, do qual ilustra tanto as problemáticas filológicas e históricas quanto a dimensão narrativa.

BABINI, G. *I libri di Tobia, Giuditta, Ester.* Roma: Città Nuova, 2001 [Guide spirituali all'Antico Testamento].

CAVALLETTI, S. *Contro la violenza una donna* – Il libro di Giuditta. Leumann: Elledici, 1983 [Commenti all'Antico Testamento].

CRAGHAN, J. *Ester, Giuditta,Tobia, Giona*. Bréscia: Queriniana 1995 [orig. inglês: 1982] [Leggere oggi la Bibbia 1.11].

NOWELL, I. *I libri di Giona,Tobia, Giuditta* Bréscia: Queriniana 1997 [orig. ingl 1985] [Bibbia per Tutti, 25].

PRIERO, G. *Giuditta*. Turim: Marietti, 1959 [La Sacra Bibbia].

SCAIOLA, D. *Rut, Giuditta, Ester* Pádua: Messaggero, 2006 [Dabar – Logos – Parola].

VIRGULIN, S. *Giuditta*. Roma: Paoline, 1970 [Nuovissima Versione della Bibbia dai testi originali, 14].

VÍLCHEZ LÍNDEZ, J. *Tobia e Giuditta*. Roma: Borla, 2004 [orig. espanhol: 2000] [Commenti biblici].

Entre os comentários em língua estrangeira, o de E. Zenger é particularmente atento às problemáticas textuais e filológicas e oferece ideias originais sobre a estrutura literária e sobre a dimensão narrativa. C.A. Moore tem notas filológicas muito bem elaboradas e informações históricas detalhadas; também a dimensão teológica é levada em consideração. O recente comentário e B. Schmitz e H. Engel (que representa o resultado de uma série de estudos propostos pelos dois estudiosos) ressalta pela sua exaustividade nas tratativas das questões filológicas, históricas e literárias; também às dimensões narrativa e teológica se dá justo destaque.

MOORE, C.A. *Judith*: A New Translation with Introduction and Commentary. Garden City: Doubleday, 1985 [Anchor Bible, 40].

SCHMITZ, B. & ENGEL, H. *Judith*. Friburgo/Basileia/Viena: Herder, 2014 [Herders Theologischer Kommentar zum Alten Testament].

ZENGER, E. *Das Buch Judit*. Gütersloh: Gerd Mohn, 1981 [Jüdische Schriften aus hellenistich-römischer Zeit, I.6].

Teses

Em um estudo que indicou uma nova direção na pesquisa sobre o relato de Judite, L. Afonso Schökel coloca em evidência as estruturas narrativas que o sustentam. B. Otzen analisa o conteúdo do livro e as suas fontes, além da situação histórica e a topografia nele refletida; indaga sobre os temas e motivos principais e dialoga com as abordagens feministas e narrativas do livro. M. Hellmann analisa a relevância do personagem de Judite para a concepção da mulher, apresentada no relato em tensão entre a autonomia e a orientação divina; atenta também à história da recepção de Judite pela literatura feminista, na pintura, na literatura e na música. T. Craven focaliza sobre a construção do relato e identifica uma esclarecedora estrutura narrativa.

ALONSO SCHÖKEL, L. *L'arte di raccontare la storia* – Storiografia e poetica narrativa nella Bibbia. Cinisello Balsamo/Roma: San Paolo/GBP, 2013 [Lectio].

CRAVEN, T. *Artistry and Faith in the Book of Judith*. Chico: Scholars Press, 1983 [Society of Biblical Literature Dissertation Series, 70].

HELLMANN, M. *Judit, eine Frau im Spannungsfeld von Autonomie und göttlicher Führung*: Studie über eine Frauengestalt des Alten Testaments. Frankfurt am Maim/Berna/Nova York/Paris: Peter Lang, 1992 [Europäische Hochschulschriften – Reihe, 23; Theologie, 444].

OTZEN, B. *Tobit and Judith*. Londres/Nova York: Sheffield Academic Press, 2002 [Guides to Apocrypha and Pseudepigrapha].

Ester

Comentários

Entre os comentários em língua italiana, o de A. Minissale se distingue pela atenção às problemáticas textuais (fornece a tradução tanto do texto hebraico quanto do grego) e representa uma contribuição muito sólida para a compreensão da relação entre as diferentes tradições. J. Vílchez Líndez se caracteriza, ao contrário, pela atenção à trama narrativa e às problemáticas teológicas. G. Babini, J. Craghan e D. Scaiola oferecem uma leitura em chave teológica e espiritual do livro. S. Cavalletti compreende que o relato contenha um fundo de verdade histórica, elaborado com o escopo de edificar; o caráter religioso do livro se constitui com um problema não resolvido. G. Limentani apresenta o texto hebraico com uma brilhante tradução, acompanhada de ideias tiradas da tradição midráshica e de reflexões ligadas à tradição hebraica.

BABINI, G. *I libri di Tobia, Giuditta, Ester.* Roma: Città Nuova, 2001 [Guide spirituali all'Antico Testamento].

CAVALLETTI, S. *Rut – Ester.* Roma: Paoline, 1975 [Nuovissima Versione della Bibbia dai testi originali, 12].

CRAGHAN, J. *Ester, Giuditta, Tobia, Giona.* Bréscia: Queriniana 1995 [orig. inglês: 1982] [Leggere oggi la Bibbia 1.11].

FISCHER, J. *Cantico dei cantici, Rut, Lamentazioni, Qoelet, Ester.* Bréscia: Queriniana 1997 [orig. inglês: 1985] [Bibbia per Tutti, 24].

LIMENTANI, G. *Regina o concubina?* Ester. Milão: Paoline, 2001 [La Parola e le parole].

MINISSALE, A. *Ester* – Nuova versione, introduzione e commento. Milão: Paoline, 2012 [I libri biblici – Primo Testamento, 27].

SCAIOLA, D. *Rut, Giuditta, Ester.* Pádua: Messaggero, 2006 [Dabar – Logos – Parola].

VÍLCHEZ LÍNDEZ, J. *Rut ed Ester.* Roma: Borla, 2004 [orig. espanhol: 1998] [Commenti biblici].

Entre os comentários em língua estrangeira, G. Gerleman propõe um amplo resumo sobre a história da interpretação do livro e insiste no comentário de modo especial sobre as correspondências com o Livro do Êxodo (cap. 1–12) quanto a personagens, situações e terminologias. G.A. Moore insiste na proposta de que o Texto Alfa seja a tradução de um texto hebraico diferente do Texto Massorético; no estilo da série no qual está inserido tem uma ampla introdução que aborda de modo sistemático os problemas de composição e de datação; também o comentário referente aos acréscimos gregos, segue a mesma impostação. J.D. Levenson dá atenção à tradição rabínica e, sobretudo, está atento a revelar as peculiaridades de *Ester* como obra literária; sublinha a importância dos banquetes como também aos traços cômicos e sarcásticos do relato. I. Kottsieper sugere uma origem não unitária dos acréscimos gregos, alguns dos quais remetem a uma fonte semítica.

GERLEMAN, G. *Esther.* Neukirchen-Vluyn: Neukirchener, 1982 [BKAT XXI].

LEVENSON, J.D. *Esther* – A Commentary. Louisville: Westminster John Knox Press, 1997 [Old Testament Library].

KOTTSIEPER, I. "Zusätze zu Ester und Daniel". In: STECK, O.H.; KRATZ, R.G. & KOTTSIEPER, I. *Das Buch Baruch* – Der Brief Jeremia. Zusätze zu Ester und Daniel. Göttingen: Vandenhock & Ruprecht, 1998, p. 109-207 [Das Alte Testament Deutsch – Apokryphen, 5].

MOORE, C.A. *Esther.* Garden City: Doubleday, 1971 [Anchor Bible, 7B].

_____A. *Daniel, Esther and Jeremiah*: The Additions. Garden City: Doubleday, 1977 [Anchor Bible, 44].

Teses

S.W. Crawford e L.J. Greenspoon apresentam uma coleção de estudos que aborda as perspectivas recentes sobre o Livro de Ester. D. Candido se concentra sobre as relações entre os diversos textos do livro e oferece uma interessante linha interpretativa. E.J. Bickerman identifica nas bases da narrativa atual dois relatos centrais sobre duas figuras principais, Mardoqueu e Ester, que foram conjugadas em vista da celebração dos Purim. R. Kossman se propõe reconstruir o complicado processo através do qual se chegou à forma final do Texto Massorético, da Septuaginta e do Texto Alfa, analisando tanto os elementos que os três textos têm em comum quanto aqueles que são próprios de cada um deles. Mostra como uma tradição em movimento tenha depois se fixado nas diversas redações dos textos de Ester.

BICKERMAN, E.J. *Quattro libri stravaganti delle Bibbia* – Giona, Daniele, Kohelet, Ester. Bolonha: Patròn, 1979, p. 183-202 [Il mondo antico – Studi di storia e di storiografia, 6].

CANDIDO, D. *I testi del libro di Ester* – Il caso dell'Introitus: TM 1,1-22 – LXX A1-17; 1,1-22 – TaA1-18; 1,1-21. Roma: Pontificio Istituto Biblico, 2005 [Analecta Biblica, 160].

CRAWFORD, S.W. & GREENSPOON, L.J. (orgs.). *The Book of Esther in Modern Research*. Londres/Nova York: T & T Clark International, 2003 [Journal for the Study of the Old Testament Supplement Series, 380].

KOSSMAN, R. *Die Esthernovelle*: vom Erzählten zur Erzählung. Studien zur Traditions- und Redaktionsgeschichte des Estherbuches. Leiden: Brill, 2000 [Vetus Testamentum Supplement, 79].

1–2Macabeus

Tradução interlinear para o italiano
REGGI, R. *Maccabei 1 e 2*. Bolonha: EDB, 2013.

Comentários

O comentário de A. Penna, ainda que rico de informações, é já antigo; é, no entanto, atento à perspectiva nacional e religiosa que governa a narrativa, ao gênero literário e a mensagem teológica. M. Laconi aborda os problemas históricos da narrativa e mostra as suas perspectivas teológicas. Os recentes comentários de M. Brutti e M. Rossetti se distinguem pela tradução e as abundantes observações históricas e culturais. Os comentários de C. Balzaretti e A. Spilly, ainda que bem documentados e atentos à dimensão narrativa, não abordam questões técnicas e são atentos à mensagem dos livros.

BALZARETTI, C. *1-2Maccabei* Pádua: Messaggero, 2004 [Dabar – Logos – Parola].

BRUTTI, M. *Secondo libro dei Maccabei* – Introduzione, traduzione e commento. Cinisello Balsamo: San Paolo, 2014 [Nuova versione della Bibbia dai testi antichi, 32].

LACONI, M. *Primo e secondo libro dei Maccabei.* Pádua: LICE, 1960.

PENNA, A. *Libri dei Maccabei.* Turim: Marietti, 1953 [La Sacra Bibbia].

ROSSETTI, M. *Primo libro dei Maccabei* – Introduzione, traduzione e commento. Cinisello Balsamo: San Paolo, 2015 [Nuova versione della Bibbia dai testi antichi, 31].

SISTI, A. *I Maccabei, libro primo.* Roma: Paoline, 1968 [Nuovissima Versione della Bibbia dai testi originali, 15].

_____. *I Maccabei, libro secondo.* Roma: Paoline, 1968 [Nuovissima Versione della Bibbia dai testi originali, 16].

SPILLY, A. *I Libri dei Maccabei.* Bréscia: Queriniana 1995 [orig. inglês: 1985] [Bibbia per Tutti, 12].

Em língua estrangeira, como obra de referência permanece o comentário de F.-M. Abel, tanto pelas questões históricas quanto pelas literárias; a proposta de relacionar 2Macabeus ao gênero da "história patética" remonta a ele. Os comentários de J.A. Goldstein são atentos às problemáticas históricas e dedicam amplo espaço às notas filológicas: a introdução aos dois livros é contida no primeiro volume, onde com delonga Goldstein propõe a sua reconstrução histórica dos acontecimentos tratados nos dois livros e a história literária das duas obras. O comentário de D.R. Schwartz é uma tradução e uma adaptação do original hebraico de 2004; se abre com uma longa introdução que trata do conteúdo, do escopo e da data do livro; considera ainda o seu valor histórico e a sua colocação entre a Bíblia e a literatura grega. Segundo Schwartz, 2Macabeus reflete uma perspectiva sobre os acontecimentos na Judeia e em Jerusalém ligada à diáspora; torna-se, por isso, mais confiável quando trata de acontecimentos da história geral antiga do que pelos detalhes sobre os fatos e sobre a geografia da Judeia. W. Dommershausen, alinhado à série da qual o comentário faz parte, faz acompanhar a tradução com breves, mas esclarecedoras notas. T. Doran discute a noção de "história trágica" aplicada a 2Macabeus e propõe que se veja na obra um sub-gênero da história local, do qual são conhecidos outros exemplos da época helenista; o comentário é muito detalhado, atente às problemáticas filológicas, mas também à construção do relato.

ABEL, F.-M. *Les livres des Maccabées*. Paris: Gabalda, 1949 [Études Bibliques, 20].

DOMMERSHAUSEN, W. *1Makkabäer, 2Makkabäer*. 2. ed. Würzburg: Echter, 1995 [Neue Echter Bibel, 12].

DORAN, T. *2Maccabees* – A Critical Commentary. Minneapolis: Fortress, 2012 [Hermeneia].

GOLDSTEIN, J.A. *IMaccabees* – A New Translation with Introduction and Commentary. Garden City: Doubleday, 1976 [Anchor Bible, 41].

_____. *II Maccabees* – A New Translation with Introduction and Commentary. Garden City: Doubleday, 1983 [Anchor Bible, 41A].

SCHWARTZ, D.R. *2Maccabees*. Berlim/Nova York: De Gruyter, 2008 [Commentaries on Early Jewish Literature].

Teses

E. Vallauri e R. Riccardo apresenta os dois livros acentuando a situação histórica à qual se referem, a saber, a do conflito entre duas culturas. S. Honigman representa o estudo mais recente que busca reconstruir o conflito entre judeus e Antíoco IV à luz dos livros dos Macabeus: enquanto muitos estudiosos colocaram em dúvida a narrativa aqui contemplada, Honigman combinando análises literária e histórica mostra como, prestando atenção a como os autores bíblicos descreveram a sua experiência, seja possível reconciliar o seu relato com a análise histórica atual; pensa, portanto, que os relatos devam ser considerados autênticas tentativas de enfrentar o massacre que se seguiu à rebelião, dando-lhe um novo significado.

HONIGMAN, S. *Tales of High Priests and Taxes* – The Books of the Maccabees and the Judean Rebellion against Antiochos IV. Oakland: University of California Press, 2014.

RICCARDO, R. *L'ellenismo e i Maccabei* – Scontro fra due culture. Cinisello Balsamo: San Paolo, 1997 [La Bibbia nelle nostre mani].

VALLAURI, E. *1-2Maccabei* – Lotta e martirio per la fede. Bréscia: Queriniana 1982 [Leggere oggi la Bibbia 1.12].

Índice geral

Sumário, 5

Apresentação da coleção original italiana – Manuais de introdução à Escritura, 7

Prefácio, 11

1 Introdução geral, 13

A posição canônica dos Livros Históricos, 13

História e narrativa, 16

A literatura histórica de Israel e a historiografia antiga, 24

2 Do Livro de Josué ao Segundo Livro dos Reis – Conquista e perda da terra, 33

Dos Profetas Anteriores à historiografia deuteronomista, 33

Excursus – A literatura histórica do antigo Oriente Próximo, 51

Livro de Josué, 56

Excursus – Guerra de Deus e Guerra Santa, 57

Excursus – A face violenta de Deus, 60

Guia para a leitura, 64

Estrutura e composição, 77

O texto, 80

Teologia, 80

1 O dom divino da terra e a fidelidade ao pacto, 80

2 Divisão da terra e justiça, 82

Juízes, 83

Guia para a leitura, 84

Estrutura e composição, 92

O texto, 95

Temáticas relevantes, 96

1 A infidelidade e suas consequências, 96

2 As lições a serem tiradas: a favor e contra a monarquia?, 97

3 A propósito das mulheres, 98

Rute, 99

Guia para a leitura, 100

Estrutura e composição, 102

O texto, 103

Teologia, 104

Livros de Samuel, 105

Guia para a leitura, 106

Estrutura e composição, 112

O texto, 117

Teologia, 117

1 Os personagens, 117

Excursus – Reino unido: mito ou realidade?, 119

2 O reino, 121

3 Realeza e promessa, 123

Os livros dos Reis, 124

Guia para a leitura, 126

Estrutura e composição, 136

O texto, 139

Teologia, 139

Excursus – O rei e os seus deveres em Israel, 141

3 De Adão ao Segundo Templo, 147

Crônicas, Esdras, Neemias e a discussão sobre a "Obra histórica cronista", 147

Livros das Crônicas, 150

Guia para a leitura, 151

Estrutura e composição, 160

O texto, 164

Teologia, 165

Excursus – O Templo, 168

Esdras e Neemias, 170

Guia para a leitura, 171

Estrutura e composição, 177

O texto, 182

Teologia, 182

4 Os hebreus e as nações, 189

Excursus – *Midrash*, 191

Tobias, 192

Guia para a leitura, 193

Excursus – *Achikàr*, 198

Estrutura e composição, 200

O texto, 203

Teologia, 205

Judite, 206

Guia para a leitura, 207

Estrutura e composição, 214

O texto, 218

Teologia, 219

Ester, 223

Guia para a leitura, 224

Estrutura e composição, 233

O texto, 237

Teologia, 239

    1 Os dois inimigos, 239

    2 A rainha, 240

    3 O rei, 241

    4 O povo, 241

    5 Deus, 242

Os livros dos Macabeus, 243

    Excursus – Historiografia grega da época helenística, 245

O contexto histórico dos livros dos Macabeus, 247

Primeiro Livro dos Macabeus, 249

Guia para a leitura, 249

Estrutura e composição, 260

O texto, 262

Teologia, 262

Segundo Livro dos Macabeus, 264

Guia para a leitura, 264

Estrutura e composição, 272

O texto, 275

Teologia, 276

Biografia comentada, 279

Questões introdutórias gerais, 279

Dos Profetas Anteriores à história deuteronomista, 282

Josué, 282

Tradução interlinear para o italiano, 282

Comentários, 282

Teses, 283

Juízes, 284

Tradução interlinear para o italiano, 284

Comentários, 284

Teses, 285

Rute, 285

Tradução interlinear para o italiano, 285

Comentários, 285

Teses, 286

1–2Samuel, 287

Tradução interlinear para o italiano, 287

Comentários, 287

Teses, 288

1–2Reis, 288

Tradução interlinear para o italiano, 288

Comentários, 289

Teses, 289

A obra cronista, 290

1–2Crônicas, 290

Tradução interlinear para o italiano, 290

Comentários, 290

Teses, 292

Esdras e Neemias, 292

Tradução interlinear para o italiano, 292

Comentários, 292

Sobre a diáspora e a literatura correlata, 294

Tobias, 294

Tradução intertextual, 294

Comentários, 294

Teses, 295

Judite, 296

    Tradução interlinear para o italiano, 296

    Comentários, 296

    Teses, 297

Ester, 297

    Comentários, 297

    Teses, 299

1–2Macabeus, 299

    Tradução interlinear para o italiano, 299

    Comentários, 300

    Teses, 301

Coleção Introdução aos Estudos Bíblicos

- *Livros Proféticos*
Patrizio Rota Scalabrini
- *Introdução geral às Escrituras*
Michelangelo Priotto
- *Cartas paulinas*
Antonio Pitta
- *Livros Históricos*
Flavio Dalla Vecchia
- *Livros Sapienciais e Poéticos*
Tiziano Lorezin
- *Cartas deuteropaulinas e cartas católicas*
Aldo Martin, Carlo Broccardo e Maurizio Girolami
- *Pentateuco*
Germano Galvagno e Federico Giuntoli

CULTURAL
- Administração
- Antropologia
- Biografias
- Comunicação
- Dinâmicas e Jogos
- Ecologia e Meio Ambiente
- Educação e Pedagogia
- Filosofia
- História
- Letras e Literatura
- Obras de referência
- Política
- Psicologia
- Saúde e Nutrição
- Serviço Social e Trabalho
- Sociologia

CATEQUÉTICO PASTORAL
Catequese
- Geral
- Crisma
- Primeira Eucaristia

Pastoral
- Geral
- Sacramental
- Familiar
- Social
- Ensino Religioso Escolar

TEOLÓGICO ESPIRITUAL
- Biografias
- Devocionários
- Espiritualidade e Mística
- Espiritualidade Mariana
- Franciscanismo
- Autoconhecimento
- Liturgia
- Obras de referência
- Sagrada Escritura e Livros Apócrifos

Teologia
- Bíblica
- Histórica
- Prática
- Sistemática

REVISTAS
- Concilium
- Estudos Bíblicos
- Grande Sinal
- REB (Revista Eclesiástica Brasileira)

VOZES NOBILIS
Uma linha editorial especial, com importantes autores, alto valor agregado e qualidade superior.

VOZES DE BOLSO
Obras clássicas de Ciências Humanas em formato de bolso.

PRODUTOS SAZONAIS
- Folhinha do Sagrado Coração de Jesus
- Calendário de mesa do Sagrado Coração de Jesus
- Agenda do Sagrado Coração de Jesus
- Almanaque Santo Antônio
- Agendinha
- Diário Vozes
- Meditações para o dia a dia
- Encontro diário com Deus
- Guia Litúrgico

CADASTRE-SE
www.vozes.com.br

EDITORA VOZES LTDA.
Rua Frei Luís, 100 – Centro – Cep 25689-900 – Petrópolis, RJ
Tel.: (24) 2233-9000 – Fax: (24) 2231-4676 – E-mail: vendas@vozes.com.br

UNIDADES NO BRASIL: Belo Horizonte, MG – Brasília, DF – Campinas, SP – Cuiabá, MT
Curitiba, PR – Fortaleza, CE – Goiânia, GO – Juiz de Fora, MG
Manaus, AM – Petrópolis, RJ – Porto Alegre, RS – Recife, PE – Rio de Janeiro, RJ
Salvador, BA – São Paulo, SP